貓頭鷹書房 457

歐亞帝國的邊境（下）

衝突、融合與崩潰，16-20 世紀大國興亡的關鍵

里博◎著

李易安◎譯

貓頭鷹書房 457

歐亞帝國的邊境：衝突、融合與崩潰，16-20世紀大國興亡的關鍵（下）

作　　者　里博（Alfred J. Rieber）
譯　　者　李易安
審　　定　杜子信、陳立樵、廖敏淑、趙竹成
選書責編　張瑞芳
協力編輯　劉慧麗
校　　對　魏秋綢、張瑞芳
版面構成　張靜怡
封面設計　陳文德
行銷企畫　陳昱甄

總 編 輯　謝宜英
出 版 者　貓頭鷹出版
發 行 人　涂玉雲
發　　行　英屬蓋曼群島商家庭傳媒股份有限公司城邦分公司
104 台北市中山區民生東路二段 141 號 11 樓
劃撥帳號：19863813；戶名：書虫股份有限公司
城邦讀書花園：www.cite.com.tw　購書服務信箱：service@readingclub.com.tw
購書服務專線：02-2500-7718~9（周一至周五上午 09:30-12:00；下午 13:30-17:00）
24 小時傳真專線：02-2500-1990；25001991
香港發行所　城邦（香港）出版集團／電話：852-2508-6231 ／傳真：852-2578-9337
馬新發行所　城邦（馬新）出版集團／電話：603-9057-8822 ／傳真：603-9057-6622
印 製 廠　中原造像股份有限公司
初　　版　2020 年 6 月
定　　價　新台幣 1600 元／港幣 533 元（上下冊不分售）
I S B N　978-986-262-428-9

讀者意見信箱　owl@cph.com.tw
投稿信箱　owl.book@gmail.com
貓頭鷹臉書　facebook.com/owlpublishing

國家圖書館出版品預行編目資料

歐亞帝國的邊境：衝突、融合與崩潰，16-20 世紀大國興亡的關鍵／里博（Alfred J. Rieber）著；李易安譯 . -- 初版 . -- 臺北市：貓頭鷹出版：家庭傳媒城邦分公司發行 , 2020.06
面；　公分 .
譯自：The struggle for the Eurasian borderlands: from the rise of early modern empires to the end of the First World War
ISBN 978-986-262-425-8（上冊：平裝）. --
ISBN 978-986-262-428-9（下冊：平裝）. --
ISBN 978-986-262-429-6（全套：平裝）

1. 世界史　2. 近代史　3. 帝國主義

712.4　　109006914

歐亞帝國的邊境

目次

（上冊）

第四章

邊境地帶的帝國交鋒

多文化擴張型帝國的崛起和擴張，為歐亞大陸邊境地區的角力開啟了一個新的紀元，並改變了歐亞大陸邊界的一個重要特徵，亦即邊界不再只是游牧型社會和定居型社會交鋒的地區，而是逐漸成為組織完善、以農業社群和城鎮中心為基礎的國家體系之間交鋒的位置，這些國家體系（主要）由世襲的國王或皇帝行使著由各種政治神學進行合理化的強大權力（有時甚至是絕對權力），並在階級分明、任職於中央政府部門的文官和軍事菁英幫助下進行統治。這些邊境上的交鋒，也牽連到了居住在爭議領土上的當地居民。住在邊境地區的社群開始出現新的型態，有些是由帝國中央組織起來的，還有些則拒絕接受統治。歐亞大陸邊境地區於是開始出現不同的地緣文化特徵。本書會把這些不同區域稱作「複合邊境」；之所以使用「複合」這個字眼，是因為在這些為人類行為設下限制或開啟機會的廣義地理空間之內，有非常多的國家體系和社會團體，都投入各種暴力或和平的互動之中。在這個基礎之上，本章將會談論七個複合邊境：波羅的海地區、巴爾幹半島西部地區（亦即今日匈牙利、塞爾維亞、羅馬尼亞三國交界處）、多瑙河流域地區、東歐大草原、高加索地峽、外裏海地區，以及內亞地區。雖然它們被稱為邊境，但位置卻難以清楚界定，其邊緣既模糊，又充滿縫隙。此外，發生在任何一段邊境上的角力活動，也經常會擴散到其他地區。就在擴張型帝國於這些邊境地區開拓疆土、強占兼併之際，這些地區也仍是外部與內部衝突發生的場域。

長期來看，漫長的邊境戰爭和跨文化的交鋒，決定了多元文化國家在邊境地帶角力過程中的相對權力地位，而這個角力過程可以被分為兩個時期。從十六世紀到十八世紀中晚期，幾個主要的多元文化國家，包括俄羅斯帝國、波蘭立陶宛聯邦、瑞典、哈布斯堡王朝、鄂圖曼帝國、薩法維王朝以及清帝國都是這場競賽的參賽者。他們大致上平起平坐，也都正在持續復興和擴張。但天秤在此之後便開始傾斜。儘管波蘭立陶宛聯邦開始遭到對手瓜分，在政治版圖上看似完全消失，但就文化而言，波蘭人在他們稱為克雷希的地區（亦即他們和波羅的海地區，以及東歐大草原有所重疊的東部邊境地區）仍占有一席之地。哈布斯堡王朝成功維持住自己的地位，而鄂圖曼帝國則被迫撤離多瑙河和巴爾幹西部的邊境地區；薩法維政權瓦解之後雖然由新的卡加王朝取而代之，但後者卻放棄了南高加索地區的領土。清帝國在國勢攀上顛峰之後，於內亞地區的影響力便開始下降，將自己在內亞的地位拱手讓給了俄國。儘管曾經出現過幾次短暫的波動，但俄國仍逐漸占了上風，並且一直將優勢維持到了一九一〇年代*。

在第一個階段裡，社會和宗教上的差異，是邊境地區人民之所以抵抗帝國統治的主要原因。那些要求自治的呼聲，當時仍未帶有民族主義色彩；一直要到十九世紀期間，民族主義才會開始扮演重要角色。此外，雖然許多抱持民族主義立場的歷史學家不願承認，但民族主義的崛起，其實是一個漸進發生的過程。帝國的統治過程於是交纏在爆發自社會基層的各種事件之中，而統治者則不甚有把握地在上層試圖建構一個國家。

---

*編按：本書第三篇導讀〈帝國之異同〉中，廖教授提到：清朝至少穩固控制歐亞邊境地區一百年左右，並非拱手讓給俄國。。詳參頁23～24。

波羅的海地區

波羅的海地區包含從今日的芬蘭南部到丹麥之間的波羅的海海岸線及沿岸的眾多島嶼，以及被濃密森林覆蓋的內陸地區；而流入波羅的海的河流則分別有涅瓦河、西德維納河、聶門河以及維斯瓦河。該地區長期以來都由愛沙尼亞人、拉脫維亞人、芬蘭人等部族定居，他們以狩獵和原始農業為生，四處散居。中世紀高峰期至晚期，瑞典人和條頓騎士團逐漸占領了東北部（芬蘭）、東岸以及內陸（英格里亞和立窩尼亞）的大部分地區，導致當地的居民淪為農奴；波羅的海南岸則落入了波蘭人的控制。波羅的海地區有大量松樹林，能為波羅的海和北大西洋強權的船艦提供原料，里加船桅便是知名的例子之一。

從十六世紀開始，當時的人便將發生在波羅的海地區邊境的角力稱為「波羅的海掌控權之爭」，主要由瑞典、波蘭立陶宛聯邦和莫斯科大公國參與其中。I伊凡四世治下的俄國人，首次在漫長的立窩尼亞戰爭期間（一五五八年至一五八二年）嘗試突破波羅的海，從而徹底改變了該地區的同盟關係。立窩尼亞的條頓騎士團在邊境地區採用了帶有菁英色彩的政策。他們和波蘭人、俄國人都進行協商，最後於一五五九年至一五六一年決定接受波蘭人的保護。立陶宛大公於一五六九年《盧布林聯合協議》簽署之後，和波蘭人一起組成了波蘭-立陶宛王政共和國，藉此尋求波蘭人的保護，以對抗來自東方不斷增長的俄國人的威脅。

對於波蘭人而言，通往波羅的海的交通對他們的貿易活動而言至關重要，尤其在十六世紀之後，

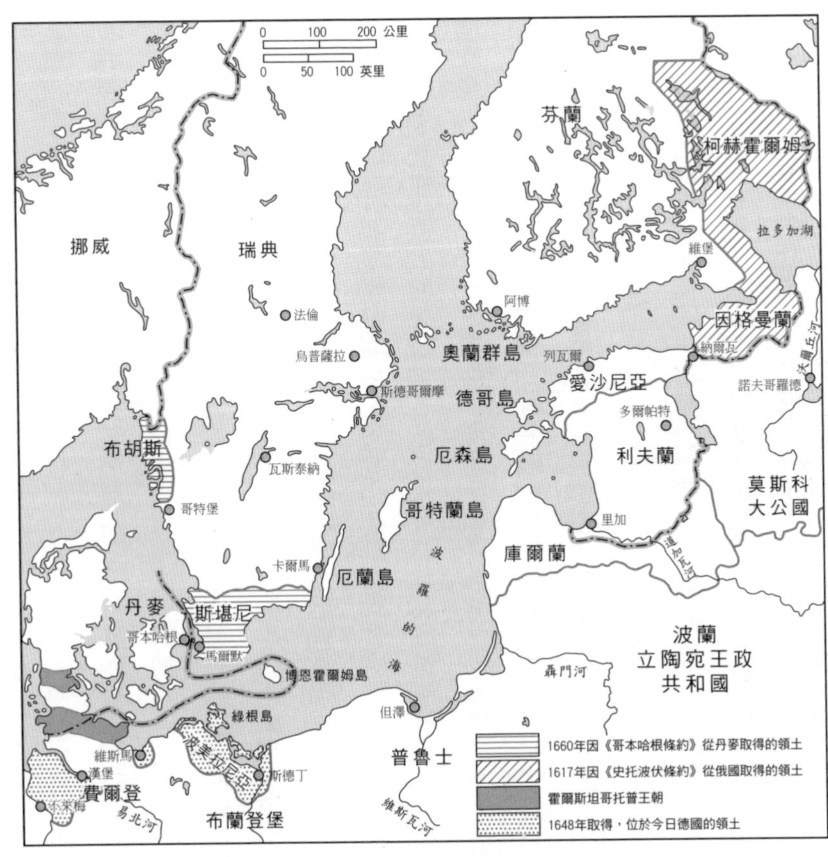

地圖 4.1　顛峰時期的瑞典（一六六〇年）

克里米亞的韃靼人便斷絕了他們通往黑海的路線。因此，立窩尼亞邊境地區便成了他們能否控制波羅的海地區的關鍵。立窩尼亞的主要港口，包括里加、列瓦爾（塔林）以及納爾瓦，這些港口將內陸的古老貿易路線，和漢薩同盟在波羅的海和北海的其他港口連結在一起。對於不臨海的俄羅斯帝國來說，該省分對他們和歐洲的貿易路線來說也同樣重要。瑞典人和丹麥人擔心強大的俄國會出現在波羅的海地區，於一五六〇年發起了第一次「北方戰爭」。瑞典占領了芬蘭灣的南岸之後擊退了俄國人，並切斷了他們通往波羅的海的交通。波蘭立陶宛聯邦則持續控制著立窩尼亞大部分地區，將里加發展成一個重要的港口，並資助耶穌會傳教士與德意志的路德教會競爭，向愛沙尼亞人和拉脫維亞人傳教。

到了十七世紀，在黎胥留稱為「東方堡壘」的體系之中，波羅的海地區成了北邊的重要鎖鑰。這個體系是由法國和瑞典、波蘭立陶宛聯邦、鄂圖曼帝國組成的鬆散聯盟，帶有雙重目的：一方面對奧地利這個法國的老對手的側翼進行施壓，一方面也阻止俄國滲透進入中歐。該體系的運作方式就像連鎖機制，只要俄國企圖攻打任何一個東方堡壘的成員國，其他的成員國便會挺身而出。至少在十六世紀到十八世紀中葉期間，實際的運作方式都是如此。

一個頗具說服力的說法是，彼得大帝的外交政策不只是為了要摧毀東方堡壘，更是要扭轉俄國在地緣文化上相對於西方的劣勢。他希望和之前的敵人簽署一系列的互助條約，藉此打造一條安全防禦帶，並取得黑海和波羅的海內陸地區的自由商貿權。如此一來必然導致的結果是，他也試圖對東方堡壘國家的內部政治施展影響力，將它們變成俄羅斯的準附庸國。[2]彼得大帝曾計畫興建運河將俄國的兩大水系連結起來，並建立兩條完全由水路組成的路線通往東方，一條從波羅的海通往黑海，另一條則由波羅的海通向裏海。[3]彼得大帝和瑞典、波蘭立陶宛聯邦、鄂圖曼帝國以及伊朗之間的關係，牽涉到三個複合邊境：波羅的海地區、東歐大草原、高加索地區；這些國家之間的關係，則由類似的原則主導，儘管他的行動大都是見機行事，而非事先規劃好的。[4]

位於俄羅斯和瑞典這兩個發展較為成熟的國家之間的，是芬蘭部族；自古以來，俄羅斯人和瑞典人便一直在爭奪對芬蘭部族的控制。十六世紀晚期，該地區的邊界上出現了衝突，但雙方主要的爭議地點是在更南邊的地區。莫斯科於一四七八年兼併諾夫哥羅德共和國之後，首次成為波羅的海地區的強權。十六世紀期間，荷蘭商船曾經稱霸波羅的海地區的貿易活動，然而俄國的海岸線卻沒有深水港能提供大型荷蘭商船停泊。在俄羅斯混亂時期，瑞典人關上了俄國通向西方的半扇窗：他們於十七世紀上半葉期間擴展了波羅的海地區的帝國，占領了愛沙尼亞、利夫蘭（北立窩尼亞）、東岸的卡累利阿和英格里亞地區，以及南岸的斯塞新、施特拉爾松德、維斯馬等據點。瑞典在海外的省分，同時為他們提供了進攻時的跳板和城鎮中心的防護罩，但擁有這些省分，也讓瑞典在三個前線上分別和丹麥、俄國以及德意志諸邦接壤，因而暴露於戰爭的風險之中。和其他多文化國家一樣，瑞典在波羅的海邊境地區的行政官員也分為兩派：一派偏好藉由制度和法律進行同化，另外一派則尋求德意志地主貴族的合作。5

就經濟層面來說，海外省分在昇平時期為瑞典賺進了不少盈餘。愛沙尼亞和利夫蘭的德意志地主出口自家莊園生產的麻，利潤十分豐碩；而列巴爾和里加地區的商人，則是靠著在波蘭東部和俄國之間擔任貿易中介而大發利市。由於他們是瑞典的國民，因此在和西歐進行轉口貿易、從波羅的海航向北海時，不需要繳納海峽通行費。然而瑞典也繼承了一個稍帶族裔色彩（但仍可辨識）的社會問題：原本就住在當地的愛沙尼亞和拉脫維亞農民，在面對農奴制度和外國入侵時不願逆來順受。大立窩尼亞戰爭期間，農民自發地發動了多次起義；而這些起義也是他們的傳統抗議形式。十七世紀初的俄國大混亂時期，以及十七世紀中葉波蘭的「大洪水時期」期間，鄉村人口大幅銳減，連帶使得抵抗行動也開始衰退。瑞典占領期間，經濟復甦和領主莊園數量的成長，都讓農民被迫投入更多的強迫勞役，他們因而開始越過邊界逃往俄國。[6]因此到了大北方戰爭爆發前夕，鄉村地區能帶來動盪的因素所剩不多。

瑞典之所以在波羅的海地區崛起成為野心勃勃的強權，主要是因為它在轉型進入現代歐洲國家體系的主要過程中扮演了領導者的角色。在經濟上，瑞典擁有優質的鐵礦，而各國對於木材製品和船隻材料又有大量需求，使得瑞典成為西歐重要的貿易夥伴。「瑞典邁向強盛的道路，是建立在戰爭、以及由戰爭製造出來的機會之上的。」[7]它迅速而成功地採用了「軍事革命」在技術上和戰術上的創新。[8]一六二〇年代之後，隨著租稅結構的大幅擴大以及高效率的行政體系，瑞典的作戰能力出現了大幅進步。瑞典國王古斯塔夫·阿道夫是一名好戰的新教徒，他相信戰爭應該要能夠「養活自己」，因此沿著波羅的海東岸和南岸入侵外國領土。他一邊遠征一邊劫掠，將軍隊從一萬五千至兩萬五千名士兵的規模擴展到十五萬人，並讓支持他出征的貴族也一起致富。這些貴族獲得了國王所冊封的國有土地，並將農民遷移至這些土地上開墾，因而又擴展了稅基。[9]然而瑞典的野心逐漸超出了他們能夠負擔的程度。十七世紀末，瑞典人口還不足三百萬人，和強大的對手俄國相比，他們的稅基規模小了許多，只能仰賴法國的援助，從波羅的海榨取而來的農業剩餘，以及對德意志北部領地橋頭堡的控制，才能供應軍隊所需。

到了十七世紀末，瑞典的所有附庸國開始為該國帶來了麻煩。在大北方戰爭（一七〇〇年至一七二一年）的初期階段，年輕的瑞典國王卡爾十二世雖然證明自己是個英明的指揮官，但二十年來在德意志各邦和波蘭對抗眾多敵人的戰役仍然耗盡了國庫，而他人數不多的軍隊也已經筋疲力竭。此外，來自法國的補助其實也並不穩定。他在攻入烏克蘭時，由於兵力差距懸殊、缺乏適當的攻城大砲，而農民又不願為他提供補給，他因此於一七〇七年在波爾塔瓦被彼得大帝擊敗，等同於終結了瑞典的霸權美夢。[10]長期來看，瑞典帝國之所以會瓦解不只是因為過度擴張而已。更重要的因素是，瑞典王室雖然疏遠了貴族，卻並未破壞貴族的權力。貴族不再提供支持的現象，在波羅的海地區為瑞典帶來的傷害最為嚴重，當地的德意志土地貴族在大北方戰爭中倒戈投向俄國，因而大幅削弱了瑞典的戰略地位。瑞典最初是在「大洪水時期」從波蘭那裡取得該地區的；為了贏得德語系貴族和商人的效忠，瑞典不只承認他們的經商權，還讓他們在莊園內擁有很大程度的自治權，同時也賦予他們進入軍隊或公職體系的權利。但到了十七世紀末，國王為了支付參與三十年戰爭的龐大開銷，開始大規模徵收莊園地主的財產，史稱「大削減」。卡爾十一世（一六六〇年至一六九七年在位）的中央集權政策由於廢除了瑞典貴族的政治特權和社會特權，導致人心更加背離。此外，國王也立法保障國家農民的人身權利和財產權，而這也同樣激怒了瑞典的貴族（雖然該法令在別處也被讚頌為歐洲農業史上「一份獨到的文件」）。[11]

心懷不滿的波羅的海德意志土地貴族於是策動了報復行動，協助丹麥、波蘭和俄國形成同盟，因而引起了大北方戰爭。他們的行動再次點燃了大規模的農民暴動；據估計，有大約百分之十四的莊園曾經歷過某些形式的群眾暴動。雖然這些暴動針對的是德意志地主，但仍對瑞典軍隊的後方造成了一些影響。然而波羅的海邊境地區從未發生過內戰。愛沙尼亞人和拉脫維亞人缺乏經驗豐富的軍事領導人，不像哥薩克人可以領導烏克蘭的魯塞尼亞人。瑞典接下來之所以失去了海岸地區的殖民帝國，部分是因為它無法賦予或無法壓制波羅的海省分的自治權，而這也正是彼得大帝和後來的沙皇都在極力避免的事情。[12]瑞典在失去了由波羅的海殖民地供應的資源和戰略位置之後，便再也未能重新恢復強權地位。瑞典的確擁有一支精銳的軍隊，而它的官僚體系在效率以及對財政負責的程度上，也堪稱典範，但瑞典仍然無法在人力和天然資源上與俄國匹敵，尤其彼得大帝調動資源的手段非常極致。[13]一七二一年《尼斯塔德條約》簽署之後，俄國為聖彼得堡取得了包括維堡和部分卡累利阿地區的防禦緩衝帶，而這些地區的德意志裔與瑞典裔貴族，則被賦予了一定程度的自治權。

彼得大帝過世後，接下來的沙皇建立了一個同盟網絡，並直接介入了瑞典政治，藉此防範瑞典人反擊復仇。他們透過賄賂、陰謀以及恐嚇等方式，在瑞典議會中鼓動政黨鬥爭（就像他們曾在波蘭瑟姆鼓動政爭那樣），藉此防止瑞典成為一個強大的君主政權。雖然瑞典國王不時仍會重新展現出擴張野心，但瑞典貴族已經逐漸接受了帝國地位不再的事實。和波蘭人一樣，他們也反對國王增加軍事支出。瑞典曾於一七四一年至一七四三年，以及一七八八年至一七九〇年間，對俄國發動兩次戰爭，但瑞典統治菁英所考量的更多是如何維持瑞典的獨立，而不是如何奪回在波羅的海地區的殖民地。[14]然而俄國仍不斷對瑞典的邊境地帶蠶食鯨吞。一七四三年《奧布和約》簽署之後，俄國將另一塊領土也併入了「舊芬蘭」。

俄國於一八〇九年第四次與瑞典交戰後，亞歷山大一世終於奪下了整個芬蘭。雖然瑞典決定不再試圖奪回芬蘭，但當瑞典人選出伯納多特這位拿破崙麾下的元帥作為王儲時，亞歷山大一世仍免不了起了戒心。由於亞歷山大一世非常擔心拿破崙將會重現東方堡壘，他強烈地回應：「我看得出來拿破崙想要讓我退回斯德哥爾摩和華沙之間的位置」，亦即將俄國重新打回彼得大帝統治之前的邊界。[15]然而伯納多特卻讓瑞典加入了反抗拿破崙的聯盟之中，瑞典只好將他們在波羅的海地區的最後一個據點，亦即波美拉尼亞拿來交換挪威。伯納多特登上王位成為卡爾十四世（一八一八年至一八四四年在位）之後，更在意的是如何重建皇室權力，而非如何奪回失去的領土，瑞典由此正式出局。

巴爾幹西部地區（三國交界地帶）

一六九九年的《卡洛維茨條約》讓巴爾幹西部地區獲得了「三國交界處」這個稱號，但其實早在很久以前，該地區的地緣文化結構就已經開始成形。[16]巴爾幹西部地區的主要地理特徵，是亞得里亞海東岸從第里雅斯特延伸到伯羅奔尼撒的綿長海岸線，以及沿岸包含了克爾克島到科孚島的眾多島嶼，還有第拿里山脈和德里納河、薩瓦河等多瑙河的支流。不論是愛琴海，或是將「小亞細亞」和「歐洲」分隔開來的狹窄海峽，都無法阻擋貿易、征戰以及政權更替的發生。塞爾維亞學者斯維季奇在他的歷史人類學分析中，便指出巴爾幹地區具有三個彼此關聯的主要結構特徵：歐亞性、統一與開放性，以及孤立隔絕性。他將整個巴爾幹半島分成四個文化區：調整過的拜占庭系、東方的突厥系、西方的歐洲系，以及原生於本地的部族系。這些文化區有很大一部分，是由征服行動所帶來的移民形成的。從希臘化時代到拜占庭和鄂圖曼時期，該地區都是文明的交匯處：大型河谷提供了從西北到東南，以及綿長海岸上的交通路線，確保了該地區的統一性；北方受到來自俄羅斯和東歐大草原的影響，而薩瓦河和多瑙河則帶來了中歐的影響力。然而各種天然屏障也造成巴爾幹地區的孤立和隔絕。斯維季奇主張，自古以來便作為牧地的山區在該地區其實並不多見，那裡更多的是峻峭的峽谷、濃密的森林以及沼澤地帶。這些的確都是屏障，但能否被克服，主要仍要看人類遷徙的強度而定。然而在半島上那些沒那麼容易抵達的地區，居住其中的居民就多少可以被視為與世隔絕；那裡還殘存著最古老的部族組織，還有堅決不和外界來往的山民，是突厥人鮮少踏足的區域。但這些社群也隨著時間不斷演進，並非總是停滯不前。[17]

十六世紀初期，位於亞得里亞海沿岸的邊境地區，包括克羅埃西亞北部、達爾馬提亞，以及波士尼亞的內陸地區在內，都紛紛成為威尼斯共和國、哈布斯堡王朝，以及鄂圖曼帝國爭奪的目標。對於這三個國家而言，這個地區具有的意義不盡相同。對於哈布斯堡王朝來說，該地區是基督教文明抵禦伊斯蘭教的陣地；作為海上強權的威尼斯人，認為對亞得里亞海的控制就算無關國家存亡，至少也對他們的貿易活動至關重要；而鄂圖曼帝國則認為這裡是聖戰的另外一個前線，對於他們能否在亞得里亞海和地中海取得海上優勢，能否循陸路征服中歐地區而言，具有特殊的戰略意義。西方基督教、東正教和伊斯蘭教之間的對抗和互動，在強權對立以及地方居民的衝突之中，雖然讓事態變得更加複雜，卻不是唯一甚至也不是主要的決定因素。[18]

從遠古開始，邊界就是由許多要塞、堡壘和其他防禦設施所構成的，而不是由一條線性的界線劃出來的。對於威尼斯人來說，扎達爾是他們維持軍力的關鍵，同時也是威尼斯共和國達爾馬提亞省的行政中心；對於哈布斯堡王朝而言，塞尼則是重要的海上據點，可以阻擋鄂圖曼帝國通往上亞得里亞海域；而對鄂圖曼帝國而言，他們的據點則是比哈奇省的首府，位於他們在巴爾幹地區領土的最北邊。其他重要的邊境要塞還有克寧，這座要塞最初於一五二二年被鄂圖曼帝國所征服，之後又歷經多次易手，直到一六八八年才終於由威尼斯人奪回。這些據點的實體存有作為主權象徵，在各陣營的地圖之中受到象徵性或修辭性的標注與誇大。[19]一六九九年《卡洛維茨條約》簽訂後，多瑙河的軍事前線逐漸穩定了下來，但鄂圖曼帝國和哈布斯堡王朝仍持續在武器和軍事建築上引入最新的技術革新。由於攻城砲的威力太過強大，他們以義大利式的星形要塞為範本設計出最堅固的堡壘。然而哈布斯堡王朝和鄂圖曼帝國都沒有足夠的財源，因此無法興建太多這種堡壘。鄂圖曼帝國更常建造的是比較便宜的「帕蘭卡式」堡壘，這種小型的土夯建築通常由木柵圍繞，前方有壕溝為屏障。

一、邊境士兵

鄂圖曼帝國將禁衛隊派駐在邊疆地區，並招募當地的基督徒進入民兵隊這種準軍事組織。為了減少開支，邊境軍隊獲准從事地方貿易或手工業。除了防禦工事之外，鄂圖曼帝國還興建了橋樑、清真寺、教堂，以及其他民用設施，希望向當地居民展示接受帝國統治，或為帝國服務可以在文化和經濟上獲得哪些好處。在十八世紀的前四十年裡，由於邊界變得更加穩定，他們便持續深入邊境地區，興建新的堡壘。[20]名為「卡佩坦尼亞」的軍事單位成為新體制的基礎，一直沿用到一八三五年。大部分穆斯林農民的農奴義務都獲得了免除，以便讓他們在軍隊中效力——「所有穆斯林都被完全武裝起來了。」[21]

十七世紀末漫長的鄂圖曼－哈布斯堡戰爭期間，威尼斯和哈布斯堡大部分的軍力都是由來自邊境的傭兵組成的。克羅埃西亞的歷史學家羅克桑地奇曾指出：

戰爭在那裡進行的方式，在中世紀晚期於東南歐被稱作「akindzijski」或「martoloski」（傭兵戰爭之意），其主要的目的是對居民趕盡殺絕、俘虜居民，或是摧毀他們的物質文化和經濟來源；這種戰爭形式在三國交界地區存在了整整兩個世紀，被大多數人稱作「mali rat」（「小型戰爭」之意）。[22]

早在十六世紀的上半葉，第拿里山區的牧民社群便偶爾會遷往無主地。有人稱他們為弗拉赫人，也有人稱他們為摩爾拉奇人；他們使用一種斯拉夫語方言，主要信奉東正教（信天主教的弗拉赫人則被稱作本耶維奇人）。[23]突厥人入侵該地區時，許多當地的天主教徒不是逃走，便是遭到了驅逐。突厥人隨後將巴爾幹半島內陸的弗拉赫牧民，遷至因為人口逃亡而遭棄的地區和山區，而這些牧民也首次將東正教傳入了該地區，帶來了關鍵性的後果。[24]雖然突厥人對弗拉赫人賦予各種世襲特權，但許多弗拉赫人之後仍決定遷往威尼斯共和國和哈布斯堡的領土，為他們戍守邊境。然而威尼斯人和哈布斯堡人卻認為，他們的存在代表了該地區是個「蠻荒之地」。威尼斯人將他們稱作摩爾拉奇人，認為他們非常勇敢，卻也非常「粗俗」、「我行我素」而且「不受控制」，不過威尼斯仍會招募他們進入

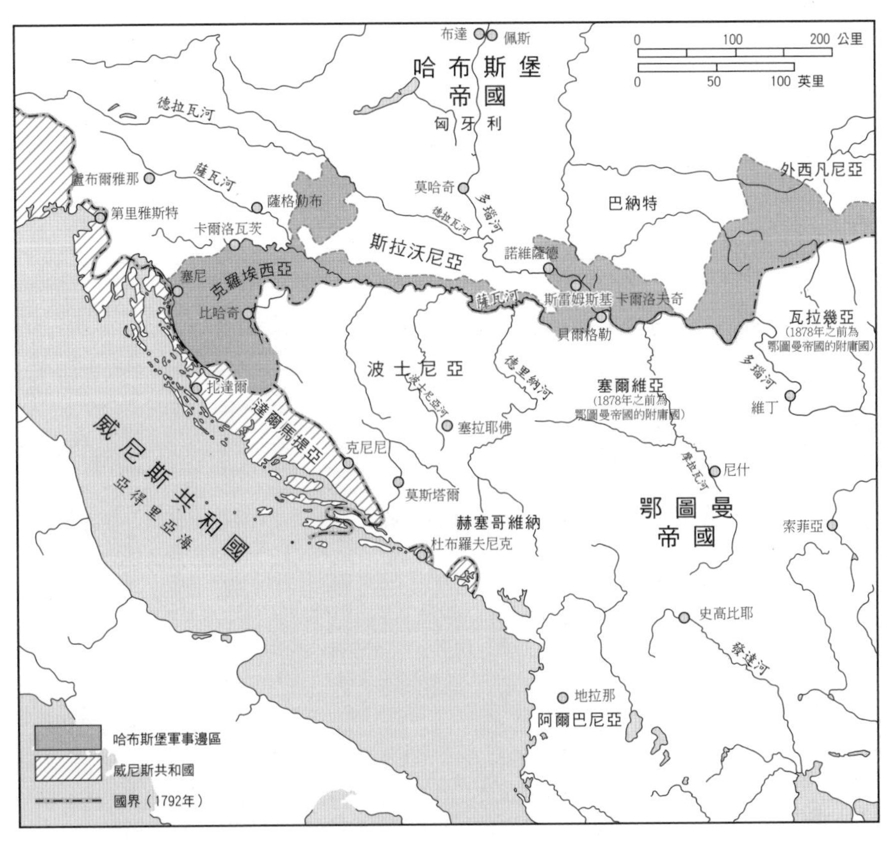

地圖 4.2　哈布斯堡與鄂圖曼帝國的軍事邊境（約一七九〇年）

非正規軍隊中來抵抗突厥人。至少直到十八世紀鄂圖曼政府逐漸以正規部隊取代弗拉赫人為止，他們都在鄂圖曼帝國和哈布斯堡的軍隊中擔任後備士兵。[25]

在哈布斯堡王朝的邊境裡，烏斯科克人和塞尼人則另外組成了自成一格的軍事社群，儘管他們與弗拉赫人擁有相同的社會背景。烏斯科克人和塞尼人主要由邊疆的弗拉赫人組成，於一五三〇年代開始從鄂圖曼帝國遷入哈布斯堡王朝的領土，並在一五九〇年的大規模移民中達到高峰。哈布斯堡王朝給予他們許多特權，其中包括實質上的土地所有權、稅賦減免以及自治權（但沒有金錢上的資助），以換取他們在軍隊中效力。為了生計，烏斯科克人常常只能越過鄂圖曼帝國的鬆散邊界或出海進行劫掠。他們擁有自己的一套行為準則，並依據自己的信念，將自己做的事定位為「和基督的敵人為敵」。如此一來，他們便能合理化自己在鄂圖曼帝國境內劫掠基督徒的行徑。26

哈布斯堡的統治者在每一次成功入侵巴爾幹西部之後，都會近一步延伸、強化他們的軍事邊界。他們招募德意志裔的移墾農民、塞爾維亞人、弗拉赫人和塞凱伊人進入邊境特種部隊，並賦予他們一些特權，包括在天主教復興時期以寬容態度對待東正教徒。到了十九世紀中葉，這群曾經是最不能信賴、最沒紀律的士兵，已經成為帝國麾下最可靠、最忠誠的一支軍隊。27

沿著亞得里亞海岸再往南走一點，阿爾巴尼亞人的領土也深受鄂圖曼帝國、哈布斯堡王朝和俄羅斯彼此交戰的影響（儘管可能只是間接的）。就地理條件而言，他們的土地並不適合密集發展農業或畜牧業，但他們卻能培育出優秀的步兵。鄂圖曼帝國僱用他們在沿岸地區抵禦威尼斯人，或是在其他更遙遠的地方戍守邊疆。十八世紀中葉之後，地方上的貴族開始對他們莊園裡的阿爾巴尼亞人進行武裝，以便對抗哈布斯堡王朝和俄國的軍隊，導致整個地區陷入動盪之中。十八世紀末，和哈布斯堡、俄國交戰的每一場戰役結束後，都有更多的步兵準備卸甲歸鄉；他們有些被收編進私人軍隊之中，有些則靠四處劫掠維生。鄂圖曼帝國並沒有餘力掃盪這些「山賊」，一直任由他們成為該地區的亂源。一直要到十九世紀早期他們被帝國徵召、投入另一場和俄國的戰爭之後，這種情況才有所改變。28

這種「小型戰爭」不但帶來了極度動盪而暴力的生活型態，也不利於居民的生存與和解。「各種合法與不合法的貿易路線遍布」整個地區，走私行為十分常見，尤其以鹽為最大宗。牧民在季節交替的轉場期間，常常不會理會軍事邊界是否存在。[29]此外，儘管基督徒和穆斯林之間存在衝突，他們之間也存在和平的文化交流，從歃血為盟、通婚聯姻，到對於榮譽、男子氣概、勇敢等概念的共同信仰，都並不罕見。東南歐歷史專家布蕾絲薇爾認為這種現象體現了兩件事：他們一方面雖然在宗教政治上立場分歧，另一方面卻又擁有共同的文化價值觀。[30]

杜布羅夫尼克的例子便告訴了我們：軍事邊界並非牢不可破，而是商業和文化的跨境交流得以發生的場域。鄂圖曼帝國的素檀體認到，對這個城邦賦予「附庸公國」的特殊地位，將能為他們帶來龐大的財政利益；他們允許杜布羅夫尼克自治，不用擔心遭鄂圖曼軍隊占領，以此換取他們可觀的貢金。作為鄂圖曼帝國的附庸國，杜布羅夫尼克可以在巴爾幹地區進行貿易、購買生羊毛和皮草，同時販賣威尼斯或佛羅倫薩出產的羊毛製品。在鄂圖曼帝國的保護下，商人不用擔心他們的首要競爭者威尼斯人的入侵。杜布羅夫尼克也是他們和基督教世界進行文化接觸的中立據點；國際貿易的對象甚至還擴展到了東印度地區。[31]這座城邦的存在，為我們展示了複合邊境如何能促進和平交流，卻也能引發暴力衝突。

戰爭不斷改變著巴爾幹西部的族裔和宗教組成。鄂圖曼帝國在和哈布斯堡以及威尼斯王國的長年戰爭中落敗後，上千名的禁衛軍、穆斯林官員，以及從提馬爾制度獲得土地的人紛紛從匈牙利逃往波士尼亞，而信奉東正教的塞爾維亞人和波士尼亞基督徒則是向北遷往哈布斯堡的領土。一七一一年、一七一八年和一七三九年的三場戰役結束後，鄂圖曼帝國的戰敗使得原本主要由穆斯林居住的波士尼亞東部，開始出現愈來愈多的塞爾維亞移民，而傳染病和饑荒則讓穆斯林的挫敗雪上加霜。另一場出現在一七七〇年代和一七八〇年代的移民潮，則為駐紮奧地利邊防的軍隊增加了不少塞爾維亞士兵。但這些移民移動的方向並不是單向的。許多塞爾維亞人為了逃離哈布斯堡的苛捐雜稅，也回到了鄂圖曼帝國境內的波士尼亞，他們的人數和向北逃的難民可能不相上下。[32]

穆斯林的湧入也改變了地主菁英階級。[33]剛落腳的移民利用帝國中央政府正好處於孱弱狀態的空檔，取得了對地方政府和民兵的控制。在他們的領導下，一支波士尼亞的地方軍隊於一七二七年打敗了奧地利人，並重新奪回了貝爾格勒。為了抵禦奧地利人（一八〇四年之後，他們也必須對抗塞爾維亞人），他們被迫要仰賴自己手中的資源，與鄂圖曼帝國中央的不和愈發頻繁。改宗行為無法保證他們會永遠效忠於鄂圖曼帝國。一八三〇年至一八三二年間，波士尼亞省爆發了叛亂事件。當地的菁英對於馬哈茂德二世素檀將六個公國割讓給塞爾維亞非常不滿；他們擔心，素檀的計畫是要建立一支由中央掌控的軍隊，將他們的地方民兵納入。雖然馬哈茂德二世對叛亂進行了鎮壓，但這些地方菁英對坦志麥特改革行動的抗拒仍一直延續到一八五〇年代。一如其他邊境地區發生的叛亂事件，這場起義也在波士尼亞人的集體記憶之中被賦予了神聖地位，成為國族神話的一部分。[34]一般認為，貝爾格勒遭到占領之後，也終結了哈布斯堡王朝對於繼續往巴爾幹半島擴張的興趣，然而這個說法並不完全可信。一七三九年，奧地利和俄國結盟，攜手投入另一場對抗鄂圖曼帝國的戰爭。著名的戰爭史學家魯德爾認為，奧地利人之所以心不甘情不願地投入戰爭，可能只是為了讓他們和俄國的同盟關係不致生變。但他也承認，奧地利人的野心在攻打到尼什城時便逐漸大開，開始計劃將整個波士尼亞，直到德里納河河口的阿爾巴尼亞，以及瓦拉幾亞西部占為己有。在和俄國盟友的協商過程中，他們希望在該地區的公國之中獲得主導地位，但這個想法卻遭到了否決。結果，奧地利人的軍事行動計畫不周、管理不善，最後還被迫撤守貝爾格勒，直到十八世紀末，才終於又取回這座城市（雖然為時短暫）。[35]

二、法國大革命的影響

在法國大革命和拿破崙戰爭的影響下，各個敵對政權在巴爾幹西部地區爭霸的情勢也進入了新的階段。拿破崙將法國勢力擴展到地中海東部的野心，對於埃及和達爾馬提亞這兩個鄂圖曼帝國相距遙遠的邊境地區此後的政治和文化發展，造成了深遠的影響。在這兩個案例中，當地居民都接受了法國的統治和意識形態模式（雖然方式不太一樣），導致改革運動和自治運動相繼出現，因而對鄂圖曼帝國的統治造成了挑戰。尤其，法國人的影響力深入埃及之後，英國人也開始對介入鄂圖曼事務產生興趣。由於法國和英國之間的長期對抗延伸到了邊境地帶，導致哈布斯堡王朝和俄國也不得不對各自的政策進行調整。[36]

當法國人在埃及短暫的軍事行動（一七九八年至一八〇一年），以及英國占領埃及期間，當地統治階級馬木路克的勢力遭到嚴重削弱。埃及新的鄂圖曼總督穆罕默德・阿里，本人就是來自巴爾幹西部地區的阿爾巴尼亞首領，他帶著阿爾巴尼亞和波士尼亞士兵抵達埃及，建立了新的政權。他成了埃及新王朝的創建人，同時也是鄂圖曼帝國主要的改革派人物。他創建了一支現代化的軍隊，並在法國顧問的幫助下，根據拿破崙的模式建立了獨裁政權。他接著試圖在鄂圖曼帝國全境重建秩序，自行掌權，導致歐洲國家大舉介入，並讓鄂圖曼帝國失去了希臘。

法國人在鄂圖曼帝國另一個地區的介入，卻有著截然不同的結果。一七九七年拿破崙打敗奧地利之後，兼併了威尼斯共和國，以及原本屬於哈布斯堡王朝的克羅埃西亞、卡尼奧拉和部分的軍事邊區地帶，亦即三國交界處的大部分地區。法國人也占領了愛奧尼亞群島，讓他們在地中海中部取得了重要的海軍基地，並將這些新取得的領土，都併入了伊利里亞省。拿破崙在巴爾幹西部地區的介入，應該被視為他的宏偉計畫中的一部分，亦即對起自波羅的海地區（他在那裡建立了華沙大公國），到多瑙河邊境的邊境地區進行重組。至於重建黎胥留的東方堡壘計畫則是之後的事。然而所有這些都猶如曇花一現，未能延續太久。

法國人試圖為斯洛文尼亞人、克羅埃西亞人以及塞爾維亞人，打造一個建立在共同語言，以及由拿破崙提供的法典之上的南斯拉夫認同；而這次的嘗試，也為之後出現的南斯拉夫概念提供了範本。[37]拿破崙戰敗後，維也納會議將威尼斯共和國過去的領土劃給了哈布斯堡王朝，為巴爾幹西部地區帶來了新的戰略情勢。儘管威尼斯和達爾馬提亞這兩個省分的經濟狀況在哈布斯堡治下欣欣向榮，但威尼斯人心中的愛國之火依舊熾烈燃燒著。一八四八年，威尼斯的叛亂分子在曼寧的領導下，曾經建立了一個短命的共和國。當威尼斯終於在一八七〇年併入義大利王國時，當地的知識分子仍在歌頌威尼斯這個中世紀的共和國，是基督教世界抵禦鄂圖曼帝國、保護西方文明的關鍵保衛者。[38]

鄂圖曼帝國眼見法國入侵的第一個反應，便是在一七九九年和俄國簽署同盟條約，並聯手俄國發動海上軍事行動，試圖將法國從愛奧尼亞群島驅逐出去。他們隨後在愛奧尼亞群島上創造了七島共和國，從一八〇〇年至一八〇七年為止，都由土、俄共同保護。但他們各自對於七島共和國的意義，卻有不太一樣的理解。鄂圖曼帝國認為七島共和國和多瑙河公國、拉古薩共和國一樣都是附庸國，而俄羅斯的政策則亂無章法，反映出帝國中央和地方指揮官之間溝通的混亂情況。[39]愛奧尼亞群島很快就成為了複雜外交角力之中的一顆棋子。起初，亞歷山大一世考慮在該地區建立俄國的海軍基地，發起第三次反法同盟的進攻行動。然而鄂圖曼帝國拒絕加入同盟，因為拿破崙說服他們俄國才是他們最大的敵人。一八〇四年塞爾維亞發生革命事件時，鄂圖曼帝國同時又被說服和俄國交戰（一八〇六年至一八一二年），他們被迫交出對愛奧尼亞群島的保護權，而法國則根據和俄國簽訂的《提爾西特條約》，於一八〇七年重新占領了該群島。英國人最後將法國人趕了出去，並於一八一五年占領愛奧尼亞群島，但鄂圖曼帝國的素檀一直要到一八二〇年才承認英國人對愛奧尼亞群島的控制權。糾纏在突厥人、法國人以及俄國人之間的當地居民主要是東正教徒，他們比較支持同為東正教徒的俄國人，而非多為天主教徒的法國人或是鄂圖曼帝國的穆斯林。然而俄國政府未能成功在地中海徹底突圍，於是將愛奧尼亞群島的控制權拱手讓給了英國人。

在這些外交和軍事上的來回折衝之中，鄂圖曼帝國中央被迫要仰賴阿里帕夏的才能。野心勃勃的阿里帕夏從一七八七年至一八二〇年擔任愛奧尼亞群島的總督，經常被稱作「穆斯林版的拿破崙」。他在三國邊界地帶的角力過程中，曾為鄂圖曼帝國保衛沿海地區的島嶼和飛地，抵禦來自威尼斯和西方強權的入侵，因而贏得了不少聲望。[40]和穆罕默德．阿里一樣，他在該地區名聲大噪之後，也在鄂圖曼帝國鎮壓希臘革命的過程中成為了關鍵人物。

三、塞爾維亞革命

巴爾幹西部地區的權力結構，在一八〇四年的塞爾維亞革命之後出現了劇烈的變化。塞爾維亞人對鄂圖曼帝國的抵抗，堪稱歷史悠久。塞爾維亞邊境地區的社會和哥薩克人頗為類似，同樣有獨立、半游牧的生活方式，更依賴畜牧業而非農業。他們對於自己的驍勇善戰，以及對宗教的堅決捍衛非常引以為傲，而且他們不只要對抗天主教徒，還得抵擋穆斯林要求他們改宗的壓力。此外，俄國雖然距離遙遠，卻仍是激勵他們和潛在的支援的來源，同時也並未威脅要征服或同化塞爾維亞。到了十八世紀末，塞爾維亞人已經成為哈布斯堡王朝境內民族意識最高昂的斯拉夫人。居住在鄂圖曼帝國境內的同胞如果發出任何武裝抵抗的訊號，他們都會即刻準備進行回應；而在邊界對面，至關重要的貝爾格勒邊境省分，移民的人數則已經從一七三九年的六萬人，大幅增長到一八〇〇年的二十萬至二十三萬人。[41]

對鄂圖曼統治的抵抗，深植於農村的集體生活之中，他們在精神上受到東正教會的鼓舞，同時又擁有在軍事邊區地帶的武裝經驗。抵抗運動的地域中心位於貝爾格勒省，那裡仍未從「提馬爾制度」轉變為田產世襲的制度，因此農民雖然是佃農，卻仍擁有人身自由，對自己的農地也有傳統的使用權。農村人口全都是塞爾維亞人，而穆斯林地主則通常住在城鎮上。農民嚴密的社會組織讓他們擁有強烈的集體認同，這些組織包括合作社，以及由年長者或重要人士組成的議會，而這些年長者或重要人士則會選出一個地方首長。為了對共同問題進行討論，重要人士不時會在一個地點適中的地方聚會。起初他們還願意和鄂圖曼政府合作，而且常常利用他們的權位獲取土地或收稅的權力，但他們也是基督教社群理所當然的領袖。在農村裡，活躍的口傳傳統仍在歌頌鄂圖曼時代之前的歷史，支撐著一三八九年突厥人於科索沃英雄式地擊敗基督徒聯盟的神話，其長篇的文字版本則直到十九世紀才出現。[42]由於社會組織和文化觀點不同，塞爾維亞農民比俄羅斯農奴更加準備好要採取獨立的武裝行動，以此捍衛自己的利益。

當鄂圖曼帝國的權力中心出現衰退跡象時，地方上的塞爾維亞菁英便會組織自衛軍隊。偶爾他們也會帶頭抗議苛捐雜稅，或是發起武裝起義，比如彼得羅維奇於一八〇四年以及歐布雷諾維奇於一八一五年都曾這樣做過，他們兩位分別是兩個敵對的統治家族的開創者。然而就算是在一八〇四年和一八一五年的叛亂高峰期，讓所有塞爾維亞人在政治上團結起來的希望似乎仍十分渺茫。他們夾在兩個帝國之間四分五裂，因為領導權的問題而撕破臉，同時又受到人口流動、移民，以及不斷在軍事邊區地帶兩側來回逃難的人的干擾，而來自南方的阿爾巴尼亞人甚至還會侵占他們祖傳領地。其中唯一能代表團結力量的組織，就只有東正教會。

塞爾維亞東正教會在哈布斯堡王朝、鄂圖曼和俄羅斯帝國都享有特殊地位。十九世紀初，塞爾維亞東正教的文化和教育中心，位於哈布斯堡王朝領土上的斯雷姆斯基卡爾洛夫奇主教區。對東正教會持寬容態度，是哈布斯堡邊境政策中的重要措施。塞爾維亞教士利用這點，藉由教會議會擔任世俗政府的功能，成為所有塞爾維亞人的代表。主教區擁有健全的財政基礎。他們在神學上的影響力，並非來自君士坦丁堡的主教，而主要來自基輔洞窟修道院，後者為他們提供受過訓練的教士以及宗教經典。就像口傳文學一樣，教會讓中世紀塞爾維亞作為一個國家的傳統延續了下來；對他們而言，西方基督教在精神上帶來的威脅，比伊斯蘭教更為嚴重。在鄂圖曼帝國境內，君士坦丁堡主教區轄下的東正教會則掌握在希臘教士的手裡，他們和政府緊密合作。只有在貝爾格勒省和蒙特內哥羅，才有一些塞爾維亞教士聽從北方的斯雷姆斯基卡爾洛夫奇的指導和鼓舞，帶領人民反抗鄂圖曼統治。

十八世紀末，哈布斯堡王朝和鄂圖曼帝國再次發生了邊境戰爭，並進一步激起了塞爾維亞人的民族訴求。一七八八年的戰爭期間，維也納和聖彼得堡結盟組成塞爾維亞自由軍團，試圖侵擾鄂圖曼帝國的補給線。當奧地利軍隊撤出貝爾格勒時，他們留下了一批裝備精良但內心憤恨不平的塞爾維亞志願軍，他們對於一個世紀以來和哈布斯堡王朝毫無結果的合作感到失望。伊斯坦堡當局則是震撼於俄國在多瑙河地區的傑出表現，因而做出了一連串的讓步，以便控制棘手的塞爾維亞人。主要的讓步措施包括：特赦自由軍團成員，賦予塞爾維亞人自行收稅的權利，以及讓他們保留民兵隊等。駐紮在貝爾格勒的禁衛軍則被禁止返國，導致禁衛軍在當地穆斯林菁英的支持下發起了叛變行動。素檀於是發現自己處在一個十分弔詭的處境之中：他必須仰賴一萬五千名塞爾維亞民兵的幫助，來鎮壓他自己的菁英部隊。

這種看起來不太牢靠的同盟關係，在素檀為了應付法國入侵埃及而被迫撤軍之後便瓦解了。禁衛軍最後凱旋歸來，並開始實行恐怖統治。塞爾維亞人找到了彼得羅維奇（他本人曾經是自由軍團的成員）來領導他們展開防衛。素檀一直都堅守自己的承諾，直到塞爾維亞人開始將單純的內政問題國際化才有所改變。他們請求邊境地帶上的所有塞爾維亞人前來支援，其中包括數千名逃往奧地利領地的塞爾維亞人，於是這條複合邊境突然門戶大開，雙向的人口流動開始湧現。塞爾維亞人也轉向尋求俄國人的支持，從而開啟了雙方長達六年的痛苦關係。

俄國人很典型地將塞爾維亞人當作他們在邊境地帶角力中的棋子，提供他們有利的支援，比如武器和軍事顧問團。然而如果戰事進展不佳，或是國際情勢出現變化，他們也早已準備好要犧牲所投入的一切心力。一八〇六年至一八一二年的俄土戰爭期間，俄國多次變換立場，最後決定拋下塞爾維亞人。一八一二年的《布加勒斯特條約》讓鄂圖曼軍隊重新占領了貝爾格勒省，俄國顧問因而逃離塞爾維亞，而彼得羅維奇也逃往奧地利。在基督徒和穆斯林間的對立氣氛中，回復到現狀的機會微乎其微。儘管鄂圖曼帝國重新採取了和解政策，地方上仍不時爆發起義，並在一八一四年演變成大規模的叛亂事件。這次的叛亂領導者換成了一位當地的菁英分子，他的名字是歐布雷諾維奇。馬哈茂德二世此時則正忙著進行改革；在俄國的慫恿下，他將彼得羅維奇統治期間曾經允諾塞爾維亞人的權利，全都給了歐布雷諾維奇，甚至做了許多加碼。於是塞爾維亞終於在長達十一年的鬥爭之後，崛起成為一個半自治的國家，而歐布雷諾維奇則成為親王。然而塞爾維亞仍是一個弱小、貧窮的國家，嵌在鄂圖曼帝國的行政體系之中。大多數塞爾維亞人都居住在這個新國家以外的地方，而他們對文化共同體的意識，在多年來的抵抗，以及對外援的失望之下，也開始帶有愈來愈多的國族意識。由此，巴爾幹西部地區逐漸成為一個隨時都有可能引爆的炸彈。

多瑙河邊境地區

再往東邊走，三國邊界地區則和多瑙河地區的邊界交匯在一起；這條邊界從多瑙河在貝爾格勒的轉彎處（鄂圖曼人將貝爾格勒稱作「鎖鑰」），一路延伸到黑海。[43]這條大河，是中歐和黑海地區之間的主要貿易動脈，也是歐亞大陸居民向中歐遷徙的古老路線。它的北部有三條支流從喀爾巴阡山向南流出，分別是蒂薩河、錫雷特河以及普魯特河，它們將多瑙河和西邊的匈牙利平原、以及東邊的摩爾達維亞和瓦拉幾亞平原連結在一起。南邊最主要的支流則是摩拉瓦河，提供了兩條通往愛琴海的路線：第一條是先經過尼什，然後跨過德拉哥曼山口，抵達馬里查河的源頭，然後再沿著馬里查河流經埃迪爾內（阿德里安堡），最後注入海裡；第二條則沿著發達河抵達塞薩洛尼基。鄂圖曼帝國從南邊沿著這些河谷進行侵略，於十六世紀跨越了多瑙河；一五二六年，他們在莫哈奇打敗了馬札爾人，打開了另一個複合邊境。在接下來的一百五十年裡，哈布斯堡王朝和鄂圖曼帝國都在爭奪對匈牙利的控制，而位於外西凡尼亞地區北部的匈牙利儘管自由，卻仍必須在哈布斯堡王朝和鄂圖曼帝國之間戰戰兢兢地維持平衡。到了十八世紀，像幽靈般不斷徘徊在多瑙河流域的俄羅斯帝國，則將會把鬥爭的重心移往瓦拉幾亞和摩爾達維亞地區。

一、羅馬尼亞人

多瑙河公國境內的羅馬尼亞統治菁英，和外西凡尼亞地區的馬札爾人一樣，不斷在各個多文化強權之間變換陣營，藉此維持獨立自主。彼得大帝曾發起一次失敗的軍事活動，企圖讓多瑙河公國脫離宗主國鄂圖曼帝國的控制，然而他進場干預的時機仍然稍嫌晚了一些。整個十八世紀和十九世紀的上半葉，多瑙河公國都不斷遭到奧地利人和俄國人或長或短的占領；他們之所以能免於被兼併進哈布斯堡王朝或俄羅斯帝國，其實是因為這兩個帝國一直處在敵對的狀況。

鄂圖曼帝國於十五世紀末和十六世紀初入侵多瑙河邊境地區，破壞了匈牙利王國和摩爾達維亞公國由統治菁英發起的國家建構計畫。他們不斷試圖恢復自己的獨立性，因而捲入了歐亞大陸史上最漫長的政治鬥爭，只有波蘭人和俄羅斯人因為克雷希地區而發生的鬥爭可以比擬。爭議的核心位於外西凡尼亞地區；到了十六世紀中葉，該地區已經成了一個自治的公國。作為一個文化碎片區，其統治菁英由信仰天主教的馬札爾人，住在東南部鄉村地區，和馬札爾人血緣接近的塞凱伊人，以及主要住在城鎮，源自於德境薩克森地區的德意志新教徒移墾者組成。而信東正教的瓦拉幾亞農民雖然占人口的大多數，卻沒有獲得任何政治權利。

在鄂圖曼的攻勢下，瓦拉幾亞和摩爾達維亞這兩個公國陸續屈服。就地理條件來說，瓦拉幾亞更加暴露在匈牙利和鄂圖曼帝國的勢力範圍之中，因而率先遭到征服。至於摩爾達維亞，則是在斯特凡大公（一四五七年至一五〇三年在位）的領導下撐得更久一些。他們都希望波蘭立陶宛聯邦能伸出援手，因而也都對雅捷弗王朝宣誓效忠。由於無法在沒有外援的情況下維持獨立，這些省分早在十五世紀末便成為鄂圖曼人、馬札爾人以及波蘭人相互爭奪的邊境地區。鄂圖曼帝國的征服行動在十六世紀初結束之後，伊斯坦堡便試圖透過指定親王的方式掌控這些公國。然而那些親王仍和波蘭的權貴階級保持接觸，時常密謀希望有朝一日能脫離鄂圖曼帝國的控制。十六世紀末，哈布斯堡王朝也加入了多瑙河邊境地區的角力之中，而瓦拉幾亞和摩爾達維亞的統治者也知道，機會終於來了。

一五九三年，哈布斯堡統治者魯道夫二世對鄂圖曼帝國發起了第一場大型戰爭。從表面上看，這是一場聖戰，目的是為了將穆斯林趕出歐洲。然而魯道夫的主要目的其實更為實際：他希望保護軍事邊境，控制外西凡尼亞，並將哈布斯堡王朝的勢力推向多瑙河公國。維也納當局過去幾十年來，都在對瓦拉幾亞的波雅爾提供支援，避免公國成為鄂圖曼帝國的一省。相較之下，他們在摩爾達維亞支持的卻是反抗波雅爾的農民叛亂分子，因為摩爾達維亞的波雅爾為了取得和波蘭土地貴族一樣的特權地位，和波蘭人走得更近。在瓦拉幾亞的波雅爾中，魯道夫找到了一個非常重要但不太可靠的盟友，亦即「勇敢的米哈伊」。他是鄂圖曼素檀為了混淆哈布斯堡的陰謀而指定的世襲親王，扭轉了對自己不利的局面，卻讓其他人陷入困境，比如令人敬畏的巴托利．史蒂芬大公（他作為外西凡尼亞的親王，後來還當選為波蘭國王，懷抱著將權力擴張到各個公國的野心）。米哈伊希望統一羅馬尼亞的三個區域，亦即瓦拉幾亞、摩爾達維亞和外西凡尼亞。在聖戰中，他起義抵抗鄂圖曼帝國，並打敗了鄂圖曼帝國派來的軍隊。起初他也召喚農民加入解放戰爭，接著卻又為了安撫波雅爾而背叛了農民，不只解散農民組成的民兵隊，還實施了農奴制度。

米哈伊無法將戰爭轉變成抵抗鄂圖曼帝國的人民起義，於是削弱了自己的軍隊，並犧牲了他在橫渡多瑙河大舉出征時，原本可以從保加利亞農民那裡爭取到的支持。此時，他的軍隊裡大多是波雅爾、傭兵以及俠盜集團。所謂的俠盜集團是一群由聯軍領導及武裝的士兵，但他們紀律欠佳，幾乎和土匪沒什麼差別。不過他們在干擾鄂圖曼補給線的游擊戰中非常有用，偶爾還會襲擊城鎮，比如一五九五年索菲亞就曾遭殃過一次。但他們的劫掠行動也讓農民不願支持他們。[44]到了後來，這些俠盜集團才在大眾文化中被讚揚為抵抗突厥人的英雄。

這場聖戰最後結束於一六〇六年，而且沒有分出勝負，但各個公國卻已經滿目瘡痍，並陷入長達二十五年的混亂時期。為了對他們進行管治，鄂圖曼帝國開始從伊斯坦堡的希臘人聚集地（法納爾）找出適當人選，推舉他們成為摩爾達維亞和瓦拉幾亞的軍事指揮官人選。然而在整個十七世紀裡，被指定的人選上任之後，往往仍會尋求周遭基督教國家的支持，希望藉此避免被整併進鄂圖曼帝國的治理架構之中。同時，這些遙遠領地的邊界非常脆弱，穆斯林人口也不多，只要他們仍然將鄂圖曼帝國視為宗主國、按時交稅，鄂圖曼帝國其實也樂得鬆綁對他們的控制。但最後要為此付出代價的，還是農民。

農民抵抗的方式無非是逃亡或叛變，其中最嚴重的一次發生於一六五五年，亦即所謂的「舍伊門特革命」。一如當時的其他革命，舍伊門特革命之所以爆發，是因為傭兵在戰爭結束之後遭解編所導致的。瓦拉幾亞的農民也加入了革命的隊伍，不過他們心中的不滿情緒和傭兵並不相同。由於當地軍力不足，這些地方上的菁英在取得鄂圖曼帝國同意之後，找來了外西凡尼亞的拉科齊來鎮壓叛亂。事後證明，這個決定為他們立下了一個危險的先例。瓦拉幾亞接下來的統治者，也都經常背叛鄂圖曼這個宗主國，導致他們在所有歐洲人心目中開始以奸詐聞名。但他們畢竟位處遭到敵人包圍的邊境地區，因此這些行為就算並不光彩，至少也頗為合理。

哈布斯堡與鄂圖曼帝國從一六八三年持續到一六九九年的戰爭，為摩爾達維亞和瓦拉幾亞的統治菁英提供了另一個遊走在各個陣營之間的機會。哈布斯堡軍隊解決了維也納的圍城危機之後便入侵了巴爾幹西部地區，而就在此時，和他們結盟的波蘭人也入侵了多瑙河公國，讓維也納當局不禁懷疑起波蘭國王對外西凡尼亞地區也有所圖。然而他們其實根本不必擔心，因為摩爾達維亞的居民並不歡迎波蘭人。和波蘭的天主教政權相比，波雅爾寧願接受鄂圖曼帝國寬鬆的統治，至少後者對東正教相對寬容，反而波蘭人還在進行反宗教改革的運動，而且波蘭國王的擴張野心眾所皆知。但更吸引人的是還有其他選項。

彼得大帝才剛在波爾塔瓦打敗瑞典人沒多久，隨即又投入了另一場他尚未準備好的戰爭；這次的對手，是鄂圖曼帝國。俄國人好幾場在多瑙河邊境的戰爭，起初都出師不利。一旦真的投入戰爭，彼得便得面對一個戰略上的困境：為了將瑞典人驅趕出波羅的海地區，他把主要的常備軍力都投向了北方，但對於是否也在南方發起大型攻勢，卻顯得遲疑許多。然而，要他和在後方流竄的哥薩克人作戰，風險也同樣太高。如果再次入侵烏克蘭，甚至直接攻至基輔，則可能會導致整個烏克蘭在札波羅結哥薩克的馬澤帕將軍號召下，出現大規模倒戈；在此之前，馬澤帕曾和瑞典人並肩作戰，也曾加入過鄂圖曼帝國的軍隊。彼得大帝的替代策略，是增加巴爾幹地區對抗素檀的基督徒人口，藉此反敗為勝。

一七一一年，彼得大帝下了第一步險棋。事後回看，這的確是場冒險行動，也再次展現出邊境戰爭愈來愈複雜和連動的特性。發生在複合邊境上的戰爭，幾乎都會在鄰接的邊境中引發連鎖反應。兩個多文化政權之間的武裝衝突，也經常會將邊境地區的人民牽扯進來，因為他們會把衝突看作脫離帝國統治的大好機會。彼得大帝在多瑙河流域的軍事行動，讓哈布斯堡王室擔心巴爾幹地區的東正教徒會在俄國沙皇的號召下，起身反抗他們的鄂圖曼統治者。維也納仍然將自己看作基督教世界面向東南邊的前哨站（羅馬教廷也同意這個觀點），而且也還沒準備好要將這個角色交給俄羅斯。[45]這立刻造成了雙重危機。儘管政府為了讓駐守在哈布斯堡軍事邊區地帶的塞爾維亞人對其保持效忠，而賦予他們一定程度的宗教自由，但他們仍然有可能大規模向俄羅斯投誠。如此一來，哈布斯堡在拉科齊獨立戰爭中對抗馬札爾人的力量可能會遭到弱化。馬札爾人的領導人佛朗茲·拉科齊早在一七〇七年，便已經和彼得大帝接觸過，希望讓他說服塞爾維亞人站在匈牙利這邊。波爾塔瓦會戰結束後，他則建議彼得大帝建立一個聯盟，將匈牙利、波蘭、俄國聯合起來對抗奧地利。相較之下，奧地利更擔心瓦拉幾亞、摩爾達維亞落入俄國控制後的命運。這兩個公國的總督一如既往地周旋在波蘭人、俄羅斯人以及奧地利人之間，以便取得外部盟友的支持、促進自己的利益。歐根親王便曾警告約瑟夫一世，彼得沙皇一旦成功，可能便會一路向伊斯坦堡挺進。[46]

一旦三國交界地區的東正教徒發起大規模起義，想要阻止俄國人入侵就會變得更加困難。不可否認的是，塞爾維亞人和蒙特內哥羅人在試圖擺脫威尼斯人、奧地利人和鄂圖曼人的控制時，仍然認為俄國是他們唯一可以求助的對象；卡在鄂圖曼的穆斯林，以及同樣危險的「拉丁人」（威尼斯人）之間的他們，已經準備好要和俄國並肩起義。然而他們實力不佳，距離前線又太過遙遠，因此難以對戰爭結果造成太多影響。

就軍事觀點來看，最關鍵的起義都發生在多瑙河前線的戰場上。然而，當地的東正教徒菁英階級就真的可信嗎？作為摩爾達維亞總督的坎捷米爾，曾答應俄國人一旦他們越過多瑙河，他便會加入俄國人的陣營。但他也堅持，他和彼得大帝之間的協議必須保密。這份協議有兩套方案：如果俄國打贏戰爭，大摩爾達維亞國的領土便將會從多瑙河延伸至聶伯河，並且「永遠受到陛下（亦即俄國沙皇）的保護」，而坎捷米爾將會成為大摩爾達維亞國的世襲統治者；如果俄國戰敗，他也能在莫斯科引退，享受舒適的宅邸和優渥的俸祿。等到他終於意識到兩種結果都不可能發生之後，他便撤退到安全的地方，靜待俄國發起攻勢。和坎捷米爾一樣謹慎的，還有瓦拉幾亞的總督勃蘭科韋努。他也對彼得大帝說，一旦俄軍進入瓦拉幾亞公國境內，他就會發出起義的號令。

然而當俄軍攻抵多瑙河的計畫失敗後，彼得大帝在摩爾達維亞的昔日盟友也隨即放棄了起義的計畫。如此一來，俄軍和彼得大帝發現自己被困在普魯特河地區，前後都遭到了鄂圖曼大軍的包夾。最後彼得大帝被迫與鄂圖曼帝國談和，而且還很有可能失去打敗瑞典人之後獲得的所有領土。奧地利人見狀之後鬆了一口氣，而坎捷米爾則是逃往了俄國。鄂圖曼帝國雖然贏得了戰爭，卻錯過了在多瑙河地區和東歐大草原重建霸權、並讓瑞典恢復在波羅的海地位的大好機會。此外，他們還放過了彼得大帝——俄國最後被迫割讓的領土，只有亞速海地區以及幾個亞速海沿岸的新城市，比如塔甘羅格。他也被迫承諾不再介入波蘭事務，也不再干涉哥薩克人；但在接下來的談判裡，這些條款很容易就被規避掉。戰爭期間，鄂圖曼帝國也曾鼓動和他們同為穆斯林的克里米亞韃靼人以及東歐大草原上的游牧民族；為了對此進行回應，彼得大帝也試圖在游牧民族之中找尋盟友。[47]因此三國交界地區、多瑙河流域以及東歐大草原這三個複合邊境，曾短暫地第一次被連結在一起，不論連結得多麼薄弱。多瑙河邊境上的主要結局，是鄂圖曼帝國決定終結當地親王對公國的統治權，並任命來自法納爾地區的希臘人前去進行管治。摩爾達維亞和瓦拉幾亞注定還要再受鄂圖曼帝國統治一個世紀，而親王則是和波雅爾齟齬不斷，同時還勾結外國勢力抵抗鄂圖曼帝國的統治。但在這些看似小家子氣的政治鬥爭之下，摩爾達維亞和瓦拉幾亞的文化和經濟其實正在歷經一場復興。

雖然摩爾達維亞和瓦拉幾亞並未獲得獨立，但統治公國的親王仍享有不少自主權，讓他們得以促進各種跨境的思想交流。雅西和布加勒斯特兩地的學院文風鼎盛，吸引了不少區域內的作家和教師前來。在這兩個公國首都裡，希臘裔、阿爾巴尼亞裔、馬札爾裔和保加利亞裔的學者，都能以自己的語言出版著作。在鄂圖曼這個偉大帝國的保護傘下，羅馬尼亞商人因為廣大的帝國市場而受益良多，持續和伊斯坦堡進行利潤豐厚的小麥和錫礦貿易。[48]因此，當時的狀況和後來帶有國族主義色彩的敘事並不相同，鄂圖曼治下的摩爾達維亞和瓦拉幾亞地區，其實一點都不黯淡。

二、馬札爾人

愈往西走，哈布斯堡王朝在多瑙河邊境地區的處境愈好，而其匈牙利盟友和鄂圖曼帝國則變得更加弱勢。從十六世紀早期開始，一度強盛的匈牙利王國便漸趨衰微，最後夾在哈布斯堡王朝和鄂圖曼帝國之間，淪為雙方的棋子。原本早在十四世紀末，匈牙利王國係處於歐洲基督徒最前哨地帶，肩負著防禦鄂圖曼帝國入侵中歐的重責大任。系出匈牙利王國東疆外西凡尼亞地區的匈雅提家族的兩位成員，亦即馬札爾名將亞諾什·匈雅提和其兒子——即日後成為匈牙利國王馬提亞斯一世·考文紐斯，在十五世紀的大多數時間裡，都成功地捍衛了多瑙河的防線。匈牙利有三個主要軍事邊境體系，而馬提亞斯便為其中最重要的一個奠下了基礎。就其最初的形式而言，這條軍事邊境沿著兩條路線，從達爾馬提亞海岸出發，以比哈奇作為重要據點，分別向外西凡尼亞和瓦拉幾亞延伸。

一五二〇年代，蘇萊曼大帝治下的鄂圖曼軍隊攻破了這個體系的核心；他們先是在一五二一年攻占關鍵的貝爾格勒，後來又在一五二六年於莫哈奇擊潰匈牙利和瓦拉幾亞的聯軍。奧地利大公腓迪南一世則是已經開始派遣德意志裔步兵防守西段防線，並逐漸取得了位於克羅埃西亞的駐軍點，為奧地利在巴爾幹西部地區的軍事邊區地帶奠定了基礎。[49]馬札爾人的國家最後瓦解，而莫哈奇之役則成為了民族恥辱和傷痛的象徵。匈牙利的馬札爾貴族於是分裂為兩個陣營：一個仍然效忠哈布斯堡王朝，另一個則是所謂的民族黨（雖然這個名稱不符實情），希望避免和鄂圖曼帝國攤牌。匈牙利則是被瓜分為三個部分：核心地帶的大片平原受鄂圖曼帝國統治一百五十年；另外一小片地區，即所謂（哈布斯堡）皇家之匈牙利，包括一小部分殘餘的潘諾尼亞、克羅埃西亞及斯洛伐克，則為哈布斯堡王朝所嚴密控制，一直到一九一八年都和哈布斯堡王朝維持著不甚穩定的關係；而在外西凡尼亞地區，則有一個馬札爾人建立的地方王朝，直到一六九九年之前都作為一個獨立的公國存在著。

從十六世紀末到十七世紀末，身為新教徒的幾位外西凡尼亞親王，在哈布斯堡王朝與鄂圖曼帝國之間取得了不甚穩定的平衡。十五年戰爭期間（一五九二年至一六〇六年），身為新教徒的博奇凱發起了一場針對哈布斯堡王朝的叛變，為鄂圖曼軍隊帶來了不少幫助。博奇凱是由地方議會選出的親王，他的地位後來在一六〇六年的和平條約裡獲得了確認。在他之後，外西凡尼亞又出現了好幾位賢能的親王，其中一位便是百瑟倫這位傑出的邊境政治家。百瑟倫又被稱作「匈牙利的馬基維利」；難以控制的俠盜集團曾支持反哈布斯堡的革命，而百瑟倫卻能統治他們。此外，他還讓外西凡尼亞衰頹的經濟起死回生，並建立一個充滿文藝復興光輝的王宮。他曾參與過三十年戰爭抵抗哈布斯堡王朝，顯示出他即使位處歐洲的衝突熱區，卻仍能嫻熟處理國際政治。在他之後繼任的拉科齊一世，則是謹慎地延續了他的政策，並對更極端的新教徒進行打壓，但沒有成為抵抗天主教歐洲的聖戰領導者。他選擇在三十年戰爭結束時加入反哈布斯堡陣營，並藉由一六四八年的《西發里亞和約》，讓國際社會承認外西凡尼亞是一個獨立存在的簽署國。外西凡尼亞親王的成功，讓匈牙利皇室內出現了不同意見。大多數人都認為外西凡尼亞就是鄂圖曼帝國的一個前哨站，而少數人則將該地區看作一個團結而獨立的匈牙利的核心。長期來看，外西凡尼亞並沒有足夠的資源，能讓他們完成大型的國家建構計劃。但拉科齊二世仍想一試，追求波蘭王位這個虛幻的目標，卻因為「過度擴張」而以失敗收場。在首相穆罕默德．柯普呂律的統治之下，鄂圖曼帝國再一次進入復興時期，他們從後方襲擊外西凡尼亞，終結了其獨立地位，並讓外西凡尼亞淪為傀儡國，而哈布斯堡皇帝利奧波德一世則在旁滿意地看著這一切發生。[50]

鄂圖曼帝國最後一次成功侵襲匈牙利之後，於一六六四年簽署了《瓦斯瓦爾和約》；在此之後，哈布斯堡治下的馬札爾貴族則因為中央集權措施和苛捐雜稅而揭竿起義。他們請求鄂圖曼帝國提供保護，讓他們維持獨立自主。一六七〇年代，他們以維護貴族莊園主的權利與特權之名，沿著鄂圖曼帝國和哈布斯堡領土的邊境發動起義，不過他們是以一種面向整個社會的修辭在提出訴求。最後，所謂的拉科齊獨立運動無法處理農奴在社會和經濟層面上的不滿情緒，因而無法完成民族解放的工作。[51]儘管如此，在強人特克伊伯爵的領導之下，拉科齊獨立運動仍然在戰場上獲得了一些成績，並讓穆罕默德四世素檀相信，如果有他們的幫助，他便可以打倒哈布斯堡王朝。然而特克伊伯爵和羅馬尼亞大公一樣，在情勢未定之時仍希望保有選擇空間，因此並沒有加入鄂圖曼帝國最後一次在多瑙河邊境地區的軍事行動。對維也納的圍城行動最終失敗，迫使鄂圖曼軍隊撤出匈牙利，而包含外西凡尼亞在內的整個匈牙利，則都併入了哈布斯堡王朝之中。哈布斯堡王朝隨後擊敗了特克伊伯爵的軍隊，但拉科齊獨立運動的精神卻一直延續到了十八世紀。

十七世紀的戰爭帶來了許多毀滅性的後果。他們驅離許多地方上的居民，開啟了一連串強制移民行動。十五世紀晚期，由於匈牙利的馬提亞斯實行宗教寬容政策，因此當鄂圖曼帝國入侵時，塞爾維亞的牧羊人便紛紛逃往匈牙利，使得多瑙河邊境地區開始出現特定的人口變化模式。自此，劫掠和貿易這種典型的邊境活動，便開始成為平原上的日常生活方式。邊境兩側的社會中，都出現了以科摩爾－斯帕希土地所有權制度為基礎的邊境社會，以及雖有流動但界線分明的社會階級。[52]然而十五年戰爭（一五九二年至一六〇六年）和匈牙利投入三十年戰爭期間，以及鄂圖曼帝國於一六八三年至一六九九年最後一次攻打匈牙利期間，多瑙河核心地區和外西凡尼亞的人口都在不斷流失。最後，就在哈布斯堡王朝和鄂圖曼帝國的戰爭（一六八三年至一六九九年）期間，東正教的牧首阿爾森尼耶三世帶領多達三萬個塞爾維亞家庭離開科索沃，前往匈牙利南部；這場「大遷徙」，後來在塞爾維亞的歷史中被寫成了一首史詩。[53]這些人口流動的現象為匈牙利人口的族裔組成帶來了劇烈的變化。哈布斯堡發動侵略之後，斯洛伐克人、羅馬尼亞人和塞爾維亞人分別從三個方向移入荒廢的村莊和農地。在亟需勞動力的馬札爾貴族，以及亟需稅收的哈布斯堡政府的鼓勵之下，出現在南部地區的移民和移墾活動，是造成該地區人口從一七二〇年的三百五十萬，增長到一七八七年的九百萬的主要原因。匈牙利由此成為一個具有多元文化的國家，馬札爾裔的人口只占全體人口數不到一半。[54]

哈布斯堡王朝於一六九九年解放了匈牙利，卻沒有讓匈牙利重新獲得獨立地位；相反地，奧地利皇帝利奧波德一世決定將匈牙利納入他的帝國統治之下，成為哈布斯堡的邊境地區。由於大多數馬札爾貴族在最近一次的戰爭中加入了鄂圖曼帝國的陣營，因此利奧波德一世將他們視為「基督教世界的敵人」，而他自己則是「基督教世界的堡壘」。[55]馬札爾人的稅賦愈來愈重，講德語的軍隊也開始駐紮在匈牙利，而十分肥沃卻滿目瘡痍的匈牙利大平原，也開始出現德意志和塞爾維亞移墾者前來徵收討厭的戰爭稅。對此，不論是來自哪個階級的馬札爾人都愈來愈感到不滿。匈牙利的民族英雄佛朗茲·拉科齊，後來於一七〇三年領導馬札爾人對哈布斯堡的統治進行反抗，引爆了另一場獨立戰爭，衝突持續了八年之久。在拉科齊的領導之下，起初的農民叛亂事件愈演愈烈，幾乎成了民族起義運動，不過這種說法比較像是匈牙利歷史學家後來才發明的。馬札爾人面臨到的一個問題是，包括薩克森人、羅馬尼亞人，來自萊茵河地區的德意志人以及塞爾維亞移墾者在內的非馬札爾人，加上一些地方上的馬札爾新教徒，仍然效忠於哈布斯堡王室。這個問題，到了一八四八年的革命期間將會再次浮現。

第二個問題則是，馬札爾人缺乏足以和哈布斯堡匹敵的專業軍隊。匈牙利王國的傳統軍隊，或者是從貴族階級徵兵而來，或者以起義為形式，並不適合傳統的戰爭型態。[56]第三個不斷發生的問題，則是貴族不願減輕稅賦，也不願解放農奴。最後，不願對宗教改革採取寬容態度的天主教徒，讓原本支持叛變的馬札爾新教徒也開始心生不滿。歷史學家查爾斯．英格蘭曾指出，採取游擊戰形式只會讓衝突延續更久。在缺乏外援的情況下，叛變行動並沒有辦法為馬札爾人帶來獨立。[57]但叛變的失敗仍舊渲染了他們英雄式的神話，並對馬札爾貴族和波蘭土地貴族共有的反抗精神，賦予了神聖的地位。

馬札爾貴族和波蘭土地貴族都認為自己是民族的唯一化身，也是歐洲文明的代表，正在和東方與東南方的蠻族進行奮戰。他們都擁有悠久的軍事傳統（儘管敗績不少），也都在自己國家的社會、經濟領域中占有主導地位。整個東歐的城鎮經濟於十六世紀出現了衰退跡象，而貴族則對農民實施了再版的農奴制，使得他們得以在地方層級壟斷政治權力，維護自己的傳統「自由」。和波蘭土地貴族一樣，馬札爾貴族在文化和智識上也得益於文藝復興、宗教改革以及巴洛克時期。但高雅文化的外殼，並沒有辦法補償他們對於獨立的想望，只能掩蓋他們陳腐的經濟與社會生活型態。他們也沒有辦法解決自己邊境地帶上的族裔多元性問題。他們偶爾會稱自己是歐洲的一部分，但在外國人以及後世的歷史學家眼裡，他們似乎更像近代早期歐亞大陸邊境地區的菁英階級。

雖然波蘭貴族和馬札爾貴族有許多相似之處，但他們在政治個性上卻有著明顯區別。在和哈布斯堡交手時，馬札爾人成功地將抵抗策略與和解策略結合在一起，讓他們從危機四伏的軍事邊境地區中的被征服民族，搖身一變成為多文化帝國的共同統治者。相較之下，原本可以在俄羅斯演進過程中扮演類似角色的波蘭人，卻因為主張抵抗俄國的聲音，比主張合作的聲音還要來的強勢，因而逐漸失去了在帝國核心分享權力的機會。

在和哈布斯堡王朝，以及其他未被同化的族群鬥爭的過程中，馬札爾人和波蘭人一樣，也面臨著三個關鍵的問題。第一，哈布斯堡中央不時試圖削弱馬札爾人的特權，將他們置於帝國中央的控制之下；對此，馬札爾人應該如何抵抗？第二，如何重建匈牙利不復存在的國家地位？第三，馬札爾人應該如何整合自己的邊境地帶，亦即外西凡尼亞、多瑙河軍事邊界、斯洛伐克，以及一七一八年哈布斯堡王朝從鄂圖曼帝國奪回的蒂米什瓦巴納特地區？[58]為了解決這些問題，他們努力了一個世紀，卻未獲得太多成果。

三、對多瑙河公國的角逐：奧地利與俄國占得上風

哈布斯堡王朝雖然成功地將鄂圖曼帝國擋在維也納城外，卻開始在多瑙河邊境地區遇到了一個新的對手。他們透過《卡洛維茨條約》取得了外西凡尼亞地區，因而破壞了摩爾達維亞和瓦拉幾亞之間的關係，並將大量羅馬尼亞人口納入王朝的統治之下。彼得大帝曾於一七一一年首次進犯普魯特河地區，雖然並未成功，卻已讓多瑙河地區籠罩在俄國人的威脅之下。一七一〇年，在維也納的樞密院會議中，奧地利官員首次針對俄國對巴爾幹地區的滲透表示擔憂。然而真正的憂慮，直到十八世紀中葉他們在考慮要選擇分裂、征服還是維持現狀等方案時才會真正浮現。此外，在十八世紀的大多數時間裡，當奧地利人在面對鄂圖曼帝國這個共同的敵人時，都將俄國人當作自己的盟友。他們一起投入了四場戰爭，而在此期間，多瑙河公國也都是由奧地利或俄國占領的領地。哈布斯堡王朝於一七一八年簽訂《帕薩羅維茨條約》之後，不只取得了貝爾格勒，還取得了瓦拉幾亞西南部的奧爾特尼亞省，可

以算是他們在一九〇七年兼併波士尼亞之前，最有野心的一次文明開化任務。奧地利政府以早期啟蒙運動的精神，針對財政、司法和金融等層面實施了一系列改革，期間長達將近二十年。然而哈布斯堡王朝在一七三六年至一七三九年間的戰爭中，仍不敵剛整頓過的鄂圖曼軍隊，因而被迫將奧爾特尼亞省歸還給瓦拉幾亞公國。但他們和俄國的主要目標並未改變，都是取代鄂圖曼帝國，成為這些公國新的守護者。[59]

哈布斯堡的外交官考尼茨伯爵，趁著俄國在一七六八年至一七七四年的戰爭中獲勝的機會，藉由嫻熟的外交手段，不耗費一兵一卒，便將布科維納省兼併為哈布斯堡的領土。他和俄國協商，希望以哈布斯堡軍隊取代俄國軍隊，並威嚇鄂圖曼帝國，讓他們接受哈布斯堡軍隊出現在該地區的既定事實。起初，維也納似乎想要藉由在該省分實施軍事統治，將其納入牽制匈牙利的連鎖系統之中。他們也鼓勵羅馬尼亞人從外西凡尼亞、比薩拉比亞，以及摩爾達維亞等地區遷入，並成功收編了當地的羅馬尼亞菁英階級。然而維也納卻拒絕羅馬尼亞人按照自己的意志行事。哈布斯堡的軍政府建立了德語學校，鼓勵德意志裔的工匠移居摩爾達維亞和瓦拉幾亞的城鎮，並在德意志裔專家的幫助下，於十九世紀初期推廣農業現代化。[60]

一七八六年將布科維納併入奧地利加利西亞地區的決定，讓該省的社會關係變得更加複雜，他們以德意志人組成官僚體系，並為波蘭文化的影響力開路。許多羅馬尼亞人、魯塞尼亞人後來也於十九世紀初從加利西亞移入布科維納地區，進一步為該地區增添了族裔混居的情形和社會衝突。由於波蘭地主壓迫當地農民，導致起義事件不斷於十九世紀上半葉爆發，並在科比立契亞所領導的大規模起義中，於一八四二年和一八四三年達到高峰。奧地利當局交替採用中央集權、同化、移墾等政策，試圖對邊境地帶進行控制，卻為哈布斯堡王朝造成了一個他們未曾解決的僵局。[61]

俄國於一七八三年兼併了克里米亞之後，考尼茨也主張出兵占領摩爾達維亞和瓦拉幾亞，或是占領波士尼亞作為補償；這些都是他擴張計畫的一部分。凱薩琳大帝則想到了更好的計畫。她向約瑟夫二世提議，至少要讓鄂圖曼帝國瓦解，並對位在兩國之間的鄂圖曼領土進行瓜分；這場事件也戲劇性地展現出了她個人的外交手法。她所謂的希臘計畫，則將克里米亞、黑海海岸（一直延伸到聶斯特河口，其中還包含奧恰科夫要塞），以及北高加索地區的領土都劃給了俄國。更具想像力的是，她還提議在多瑙河邊境地區建立兩個俄國的保護領地：第一個將被稱作達契亞，由摩爾達維亞和瓦拉幾亞組成，它們之前雖然曾經獨立，但實際上仍由兩位俄羅斯親王進行統治；第二個則是一個小型版本、重組過後的拜占庭帝國，包含魯米利亞（保加利亞）、馬其頓和希臘，並以君士坦丁堡（伊斯坦堡）作為首都，而凱薩琳的孫子（剛好也叫君士坦丁）將會成為這個國家的皇帝。哈布斯堡王朝則可以得到部分的塞爾維亞、波士尼亞、赫塞哥維納、伊斯特里亞、達爾馬提亞海岸，以及小瓦拉幾亞地區（奧爾特尼亞）。威尼斯王國的亞得里亞海岸雖然被劃給了哈布斯堡王朝，但他們將可以獲得克里特島、塞普路斯以及希臘的一部分（伯羅奔尼撒）作為補償。和十九世紀和二十世紀發生的幾次瓜分計畫一樣，所謂的「希臘計畫」也忽略了各地居民希望脫離帝國統治的心情，然而邊境地區的居民仍沒有強大到足以自己達成這個目標。在整個十九世紀裡，解放者和被解放者對於想要取得的成果很少具有共識；就算到了一九一八年或一九四五年，情況也依然如此。

十八世紀的第四次鄂圖曼戰爭（一七八八年至一七九二年），則是因為俄羅斯兼併克里米亞而引起的；約瑟夫二世當時派出了部隊，希望能完成希臘計畫。奧地利於一七八七年的戰爭計畫之中沒有任何「防禦性」作為可言，五支哈布斯堡軍隊將會分別入侵鄂圖曼帝國。他們預計在第一年結束之前，就要橫掃所有多瑙河地區的省分、塞爾維亞，以及波士尼亞的大部分地區；到了隔年，他們則會入侵阿爾巴尼亞。在戰爭中，哈布斯堡軍隊占領了布加勒斯特和貝爾格勒。[62]在高明的蘇沃洛夫的領導之下，俄軍再一次打敗了土耳其人。約瑟夫二世死後，新的哈布斯堡皇帝利奧波德二世不願再次投入這場戰爭。他對於俄國的勢如破竹有些疑慮，而法國大革命又對當時由奧屬尼德蘭造成了威脅，讓他深感不安。一七九二年的《雅西和約》簽訂後，俄國首次和多瑙河地區的公國（比薩拉比亞）領土直接接壤，但哈布斯堡卻拱手讓出了此前征服的地區，而希臘計畫也正式告終。

四、鄂圖曼帝國的回應

眼見自己的領土遭到瓜分，鄂圖曼帝國並不願束手就擒，但他們對於外部威脅的回應方式，在各個邊境地區都不盡相同。他們對多瑙河地區的公國賦予了一定程度的自治權，藉此維繫他們對該地區的掌控，但這種控制方式並不穩固。這種間接的統治，必須由居住在伊斯坦堡、值得信賴的法納爾人來進行；當統治多瑙河公國的地方家族於一七一一年和彼得大帝結盟時，這些法納爾人起初就是以軍事指揮官（親王）的身分，被指派前去取代他們的。法納爾人的統治從一七一一年一直延續到一八二一年，但許多希臘裔法納爾人浮誇的生活方式，卻連累了這些法納爾人，讓他們也被冠上了貪汙腐敗的臭名。然而那些軍事指揮官並非全是希臘人，而更常是當地的羅馬尼亞人或阿爾巴尼亞人，他們的文化和希臘人一樣相對開放。[63]外界對他們的角色之所以一直有些誤解，可能是因為他們採取彈性而務實的政策，時而回復拜占庭的帝國統治模式，時而卻又強化親王的權力。

鄉村地區的波雅爾之所以能鞏固在經濟上的地位，法納爾人也是推手之一，因為他們在一七四〇年代發起了改革運動，導致農奴制度遭到廢除。《古屈克卡伊納加和約》的簽訂，打破了鄂圖曼帝國對公國貿易的壟斷，而法納爾人則在這個背景下促進了地方中產階級商人的崛起。同屬改革派的馬夫羅科扎特，曾分別在摩爾達維亞和瓦拉幾亞擔任十次總督，他借鑑奧地利人在奧爾特尼亞的統治模式，在摩爾達維亞和瓦拉幾亞採用了中央集權的政策。[64]然而有些波雅爾人指控這些親王代表外國勢力，另一些人則希望哈布斯堡和俄國能幫助他們恢復政治勢力，因而對親王的改革運動持反對態度。農民雖然擁有人身自由，卻仍背負著沉重的稅賦，因而逐漸逃往外西凡尼亞，或是聶斯特河的另一邊。他們常常遇到烏克蘭農民往和他們相反的方向逃亡。俄國政府並不樂見這些流動人口，認為他們和當年逃往波蘭的農民非常類似。東歐大草原上最後一道邊界缺口，因此為聖彼得堡提供了另一個介入多瑙河公國的藉口。[65]

由於周遭帝國的文化交流，總督於十八世紀下半葉引入了司法改革和行政改革。此外，直接借自更早期帝國傳統的拜占庭法律，也形塑了立法制度的基礎。然而這些中央集權的理性化政策，卻沒有打造出「一個建立在國家服務精神之上的菁英政治文化」，反而在總督和波雅爾之間，以及外國勢力和本地勢力之間造成了緊張關係。這種緊張關係對於鄂圖曼帝國來說，可以讓他們控制邊境地區，對於奧地利和俄國這些外國勢力來說，卻可以用來顛覆鄂圖曼帝國的統治。親王和波雅爾之間的衝突，以及外部勢力的介入，都讓羅馬尼亞的民族運動遲遲無法出現。66

《卡洛維茨條約》簽訂之後，由於各國終於開始爭奪對瓦拉幾亞地區的控制權，鄂圖曼帝國在多瑙河邊境地區的領地也開始出現一種特定的邊境生態。一如巴爾幹西部地區的情況，鄂圖曼帝國在此也非常仰賴由堡壘組成的防禦網絡。關鍵的據點，位於維丁這個在多瑙河流域中僅次於貝爾格勒的重要堡壘。在哈布斯堡和鄂圖曼帝國於一六八三年至一六九九年之間的漫長戰爭裡，維丁曾經兩次易幟。哈布斯堡王朝於一七一八年征服巴納特和貝爾格勒之後，維丁便成為鄂圖曼帝國在邊境地區的最後一個據點。一七三九年《貝爾格勒條約》簽訂後，貝爾格勒重新回到鄂圖曼統治之下，而原本多在邊境軍隊中服役的非正規軍、民兵、禁衛軍則恢復了平民身分。為了彌補失去的薪俸、補貼微薄的收入，這些恢復平民身分的退伍軍人開始在多瑙河兩岸進行商貿和農業活動，有些則淪為盜匪。他們在瓦拉幾亞地區的現身其實違反了條約的規範，而穆斯林和基督徒則在地方上衝突不斷，心裡不滿的禁衛軍也策動了多次叛亂事件。一如既往地，鄂圖曼帝國中央無法對鬆散邊境上的流動人口進行控制。67

到了十八世紀末，維丁周遭的邊境地區情勢持續不穩，地方暴力事件頻傳，而他們在三十年之內和俄國進行的第二次戰爭，又讓鄂圖曼帝國喪失了許多領土，大幅削弱了素檀的權力和聲望。這些情況也為地方上勇敢的野心人物提供了絕佳條件，讓他們可以利用民怨組織叛亂活動，在邊境地區建立一個自治政權。一七九〇年代初，帕茲萬托爾魯這位地方上的鄂圖曼重要人物發起了一場叛亂行動，影響遍及多瑙河省分全境。塞里姆三世素檀（一七八九年至一八〇七年在位）為了鎮壓叛變而投入了大量資源和人力，最後卻以失敗收場。帕茲萬托爾魯十分受穆斯林歡迎（甚至基督徒起初也頗喜歡他），但當一八〇四年發生於塞爾維亞的叛亂開始帶有反穆斯林色彩時，帕茲萬托爾魯和穆斯林之間的關係也隨之惡化。然而帕茲萬托爾魯不愧出身自邊境地區，熟知如何利用邊境地區的條件；由於哈布斯堡和俄國這兩個歐亞強權國家都在邊境省分競逐影響力，因此帕茲萬托爾魯試圖取得他們的支持，以便增加他和鄂圖曼素檀的談判籌碼，讓素檀承認他的自治權和其他權力。他還進行了一個大膽的計畫，請求法國支援，讓野心勃勃的法國總督覺得有朝一日或許可以征服整個鄂圖曼帝國，實現法國大革命的理想。但各個強權陸續反對他的計畫，而基督徒也背離了他，導致他的影響力開始衰退。[68]當各強權終於決定要全面介入鄂圖曼帝國的邊境地區時，另一個更嚴重的威脅也隨著希臘革命而爆發開來。

五、希臘革命

希臘革命讓許多股反對鄂圖曼帝國的勢力都匯聚到了一起。[69]和邊境地區的角力模式非常類似，鄂圖曼帝國的對手也在煽動帝國境內的抵抗勢力。衝突的外部來源來自奧地利和俄國之間對多瑙河公國的爭奪，也來自海外希臘裔族群的活動。一七七四年的《古屈克卡伊納加和約》，讓俄國得以指派總督前往布加勒斯特和其他幾個城鎮，也讓他們後來得以和心懷不滿的東正教徒進行接觸。但俄國人在戰爭中的表現依然讓希臘人大失所望，不過俄國人和其他東正教盟友的關係一向都是如此。凱薩琳二世的親信奧洛夫兄弟便曾煽動希臘革命，最後卻又無法提供足夠的援助。對於這些起義事件，鄂圖曼帝國則是以極為慘酷的方式進行了鎮壓。由此我們不難理解，為何十年之後俄國和鄂圖曼爆發戰爭（一七八八年至一七九二）時雖然也多次號召希臘人，希臘人卻沒有被成功煽動。

一七九二年《雅西和約》簽訂之後，俄國的領土開始和摩爾達維亞直接接壤，而多瑙河邊境地區的戰略地位也發生了變化。在俄國的壓力之下，鄂圖曼帝國中央不得不做出更多讓步，給予摩爾達維亞更多的自治權。俄國政府也促進了希臘人在黑海和地中海地區的商業利益，任命希臘人擔任他們的總督，並讓他們在鄂圖曼帝國境內成為俄國的政治代理人。地中海地區的海戰讓希臘商人得以擴張自己的造船業，卻大幅損害了英國和法國的運輸業。希臘人和西歐的商業連結，以及法國在革命後所派出的特務，都在知識分子的小團體和新興的中產階級中散播了顛覆性的思想。不論他們在哪裡見面，都能聽到推翻鄂圖曼帝國統治、恢復傳統自由的言論，不過商人對革命的態度並非團結一致。俄國的外交官員和領事不斷對俄羅斯黑海港口，以及伯羅奔尼撒地區的商人進行宣傳，讓他們認為俄國將會讓希臘脫離鄂圖曼帝國的統治。希臘商人於是在一八一四年在奧德薩創立了祕密組織「友誼社」，目的是讓希臘脫離鄂圖曼帝國。在為俄國工作的希臘人的幫助之下，友誼社族逐漸將組織擴展到各地的希臘裔社群之中。

在多瑙河公國裡，法納爾人對於是否要支持革命運動意見不一。總是躁動不滿的波雅爾，無法決定是要從鄂圖曼的素檀那邊在地方事務上獲得更多讓步，還是要尋求外國勢力（比如俄國或奧地利）的保護；一旦衝突爆發，他們手下也還有士兵可以做後盾。雖然大多數農民都尚未進行武裝，但瓦拉幾亞已經有一批由農民組成的民兵，他們被稱作「潘杜爾」，除了打擊盜匪之外，也曾在拿破崙戰爭和一八〇六年至一八一二年的戰爭期間有過作戰經驗。他們主要和俄軍並肩作戰，而革命初期的「潘杜爾」領導者和俄國也有緊密關係。弗拉迪米雷斯庫是「潘杜爾」的指揮官，他是一名自由農民兼商人，也擁有俄國的軍銜。另一名重要人物則是伊普斯蘭提斯，他是一位瓦拉幾亞親王的兒子，曾在俄軍中擔任軍官，也在亞歷山大一世麾下擔任副官。他主要駐紮在俄國剛兼併的比薩拉比亞省，因而和一些波雅爾以及弗拉迪米雷斯庫建立起關係，準備發動起義，但顯然俄國沙皇當時對於這些計畫並不知情。

實施改革的馬哈茂德二世素檀在面對希臘革命運動時，同時面臨好幾個威脅的來源，這些威脅來自強大的穆斯林地方貴族，他們在邊境地區試圖為自己摹想出來的國家獲得自治權，[70]比如阿里帕夏和穆罕默德．阿里都是例子。他們兩人都是阿爾巴尼亞裔的部族領袖，在鄂圖曼帝國擔任重要官職：阿里帕夏是魯米利亞的總督（一七九九年至一八二〇年），而穆罕默德．阿里則是埃及的總督（一八〇五年至一八四八年）。鄂圖曼帝國在一七七四年和一七九二年的兩次戰敗，讓他們心生在自己的地盤上建立自治區的念頭。由於人口大量移入，他們的勢力以因而不斷增長。遭解編的阿爾巴尼亞士兵湧向了伯羅奔尼撒的摩里亞，迫使許多希臘人遷往山區，或是直接外移。阿里帕夏曾在希臘約阿尼納這座要塞城市待過一段時日，逐漸生起兼併伊庇魯斯地區的野心。他非常願意和希臘叛亂分子以及阿爾巴尼亞基督徒建立關係，以便在巴爾幹西部地區建立多文化國家的時候獲得支持。一八二〇年，馬哈茂德二世決定不再和他斡旋，直接發動了全面進攻。不出兩年，素檀就擊敗了阿里帕夏，並將他處決。在鄂圖曼穆斯林菁英內部的權力鬥爭中，阿爾巴尼亞人占有關鍵地位，而這些鬥爭也讓希臘叛亂分子開始策劃自己的起義。

一八二一年一月，伊普斯蘭提斯以及弗拉迪米雷斯庫提升了叛亂的層級，導致希臘革命在多瑙河公國爆發。他們的雜牌軍毫無紀律，幾位將領又對戰術和目標爭執不休。他們在雅西和加拉茨對穆斯林平民發動了好幾場駭人聽聞的大屠殺。然而弗拉迪米雷斯庫在占領布加勒斯特之後卻被自己的下屬殺害，而伊普斯蘭提斯則被迫逃往哈布斯堡的領地。鄂圖曼軍隊快速地鎮壓了這幾場叛變，並占領多瑙河公國長達十八個月。

亞歷山大一世如坐針氈地在旁關注這些事件。原則上他反對革命運動，但聽到穆斯林對基督徒施行報復行為時，他依然感到憤恨不平。當叛亂情勢於一八二一年達到顛峰之際，他和鄂圖曼帝國斷絕了來往，並決定根據條約內容，維持自己對東正教徒的保護權，但不鼓勵他們推翻鄂圖曼帝國的合法政權。當他瞭解伊普斯蘭提斯農民起義的社會面向後，便公開宣布自己不支持伊普斯蘭提斯。少了俄國的支持，這些叛亂行動便難以持續。但亞歷山大對於鄂圖曼帝國在多瑙河公國重建秩序的舉動感到不滿，並要求進行行政改革。素檀於是處在一個弔詭的處境之中。俄國鼓動伊朗從後方攻擊鄂圖曼帝國，而馬哈茂德二世自己則是在伊斯坦堡忙著鞏固自己的改革計畫。他別無選擇，只能接受俄國人提出的所有要求。他不再任用法納爾人進行統治，並讓那些反對希臘叛變的地方親王和波雅爾重新執政。他向俄國保證，多瑙河公國的任何內部行政事務，都會先徵詢俄國的意見。但除此之外，俄國人還堅持親王候選人的資格也必須經過他們的認可，因此俄國和鄂圖曼帝國之間的緊張關係仍然存在。與此同時，伯羅奔尼撒地區又爆發了另一場更為嚴重的衝突。

地方上的希臘裔領導人（他們被稱作卡匹塔尼歐，即希臘文的首領之意）利用鄂圖曼帝國和阿里帕夏之間的衝突以及多瑙河公國的叛亂事件，發起了一連串起義事件。他們或者是經過選舉產生，或者是世襲的基督徒民兵隊（亦即阿爾瑪托拉）首領，在鄂圖曼帝國中央的授權之下協助村莊抵禦土匪（克萊夫泰），並進行收稅工作。然而就像巴爾幹西部的三國交界地帶一樣，民兵和土匪的界線往往非常模糊，他們會在不同的情境之下改變自己的社會角色。[71]他們屬於流動人口，而到了鄂圖曼帝國晚期，流動人口也已經成為愈來愈常見的社會現象，而且都以驍勇善戰著稱（尤其是克萊夫泰），在巴爾幹其他地區，這些流動人口也被放在俠盜集團這樣的民俗文化之中被大力稱頌。他們當中的許多人都曾在拿破崙戰爭中於愛奧尼亞群島為法軍和俄軍效力，但在和平時期卻沒活可幹。由於不明的理由，地方上的希臘首領於一八二一年開始屠殺穆斯林，使得原本在伯羅奔尼撒約四萬人的穆斯林人口，大幅銳減了一萬五千人。[72]突厥人不甘示弱，在希歐斯島也屠殺了好幾千名基督徒；這起屠殺的場景，後來在德拉克羅瓦的油畫作品中被記錄了下來，永傳後世。類似的作品還有拜倫的詩作，這類作品在整個十九世紀都在進行單邊的宣傳，控訴「恐怖的突厥人」。相較之下，穆斯林遭屠殺的場景，卻沒有類似的作品留傳下來。

然而叛軍並非鄂圖曼常備軍隊的對手，而後者也可以打敗由山民組成的游擊隊。情急之下，馬哈茂德二世向他的強勁手下穆罕默德．阿里求援，因為當時穆罕默德．阿里的軍隊已經接受過法國軍官的整頓調教。穆罕默德．阿里的兒子易卜拉欣帕夏是一位英明的指揮官，在他的領導下，埃及的軍隊掃蕩了克里特島以及伯羅奔尼撒大部分地區的叛軍。那些叛軍最大的弱點，便是內部因為地理、族裔和社會差異所造成的分歧：地方上的希臘裔領導人各自代表著內部連結非常緊密的鄉村社群的利益；流散各地的希臘裔商人心懷更廣大的商業利益；來自君士坦丁堡的法納爾人希望獲得更多的行政自主權；土匪只對劫掠有興趣；基督徒民兵隊希望取代穆斯林成為素檀的忠僕；而阿爾巴尼亞人為了利益則是兩邊討好。希臘教會比塞爾維亞教會還要更加謹慎，在伊斯坦堡牧首的統領之下，他們已經融入了帝國的統治菁英之中。鄉村的教士和農民一樣都受到了經濟衰退的影響，因此更容易加入革命派的陣營。[73]然而他們都認為，只有在外國勢力的幫助下，他們才有可能達成自己的目標；但即便如此，他們對於究竟應該由俄國、英國還是法國來協助他們並沒有共識。塞爾維亞人和羅馬尼亞人也曾希望由基督徒政權來幫助他們，然而希臘人的例子卻因為兩件事而與他們有別：第一，角力過程已經不再只有地方勢力參與其中；第二，派系差異也導致了內戰的爆發。

每個強權都期待看到起義爆發，但他們並不希望鄂圖曼帝國就此瓦解。梅特涅治下的哈布斯堡王朝希望抑制俄國、維持現狀，同時促進哈布斯堡的自身利益；在當時，這早已是哈布斯堡慣有的立場。法國、英國和俄國對於最佳方案也莫衷一是。自從拿破崙戰爭開始，英國便堅持要在地中海地區維持海上的軍事優勢；其統治者更希望維持領土現狀，以免自治的希臘成為俄國或法國在海外的軍事基地。然而大眾輿論卻和親希臘的思想逐漸匯流，將希臘的起義運動者看作希臘阿提卡英雄的傳人。法國則努力保護自己在埃及和敘利亞的地位，並在希臘和阿爾及利亞尋找立足點，試圖藉此和英國維持權力平衡。法國知識分子也浪漫地認為，希臘正在努力迎戰來自亞洲的威脅，而親希臘主義也是整個歐洲浪漫主義運動中內蘊的組成元素，然而歐洲人對於英雄式的希臘革命運動的同情，卻也掩蓋了這些鬥爭中的殘酷真相。

希臘革命運動的擴散，也為俄國帶來了許多巨大的難題。亞歷山大的政策延續了凱薩琳大帝的希臘計畫，只不過經過了大幅修改，比起凱薩琳的版本更為溫和。比起推翻鄂圖曼帝國，他更偏好的計畫，是在巴爾幹地區建立幾個自治國，其主權由鄂圖曼帝國擁有，但俄國對這些國家仍擁有保護權，而該地區東正教徒的宗教權利亦獲得俄國的保障。由於奧地利人在旁監視，亞歷山大無法單獨在多瑙河公國，甚至是在塞爾維亞追求自己的目標。他的外交顧問對於是否要支持發生在多瑙河公國和伯羅奔尼撒的起義，也看法不一。作為一位精明的希臘人，俄國外交部長卡波底斯特里亞對於起義事件非常同情；在他的默許之下，俄國的駐外總督低調地讓大家以為亞歷山大私底下其實非常贊同他們的計畫。希臘的起義分子希望卡波底斯特里亞能帶領他們起義，而就算他婉拒了這個提議，他們也仍以為他會運用他和沙皇的影響力支持他們的目標，就像恰爾托雷斯基親王在波蘭曾扮演的角色那樣。然而另一位較為理智的外交部長內斯爾羅德卻不願和鄂圖曼帝國進行另一場戰爭，同時認為革命是不可想像的。[74]亞歷山大一面想要保護東正教徒，一面又想要提升俄國的影響力，在兩者之間搖擺不定。一八二四年他向歐洲的法院提出構想，希望為希臘人建立三個自治的國家，並由各個強權聯手保護。然而英國人回絕了這個提議；他們更希望希臘能夠獨立，以確保希臘未來能夠免於俄國的控制。[75]

六、俄國崛起的高潮與瓦解

新的沙皇尼古拉一世（一八二五年至一八五五年在位）也繼承了俄國一直以來在巴爾幹地區遇到

的難題。比起他的兄長，他曾短暫地採取更為直接的路線。由於他對於梅特涅的歐洲協調體系中的「共同行動」或「不行動」概念已經不再抱任何期待，他已經準備好只要有需要，他便會單獨行動。即位後一年之內，他便自行對鄂圖曼帝國發動攻擊，並於一八二六年十月簽署《阿克爾曼條約》，實際上等同於確立了俄國對塞爾維亞、摩爾達維亞和瓦拉幾亞的保護權，並對高加索的邊境地區進行了規範。就在《阿克爾曼條約》簽訂的稍早之前，他才在一八二六年四月和英國簽訂了《聖彼得堡公約》，後來法國也加入了該公約，為強權在伯羅奔尼撒地區的聯手介入開闢了道路。[76]鄂圖曼帝國中央拒絕他們的提議之後，俄國、英國與法國三國便對鄂圖曼帝國的海岸線進行了封鎖，威脅將會孤立由易卜拉欣帕夏統領的埃及軍隊。三國聯軍和鄂圖曼艦隊後來在納瓦里諾灣爆發海戰，不過這場海戰更像一場意外，而非一場策劃好的戰爭，而有點悲劇，又帶點諷刺的是，大部分都由希臘水手組成的鄂圖曼艦隊最後居然全軍覆沒。鄂圖曼帝國境內的穆斯林社群於是出現了憤恨不平的聲浪，他們的憤怒雖然指向所有外國人，但主要仍是針對俄國人。

由於伊斯坦堡當局撕毀了《阿克爾曼條約》，俄國人於是對鄂圖曼帝國宣戰。接著俄軍分別在東歐大草原和高加索這兩個邊境地區開闢了兩條戰線，並入侵了多瑙河公國和安納托利亞東部。少了禁衛軍的鄂圖曼軍隊根本不是俄軍的對手，俄軍於是直逼伊斯坦堡城下，然而他們的攻勢也在那裡戛然而止。尼古拉一世已經放棄了他祖母凱薩琳大帝的偉大計畫。他企圖去除掉亞歷山大的政策中內蘊的模糊之處，儘管並未完全成功。戰爭期間，由後來晉升為陸軍元帥的迪比奇將軍領導的俄軍歡迎保加利亞人自發伸出援手，但並不鼓勵基督徒發動全面起義。[77]多瑙河公國的維特根什坦將軍也抱持一樣的態度。[78]一八二九年的《哈德良堡(埃迪爾內)條約》簽訂後,俄國取得了對多瑙河三角洲的控制,並獲得了南高加索地區主要由亞美尼亞人居住的部分納希契凡和葉里溫地區,這些亞美尼亞人曾對俄軍提供許多幫助。[79]為了確保鄂圖曼帝國支付鉅額的戰爭賠款,俄軍占領多瑙河公國長達五年之久。

希臘革命之後,另一場發生在穆斯林菁英內部的衝突,則讓俄國的勢力得以首次(儘管短暫)遍及整個鄂圖曼帝國境內。穆罕默德・阿里和他的兒子易卜拉欣帕夏雖然想要在伯羅奔尼撒地區對素檀提供支援,卻弄得自己灰頭土臉。他們要求獲得敘利亞作為補償,但遭到了鄂圖曼帝國的回絕,於是易卜拉欣帕夏便揮軍北上占領敘利亞,並且擊垮了鄂圖曼帝國的常備軍。由於英國人一副事不關己的模樣,而法國人又同情叛亂陣營,馬哈茂德二世只好轉向俄國求助,同意俄國軍艦和部隊進入海峽保護伊斯坦堡。城內的穆斯林居民既憤怒又擔憂,但易卜拉欣帕夏終於同意進行協商。最後馬哈茂德任命易卜拉欣帕夏為敘利亞的統治者,同時也承認他的父親是埃及和克里特島的統治者。尼古拉沒有錯失這個良機,要求鄂圖曼帝國於一八三三年簽署《恩格爾斯克勒條約》,確立兩國之間的防禦性同盟關係,其中還包含一項極具爭議性的條款:素檀承諾在戰時會關閉所有外國船隻在土耳其海峽的通行權。英國人則誤以為這份條約實際上是在賦予俄國對鄂圖曼帝國的保護權。與此同時,波蘭起義遭俄國鎮壓、以及《恩格爾斯克勒條約》簽訂的新聞也陸續傳抵倫敦,導致英國醞釀已久的恐俄心態在一夕之間爆發。[80]在此之後,任何俄國在巴爾幹、高加索或內亞等邊境地區施展影響力或進行擴張的跡象,都被英國視作在威脅英國於地中海和印度航路上的帝國利益。

克里米亞戰爭(一八五三年至一八五六年)是俄國在多瑙河地區、東歐大草原以及高加索邊境地區爭霸過程中的一大挫敗。造成這場戰爭的原因至今仍是歐洲外交史上最受爭議的問題，和第一次世界大戰成因的爭議可相比擬。緊接而來的外交序曲非常複雜，通常也都在檯面下運作，而且不能與各個強權之間的關係網絡拆開來看；這些強權認為鄂圖曼帝國的衰弱不只會對歐洲和平帶來威脅，還是他們擴展自身影響力，或壓制他國影響力的大好機會，在所有動盪的邊境地區都是如此。他們還有許多空間可以分攤戰爭的責任。這場危機之所以會爆發，表面上看起來是因為俄國試圖獲得代表基督徒的權利。這種權利最早是在《古屈克卡伊納加和約》簽訂時確立；根據該條約，俄國可以聲稱對鄂圖曼帝國境內的所有基督徒都有保護權。但藏在這些保護權背後的，還有其他更大的問題。俄國官員愈來愈擔心，俄國在多瑙河邊界地區曾經擁有的優勢將會不復存在，而法國大革命和工業革命帶來的漸進式影響，也減損了俄國的影響力。俄國的獨裁權力結構和農奴式經濟，對於嚮往西方自由思想的巴爾幹地區知識分子，或是在農奴經濟和西方工業化強權之間的貿易中獲利的商人而言，都顯得毫無吸引力。能夠讓俄國持續挹注影響力的，就只剩下其與東正教的連結，以及在該地區環伺徘徊的俄軍。因此毫無意外地，當尼古拉一世在和鄂圖曼當局進行協商時，為了維持俄國的影響力，他依靠的是宗教議題，並透過軍隊來達到這個目的。當鄂圖曼素檀不太願意對基督徒提供保護時，尼古拉一世便出兵再次占領了當時仍附庸於鄂圖曼帝國之下的多瑙河公國，以此要脅素檀就範。[81]

鄂圖曼帝國採取了傳統的雙面策略：他們一面尋求西方強權協助他們抵抗來自俄國的外部壓力，一面又承諾會進行內部改革，但他們從未真正實現過這個諾言。尼古拉一世向英國保證他們不會讓鄂圖曼帝國解體，更不會將博斯普魯斯海峽收歸自己控制，但英國人不知道是否應該相信尼古拉。對此，主張應該特別提防俄國的人在英國內部的辯論之中逐漸占了上風，其中又以巴麥尊子爵為代表。拿破崙三世趁著各方正在爭奪對聖地的保護權時，打破了「歐洲協調制度」，讓法國取得優勢，不但壓制了梵蒂岡和法國國內的天主教政黨，也讓法國勢力得以重返地中海東部地區。克里米亞戰爭爆發前夕複雜的外交運作，各種誤會和失算都是建立在半個世紀以來，各個帝國於波羅的海和外裏海地區等邊境地區的對立之上。

導致衝突爆發的問題核心，是鄂圖曼帝國拒絕接受所謂的《維也納備忘錄》。這份備忘錄由各強權起草，目的是讓鄂圖曼素檀承認此前簽署的協議（亦即於一七七四年和一八二九年簽署的條約），確認東正教會的特權，並承諾在未經法國和俄國政府同意之前，不任意改變受鄂圖曼帝國統治下的基督徒的身分。然而素檀只同意以他自願恩賜人民這些優惠的形式做出讓步。顯然，他這麼做的目的是為了避免讓外界覺得他屈服於俄國的壓力之下，否則可能會在俄國介入支持的情況下，進一步鼓勵巴爾幹地區的基督徒提出更多的要求。此外，俄國也拒絕從多瑙河公國撤出，為和平會議鋪路，導致另一場鄂圖曼帝國和俄國之間的戰爭演變成為國際衝突。法國與英國於是正式對俄國宣戰。

一直以來，尼古拉一世都仰賴奧地利和善的中立態度來保護自己的側翼，確保俄國對多瑙河公國的掌控。然而法蘭茲．約瑟夫一世在猶豫了一陣子之後，卻決定打破長期以來和俄國在多瑙河邊境地區的合作政策。多年來，奧地利政府愈來愈擔心俄國對鄂圖曼帝國進行的干預政策，會讓南斯拉夫人的民心不穩。尼古拉一世曾派出他最器重的奧爾洛夫親王，於一八五四年一月代表他前往晉見法蘭茲．約瑟夫，並向奧皇保證，如果俄國贏得戰爭，將會保證奧地利對義大利的主權，並和奧地利共享對塞爾維亞、保加利亞以及多瑙河公國的保護權，然而這些承諾仍無法解除奧地利政府的疑慮。[82]或許，奧地利人仍依循著梅特涅的傳統，認為和更為疏遠的西方強權結盟，會比和俄國還來得安全一些。[83]不論是哪種情況，奧地利在對俄國下了最後通牒，要求其退出多瑙河公國之後，雙方便簽署了條約，將鄂圖曼帝國對公國的主權移交給了奧地利。一八五〇年左右，「巴爾幹地區就是我們的印度」這個說法開始在奧地利的統治階級當中變得十分流行。[84]這明顯是奧地利將勢力伸向黑海地區的第一步，而且很有可能會切斷俄國通往巴爾幹地區的陸路交通。俄軍撤出該地區之後，就被奧地利軍隊取而代之。奧地利對該邊境地區的野心，後來於一八五四年夏天與法國進行協商時昭然若揭。

然而俄軍撤出多瑙河地區之後，雙方的備戰氣氛不但絲毫未減，反而還更加升溫。英國內閣對於戰爭目標遲遲無法決定。巴麥尊子爵非常厭惡俄國，是激進派的代表人物；他希望俄國不再控制喬治亞、克里米亞（可能還包括切爾克斯）這些邊境地區，並將這些地區移交給鄂圖曼帝國，而「俄屬波羅的海省的德意志土地貴族占優勢之地區」則移交給普魯士，同時還要成立「一個貨真價實的波蘭王國」作為緩衝國。巴麥尊子爵也計畫將多瑙河公國以及比薩拉比亞劃歸奧地利。如果他們能說服瑞典加入戰爭，那麼瑞典也將可以獲得芬蘭。[85]這些計畫看起來似乎有些不切實際，但亞歷山大二世仍然擔心自己的帝國遭到瓜分，因此決定於一八五六年簽署和約。

接著便輪到奧地利和法國草擬了《四項要點》，明確描繪了反俄同盟的目標。已經宣布在軍事上保持中立的奧地利，將會擔任傳話人的角色。和其他邊境地帶角力常見的案例一樣，一旦戰爭爆發，交戰國便會為了更大的目的而放棄外交上的目標。《四項要點》特別要求俄國交出其對多瑙河公國，以及對所有鄂圖曼帝國境內的基督徒更廣泛的獨家保護權，改由五個歐洲強權組成的共同體聯合提供保護。同樣地，這五個強權也會保證多瑙河的航行自由，以及對河口的控制權。最後，原本於一八四一年簽訂的《倫敦海峽公約》，將會「為了達到歐洲平衡」的目的而進行修正。[86]

俄國人的參戰目標也同樣宏大。尼古拉一世希望鄂圖曼帝國的所有基督教地區都能獨立，「並以獨立國家的身分加入歐洲民族的大家庭」。至於內部的組織方式、對宗教自由的保障以及雙邊關係等議題，則必須在柏林的特別會議中進行討論。然而他的這個論述還隱含著一個概念：俄國應該要成為巴爾幹地區各個新政府的保護者。[87]由於尼古拉過世，加上俄軍在克里米亞戰爭中失利，導致俄國終究必須坐上談判桌。為了讓奧地利打消介入戰爭的意圖，俄國外交官對《四項要點》中的第一點和第二點做了讓步，但對於第三點和第四點卻堅決不願妥協。塞瓦斯托波爾陷落之後，也結束了他們未來進行抵抗的可能性，雖然剛繼任的沙皇亞歷山大二世起初並不了解俄國的處境有多嚴峻。一八五五年和一八五六年之間的冬季，俄羅斯參與了兩場國際會議；亞歷山大二世的顧問當時提醒他，持續抵抗可能只會為俄國帶來更多的挫敗，比如讓奧地利，甚至是普魯士和瑞典加入戰爭，或是讓俄國失去波蘭和芬蘭。[88]為了防範瑞典發起報復性的戰爭，沙皇將二十七萬士兵調往波羅的海地區，然而克里米亞地區也是亟需兵力駐守的地方。[89]

自從拿破崙戰爭以來，俄國第一次面臨到喪失西部邊境地區，失去在多瑙河邊境地區影響力的可能性。一八五六年《巴黎條約》中明訂的懲罰，比俄國原本預期的還要輕微一點，但仍給俄國帶來了深深的羞辱。黑海被劃為中立地區，而俄國和鄂圖曼帝國皆不得在黑海岸邊擁有戰艦和軍事設施。俄國被迫撤除它在海岸地區的幾個堡壘，包括位於塞瓦斯托波爾，曾經抵禦過聯軍圍攻的宏偉堡壘。俄國同時也喪失了對多瑙河公國的保護權；摩爾達維亞和瓦拉幾亞的主權雖然仍然屬於鄂圖曼帝國，但也將可以擁有「獨立而專屬於他們民族」的統治機構，而這種地位也將獲得各強權的共同保障。俄國也將比薩拉比亞的南部地區割讓給了多瑙河公國，因而失去對多瑙河河口的控制權。鄂圖曼帝國則被接納進歐洲協議的體系之中，而各強權也共同保證不損害鄂圖曼帝國的獨立和領土完整性。此外，博斯普魯斯海峽也禁止任何國家的戰艦通行。[90]

雖然鄂圖曼帝國曾經一度在和俄國的戰爭中成為戰勝方，但他們卻為此付出了極大的代價。戰爭對人口結構造成的影響，如漣漪般一直延續了十多年。戰爭結束後，新的一波難民從北方湧入了鄂圖曼帝國；其中，有十七萬六千名是來自諾蓋汗國和庫班地區的韃靼人，他們在安納托利亞中部地區落腳。在他們之前，則還有穆里德起義遭鎮壓之後逃來此地的北高加索難民。在接下來的十年裡，還會有一百萬名難民陸續抵達，而其中的三分之一將會在魯米利亞地區定居。這些人除了斯拉夫人（比如逃避俄國兵役的哥薩克人）之外，也還包含保加利亞人；後者被俄國政府遷往克里米亞地區，後來卻選擇回到自己位於鄂圖曼帝國境內的故鄉。為了管制難民潮，鄂圖曼帝國和俄國政府曾於一八六〇年達成協議。俄國估計穆斯林移民的總人數不會超過五萬人；在這個估算的基礎上，鄂圖曼帝國中央成立了移民管理委員會處理行政問題，但他們很快就難以招架移民的數量。到了一八六四年，將近四十萬名切爾克斯人和阿布哈茲人離開故鄉。俄國政府堅持移民不能在邊境地區定居，英國政府則同樣堅定地支持希臘政府，反對讓切爾克斯人在塞薩利地區定居，藉此將該地區保留給希臘居民，並防止

「混亂和傷風敗俗」的情況發生。移民於是在整個多布羅加地區沿著多瑙河散布各地，其中包括魯米利亞的馬其頓和色雷斯地區，在亞洲則包括整個安納托利亞和敘利亞。然而尤其是在安納托利亞和敘利亞，移民的死亡率非常的高。[91]

戰爭為鄂圖曼帝國的內部治理留下了深刻的印記。對聖地的爭奪，使得鄂圖曼帝國境內主張和政權合作的基督徒處境變得更加艱難，尤其是法納爾人。他們藉由重申自己的東正教信仰，同時反抗效忠穆斯林統治者，他們試圖維持帝國彈性而多元的文化精神。但其他基督徒、帝國中央、英國人或俄國人，卻都對他們非常不滿。[92]他們兼容各種文化的精神很快就顯得過時，而這也是帝國統治基礎即將瓦解的不祥預兆。二十年之後，教派的分歧將會成為一個難以跨越的鴻溝。

七、鄂圖曼帝國的大撤退

一八七五年，邊境地區的角力進入了全新的階段。赫塞哥維納和波士尼亞的東正教農民叛亂，擴散到了鄂圖曼帝國的多瑙河省分；諷刺的是，坦志麥特改革運動成果最豐碩的地區似乎也是多瑙河省分。在改革派官員米德哈特帕夏的統治之下，多瑙河地區尼什省的經濟開始復甦。他試圖建立由不同族裔任職的行政委員會和法院，藉此減緩保加利亞人的民族情緒，卻遭到保加利亞人和穆斯林的反對。[93]然而改革來得還是太遲（這是鄂圖曼帝國一直以來都有的問題），無法克服幾十年來根深柢固的社會和政治壓力。保加利亞的農民叛亂也有悠長的歷史：一八三五年、一八四一年、一八四一年和一八四二年間、一八五〇年都曾發生過起義運動，而在保加利亞農村社會中占有一席之地的俠盜集團也經常參與其中。自從一八四五年以來，保加利亞教會便一直在爭取和塞爾維亞和多瑙河公國一樣的宗教自主權（亦即東正教自主教會地位）。鄂圖曼帝國中央最後於一八六四年承認保加利亞主教的地位，並將馬其頓境內凡投票選擇加入保加利亞主教區的人數超過三分之二的地區，也都劃入保加利亞主教的管轄範圍。在米德哈特帕夏的統治下，保加利亞主教提出了政治自治的訴求，儘管該地區有三分之一的人口是穆斯林，其中包括許多波馬克人，亦即改信伊斯蘭教的斯拉夫人。由此，各方開始在馬其頓施展影響力，爭奪領土，並在接下來的半個世紀內，造成希臘人、塞爾維亞人和保加利亞人之間的關係急劇惡化，最嚴重的一次是在一九四〇年代希臘內戰最激烈的階段期間。

一八七七年，保加利亞叛亂分子將矛頭轉向穆斯林居民，開始進行大規模的屠殺，然而鄂圖曼政府卻無法阻止韃靼人和切爾克斯人展開報復。由於俄國占領了北高加索地區，這些韃靼人和切爾克斯人選擇逃離家鄉，並將自己的落魄處境怪罪於保加利亞農民。歐洲媒體對穆斯林屠殺基督徒的新聞大肆渲染（卻忽略早期基督徒也曾屠殺穆斯林農民，死傷也更為慘重），發起了大規模的反「邪惡保加利亞」的宣傳活動。從一八三三年的《恩格爾斯克勒條約》開始，英國輿論便一直反對俄國在巴爾幹地區進行擴張；然而屠殺基督徒的報導出現之後，以英國自由黨主席格萊斯頓為代表的憤慨民情，卻開始讓英國人不再願意支持鄂圖曼。這些發展帶來的實際結果，是讓英國在俄國和鄂圖曼帝國儼然就要爆發的衝突之中成為一個中立國家，讓克里米亞戰爭不致再次重現。

俄國政府則是在國內的壓力之下和維也納達成了協議。維也納承諾，一旦戰爭發生，他們將會保持中立。此外協議中也明定，俄國將會重新獲得在克里米亞戰爭之後失去的領土，奧匈帝國則可以獲得波士尼亞和赫塞哥維納作為補償，塞爾維亞、蒙特內哥羅、希臘也會獲得更多領土，而阿爾巴尼亞、保加利亞、魯米利亞，則會從鄂圖曼帝國於歐洲剩下的領土中獨立出來成為三個自治國。然而根據該協議建立的斯拉夫國家，幅員都不大。俄國和奧匈帝國的諸多企圖之中，還包含了將巴爾幹地區瓜分為幾個強權的勢力範圍，但這種安排存在著兩個致命的缺點：他們並未在協議中明定未來的領土範圍，而地方居民的利益和意願也未被考量進去。

然而俄國還是遲疑了。長期擔任財政部長和戰爭部長的改革派官員雷特恩和米盧廷提出警告，俄國如果再投入下一場戰爭，將無可避免對國家的財政穩定造成危害，同時也不利於未來的經濟發展。此外，俄軍也沒有足夠時間可以完成一八七四年的軍事改革。然而他們的建議並未遭到採納。俄國和鄂圖曼帝國都在軍事改革和財政改革有機會站穩腳步之前就投入了戰爭。俄軍在渡過初期的膠著困境之後，開始在羅馬尼亞人的幫助下於巴爾幹地區突圍，並成功進入安納托利亞東部地區。抱持泛斯拉夫思想的俄國外交官伊格納提耶夫伯爵負責進行協商，他簽訂了初步的《聖斯特凡諾條約》，卻忽略了此前俄國和奧地利的協議，以及其他強權可能會有的反應。他擘劃了一個大保加利亞，這個國家領土夠大，可以容納巴爾幹山脈兩側領土、整個馬其頓、部分色雷斯地區，以及通向愛琴海的出海口；蒙特內哥羅的領土則擴張為原有的三倍大，並獲得亞得里亞海的出海口；然而塞爾維亞卻獲得了極少領土，而條約也建議塞爾維亞人另尋奧地利的保護。此外，羅馬尼亞也被迫歸還於克里米亞戰爭之後取得的比薩拉比亞地區，以此交換土地較為貧瘠的多布羅加地區。受到勝利的激勵，俄國顯然企圖打造另一個領土廣大的附庸國，只不過這次他們想建立的是一個在文化上帶有斯拉夫色彩，僅因為俄國而得以存在的國家。這個國家將可以掌控通往君士坦丁堡的路線，讓他們能在西南部的邊境地帶永遠保有戰略上的優勢。對此，各個強權都表達了反對態度。在首相迪斯雷利的主導下，英國派出了一支艦隊前往達達尼爾海峽。奧匈帝國政府則對俄國的背叛行為非常氣憤（匈牙利官員將俄國的背叛稱為「斯拉夫東正教徒帶給我們的教訓」），希望討回俄國曾經承諾會劃歸他們的波士尼亞地區。俾斯麥後來主持了柏林會議，稱職地擔任著「誠實掮客」；各國在會議中擬定了新的草約，然而巴爾幹國家仍然未能參與討論。

在強權的要求下，俄國被迫交出勝利的部分果實。他們保住了比薩拉比亞南部，以及安納托利亞邊境地區的卡爾斯、阿爾達漢和巴統港。鄂圖曼帝國的素檀則承諾亞美尼亞人會實施改革。保加利亞的領土大幅萎縮，而剩餘的部分則被劃分為兩個部分：巴爾幹山脈北部的自治附庸公國，以及山脈南邊被稱作東魯米利亞的半自治地區，由鄂圖曼政府指派的基督徒官員進行統治（但仍受其他強權保護）。這些安排的假設是，俄國將會在保加利亞取得主導地位，然而這是一個人為的解決方案，無法持久。為了維持局勢平衡，各強權允許奧匈帝國對波士尼亞和赫塞哥維納進行占領和管治，並占領位於塞爾維亞和蒙特內哥羅之間的狹長地區，亦即新帕扎爾桑扎克。這個安排同樣又是個臨時的方案，沒有任何一方對其感到滿意。塞爾維亞、蒙特內哥羅以及羅馬尼亞獲得了完全獨立。然而所有其他較小型的政權，對於該條約也同樣不滿，堅決要取回他們認為被外國侵占的淪陷區。一直都不甚好惹的阿爾巴尼亞人，則是立刻就發起了武裝抗議，導致強權被迫歸還那些由阿爾巴尼亞人居住、並已劃歸蒙特內哥羅和塞爾維亞的地區。

對於用比薩拉比亞交換多布羅加北部地區，雖然羅馬尼亞人起初有受騙上當的感覺，但其政治菁英卻巧妙地將新領土的意義，從一個多餘的負擔，轉變為他們歐洲使命的象徵。他們的其中一位著名領袖曾說，多布羅加地區是「歐洲給予我們的領土，讓我們能和西歐保持聯繫」。對於多瑙河三角洲的掌控，讓羅馬尼亞可以成為西方抵禦俄國的的軍事堡壘，確保東歐的政治穩定。[94] 這些統治菁英積極地推動將新省分合併進來的行動，而他們使用的方法，和哈布斯堡王朝、俄國以及鄂圖曼帝國的國家建構者，在將文化多元的邊境地區整併進中央集權的王朝時所使用的如出一轍，而這個行動能否成功，非常仰賴移墾、文化同化，以及經濟整合這三種途徑。該省分的族裔結構在三十五年間出現了劇烈變化。政府鼓勵大量羅馬尼亞人從雷加特地區（摩爾達維亞和瓦拉幾亞）和整個巴爾幹地區遷入，其中還包含來自哈布斯堡領土的外西凡尼亞牧羊人群體，亦即摩坎姆人，他們在移居地適應良好，逐漸成為農民、地主和商人。就文化上的措施而言，羅馬尼亞政府則是聚焦於如何將地方上的希臘裔東正教徒和保加利亞教會，置於羅馬尼亞東正教會的管轄之下，以及學校教育的政策中（雖然相較之下，教育政策前後並不連貫）。就經濟層面而言，他們的主要措施則是建造鐵路系統，並將康斯坦察港發展為羅馬尼亞對外貿易的門戶。

戰爭與和平協議對於所有競逐邊境地區的主要強權和次要政權，都造成了廣泛的間接影響。在鄂圖曼帝國，由於宗教認同成了「國族身分的心理基礎」，宗教社群之間的隔閡因而變得更加嚴重。據估計，保加利亞、塞爾維亞和其他地區約有二十萬到三十萬的穆斯林遭到殺害，另外還有超過一百萬人被迫逃離家園。戰爭和遷移行動破壞了人口結構的平衡，讓鄂圖曼帝國逐漸變成一個主要由穆斯林組成的國家；而戰爭則讓帝國境內剩下的大型基督徒群體（亦即希臘人和亞美尼亞人），開始為了實現自己的國族理念而奮鬥。凡城的英國領事館曾經匯報，亞美尼亞人「眼見保加利亞人獲得自治權，於是也開始希望獲得類似權利；如果改革行動沒有如期發生，他們可能會尋求俄國的幫助」。憤恨不平的穆斯林群體中則開始出現排外主義，並以泛伊斯蘭主義、泛突厥主義以及土耳其民族主義為形式展現出來。新繼位的素檀阿布杜拉哈密德二世重拾了塵封已久的「哈里發」封號，提倡泛伊斯蘭理念，並推遲了施行憲法的時程，幾乎等同於為坦志麥特改革時期劃上了句點。[95]

表面上的勝利無法讓他們利用成果。在俄軍的占領之下，俄國政府為新的國家草擬了一部新憲法。就像此前在其他邊境地區（包括波蘭王國、芬蘭大公國以及多瑙河公國）進行的憲政實驗一樣，他們引入各種進步的制度，將民選議會和中央集權的行政體系根據法治精神結合在一起。俄國的改革派官員將「開明的目光」轉向西方，試圖建立幾個模範國家，好讓他們的勢力範圍在歐洲人眼中能被合理化，並讓地方居民願意接受俄國人的統治。英國保守黨員布萊克曾說過，俄國人公開承認的目標是「建立一個在行政上獨立自主，但在巴爾幹政策上又追隨俄國的保加利亞，並讓他們提供訓練有素的民兵，既有能力又願意和俄國軍隊合作」。[96]《柏林條約》簽訂後的六年內，俄國幾乎成了保加利亞的保護國。保加利亞的軍隊由俄國人擔任軍官，並由俄國人進行訓練，而頭兩任的戰爭部長也由俄國軍官出任。然而到了一八八五年，由於亞歷山大三世反對保加利亞單方面宣布和魯米利亞東部組成聯盟，並在接下來的十年內，又拒絕承認親王是統一的保加利亞的統治者，俄國便逐漸失去了優勢。保加利亞的政治人物繼續分裂為兩個陣營：一派願意和俄國合作，另外一派則反對俄國干涉保加利亞的國內事務。[97]

俄國為了獲得勝利，在國內也付出了相當大的代價。國內的改革行動逐漸停頓了下來；就像一八一五年曾出現過的情況，俄國依然對居住在邊境地區的非俄裔人口賦予更開明的制度，對國內人民卻沒這麼慷慨。在受過教育的階層中，溫和派與政府漸行漸遠，而革命分子則發起了恐怖活動，最後在暗殺亞歷山大二世沙皇的行動中達到高潮。亞歷山大二世的兒子亞歷山大三世和阿布杜拉哈密德二世一樣，心態同樣較為排外；在俄國的案例中，這種意識形態即為俄國國族主義。在十九世紀接下來的時間裡，俄國和鄂圖曼帝國內的排外氛圍，都將持續推高帝國權力中心和邊境地帶之間的緊張關係。

東歐大草原

東歐大草原的範圍沿著一條寬闊而肥沃的草原地帶，從多瑙河三角洲一直延伸到裏海，只在黑海北岸的乾旱地帶稍有中斷。自從十三世紀蒙古人入侵基輔公國後的好幾個世紀以來，這個邊境地帶上的人口都非常稀疏，為草原騎兵的牧群提供了廣闊的草場，也讓此地區持續成為游牧民族劫掠的目標。[98]諾蓋人、巴什基爾人和卡爾梅克人從東邊而來，而克里米亞韃靼人則是從十五世紀開始自南方而來。定居文明的政權在試圖對東歐大草原的下游地區進行掌控時，卻在空間和環境上遇到了許多障礙。雖然有聶斯特河、聶伯河、頓河以及窩瓦河這四條主要河流將黑海和內陸地區連結在一起，但它們的源頭和下游的三角洲卻長期受到不同的國家結構所控制，同時也處於不同的社會經濟體系之中。

這些河流被開闊的草原分隔開來，傳統的軍隊在此必須忍受極端天氣、飲用水源的匱乏、頻繁發生的乾旱以及疾病等問題。鄂圖曼帝國和俄國從十六世紀到十八世紀的大型遠征行動，便因為這種不利的環境而蒙受了大量損失。[99]戰爭和地方性劫掠長期延遲了農業活動的擴散，同時也保存了自然環境，讓諾蓋人和卡爾梅克人這樣的游牧民族或半游牧民族得以生存，甚至也讓他們偶爾能對邊境聚落造成威脅。

波蘭、俄國和鄂圖曼帝國在東歐大草原的利益糾纏，和發生在波羅的海地區，以及鄂圖曼帝國和哈布斯堡王朝之間在多瑙河邊境地區的糾葛不無關係。到了十六世紀初，有三個主要政權在和游牧民族爭奪對該地區的控制。[100]對於這三個政權而言，該地區在戰略上、經濟上和文化上都有明顯值得爭奪的利益。對於波蘭立陶宛聯邦的貴族而言，該地區提供了生產力豐沛的農業用地，同時也能讓他們在波羅的海和黑海地區之間提供受他們掌控的陸上貿易路線，並建立一道空間緩衝區，防範草原游牧民族的侵擾。[101]對於莫斯科當局而言，向南擴張便意味著他們可以將波羅的海到黑海之間的水系統一在一起，收歸於他們的掌控之下，並對肥沃的黑土地區進行移墾。一旦掌控草原地區，他們便可以防範游牧民族侵襲定居文明地區，防止農民或農奴從核心地區逃跑（根據《一六四九年法典》，這些農民受地主控制），滿足俄國對外部安全和內部穩定的需求。

對於鄂圖曼帝國而言，黑海的沿海地區則是其經濟和戰略體系的重要紐帶。他們於十五世紀將克里米亞汗國兼併為自己的附庸國，這是他們得以鞏固邊陲地區，抵抗俄羅斯人和波蘭人進犯黑海海岸地區的重要基礎，同時也讓穆斯林從外裏海地區前往聖地朝聖時能確保旅途平安。克里米亞汗國也是食物、原物料和奴隸的主要來源。[102]每年都有三到四萬韃靼人騎兵在波蘭立陶宛聯邦、莫斯科以及北高加索地區進行劫掠，帶回數以萬計的俘虜，接著再將這些俘虜送往卡法這個十七世紀歐洲最大的奴隸市場出售。[103]韃靼人的汗王作為鄂圖曼帝國的附庸，就像羅馬尼亞的大公一樣，並非總是可靠。此外，他們半游牧式的生活方式，也為他們和北方的鄰居製造了不少衝突，導致鄂圖曼帝國被牽連進許多不必要的戰爭之中。然而波蘭人、俄國人和韃靼人不只要對付彼此，還得管控蠢蠢欲動的哥薩克人。

一、哥薩克人

十五世紀晚期，俄國編撰史書的史官開始提到「荒野」中的一個新的社會現象，這個現象以突厥字彙「卡薩克」（kazak）為名，意思是「自由的戰士」或「漫遊者」。[104]這個稱呼，原本可能是克里米亞的汗王為了對他們的逃兵被莫斯科大公國和波蘭立陶宛聯邦僱用為傭兵進行外交抗議而初次使用的。[105]俄國、波蘭和韃靼政府於是開始使用這個名稱，來稱呼那些在「荒野」上四處流動的軍事組織。莫斯科親王的政權逐漸鞏固之後，邊境地區也成了各種群體的棲身之地：探險家、盜賊、隱士和其信徒、漁夫和獵人組成的幫派（瓦塔基），心懷不滿的軍人以及逃跑的農民等等，其中又以逃跑的農民為最大宗；到了十七世紀，宗教異議分子也開始出現其中。

當莫斯科的官員第一次注意到這些群體時，他們以各種毫不掩飾的方法稱呼這些人，比如「規避義務的逃犯」，或者乾脆就將他們稱為「掠奪者」或「盜賊」，但更常見的稱呼則是「漫遊者」。早在一五〇二年，伊凡三世便指示梁贊地區的親王對那些「不服從命令，想要在頓河地區以劫掠獨自維生的人」進行懲罰[106]，卻不見成效。他們頑抗地沿著各條大河移動，四散在肥沃但危險的「荒野」之中，或是跋涉越過「玄武岩區」進入西伯利亞。如果是個人行動，其所面臨到的風險將會非常巨大，因此比較好的做法是尋求較大群體的保護，而這類群體通常都會在進行武裝之後成為軍事團體。到了十五世紀中葉，莫斯科的文獻開始將他們稱為梁贊哥薩克人。但一直要到十六世紀中葉和晚期，史書才將他們活動的幾個主要核心位置定在更為南方之處，亦即大聶伯河轉彎的「湍急之處」（這也是「札波羅結」這個字的本意），以及頓河、捷列克河以及烏拉河（亞伊克河）沿岸。

哥薩克人是歐亞大陸上典型的邊境群體。好幾個世紀以來，他們位處的地區都夾在三個彼此敵對的多文化帝國之間；和他們在地理分布上情況類似的，還有諾蓋人、卡爾梅克人以及巴什基爾人。他們內部組織的根源，帶有近似於平等主義和自我治理的色彩，但並不反對王權，而是抱持著某種理想（或幻象），亦即一個來自人民的沙皇能摧毀「波雅爾」的勢力，並對所有臣民都賦予自由。在所有反抗中央政權的大型哥薩克叛亂事件之中，最成功的領導人都自稱是真正的沙皇，或宣稱自己是沙皇的代理人，比如博洛特尼科夫、拉津以及普加喬夫皆是如此。[107]

札波羅結哥薩克人以及頓河哥薩克人主要都是俄羅斯人和魯塞尼亞人（烏克蘭人），但他們也接受韃靼人或其他民族進入他們的軍隊。起初，他們對土地私有制度不屑一顧，以漁獵或劫掠維生。到了一六九〇年，頓河周遭開始禁止種植穀物，違者以死論罪。十七世紀，莫斯科當局則開始要求頓河哥薩克人將「最好的人選」送至大使館，卻得到了他們傲慢的回覆：「我們沒有『最好的人選』；最好的人選是由軍團選出的，有天自會被送到你們手中。」[108]他們將沒有加入軍團和修道院的農民收歸於自己的保護之下，但也透過選舉選出自己的教士，自行決定是否要蓋教堂。哥薩克人本身並非一個內部統一的社會階層：那些由於受波蘭人認可而獲得特權，或接受莫斯克教會俸祿的哥薩克人，和普通的哥薩克人之間便存在著不少差異。此外，有些哥薩克人剛剛落腳，有些則已定居多時，有些已經開始累積財富，有些則仍身無分文，這些都顯示出哥薩克群體內部存有不少差異性。這些差異性在哥薩克人的歷史中以各種不同形式持續存在著，而且曾在一九一八年至一九二〇年的俄羅斯內戰、以及一九四一年至一九四二年德國入侵的關鍵時刻，一再破壞他們的內部團結。

哥薩克人和外界的關係，也反映了他們對於獨立的期待，以及他們被其他人貼上的英勇特質標籤。他們會視情況和報酬多寡，和某個對象建立同盟關係之後卻又廢除，不斷遊走在不同的陣營之間。幾個彼此敵對的帝國都希望將他們收編進自己的軍隊，但又清楚他們無法對「自己的哥薩克人」的劫掠行為進行控制。舉例來說，早在十六世紀中葉，諾蓋人便曾抱怨哥薩克人劫掠他們的牲畜。作為回應，伊凡四世只能以他無法控制自己在邊境的士兵作為藉口：

> 你也知道，這世界哪裡沒有強盜。草原地區本就有各種哥薩克人：喀山哥薩克人、亞速哥薩克人、克里米亞哥薩克人，還有其他獨立存在的哥薩克人。來自我們邊境地區的哥薩克人當然也會前往草原地區；對你們來說他們是罪犯，對我們來說又何嘗不是？又沒有人指使他們進行強盜活動。再說，他們在劫掠結束之後，很快就會回老家去了。[109]

在穩定邊疆，以及兼併哥薩克人的領土這些事情上，俄國都比其他國家來得成功，但其過程卻十分漫長，而且通常充滿暴力，總會出現叛亂事件和內戰。大俄羅斯帝國的權力中心和草原邊境之間的關係，也讓國家建構的過程變得極為複雜。十七世紀初俄國在混亂時期遇到的巨大危機，便證明了邊境的傳統自由如何能對帝國中央的權力原則造成挑戰。從一六〇三年到一六一三年期間，俄國捲入了一場牽涉多方的內戰，而哥薩克人則在內戰的每個階段都有參與。他們不斷支持不同的人登上王位，分裂成由原本是奴隸、軍人和逃跑農民的人所組成的所謂「自由哥薩克人」，以及頓河、聶伯河和捷列克的哥薩克軍團；前者當時正在對貴族從事一場階級戰爭，後者則希望鞏固自己的傳統特權。[110]俄羅斯混亂時期擁有的許多特徵，和接下來造成內戰和外力介入的各種內部與外部衝突十分類似；而這些大大小小的衝突，將會在二十世紀達到高潮。

克里米亞韃靼人、他們的鄂圖曼宗主，以及波蘭立陶宛聯邦，都是讓哥薩克現象持續發生的因素。大規模的邊境戰爭，以及克里米亞韃靼人在波蘭立陶宛聯邦進行的小規模掠劫行為，促使波蘭人於一五二四年提議將札波羅結哥薩克人納入永久的邊境軍隊為皇室服務。一直要到更晚的十六世紀末，哥薩克人的役期，以及反宗教改革期間他們在宗教上和波蘭天主教徒的衝突等問題，才會造成無止境的問題而導致衝突，並嚴重削弱波蘭立陶宛聯邦在烏克蘭地區的影響力。

事實證明，哥薩克人在超過一個世紀的時間裡都是可敬的戰士，不斷造成韃靼人巨大的損失。他們自行發起劫掠行動，深入克里米亞地區，藉此完全改變敵人的處境。到了十七世紀初，他們則在沿海的淺水海域使用靈活的小型船隻（賽卡斯），干擾鄂圖曼帝國和韃靼人在黑海地區從事的貿易活動。他們甚至還占領了亞速海上的重要海軍基地長達五年之久（一六三七年至一六四二年）。到了五十年後，這座堡壘則將會在彼得大帝的大軍面前屹立不搖。[111]

十七世紀中葉，在整個東歐大草原邊境因為社會和宗教問題而四處瀰漫的不滿情緒之中，哥薩克人已然成了核心焦點。然而他們並非天生的叛亂領導人；之所以逐漸獲得領導地位，純粹是情勢所逼。波蘭立陶宛聯邦曾僱用哥薩克人對抗韃靼人，事後卻付不出薪餉來，而答應要給予的特權也一再落空，因而引起了哥薩克人的不滿。尤其，他們在徵用哥薩克人進入軍隊時的管理並不周詳。一五九一年，發生在地方上的幾起爭端引爆了第一次哥薩克起義。起義一爆發，哥薩克人便開始提倡更廣泛的宗教抗爭和社會抗爭。耶穌會成員在反宗教革命期間對於變節而投向敵營者的殘酷措施，也點燃了烏克蘭東正教徒的熊熊怒火。甚至早在一五九六年的布列斯特聯盟出現之前，天主教和東正教陣營之間就已經爆發了猛烈的宣傳戰，並在一五九六年之後變本加厲。波蘭政府指責東正教的發言人是狂熱的異教徒，還說反對建立東儀天主教會根本就是一種犯罪行為。[112]就在同一年，哥薩克人則回應了東正教徒在城鎮中成立的同志會的召喚。他們的第一次叛亂行動就遭到了嚴厲鎮壓，損失慘重。他們對同樣信東正教的人以及農民的支持既不持久，也難以預測，但的確也愈來愈投入這些支持行動。從一五九一年到一六三八年之間，哥薩克人至少發起了七次大型起義。東歐大草原的邊界地區很快就成了長期內戰的舞台。哥薩克人的起義逐漸帶有更明顯的宗教和社會色彩，雖然他們的目標仍然前後不一，又缺乏明確的政治計畫。哥薩克人抱持了他們在邊界地區的劫掠文化；當他們在戰場上被波蘭人擊敗，或是特權獲得延續時，他們便會將農民盟友以及對教會的承諾拋諸腦後。在要求獲得自治權的過程中，他們雖然不再只是早期的那批土匪，卻仍不足以領導一場民族獨立運動。[113]一六二〇年代和一六三〇年代期間，由於政府開始試圖減少在軍隊中徵用哥薩克人，並將「自治」的哥薩克人變成農民，藉此讓他們在法律上受波蘭土地貴族控制，哥薩克人決定再次發動起義。接下來每次針對波蘭人的叛亂行動，哥薩克人都提高了要求「滿足東正教會需求」的呼聲。由於政府再次於一六四八年違背諾言，沒有恢復「之前的特權和哥薩克人的自由」，內戰局勢因而演變得更加激烈，導致整個地區都陷入了戰火。

在農民戰爭、宗教衝突以及哥薩克人追求自治的鬥爭之中，原本各種背景迥異的成員，在赫梅爾尼茨基所領導的大型叛亂中走到了一起。內戰也導致波蘭立陶宛聯邦在東歐大草原上的邊境地區可能遭到外部敵人入侵。起初入侵他們的是韃靼人，這些韃靼人想要在不建立哥薩克人的國家的前提下，削弱波蘭立陶宛聯邦的勢力，後來入侵他們的是俄國人。然而俄國人只是充滿疑慮，不甘願地披上了捍衛東正教的外衣，最初也只是想要重新取得對左岸烏克蘭的控制。在烏克蘭的歷史上，很少有事件像赫梅爾尼茨基的起義一樣，能讓編撰史書的人如此振奮。[114]直到一九一八年至一九二〇年發生革命和內戰之前，也沒有別的事件在邊境地區的角力戰裡帶來如此深刻而持久的效應。

波蘭立陶宛聯邦的領導人，以及烏克蘭境內較為溫和的地主階級之間，對於如何解決哥薩克人的問題並沒有共識。大多數波蘭權貴都堅持要擊剿叛亂分子，重建舊秩序，但也有一小群人認為應該對叛軍進行讓步。還有一些人，比如魯塞尼亞東正教徒權貴階級的悲劇性人物奇希爾，則是希望以妥協的方案保留哥薩克人的權利，並確保權貴階級擁有的財產和農奴不受影響，同時滿足東正教會的需求。他也提議哥薩克人和莫斯科結盟，攜手對抗韃靼人。為他立傳的史學家西辛曾說，奇希爾那「拼貼式的方案」顯示出邊境地區的人，在面對讓該地區四分五裂的強大敵人時，為了保存邊境文化所面臨的困境。[115]

一六五四年，莫斯科當局透過和哥薩克人簽訂的《佩列亞斯拉夫條約》，似乎在東歐大草原上的角力過程中占了上風。該條約承認哥薩克人，以及曾支持他們在起義中對抗波蘭人的農民和城鎮居民的權利和特權；作為回報，哥薩克人也承認沙皇在該東歐大草原上的主權。然而雙方對於該如何解讀條約，幾乎是馬上就出現了爭議。有些學者就該條約可以創造出何種憲政秩序，給了至少十一種定義，而這些爭議也衍生出無數的政治爭端。[116]此外，該條約也沒有結束戰爭，只是標示著戰爭進入了新的階段。在接下來的五十年內，烏克蘭人陷入了一系列的戰爭、叛亂和占領事件，而新簽訂的條約也不斷在推翻之前所簽訂的條約。事態發展的結果非常難以預料。

《佩列亞斯拉夫條約》也引發了一次大型的邊境戰爭（一六五四年至一六六七年），並讓波蘭立陶宛聯邦、俄國、瑞典、克里米亞韃靼人以及哥薩克人都捲入其中。這場戰爭對波蘭帶來的影響，可以和混亂時期對俄國造成的影響相提並論。在波蘭的歷史文獻中，這場戰爭發生的年代又被稱作「洪水」時期（或稱「崩壞」時期），整個國家都遭到了瑞典、俄國以及克里米亞軍隊的入侵和蹂躪。一六五〇年代，瑞典、布蘭登堡普魯士以及外西凡尼亞曾推動了第一次瓜分波蘭的計畫。該計畫雖然並不成熟，卻仍預告了接下來將會發生的事情。[117]雖然晚了一些，但波蘭人為哥薩克人提供了一個可以代替《佩列亞斯拉夫條約》的妥協方案，亦即一六五八年的《哈佳奇條約》。這份條約非常特別，根據該條約，他們將會創造一個由波蘭、立陶宛和魯塞尼亞組成的國家，並完全承認東正教會，同時也將哥薩克菁英納入波蘭立陶宛聯邦的貴族之中。但這份條約仍然出現得太晚。[118]

即使早在赫梅爾尼茨基發動叛亂之前，哥薩克人的首領就已經開始思考接受鄂圖曼素檀保護的好處。克里米亞韃靼人曾多次和哥薩克人達成臨時性的軍事同盟，藉此抵抗他們的共同敵人，亦即波蘭和俄國。哥薩克人認為，一旦他們成為受鄂圖曼帝國保護的附庸國，便可以獲得和外西凡尼亞、多瑙河公國以及克里米亞一樣的自治地位，而這也意味著他們的處境將會更加安全，卻又不必失去自由。然而他們卻無法克服烏克蘭東正教農民普遍對韃靼人的厭惡。[119]他們決定做最後一次嘗試。

在一六六五年的衝突期間，右岸哥薩克人選出了多羅申科作為他們的「海特曼」*，他轉向鄂圖曼帝國尋求協助，並和他們簽訂條約。[120]克里米亞的汗王保證將會向他提供「保護和防禦」，並承諾會在對波蘭的戰爭中協助他，讓他成為「聶伯河兩側」的海特曼。[121]一年之後，鄂圖曼帝國在法扎勒·柯普呂律首相（他的父親便是十七世紀鄂圖曼盛世的奠基者）的領導之下，利用波蘭立陶宛聯邦的內部弱點，以及他們和哥薩克人簽訂的條約，對烏克蘭發起了最後一次大型侵略行動。鄂圖曼帝國於一六七二年征服了波蘭的波羅狄亞省和其宏偉的卡緬尼茨堡壘之後，看起來似乎鞏固了鄂圖曼帝國在東歐大草原邊境地區的霸權。該地區讓鄂圖曼帝國得以確保對摩爾達維亞的統治，並強化他們對克里米亞的控制。[122]然而波蘭人和俄國人達成協議之後，哥薩克人也無力回天了。

慘烈的十三年戰爭掏空了俄國和波蘭立陶宛聯邦的軍事資源；參戰的每一方都贏得了一些重大戰役，但戰場上的勝利所能帶來的效應卻很短暫。同盟經常由於哥薩克人或韃靼人倒戈或撤退歸鄉而瓦解，然後不同對象之間又會建立起新的同盟。由於雙方都已進入消耗彼此的狀態，波蘭人和俄國人遂於一六六七年簽訂了《安德魯索沃條約》，將聶伯河左岸和基輔歸於俄國控制（最初期限為二十年，但後來卻成為永久控制）。接下來進入了相對安全的時期，韃靼人和波蘭人劫掠的情事較少發生，而人口也快速增長，來自右岸地區的移民數以萬計。一六八一年，鄂圖曼帝國和俄國簽訂了一份二十年和平條約，承認鄂圖曼帝國對聶伯河右岸的所有權，該地區由於戰爭和饑荒而滿目瘡痍，幾乎已經無人居住。多羅申科曾說，該地區已然成為「恐怖的一片荒蕪」。[123]就長期來看，赫梅爾尼茨基叛亂活動的重要性主要是象徵性的，但依然非常強大；它留下了哥薩克自由和英雄主義的集體記憶和傳說，為十九世紀的烏克蘭知識分子（以及共產政權垮台之後的烏克蘭）提供了建構國族神話的基礎。[124]

俄國在爭奪東歐大草原的角力戰期間，不只面臨多重的外部問題，也要應付國內的局勢發展。雖然他們和波蘭立陶宛聯邦的戰爭於一六六〇年代逐漸平息了下來，但頓河地區卻爆發了三起強大、彼此關聯的社會運動：舊禮儀派在被教會正式定罪之後於一六六六年至一六六七年間大量潰逃；逃跑農民對於《一六四九年法典》讓農奴制度在法律上被制度化的反應變得愈來愈激烈；而烏克蘭於一六六七年遭波蘭立陶宛聯邦和俄國瓜分之後，來自聶伯河右岸的俄國農民也開始進行遷徙。剛在頓河地區落腳的移民，為當地原本維持微妙平衡的人口生態帶來了重大衝擊，因為該地區並沒有足夠的糧食能供應他們所需。甚至在哥薩克人的領土之內、以及窩瓦河沿岸全境，公開劫掠都變得十分常見。這些

＊譯按：亦即哥薩克人的首領。

「哥薩克盜賊」創立了自己的城鎮，而這些城鎮也成了他們的起義基地。拉津這位哥薩克異議分子用社會平等的口號煽動了大眾的情緒。窩瓦河的中下游地區岌岌可危，隨時都有可能切斷和莫斯科權力中心的連結。拉津被統治精英視為典型的邊境人物，並不尊重國家的邊界；他曾領軍深入伊朗領土進行劫掠，也樂於在自己的軍中僱用韃靼人。[125]舊頓河哥薩克人直到莫斯科當局譴責他們是叛徒之前，都在爭端中保持中立，後來他們決定與叛軍為敵，成功俘擄了拉津。他們將拉津押解至莫斯科，卻也放棄了庇護權這個一直以來在他們自治權中的重要要素。[126]

在拉津的叛亂事件發生之前，頓河哥薩克人便已開始願意常態性地為沙皇服務，但他們仍然拒絕宣誓效忠，也不願接受莫斯科的徵召入伍。作為回應，莫斯科政府承諾在進入頓河地區之後不會對逃跑者進行追究，只要求不能指派「最近逃跑的人」從事官方任務。然而在俄國對拉津叛亂事件進行鎮壓之後，這一切承諾也都戛然而止。此外，帝國中央也認清了邊境地區和外交政策之間的固有關係，於是決定不再對哥薩克人提供任何資助，並且暫停貿易活動，直到他們願意宣誓效忠沙皇，放棄和波蘭人建立外交關係為止。然而壓迫並沒有辦法解決邊境控制的基本問題。

俄國勢力下一次進入東歐大草原，則是和瑞典的大北方戰爭（一七〇〇年至一七二一年）無意間造成的後果，而這個現象也再一次顯示出歐亞大陸西部邊境地帶上，國際衝突和國內衝突彼此糾纏的關係。瑞典國王卡爾十二世的軍事行動不只導致波蘭立陶宛聯邦的國勢急劇衰退，也在整個俄國的南部邊境、烏克蘭、頓河地區以及巴什基爾人之間，激起了新一波的叛亂浪潮。卡爾十二世於一七〇三年在納爾瓦大敗當時仍未完成重組的俄軍之後，便在接下來的六年裡深陷於波蘭中部；套用彼得大帝的說法，卡爾十二世被「纏住」了。波蘭人再一次陷入混亂之中。他們才剛在最後一位偉大國王揚三世．索別斯基的帶領之下走出「洪水」時期，但即使是揚三世．索別斯基也沒辦法掌控波蘭土地貴族。索別斯基逝世後，他們從德意志境內的薩克森公國威廷家族的成員中選出了新的波蘭國王，但威廷王朝對波蘭事務並沒有太多興趣，為波蘭立陶宛聯邦帶來了災難性的後果。兩個世紀以來，波蘭土地貴族的邊境政策都在持續減損國王的權威。十八世紀期間，哥薩克人、農民以及「海達馬克」（意為武裝幫派，源自阿拉伯土耳其語，原意為麻煩製造者）曾經分別在一七一六年、一七三三年至一七三四年，以及一七六七年至一七六八年間，三次趁機利用波蘭國內孱弱不振之際在右岸烏克蘭引發內戰。雖然東歐大草原邊境地帶上的角力行動並非波蘭最後消失在歐洲地圖上的唯一因素，但也的確將波蘭在社會和制度上的動蕩不安，轉變成為國家安全上的夢魘。波蘭立陶宛聯邦曾經是該地區爭霸過程中的一個主要競賽者，如今卻成了被爭奪的對象。

隨著波蘭再次成為大北方戰爭的戰場，瑞典人和俄國人各自支持不同人選繼承王位，而波蘭土地貴族內部則因為效忠對象不同而出現了分裂。卡爾十二世支持開明的波蘭貴族斯坦尼斯瓦夫一世登上王位，而彼得大帝則扶植薩克森公國公爵威廷家族奧古斯特二世繼任波蘭王位。然而右岸烏克蘭爆發的反波蘭叛亂運動，卻讓俄國的政策變得更加複雜。

到了十七世紀末，波蘭立陶宛聯邦重新從鄂圖曼帝國手中取得了烏克蘭右岸，而波蘭地主也重新湧向該地區。瑟姆接著廢除了哥薩克人的所有特權，希望藉此一勞永逸地限制他們的權力。可以想見，哥薩克人後來發動了叛亂，自稱是沙皇的子民。但對於彼得大帝來說，比起取得右岸烏克蘭這塊地區，他更希望讓波蘭人留在戰場上一起對抗瑞典人。於是他命令哥薩克人支持他們原本的國王，並派遣自己信得過的哥薩克盟友馬澤帕海特曼前去安撫札波羅結哥薩克人。然而當卡爾十二世於一七〇八年入侵烏克蘭時，馬澤帕卻叛變了，他希望領導一場大型起義，藉此恢復哥薩克人的自治權，並由自己領導自治的哥薩克人，不過只有少數哥薩克人願意追隨他。他們後來於一七〇九年在波爾塔瓦遭卡爾十二世的軍隊打敗。彼得大帝下令將哥薩克人的堡壘（西奇）摧毀，還曾說，波爾塔瓦就是「那該死的邪惡根源」。他限制了新海特曼斯科羅帕德斯基的權力，隨即又廢除了經選舉產生海特曼的制度（雖然該制度在彼得大帝死後又被恢復了）。他曾在寫給哥薩克官員的信中寫道：「眾所皆知，從第一位海特曼赫梅爾尼茨基開始，一直到最後一位海特曼斯科羅帕德斯基，他們沒有一個不是叛徒。」彷彿像是在確認彼得大帝的這番話，馬澤帕的繼任者奧爾立克在流亡海外之後，仍在持續和鄂圖曼帝國合作，希望能重建哥薩克人的自治權。[127]

彼得大帝的國家建構政策，對於社會穩定卻會帶來反效果。彼得實行的政策愈是中央集權，逃往邊境地區的人民就愈多，而邊境地區對於帝國中心擴張的反抗也就愈激烈。頓河地區已經取代聶伯河河套地區，成為俄國社會裡心懷不滿的人民逃難的主要去處。[128]他們當中最著名的便是傳統的火槍隊，他們對於彼得大帝的軍事改革剝奪了他們的特權（而這也的確危及了他們整個生活方式）一直懷恨在心。當南部的部隊遭到解編時，叛亂的時機也隨之成熟。已經和官方教會漸行漸遠，並被放逐到邊疆的舊禮儀派，則是因為彼得大帝引進了外國的文化模式，而且在宗教上又更加傲慢，因而感到更加震懾。儘管政府試圖阻止農民逃亡，但他們為了逃離沉重稅賦和勞役只能不斷外逃。頓河哥薩克人對於國家干涉他們的經濟活動愈來愈不滿，因此當官員要求他們交出他們所庇護的逃跑農民時，他們也斷然回絕。彼得大帝對教會傳統權利的挑戰則引發了一場哥薩克起義。這場起義由他們的一位海特曼布拉文所領導，讓頓河下游大部分地區有整整兩年的時間都深陷戰火之中。[129]就很多方面而言，這場起義和拉津的起義極為類似，都利用了心懷不滿的邊境居民。但布拉文的起義無法吸引當地的部族參與，也沒辦法和馬澤帕以及與卡爾十二世勾結的札波羅結哥薩克人協同作戰。不過當大北方戰爭戰況正酣，瑞典軍隊向東進軍烏克蘭之際，彼得大帝還是被迫派出了大批正規軍去鎮壓頓河地區的叛亂分子。鎮壓行動破壞了數百至數千平方公里農民所耕種的農地，並夷平了許多城鎮和教堂。鎮壓過程極為殘暴：多達七千至一萬名哥薩克人遭到處決，還有數千名哥薩克人逃往鄂圖曼帝國為素檀效力。這場鎮壓固然終結了頓河哥薩克人的自治地位，卻無法根除叛亂活動，也無法改變頓河地區作為避難去處的這個熱門傳統。在整個十八世紀期間，將頓河哥薩克地區兼併入俄國的過程，就像烏克蘭曾歷經的那樣，也充滿著暴力抵抗事件以及國家的介入。在歷經一個世紀的和平時期之後，頓河哥薩克人追求自治的奮戰行動在俄國革命和一九一八年至一九二〇年的內戰期間再次復甦，我們甚至還可以在第二次世界大戰期間察覺到頓河哥薩克人奮戰史的幽微回聲。然而，邊境傳統依舊不死。

大北方戰爭的第三次大型邊境叛亂，則籠罩了巴什基爾人居住的烏拉卡馬地區。這場叛亂之所以爆發，是因為彼得大帝為了西方的戰事而徵收馬匹，以及搜捕逃兵。然而地方部族和俄國官方之間的關係原本就不佳，早已為這場叛亂埋下伏筆。這場叛亂背後還有來自穆斯林教士的支持，因此從卡馬河地區一路擴散到了北高加索地區。俄國喪失了對大部分烏拉山中部和南部地區的控制，而巴什基爾人則為礦坑和冶金廠帶來了重大損失，然而這些產業所生產的鐵製品對俄軍來說極為重要。

由於烏法地區的巴什基爾人號召其他穆斯林族群支援他們，因此克里米亞韃靼人和鄂圖曼帝國也極有可能被捲入這場爭端之中，彼得大帝於是採取前幾任沙皇的的草原政策，煽動卡爾梅克人幫忙俄國攻擊敵人後方。他利用卡爾梅克人對巴什基爾人進行攻擊，透過角色互換鎮壓叛亂分子。由於巴什基爾人並沒有自外於邊境地區常見的社會變遷模式，生活型態逐漸由游牧轉變為定居農業，因此現在輪到巴什基爾人的村莊暴露在卡爾梅克騎兵的劫掠風險之中。這場混戰從一七〇五年打到一七一一年，叛變結束之後彼得大帝也必須接受現狀，並放棄徵稅和徵兵的政策。彼得大帝過世後，俄國政府和巴什基爾人簽訂了新的條約，賦予他們更多的自治權，而俄國政府每年則可以獲得皮毛作為貢物和回報。然而巴什基爾人、不斷擴張的俄國移墾社群，以及試圖和外裏海地區進行貿易、胸懷野心的親政府分子之間，關係仍然非常不穩。十八世紀期間，直到該地區終於被納入俄國版圖之前，文化間的衝突又導致巴什基爾人發起了三次起義。[130]

在東歐大草原上的這場三方角力戰中，卡爾梅克人總是一個難以預測的因素。他們是信奉喇嘛教的蒙古人，於十七世紀中葉因為準噶爾的瓦剌蒙古人的壓迫而遷徙過來。他們劫掠了喀山省的邊境據點，將諾蓋人趕離了他們的牧場，並深入克里米亞汗國進行擄掠。莫斯科當局認為他們可以作為制衡敵人的工具，於是在一六五五年和他們簽訂了條約，這份條約的目的是促進雙方的貿易活動、軍事合作以及和平共處。然而就像大多數和草原民族簽訂的條約一樣，雙方也以不同的方式解讀該條約。對於俄國人而言，這份條約意味著卡爾梅克人願意永久承認沙皇對他們行使主權；對於卡爾梅克人而言，這份條約卻只是兩個平等個體之間的臨時合約而已。

在接下來的幾十年內，俄國不斷嘗試將卡爾梅克人拉攏得更近一些，而他們則持續對不具威脅的鄰居進行擄掠，也和他們進行貿易與協商，這些對象包括克里米亞韃靼人、鄂圖曼人以及伊朗人。彼得大帝利用卡爾梅克人在東南部邊境鎮壓叛亂分子，但他們在頓河下游的擄掠行為，卻讓該地區滿目瘡痍，削弱哥薩克軍團的力量長達數十年。他們以「成吉思汗後代的團結」為由，拒絕幫助彼得大帝對抗瑞典人或巴什基爾人。在接下來超過半世紀的時間裡，俄國政府逐漸克服了卡爾梅克人的抵抗行動、剝奪他們的牧地，並對卡爾梅克人的菁英階級進行收編。當凱薩琳大帝試圖將他們吸收進俄軍時，大多數卡爾梅克人選擇逃向東方。這些逃跑者當中沒有多少能夠抵達準噶爾地區（可能只有三分之一），但只要能成功抵達，他們都會被清帝國的政府接納。俄國得再花三十年左右的時間，才能用行政手段剝奪留下來的卡爾梅克人的自治權。[131]

在和瑞典、波蘭立陶宛聯邦以及鄂圖曼帝國交手的過程中，彼得大帝希望可以永久削弱競爭者的實力；要達到這個目的，他不只要使用武力，也要對他們的國內政策進行干預。瑞典在大北方戰爭期間被蹂躪得滿目瘡痍，而彼得大帝則利用了這個機會，將波蘭立陶宛聯邦變成自己的附庸國。對此，波蘭人無力抵抗，也無法控制自己的人民。波爾塔瓦會戰之後，彼得大帝重新讓奧古斯特二世登上王位，但這位薩克森國王已經失去了波蘭土地貴族的支持，因為他的薩克森軍隊和波蘭軍隊當時正打得不可開交。一七一五年，支持波蘭的斯坦尼斯瓦夫一世在波蘭的塔爾諾格魯德成立聯盟，但這個聯盟卻幾乎導致了內戰。該聯盟要脅，如果俄國介入局勢的話，他們便會要求克里米亞汗王前來支援。然而俄國仍然可以利用波蘭土地貴族內部在宗教和政治上的分歧來遂行自己的意願。在俄軍的監視之下，交戰的各方於一七一七年在瑟姆中達成和解；這場集會又被稱為「無聲議會」，因為沒有任何一方的代表能夠發言。所有波蘭土地貴族都同意的唯一一件事，就是限制國王的權力。儘管環伺波蘭的敵軍人數高達數十萬（包含普魯士、俄國和哈布斯堡王朝的軍隊），他們卻要求國王的軍隊最多只能有兩萬四千名兵力。[132]這讓波蘭又朝自我毀滅的終點邁出了一步。

波蘭土地貴族除了讓國王幾乎武功盡廢之外，也無法維持對農民的控制，尤其是在衝突不斷的右岸烏克蘭。當瑞典和俄國的軍隊在波蘭中部纏鬥時，基輔地區開始出現一支新的干擾勢力。關於海達馬克活動的第一份紀錄，出現在一七一七年的一份波蘭立法文件中。他們是烏克蘭真正的「原始叛亂分子」，和哥薩克人一樣對農奴制度和波蘭化的發展充滿敵意，卻從未被納入任何人旗下的軍隊或政府的軍隊之中。他們發起的劫掠行動比叛亂還多，而利用的對象則包括農奴、工藝家、俄軍的逃兵、宗教異議分子、頓河哥薩克人、卡爾梅克人以及和政府持不同意見的波蘭貴族，簡言之，都是些在邊境地區遊蕩的無名小卒。東正教教士經常對他們表達支持，而這些海達馬克的主要目標則是波蘭地主和猶太裔的莊園管理人。他們沒有遇到太多抵抗，因為波蘭軍隊在烏克蘭地區的人數只有不到一千人，而為波蘭效力的哥薩克人人數也不多。波蘭立陶宛聯邦境內不斷爆發的內部動亂之中，每一次都有海達馬克所發起的大規模起義運動。

在整個十八世紀的邊境地帶角力之中，克里米亞韃靼人的處境變得愈來愈糟。好幾個世紀以來，他們是鄂圖曼帝國的「北方防護罩」。爆發於一六八三年至一六九九年的聖戰期間*，素檀要求克里米亞汗王吉瑞「將他的防線延伸到帝國的兩個邊境地帶」（亦即匈牙利和亞速地區）。吉瑞於是有整整十五年的時間，都在馬背上帶領他的騎兵從烏克蘭的卡緬涅茨前往貝爾格勒，然後再回到亞速地區。[133]到了十八世紀，克里米亞騎兵雖然仍是一支可敬的軍隊（尤其是和鄂圖曼的軍隊混編時），但他們更在行的是劫掠，而非占領或兼併新的領土。他們逐漸以使用大砲作戰而聞名，而其領導人則經常在戰事未歇的情況下，就擅離戰場劫掠敵營。部族和宗教領導人則維持自主權，阻止主張改革的汗王建立現代國家體系的基礎。但對於鄂圖曼帝國而言，失去「北方防護罩」則代表著他們在黑海地區的獨大地位將不復存在，在多瑙河與高加索邊疆地區之間也將會出現一道戰略上的漏洞。

在和俄國競爭對東歐大草原的主導權時，克里米亞汗國面臨著幾個劣勢。他們半游牧的傳統文化，導致他們幾乎不可能和俄國協議劃設邊界，而他們對鄂圖曼帝國的依賴，也意味著俄國人總會將他們永久視為安全威脅，而俄國人在開發肥沃農地，在黑海地區發展商業據點時，克里米亞汗國也會成為他們的障礙。

波蘭立陶宛聯邦、俄國以及克里米亞韃靼人之間的權力關係，除了會受到軍事行動的影響，肥沃草原上的移墾活動所造成的影響也不容忽視。俄國之所以能在軍事上取得優勢（尤其是在第二次和第三次戰爭之間），不只是因為他們有優越的領導能力和歐式的戰爭技術，也是因為農業聚落不斷向開放的草原地區進行擴張，儘管這種擴張現象經常並非精心計畫的結果，而且斷斷續續。這些聚落的出

*審定注：即奧地利哈布斯堡帝國的第一階段抗土戰爭。

現，讓正規部隊不再像從前那樣需要橫越廣大的荒野，並為俄軍提供了兵源、可靠的哥薩克人以及補給物資，而這些物資在他們和克里米亞韃靼人進行陸上作戰時也提供了關鍵的後勤補給。

二、烏克蘭邊境地帶

到了十八世紀初，由於長期以來的歷史發展，幾個明顯的烏克蘭邊境地帶開始出現在東歐大草原上，它們分別是：斯沃博達烏克蘭、札波羅結、哥薩克自治區（亦即小俄羅斯），以及右岸地區。雖然它們各自獨立發展，導致一個統一而獨立的烏克蘭國家遲遲無法出現，但也都各自以各種方式在十九和二十世紀催生了烏克蘭人的民族意識。到了十七世紀中葉，哥薩克軍團開始在斯沃博達烏克蘭定居，藉此防止城鎮和農業人口遭到韃靼人劫掠。他們和當地的居民一起建造了木造城寨，而且那大多是他們自己發起的計畫，國家並未提供支援。他們和札波羅結以及頓河的哥薩克人不同，很快就適應了平淡無奇的農業和手工業的規律生活。這些職業之所以是他們唯一的生計來源，也是因為他們不像頓河和聶伯河的哥薩克人可以接受國家補貼。赫梅爾尼茨基的叛亂運動遭鎮壓後，湧入右岸地區的哥薩克移民讓人口增加了不少，而且很快就適應了當地的生活方式。[134] 因此斯沃博達的部隊並沒有參與任何一場主要的邊境起義，而後來來自大俄羅斯省的移民，更是加強了他們和帝國中央的關係。就算是在二十世紀發生的內鬥裡，之前屬於斯沃博達烏克蘭的地區，也都是和大俄羅斯中央政權關係最為緊密的一方。

局勢最不穩定的烏克蘭邊境地帶，則是札波羅結地區。在十八世紀的前七十多年裡，札波羅結哥薩克人為了維持自由都在不斷進行戰鬥，儘管最後的結果可能不盡理想。由於他們在波爾塔瓦會戰前夕倒戈支持瑞典，彼得大帝也對他們進行了報復。一七〇九年，彼得大帝宣布廢除西奇，並禁止哥薩克人進入俄國領土，除非他們是以非武裝的個人身分進入。他們當中的大多數人，則是寧願逃往哈布斯堡王朝和克里米亞韃靼人地區。他們在克里米亞地區重建了西奇，並在保留自己內部組織的同時，也加入了克里米亞汗國的軍隊。一七三三年波蘭王位繼承危機期間，札波羅結哥薩克人再次變換陣營。他們在克里米亞汗王的同意下入侵右岸地區，後來卻又獲得安娜女皇的寬赦，重新為俄軍效力，並在新的地點上重建西奇堡壘。他們以邊境衛隊的身分重新占領了過去曾經擁有的土地，並收受俄國政府過去發給他們的薪俸。他們選舉自己的阿塔曼（首領）和官員，重操畜牧、打漁和貿易等舊業，但對農業卻從不感興趣。作為邊境居民的他們，在局勢和平時往往受惠良多，可以在俄國、哥薩克自治區、波蘭立陶宛聯邦、克里米亞以及鄂圖曼帝國之間充當貿易中介。俄羅斯政府重新對他們進行安置，不只恢復他們的特權，也讓他們在史上頭一次被賦予一塊邊界明確的區域。這讓哥薩克人在聲索對鄰近地區的權利時獲得了法律上的基礎，同時也讓他們可以自行收稅，在內部建立稅賦制度。歷史學家諾爾迪曾指出，他們「取得了此前從未擁有過的地位」，不過他也同意，他們對自己聲稱擁有的廣大土地，仍然缺少了法律上的權利。[135]

俄國和鄂圖曼帝國在一七三六年至一七三九年，以及一七六九年至一七七四年的交戰期間，札波羅結哥薩克人都忠實地為俄國軍隊效力，然而他們也一如往常，總是喜怒不定、難以捉摸。俄國政府並不信任他們，並在西奇駐紮了一支俄國軍隊；結果顯示，他們會這麼做並非沒有理由。哥薩克人不斷捲入和波蘭人、韃靼人以及頓河哥薩克人的邊境爭端。他們反對這些背後有國家支持的移民從塞爾維亞移往草原地區。當大規模動亂於右岸地區爆發時（亦即海達馬克運動），他們加入了叛亂分子，對抗他們一直以來的敵人和波蘭人。只要克里米亞酋長國的危機未除，俄國政府仍會容忍他們的存在。然而當他們的勢力在一七六九年至一七七四年的俄土戰爭末期弱化之後，他們的命運就大致底定了。

札波羅結北邊的邊境地帶，則被稱作哥薩克自治區，是赫梅爾尼茨基理想中偉大疆土的縮小版；在他的想像中，這個廣闊的疆土將會沿著聶伯河中游的左岸，從波爾塔瓦一直延伸到斯塔羅杜布以外的地區。《佩列亞斯拉夫條約》簽訂之後，莫斯科的官員開始將該地區稱作「小俄羅斯」，而當地人也開始使用這個稱呼。在接下來的一百年裡，一直到一七八〇年代，哥薩克自治區（或小俄羅斯）的自治地位將會逐漸喪失。在此期間，俄國中央政府逐步地將其獨有的「權利和自由」剝奪走，直到十九世紀初該地區完全被兼併進帝國的行政架構中為止。這個原本位於邊境地帶的地區裡，其社會和文化層面也開始出現深刻的轉變。由原本的波蘭土地貴族和哥薩克官員組成的菁英階級，逐漸在十八世紀初成形。眼見自己的政治權利遭到侵蝕，他們的反應卻是想辦法成為俄國貴族。該地區的主要語言，也從原本同屬斯拉夫語系的烏克蘭語，逐漸轉變成俄語。哥薩克人的基層階級則失去了原本的社會地位和經濟獨立；到了自治時期的末期，他們大多都已淪為在國有地上耕作的農民。凱薩琳大帝統治期間，則有非常多的農民受到地主控制，成為私人的農奴。[136]雖然該地區喪失了邊境地帶的大部分特徵，但哥薩克自治區和俄國在社會和文化層面上的融合仍稱不上完成，而且也並不牢固。

小俄羅斯兩個最特別的特徵，分別是社會結構中的農民比例，以及對於過往光輝的歷史記憶。大俄羅斯的省分有超過百分之九十的人口由農民組成，而小俄羅斯則只有大約百分之五十。在小俄羅斯地區，農奴制度的施行比俄國的中央省分還要晚得多，而農村的組織架構和土地所有權制度也非常不同。烏克蘭農民耕種的土地，是透過世襲取得的個人農地，而北方省分的農民則是在不斷重新劃分的狹長農地上進行耕作。這個現象讓烏克蘭農民在耕地使用權和耕作上，擁有比其他俄國農民還要更獨立自主的心態。他們也保存了烏克蘭語以及一些地方上的習俗；到了十九世紀中葉，這些獨特的語言和習俗則成了知識分子早期建構民族認同時汲取靈感的文化來源。

右岸烏克蘭則是四個邊境地帶之中波蘭化最深的地區。當地人口在「崩壞」時期大量外流之後，波蘭的土地貴族緩慢地重新取回他們的土地，並對那些被引誘至他們莊園中定居的農民，給予不少稅賦優惠。然而他們在解決勞動力短缺的問題之後，便開始恢復傳統做法，貶低了農民的地位。這也導致新的一波海達馬克起義運動，而在波蘭於一七三三年至一七三四年間爆發王位繼承危機，俄國欽點的人選奧古斯特三世登上王位之後，這場海達馬克起義運動的規模也迅速擴大。危機解除之後，海達馬克不但不願解散，反而還重新占領了西奇。他們在政治上進行重組，每年春天都對波蘭發動劫掠。一七五〇年，他們發起了一次大型起義，迫使波蘭政府建立一支地方民兵隊，然而這支民兵反而更常對居民進行劫掠，而不是和海達馬克作戰。當波蘭土地貴族於一七六八年在巴爾組成了一支反俄聯盟時，海達馬克掀起了最後一次大型叛亂行動。他們聲稱自己是為了保護東正教信仰不受波蘭「狂熱分子」侵害，因而加入了哥薩克人的反抗行動，甚至宣稱自己是依據彼得羅芙娜女皇的《黃金憲章》而行動。然而彼得羅芙娜女皇推翻了這個說法，因為她在波蘭的利益別有他物。俄軍對他們進行了無情的鎮壓，並將他們的領導人物交給波蘭人進行殘酷的懲罰。俄國在第一次瓜分波蘭時兼併了右岸地區之後，海達馬克於焉消失，不過他們的英雄事蹟和哥薩克人一樣，也豐富了烏克蘭民俗英雄傳說。[137]

凱薩琳大帝在位初期，俄國在東歐大草原上的擴張迎來了一次重要突破：他們解決了一個長期以來將波蘭、烏克蘭和鄂圖曼帝國綁在一起的難題。一七七二年，波蘭遭到第一次瓜分；一七七四年，俄國和鄂圖曼帝國簽訂《古屈克卡伊納加和約》；一七七五年，札波羅結哥薩克自治區遭到廢除；上述這一連串事件發展迅速，也導致東歐大草原正式遭到征服。一七八三年，凱薩琳大帝派出的總督波坦金親王策動了一場行動，企圖兼併克里米亞汗國；套用他的說法，此舉將可以去除「俄國臉上的一顆面皰」。一七九一年簽訂的《雅西和約》則讓突厥人失去了在東歐大草原上的最後一個戰略性堡壘。儘管俄國政府努力嘗試將韃靼人留下，對他們的菁英階級提供宗教寬容和其他優惠政策，但不出幾年，大多數韃靼居民仍選擇遷往鄂圖曼帝國，人數可能多達韃靼人口總數的三分之二。[138]波蘭分別於一七九三和一七九五年遭遇到的第二次和第三次瓜分，則讓波蘭完全從對烏克蘭的爭奪之中出局，讓俄國得以獨自接收這片廣大的領土。

凱薩琳大帝在波蘭的策略起初是由帕寧擘畫執行的，他們延續的是彼得大帝的策略。帕寧曾在給駐維也納的俄國大使的信中提到，「如果波蘭不附庸於俄國之下的話，我們將會失去三分之一的力量和優勢。」[139]有三個將波羅的海和東歐大草原邊境地區連結在一起的問題一直存在著，不斷影響著兩國之間的關係：大規模逃往波蘭的俄國農奴，右岸烏克蘭的社會衝突，以及俄波雙方對庫爾蘭公國的爭奪。

波蘭的薩克森王朝結束之後，凱薩琳大帝的對波蘭政策概可分為三個部分：選出親俄的國王波尼亞托夫斯基，拉攏權貴（比如恰爾托雷斯基家族）支持俄國，以及單方面地保證波蘭實施憲法。他和帕寧攜手操作宗教異議分子的議題（這個議題更像一個藉口，而不是他們真正關心的事物），以便創造出「一個堅實可靠的政黨，可以擁有法律上的權利參與所有波蘭事務」。他們的政策也預示了接下來兩百年俄國處理波蘭事務的方法：他們除了從外部介入之外，也會在波蘭內部打造一個願意合作的政權。

波蘭對於這種策略的回應，也將會在接下來的歷史中不斷重演。波尼亞托夫斯基和他的家族為了自己的利益而和俄國合作。他們期待自己掌權之後，便可以強化皇室的權力，並掃除波蘭土地貴族的特權以及受俄國人保障的異議分子的權利。然而這和凱薩琳大帝的計畫並不相容，也讓她陷入了波蘭內部政治的泥沼之中。一七六七年，她派出部隊進入波蘭立陶宛聯邦，協助成立拉當聯盟，同時逮捕波蘭參議院的成員，藉此威嚇波尼亞托夫斯基。一如在波蘭經常發生的現象，俄國的干涉引起了連鎖反應，讓一場內部危機演變成大型的國際衝突。

這一連串爆炸性事件的最初導火線，是一群既反俄又反皇室的波蘭土地貴族，在局勢不穩的聶斯特河與聶伯河草原地區的邊境城鎮巴爾自行組成聯盟。他們要求鄂圖曼素檀提供支持，但素檀沒有馬上做出回應，倒是一群克里米亞韃靼人藉口要響應他們的呼籲，而跨越邊界進行劫掠。與此同時，一些小型的聯盟則在波蘭境內四處冒出，而右岸烏克蘭則爆發了反波蘭地主的海達馬克起義。俄軍隨即介入，和波蘭的盟友一起鎮壓起義行動，但起義行動早已擴散到了鄂圖曼帝國境內，在巴爾塔造成一場針對猶太人的大屠殺。帕寧希望伊斯坦堡當局承諾對這些犯罪事件進行嚴懲，但素檀擔憂俄軍的活動會侵犯到他的邊界。正在尋求機會重建東方堡壘體系的法國，則是以鉅款賄賂伊斯坦堡的主戰派政黨領袖。此舉改變了局勢平衡，讓鄂圖曼帝國也投入到戰爭之中。

俄國在波蘭進行的大規模干預，以及他們對鄂圖曼帝國的初步勝利，也引起了柏林和維也納當局的注意；他們擔憂邊境地帶的權力平衡將會遭到破壞，讓俄國取得絕對優勢。對此，他們也聲稱自己擁有波蘭地區的領土。柏林和維也納都派出了軍隊在波蘭境內設置「警戒線」，以防止叛亂聯盟繼續擴散。俄國在戰爭初期曾贏得了驚人的勝利。凱薩琳大帝野心勃勃的戰爭目標（普魯士的腓特烈大王曾經寫道，她的目標「嚇得他寒毛直豎」），開啟了一連串複雜的外交協商，最後在一七七二年第一次瓜分波蘭時達到高潮。[140]雖然奧地利並未損失一兵一卒，但他們仍然透過考尼茨伯爵精巧的外交手段，從波蘭和鄂圖曼帝國手中獲取了許多領土。實際上，在瓜分波蘭的三個強權之中，奧地利獲得了波蘭人口最多、生產力最高的地區，也取得了鄂圖曼帝國的布科維納地區。儘管腓特烈大王費盡心力，但最後只取得了西普魯士，不過卻也讓波蘭喪失了通往波羅的海的交通路線，並將他在東普魯士的領土和布蘭登堡連結在一起。

十九世紀的俄國歷史學家諾爾迪主張，俄土戰爭原本或許是「沒有必要的」，然而一旦俄國捲入其中，他們便開始不斷提升投入的籌碼。他們起初並沒有明確的計畫，但戰役卻逐漸往南邊轉移，進入了黑海沿岸地區，離西邊的波蘭也愈來愈遠。從一七六八年十一月的戰爭會議開始，俄國領導人便將焦點放在如何確保他們於黑海的航行權，以及克里米亞地區能否獨立。他們推動克里米亞汗國獨立的計畫，也描繪出邊境外交的複雜性。凱薩琳大帝起初其實並沒有想要兼併克里米亞。她認為韃靼人太過反覆無常，因而並非理想的子民人選。在她眼中，俄國真正需要的是一個「像直布羅陀」一樣的海軍基地，以及派出戰艦穿越海峽進入地中海的權利。俄國外交官提出了一些讓他們恢復「舊時自由」的計畫，但克里米亞的汗王卻對這些計畫嗤之以鼻。帕寧想到了一個完美計畫，企圖爭取諾蓋人的支持，因為諾蓋人承諾如果他們可以重新回到聶伯河定居，他們就願意宣誓效忠俄國。然而札波羅結哥薩克人並不想要和別人分享他們參與對抗鄂圖曼的戰果。於是他們對諾蓋人發動攻擊，迫使一些諾蓋人逃往克里米亞。俄國政府見狀後決定出手干預、對諾蓋人進行補償，並將剩下的諾蓋人移往無人居住但土地十分肥沃的庫班河地區。儘管如此，俄國仍成功地罷黜了克里米亞汗國的統治者，並用俄國屬意的人選取而代之，和他們在波蘭的做法如出一轍。這讓他們至少可以獲得一座海軍基地。然而，儘管俄國一再要求，韃靼人卻仍然不願宣布獨立；他們認為此舉違反了要求他們必須效忠素檀的伊斯蘭律法。141

俄國最具野心的戰爭目標一直要到很晚才顯露出來，而且也帶來了最困難的挑戰。魯緬采夫陸軍元帥在多瑙河地區獲得軍事勝利之後，俄軍首次（但不會是最後一次）占領了摩爾達維亞和瓦拉幾亞的部分地區。凱薩琳大帝有意讓這兩個公國獲得獨立，但這引起了奧地利人的強烈反對，因為他們不希望多瑙河的黑海出海口被一個受俄國保護的附庸國控制住。在奧地利的施壓之下，凱薩琳決定撤銷多瑙河公國的獨立計畫，藉此換取波蘭的立窩尼亞地區，而這個關鍵的一步，也開啟了波蘭立陶宛聯邦第一次遭瓜分的命運。

俄國的軍事指揮官和外交官一前一後地在黑海地區籌劃了一次突圍行動，結果超出了凱薩琳的預期。一七七四年的《古屈克卡伊納加和約》，是俄國在東歐大草原邊境地帶的漫長角力中一個關鍵的勝利標誌（儘管可能不是最後一個）。鄂圖曼帝國將一小塊黑海海岸（從布格河到聶伯河）割讓給俄國，其中還包括赫爾松這個河港。鄂圖曼帝國仍然擁有奧恰科夫，控制著聶伯河的出海口。但俄國也取得了在黑海的自由航行權。在克里米亞東面，俄國則獲得了克赤和葉尼卡列這兩個要塞，控制了通往亞速海的入口。

凱薩琳也開闢了一條通往南方的路徑，可以媲美彼得大帝當年開闢通向西方的新窗口。波蘭就此永遠失去了通往黑海的路徑，而克里米亞則失去了西邊和鄂圖曼帝國的陸上聯絡道路，儘管鄂圖曼帝國仍然對他們東邊的諾蓋人握有主權。《古屈克卡伊納加和約》導致克里米亞被迫獨立，像一顆剛成熟的梅子懸掛在那兒，等待俄國隨時摘取。札波羅結哥薩克人則一直忠實地站在俄國這邊，卻發現俄國在獲得勝利之後，只會剝奪他們的自主權。俄國從三方包圍他們的領土，讓他們幾乎沒有調度的空間。作為打擊帝國邊境自治區政策的一部分，凱薩琳命令剛和鄂圖曼打完仗的軍隊攻擊西奇。阿塔曼和大多數領導人都遭到了逮捕或驅逐，而人數多達一萬四千六百一十九人的軍團則作鳥獸散，其中有些逃到了克里米亞。為了維持自由，其中一支強勁的部隊做了最後一搏，遷往鄂圖曼帝國境內的多瑙河河口地區；其他人則在地處布格河和聶伯河間剛納入鄂圖曼帝國的「無人之地」落腳。剩下的人在十年後將會成為國家編制內的哥薩克人，被重新整編進黑海軍團，並在庫班地區定居，鎮守爭端不斷的北高加索邊境。[142]雖然西奇早已不復存在，但札波羅結哥薩克人的英勇事蹟，卻在後來烏克蘭認同成形之際，被賦予了重要的象徵意義。[143]

一如前述，黑海地區的幾個重要堡壘為帝國提供了安全防護，而移墾行動也進入了新的階段。在行政上，烏克蘭被分割成兩個總督區：小俄羅斯和新俄羅斯。哥薩克人的領導階層被納入俄國貴族，而基層官員則被賦予個人自由。俄羅斯於一七八三年兼併了克里米亞，而且使用的是經過歷史考驗的方法，亦即透過軍事行動介入，扶植一個俄國屬意的人選擔任汗王。在波坦金發明的新政策之下，俄國承諾會賦予希臘裔和亞美尼亞裔居民更多特權，希望藉此說服他們離開克里米亞，前往俄國境內定居。克里米亞一被併入新俄羅斯之後，韃靼地主階級便獲得了俄國的貴族頭銜，而政府也對穆斯林實施宗教寬容政策。然而克里米亞的居民對於這些讓步並不領情。在十八世紀最大的一次遷移行動中，有超過二十萬名克里米亞韃靼人離開故鄉前往鄂圖曼帝國；其中許多人在多布羅加定居，讓該地區成了邊境的文化碎片區。頑強無畏的波坦金仍然對移民敞開大門。農奴、退伍軍人以及舊禮儀派，都加入了基督徒難民的行列，從鄂圖曼帝國前來這裡。[144]波坦金對於這些新移民的社會背景和族裔背景並不在意。希臘人、猶太人、亞美尼亞人、烏克蘭人、俄羅斯人，以及像是諾蓋人這樣「受穆斯林律法管轄的移民」，都和留下來的韃靼人混居在一起，不過韃靼人的人數只剩下原來的三分之一。信奉佛教的游牧民族卡爾梅克人則被組織成一個獨立的群體。[145]外移的韃靼人所留下來的土地，則分配給了剛定居下來的移民。彼得大帝的夢想是：一個統通往波羅的海和黑海的廣大河流系統，以及鞏固南疆。而現在，他的夢想終於實現了。

高加索地峽

拜捷列克河流經之賜，高加索地峽北部地區和東歐大草原之間的邊境地理區於焉成形，這條河流將牧地和高加索山脈的山麓分隔開來；一千年來，游牧民族就在那些山麓地帶形成了一個文化碎片區，其社會結構或族裔組成都很複雜。高加索山的主脈雖然將南麓和北麓分隔成兩個區，卻不足以構成堅實的屏障。高加索山脈為那些被擊敗，但未被趕盡殺絕的族群提供了天然防禦，而且事實證明，這裡的山區也的確很難被征服，但敵人仍然可以沿著黑海和裏海的沿海平原進行包夾。傳統上入侵南高加索地區的路線，是沿著裏海西岸一路南下，而在巴庫南邊，阿拉斯河和庫拉河河谷則為畜牧業和蠶絲業提供了絕佳的環境。好幾個世代以來，來自北方的征服者都在高山環繞的富庶平原上過冬，而一旁的高山上則有富饒的夏季草場。由灌溉系統留下的證據顯示，這片富庶的草原曾經住有非常稠密的人口，但到了十八世紀卻恢復為游牧民族的草場，他們每年冬天都會從伊朗來到此地。沙赫賽凡部族是典型的邊境族群，由土庫曼人組成，也混合了許多庫德人與其他原生族群的血統；許多統治者以「系統性的分化、打散、重組和重新安置等政策」對他們進行控制。[146]十九世紀晚期沙赫賽凡部族和哥薩克人發生了衝突，因此被禁跨越俄國和伊朗的邊界。[147]但到了此時，另一種跨越邊界的移民行為也開始出現，那就是移工；這些移工將會在俄國和伊朗屬亞塞拜然未來的革命運動中扮演關鍵角色。

南高加索地區各個邊境戰爭中所要爭奪的目標，主要是亞塞拜然這個邊境地區。和伊朗的其他地方不同，亞塞拜然的人口相對稠密，而且肥沃的農業用地比例較高，還有非常繁榮的蠶絲業。雖然該地區的人口有一大部分是信奉基督教的亞美尼亞人和聶斯脫留教徒，但該地區的主要通行語言仍是突厥語，而波斯語只有城鎮中的上層階級才會使用。最主要的城鎮中心是大不里士，其歷史可以上溯至突厥－蒙古時期*。到了十六世紀末，大不里士不再是整個薩法維王朝的首都，但一直到二十世紀為止都是伊朗人口最多的城市，也是候補的權力中心。[148]

一、鄂圖曼帝國、伊朗與俄國之間的角力

鄂圖曼帝國、伊朗與俄國之間在高加索地狹邊境地區的角力過程，大致可以分為三個時期：十六世紀中葉至十六世紀末，俄國於此時期被迫暫時退出角力；十六世紀初至十七世紀初，鄂圖曼帝國和伊朗在幾場漫長而代價高昂的戰爭後對亞塞拜然進行瓜分；十八世紀初至十九世紀初，俄國於此時期重新透過軍事力量回到該地區，幾乎讓伊朗從這場角力中出局，並擊退了鄂圖曼帝國，造成在信奉東正教的俄國以及兩個伊斯蘭強權之間的穆斯林（亦即亞塞拜然人）和基督徒（亦即亞美尼亞人）族群的不和。這個過度工整的年表，不一定能適用於當地的原生族群歷史。幾個小型基督教公國和王國，以及穆斯林汗國週期性的破壞活動和人口外流以不同的節奏發生著，導致民族獨立運動遲遲沒有出現，一直要到二十世紀末期該地區才終於獲得獨立國家的地位。

* 編按：指蒙古西征之後，坐落於中亞的蒙古汗國漸漸被他們征服統治的突厥人影響，接受伊斯蘭教和突厥文化，形成一種突厥－蒙古傳統。

鄂圖曼帝國的統治者之所以發起征服高加索地峽的行動，是因為商業和宗教上利益。他們希望控制伊朗的陸上絲綢貿易，以及每年來自外裏海地區的朝覲路線，因此鄂圖曼蘇丹也希望和這些烏茲別克人建立聯繫。而伊朗這個什葉派對手的東北方，則有和鄂圖曼同為遜尼派的烏茲別克人，因此鄂圖曼也希望與他們建立聯繫。然而俄國在一五五六年征服了阿斯特拉罕汗國，而伊朗也開始試圖將權力延伸至亞塞拜然這個富庶省分，這些都讓鄂圖曼帝國的上述企圖可能無法如願。最後，鄂圖曼素檀終於試圖將他們與伊朗的邊界穩定下來。他們意識到，這些邊境省分如果爆發運動，其力量可能將會非常強大。畢竟鄂圖曼帝國的根源位於拜占庭帝國和波斯之間在歷史上的交界處，而鄂圖曼突厥人作為聖戰士（「加齊戰士」），起初就是在這些邊界地區開始向西發動攻勢。

在薩法維王朝的統治之下，奇茲爾巴什從未完全被吸納進舊時的社會架構和政治架構之中，並保留了許多半游牧的邊境特徵。在鄂圖曼帝國和伊朗之間的舊邊境地區裡（該地區的歷史不只可以上溯至拜占庭和塞爾柱的年代，還可以上溯至羅馬帝國和薩珊王朝的時代），奇茲爾巴什的宗教狂熱在安納托利亞的農民之間激起了叛亂行動，並激怒了位於君士坦丁堡的正統遜尼派政權，導致他們和鄂圖曼帝國的正規軍不斷發生衝突。[149]在鄂圖曼帝國和薩法維王朝之間的查爾迪蘭戰役（一五一四年）裡，突厥禁衛軍火槍手和大砲的火力，擊垮了奇茲爾巴什的騎兵，而鄂圖曼帝國也曾短暫占領塔不里士。薩法維王朝的挫敗，顯示出因為宗教因素而輕視槍砲武器的威力，除了會為軍隊帶來傷害，也會損害國王半神聖的政權。一如我們已經討論過的，薩法維王朝在戰敗之後邁出了改革的第一步，試圖建立一個更加穩定而世俗化的王朝，並將政權建立在制度之上，而非奇茲爾巴什千禧主義式，難以持久的狂熱之上。[150]

當鄂圖曼帝國和伊朗在界線模糊的邊境上進行角力時，雙方都在爭奪庫德人的支持。早在蒙古人於十三世紀和十四世紀入侵、摧毀他們的家園之前，庫德人就已經快速地伊斯蘭化，融入了阿拉伯的文化圈之中。但他們仍然維持著高度分化而孱弱的狀態，很容易就能被吸收進薩法維王朝之中。由於伊斯瑪儀國王中央集權的政策引起了他們的不滿，因此當鄂圖曼帝國提議要他們在邊境上制衡奇茲爾巴什時，他們起初是非常支持的。然而就像典型的邊境居民那樣，庫德人也善加利用了他們作為中介的角色，不斷在雙方陣營之間來回變換立場，藉此獲取最大的利益。事實證明，在整個十六世紀和十七世紀期間，鄂圖曼帝國在給予庫德人特權和高度自治權這件事情上，比伊朗還要來的有彈性許多。他們也保留、鞏固了庫德人貴族的權力，並且嫻熟地依據可供發放的土地數量，以及每個部族或聯盟的戰略重要性和內部勢力來調整行政規則。那些最靠近伊朗邊界的部族，往往會獲得最多的自治權。一旦鄂圖曼帝國改善了自己在邊境上的防衛能力，他們便會收回已經賦予庫德人的自治權。[151]庫德人機會主義式的策略讓他們可以在鄂圖曼帝國和伊朗之間保有部族的自主性，但代價卻是讓他們無法成為一個內部統一且團結的獨立國家。

在和鄂圖曼帝國角力的第一個階段裡（這個階段一直持續到十六世紀末），伊朗人成功地保住了南高加索東部地區產絲的富庶省分。在將近五十年的戰爭之後，他們也加入了鄂圖曼帝國的行列，征服原本就在該地區世居的喬治亞人的三個王國，並於一五五五年將南高加索地區切分為幾個勢力範圍。鄂圖曼帝國接著將他們的注意力，轉向了來自俄國不斷壯大的威脅。

事後證明，俄國第一次進犯南高加索複合邊境的時機有點過早了。伊凡四世於一五五六年征服阿斯特拉罕汗國之後，便開始準備對該地區進行滲透。英國莫斯科公司當時正在探勘一條不經陸路的替代航線，希望沿著寬闊的俄國河川系統從波羅的海通往裏海，藉此在利潤龐大的伊朗絲綢貿易中分一杯羹。對於英國人的計畫，伊凡四世也給予大力支持。他娶了一名卡巴爾達公主，並在捷列克河岸上建立一個哥薩克聚落和堡壘，藉此為他在東高加索地區的親家提供支持。到了十六世紀，捷列克河和庫班河沿線的土地都已經由可以自由遷徙的哥薩克人開墾定居。這些哥薩克人是來自北方的斯拉夫人，從事小型農業、畜牧業和漁業，偶爾也會在俄國親王的軍隊中服役。他們主要經陸路和海路對地方上的部族、鄂圖曼帝國和伊朗的商隊以及外交使團進行劫掠。從他們的生活方式、位處的邊境地區的生態特性來看，他們都和匈牙利、塞爾維亞與羅馬尼亞三國交界處的烏斯科克人非常類似。他們和來自各個部族的女性進行通婚，並歡迎當地的原生居民進入他們的軍隊之中服役，導致哥薩克人和這些原生居民之間的界線也愈來愈模糊，在某些案例中甚至已經完全消失。巴雷特完美地將他們定義為「一群沒有國家的人，在國家之間的縫隙中成形……比如莫斯科／俄國、伊朗和鄂圖曼帝國。要定義他們，你得先定義他們不是什麼：他們既非奴僕，也非臣民。」[152]

雖然哥薩克人會彼此劫掠，但和試圖征服他們的帝國軍隊相比，各個哥薩克群體之間的共通點還是比較多。他們的游牧式生活會依據季節移動畜群，主權疆界和國家制度對他們來說猶如浮雲。[153]透過名為「庫納克」的習俗制度，山區的居民和哥薩克人為彼此進行類似的服務，比如調解中介，因為懸賞獎金而追捕犯人，貿易活動以及護送服務等。就像其他在複合邊境地帶的自由人一樣，他們不太把宣誓效忠當作一回事，一遇到更好的機會便可能倒戈。國家體系通常難以對山區居民的菁英階級進行收編，因為政治權力往往分散在各個宗族之間。[154]哥薩克人不只對俄國商隊和生意人進行劫掠，也參與了十七世紀幾起大規模的社會叛亂事件。直到一七二〇年，他們仍不願正式接受俄國政府（阿斯特拉罕總督）的統治，甚至一直到很久之後，他們所在的區域都仍是逃亡者的棲身地，其中最有名的幾位逃亡者，就出現在凱薩琳大帝在位期間。其中，哥薩克叛亂分子普加喬夫是最後一位自稱有權繼承王位的人，他宣稱自己就是凱薩琳遭謀殺的丈夫彼得三世。

鄂圖曼帝國之所以想要在草原上興建一條連結頓河和窩瓦河的運河，並於一五六九年發起軍事行動重新征服阿斯特拉罕，一部分是為了打破伊凡四世和卡巴爾達地區之間的連結，並搶在俄國和伊朗聯合起來對抗鄂圖曼帝國之前行動。如果成功的話，他們就能讓伊朗不再壟斷對英國莫斯科公司的來往，並為外裏海地區同為遜尼派穆斯林的弟兄保持商貿和朝覲路線的暢通。鄂圖曼軍隊在游牧民族諾蓋人的幫助之下，成功地將俄國人驅逐出卡巴爾達地區，卻無法達成他們更大的戰略目標。諷刺的是，他們也受到了克里米亞韃靼人盟友格萊的阻礙；格萊的意圖外人難以預料，而他又擔心鄂圖曼帝國強大的勢力出現在附近會對自己不利。他希望派遣騎兵前往莫斯科近郊進行燒殺劫掠，但這對鄂圖曼帝國的計畫毫無幫助。到了此時，所有事件都戲劇性地顯示出，東歐大草原、高加索和波羅的海邊境地帶之間的連結，是如何彼此交疊糾纏在一起的。俄國人之所以能維持自己在阿斯特拉罕（這也是伊凡在裏海和波羅的海之間希望控制的水路樞紐）的地位，只是由於克里米亞韃靼人和諾蓋人之間的敵對關係、札波羅結哥薩克人對韃靼人從後方發起了攻擊，而鄂圖曼帝國當時又正忙著和伊朗的薩法維王朝交戰。[155]

鄂圖曼帝國在高加索地區的擴張行動於一五九〇年達到了顛峰；當時，他們在一場為期十三年的戰爭中將伊朗人驅逐出該地區，並取得了裏海的出海口。但為了這場戰爭，鄂圖曼帝國也付出了慘痛的代價，因為後勤補給線必須穿過高加索山的荒地，同時還可能遭到地方部族游擊戰和劫掠的侵擾。此外，當時國勢低迷的伊朗人在薩法維王朝最偉大的領導人阿拔斯國王（一五八七年至一六二九年在位）的帶領之下，也正準備進行一場不時發生的復興運動。

伊朗的復興運動在南高加索複合邊境上開啟了第二階段的角力行動，並為當地的原生居民帶來了沉重的負擔。十六世紀的戰爭讓喬治亞陷入長期的經濟衰退，而十七世紀的戰爭則幾乎導致喬治亞滅亡。喬治亞在當時已經分裂為三個王國和幾個公國，因此在政治上變得更加破碎，而地方上的親王則奪走了貴族的權利。為了在鄂圖曼帝國和伊朗帝國的來回傾軋之下生存，喬治亞的各個親王原本想要彼此結盟，甚至也和敵手結盟。很自然地，信奉基督教的喬治亞人最先想到的盟友便是俄國人。但到了十六世紀末，莫斯科自己也開始進入「混亂時期」，因而只能含糊地承諾會對他們提供支援。卡赫季王國的國王曾在一五九六年悲嘆：「從我開始跟隨莫斯科人的腳步，至今已有整整十六個年頭，但我從未看到他們對我伸出過援手。」[156]後來喬治亞的親王也將阿拔斯國王列為求援的對象之一，希望藉此讓自己從鄂圖曼帝國的控制中脫身。事後證明這並非明智之舉。阿拔斯在喬治亞人之間挑撥離間，並讓自己屬意的人選登上地方穆斯林汗國的王位。當卡赫季人在喬治亞東部發起叛亂時，阿拔斯便下令將大量居民驅逐出境，並讓土庫曼的游牧民族移居至該地區。

鄂圖曼帝國和伊朗帝國於一六二〇年代第二次瓜分高加索南部地區時，無法徹底剷除內部的抵抗勢力。報復行為變得愈來愈殘忍，而喬治亞西部的經濟也完全崩解。遭外族統治的喬治亞人內部各自效忠不同的對象：在西部，所剩不多的人口大部分都成了穆斯林；在東部，許多地方上的首領和他們的輔佐者，則是被迫在薩法維王朝的軍隊中服役，成為奴隸兵。他們投入了伊朗沿著外裏海邊境對抗阿富汗的戰爭之中，在戰場上名聲不俗。有些喬治亞領導人將他們的希望放在遙遠的莫斯科人身上，甚至自願遷往北方。與此同時，亞美尼亞人的人口也大幅銳減。從十七世紀初開始，大規模的人口外移開啟了亞美尼亞人離散海外的歷史。我們難以取得該時期的統計數據，但十四世紀中葉原本多數居民是亞美尼亞人的亞美尼亞東部，到了十九世紀初期卻只剩下百分之二十的人口是亞美尼亞人，而穆斯林的人數則占總人數的百分之八十。[157]

南高加索地區複合邊境角力的第三階段，則始自十八世紀初。當時，由邊境地區內部抵抗和外部戰爭所造成的長期效應，已經改變了該地區的權力平衡。和俄國相比，鄂圖曼帝國當時正在歷經衰退，而伊朗人則衰退得更為嚴重。雖然彼得大帝曾於一七一一年在多瑙河邊境地帶敗給了鄂圖曼帝國，但這只是短暫地減緩了他對高加索地區的野心。他的政策中有兩個彼此相關的考量。首先，他希望在在北高加索地區的山區居民中找到盟友，以便對諾蓋人進行包夾；彼得在多瑙河地區戰敗時，這些諾蓋人曾經劫掠窩瓦省分。其次，他也在找尋機會，企圖將俄國的勢力伸進南高加索地區。他希望實現伊凡四世的夢想，亦即掌控一條從波羅的海到裏海的水路路線，藉此將俄國打造成東西貿易中介；為此，他發起了一次遠征行動，占領了伊朗的北部省分。沃爾林斯基作為彼得大帝東擴計畫最活躍的提倡者，曾經在伊斯法罕提交匯報，指出當時伊朗的情況非常危急，十分害怕俄國發動攻擊，而且也無力對內部的叛亂進行鎮壓。他要求伊朗給予俄國商人在帝國境內各地購買生絲出口，以及進行貿易的權利；彼得大帝則指示阿斯特拉罕總督準備入侵伊朗。沃爾林斯基於是派出情報官對吉蘭省進行偵查，並要求彼得大帝煽動高加索地區的部族推翻伊朗政權。當卡巴爾達人宣誓效忠沙皇之後（儘管一如既往地為期十分短暫），沃爾林斯基充滿熱情地稱他們是他在該地區所見過「最為貧窮所苦、卻也是最精良的戰士」。[158]

一七二二年阿富汗人將國王趕離伊斯法罕的新聞，促使俄國發動了侵略行動，而鄂圖曼帝國眼見伊朗如此孱弱，也決定發動戰爭。彼得大帝心裡明白，突厥人將會利用這個機會重新占領南高加索地區，阻擋俄國勢力滲入伊朗，並危及俄國在整個高加索地區和東歐大草原的商業和戰略地位。彼得大帝於是親自領軍遠征伊朗，為深陷困境的國王提供援助——或者不如說，誰有權力將黑海省分割讓給他作為回報，他就願意幫助誰。他指使他的特務對地方上的商人施壓，要求他們改和俄國做生意，也鼓勵亞美尼亞人和其他基督徒遷往在吉蘭省和馬贊德蘭省。亞美尼亞的主教則是呼籲彼得大帝將他們從伊朗人的統治中解放出來，並將他們的子民置於沙皇的保護之下。然而彼得大帝遲疑了。他擔心這會為宗教戰爭立下先例，激發鄂圖曼帝國也對列茲吉亞人和其他穆斯林要求素檀保護的訴求做出回應。當時正在入侵伊朗的鄂圖曼帝國，也可能會占領黑海南岸的伊朗港口作為回應。[159]

伊朗人的抵抗行動很快就遭到了粉碎。卡巴爾達人歡迎俄軍的到來。作為地方上的喬治亞國王之一的瓦赫堂，曾經勉強地改信伊斯蘭教，後來又宣布自己不再是穆斯林，並試圖煽動喬治亞和亞美尼亞基督徒起身反抗伊朗統治者。瓦赫堂要求彼得大帝提供援助，並將彼得形容成「一盞曖曖發光的明燈，在基督的墓塚、以及四個主教和他自己的皇冠上閃爍著，而彼得大帝也是大衛王和索羅門的後代」，最後卻不得如願。[160]俄軍成功占領了海岸平原，但沒辦法進入山區，將瓦赫堂和其他叛亂分子從不斷進逼的鄂圖曼軍隊手中解救出來。瓦赫堂以及一千名喬治亞菁英於是逃往俄國，並進入俄軍服役。

贏得勝仗的俄土雙方同意對高加索地區進行瓜分，而這次吃虧的則是伊朗。一七二四年簽訂的《君士坦丁堡條約》將整個喬治亞王國和西亞塞拜然都劃歸鄂圖曼帝國，俄國則獲得了裏海西岸和南岸的控制權。然而又一次地，沒有任何一個戰勝方能維持自己的地位。俄國持續苦於補給線過長的問題，而且他們的補給路線不只可能遭到山民襲擊，在低地地區還會遇上瘧疾。從一七二二年到一七三五年，光是瘧疾就一共奪走了十萬名俄國人的性命。[161]一如往常，最主要的受害者仍是在當地的原生居民；他們被迫支持各個帝國，投入一場又一場的戰爭，到頭來卻只是遭人利用、甚至被拋棄。伊朗不時出現的復興運動（這次是在塔赫瑪斯普一世的領導下進行，但實際上卻是由納迪爾國王主掌），迫使俄國必須選擇是要進行大規模的軍事行動以維持地位，還是要乾脆撤退。彼得大帝的繼任者決定撤退。透過一七三二年簽訂的條約，俄國宣布放棄對庫拉河以南的所有治權。三年後，納迪爾國王迫使俄軍退回捷列克防線。在整個一七三〇年代、一七四〇年代和一七五〇年代，伊梅列季和卡爾特利這兩個無助的喬治亞公國都不斷地發出求救信號，卻於事無補。俄國擔心素檀會放任克里米亞韃靼人侵略他們毫無掩護的東歐大草原，因而一再拒絕這些喬治亞公國的請求。一直要等到半個世紀之後，俄國才會再次透過武力重返南高加索地區。

與此同時，鄂圖曼帝國和伊朗之間猶如蹺蹺板一般不斷此消彼長的角力，一直持續到納迪爾國王於一七四七年過世為止。他大舉征戰，將鄂圖曼的勢力驅除出南高加索地區，並讓東喬治亞的皇室成員得以重建一個喬治亞人的國家。然而伊朗人的劫掠仍在持續干擾著喬治亞人的經濟活動。喬治亞的統治者逐漸明白，能讓他們獲得穩定、永久復興的希望存在於北方。但很不幸地，對他們來說，在十八世紀的大多數時間裡，俄國人重返南高加索地區的過程，都只是一再地讓他們感到失望和背叛。

這場高加索地區的三方角力，在宗教層面上為該地區帶來最持久的影響，便是伊斯蘭軍事活動的擴散。一七一七年，穆拉德四世素檀明確允許，甚至鼓勵納各胥班迪道團的蘇非主義者，對受鄂圖曼帝國控制的高加索東部地區進行滲透。他們逐漸贏得車臣、達吉斯坦和切爾克斯人民的支持。這些轉變，對俄國於十九世紀上半葉征服北高加索地區的行動也造成了重大的影響。162

二、俄國的擴張

俄國向高加索地區擴張的過程，於凱薩琳二世統治期間獲得了不少動能。受到波坦金親王的啟發和形塑，她的政策分別在兩個層次上開展。在高加索山以北，他的目標是綏靖、收編各個部族；在高加索山以南，他的目標則是將鄂圖曼帝國和伊朗帝國驅逐出去，並鞏固由俄國監護的喬治亞人和亞美尼亞人的國家，藉此解決複合邊境的問題。宗教團結本身從來就不是他們的目標；俄國對基督徒的保護行為本就是見機行事，而且他們從不會為了保護基督徒而妨礙官方的政策。163

波坦金對付東北部卡巴爾達人的行動，比起之前的任何人都還要更有系統性。他試圖建立一道高

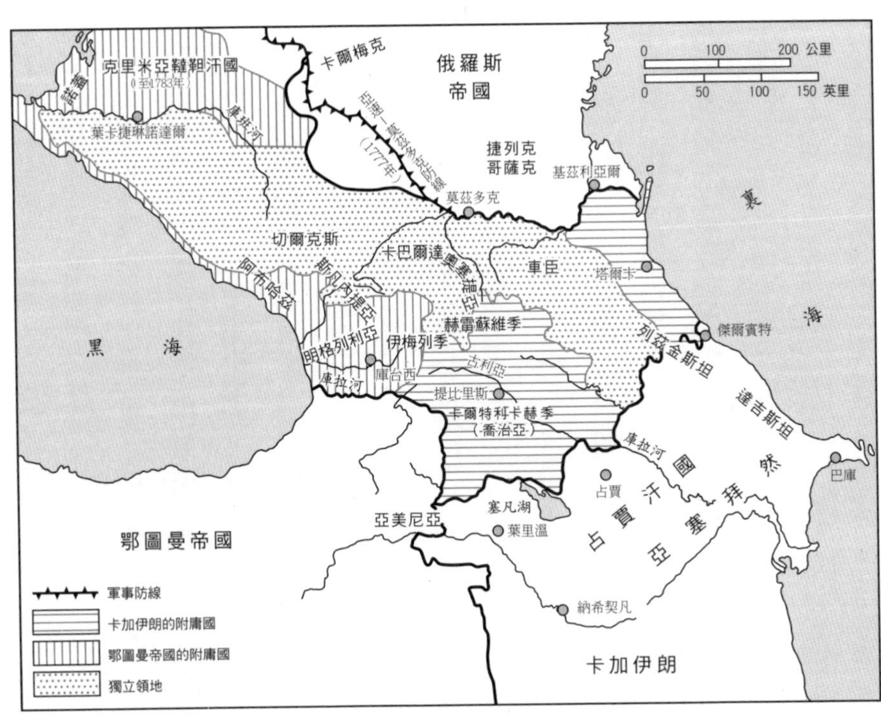

地圖 4.3　高加索地峽（約一七九〇年）

加索防線，保護俄國聚落不受鄂圖曼帝國和山民的攻擊。他說服凱薩琳起用過去「忠誠的」札波羅結哥薩克人組成黑海軍團，來幫助他們和鄂圖曼帝國在多瑙河邊境上作戰。一七九二年，波坦金為了建立一道黑海警戒線防範切爾克斯人的劫掠行為，這些札波羅結哥薩克人被重新安置在庫班河的右岸。在來自立陶宛、波蘭和烏克蘭等邊境地區的合法和非法移民的加入之下，他們的人數大幅增長。一如往常，地主希望找人填補逃跑農奴所留下的空缺，但地方上的官員卻回絕了地主的要求，認為他們的說法過於誇大。這些移民有許多並非俄羅斯人，而是猶太人、羅馬尼亞人、希臘人、突厥人或韃靼人。一八〇八年，五百名札波羅結哥薩克人在西奇堡壘遭到撤除之後便逃離了鄂圖曼帝國，回到庫班地區進行移墾，儼然就是邊境居民典型的倒戈行為。[164]

波坦金建造了新的堡壘，讓退役士兵駐紮其中，並將農奴安置在這些堡壘周邊。此外，他也將土地分封給貧窮的貴族。許多卡巴爾達人見狀決定逃往鄂圖曼帝國境內，或是更遙遠的山區。由於大規模的俄軍對他們造成了不小壓力，同時他們又缺乏外部支援，留下來的卡巴爾達人於是選擇求和。他們採取具有邊境特色的臣服方式，亦即宣誓效忠，支付貢品，並對俄軍提供牲畜和食物。對於俄國將他們的同胞安置在高加索軍事防線上一事，他們也保證不會反對。俄國人趁此機會鼓勵移民遷往俄國，希望藉此弱化卡巴爾達菁英的內部團結，並消除他們的敵意。[165]

一直要到一七八〇年代，凱薩琳才終於將喬治亞收歸為保護國。俄國如果希望擴張，那麼弗拉季卡夫卡茲這座堡壘在戰略上便極為重要。該堡壘建造於一七八四年，是喬治亞軍事公路在北端的終點站，後來成為建造據點的模範；卡巴爾達人以及後來的奧塞提亞人可以圍繞著這些據點居住，同時接受俄國的保護。[166]喬治亞軍事公路穿山越嶺，為俄國領土和戰事不斷的喬治亞之間提供了戰略和商業上的聯絡路線。但就算是凱薩琳大帝，也都認為俄國在鄂圖曼帝國占據黑海西岸的情況之下，很難維持對喬治亞的承諾。俄軍於一七八七年撤退之後，伊朗人便於一七九七年對這裡進行了殘酷的懲罰性攻擊。

新的卡加王朝在伊朗一掌權，便試圖重建薩法維王朝鼎盛時期的版圖，包括南高加索地區。伊朗的史書編撰者將第一位卡加國王阿迦·穆罕默德汗的軍事行動詮釋為在重建「『伊朗本土』的天然疆域」，這個疆域不只包含各個高加索地區的汗國，甚至還包含阿富汗的幾個親王國、中亞地區、鄂圖曼帝國的伊拉克省分、整個庫德地區，以及波斯灣上的幾座小島。[167]

一七八一年，阿迦．穆罕默德汗首次和俄國交手，將俄國人從他們在裏海東南岸所設立的商業據點驅逐出去。不出五年，他又兩次入侵吉蘭省，而當時吉蘭省的統治者仍和俄國維持貿易關係。阿迦．穆罕默德汗也占領了德黑蘭，並將德黑蘭定為首都，藉此讓伊朗的權力核心更靠近他位於西北部邊境地區的部族根據地，並以此宣示他將軍事行動的目標放在南高加索地區。阿迦．穆罕默德汗聲稱，他之所以擁有喬治亞的主權，是因為他繼承了薩法維王朝留下的信念：「就像大部分波斯省分都已受我們控制一樣，根據過去的法律，你也必須把喬治亞看成是我們帝國的一部分……」[168]他於一七九五年在南高加索地區進行的軍事行動，就為喬治亞和亞美尼亞居民帶來了不小恐慌。他占領提比里斯之後，隨即在這座城市燒殺擄掠。喬治亞國王希拉剋略二世曾向凱薩琳二世求援，然而凱薩琳當時正為波蘭忙得不可開交，同時又可能和鄂圖曼帝國發生戰爭，因此只對指揮官朱保夫下達了一些指令，進行了極為有限的介入：「不要讓鄂圖曼帝國當局有任何理由可以關切此事或提高警覺。」[169]俄國沒有能力，也不可能希望採取兼併政策。朱保夫於是採取彼得大帝在黑海沿岸的出征路線，以此宣示俄國希望保護自身的商業利益，讓南高加索地區不受卡加王朝或鄂圖曼帝國的控制。

為了維持俄國在南高加索地區的影響力，保羅一世則是打造了一個較有條理的計畫，目的是創造一個由俄國保護的聯邦，讓俄國不需以軍事途徑介入該地區。事實證明，這個想法非常不切實際。穆斯林內部，以及穆斯林和基督徒之間的敵對關係，無法不透過外部優勢軍力來解決，但俄國當時並不願意提供這些軍力。卡加王朝就不像俄國這樣躊躇不決。阿迦．穆罕默德汗利用地方政權內部的分裂狀況，再一次發起了入侵行動。阿迦．穆罕默德汗遭人暗殺後，他的繼任者法特赫阿里國王也持續對喬治亞施壓，要求他們接受伊朗統治。在這些壓力下，保羅一世終於不得不同意兼併喬治亞，但也同意讓他們保留自己的國王。然而當喬治十二世過世（他成了喬治亞的最後一個國王）且保羅遭到暗殺後，這個計畫便被打亂了。一八〇一年秋天，新的沙皇亞歷山大一世接受高加索最高長官克諾林的建議，廢除了喬治亞王國；克諾林認為，喬治亞人既沒有能力捍衛、也沒有辦法管治好自己的國家。

將喬治亞融合進俄羅斯帝國所遇到的困難，和波蘭的案例有些類似，儘管俄國在喬治亞遇到的抵抗並沒有那麼激烈，也沒那麼有組織。和波蘭貴族一樣，喬治亞貴族享有的傳統特權比俄國貴族還要多；同時，他們也曾經歷過幾乎遭推翻的事件，在抵抗厄運、維持獨立這些事情上經驗充足。基督教進入喬治亞的時間比進入俄國還要早得多；當喬治亞併入俄國時，喬治亞的教會仍維持獨立自主，不受其他教會管轄。喬治亞人擁有可以上溯至中世紀的文學傳統，而十八世紀末的喬治亞菁英也和巴黎的時尚潮流沒有時差。由此，俄國雖然試圖收編喬治亞貴族，但就像在波蘭一樣，這個過程並不穩定，而且經常因為派駐當地的俄國軍官的個人偏好而有所影響。[170]為了鞏固俄國的統治，俄國人承認喬治亞貴族的封建權利，並將他們收編進俄國貴族之中。喬治亞貴族對於損失經濟和政治特權雖然有些不滿，但大多數貴族仍會利用這個機會進入俄國大學或取得政府官位。一八二〇年代和一八三〇年代，喬治亞以幾份雜誌為核心，開始出現一些文學復興的現象。受自由派思想吸引的人為數不多，但他們也和流亡在高加索地區的十二月黨人建立了個人的連結。

和波蘭王國相比，高加索地區的地方軍事指揮官經常利用帝國中央距離太遠、訊息溝通非常困難這幾點而獨自採取行動。歷史學家摩斯塔沙利在這些沙皇指派出去的官員身上辨認出兩種類型：一種是試圖對高加索邊境地區採取快速、強制同化政策的「融合派」，一種則是承認地方傳統習俗重要性的「地方派」，在追求同樣目標時的態度更為謹慎。[171]俄化的喬治亞貴族齊賈諾夫親王曾經擁有不少頭銜，比如高加索防線巡佐、高加索最高行政長官、阿斯特拉罕軍事長官（一八〇二年至一八〇六年任職），他是融合派中最具代表性的人物，曾批評穆斯林居民是「變幻莫測的亞洲人渣」。相較之下，從一八三一年至一八三七年擔任最高行政長官的羅森就比較願意和地方上的穆斯林菁英合作。[172]

到了一八三〇年，帕斯克維奇的立場從「地方派」轉變成「融合派」，開始實施俄化政策。他以俄國人代替喬治亞官員的職位，導致一小群重要的貴族決定於一八三〇年代初期密謀叛變。和同時期的波蘭起義不同，喬治亞貴族策劃叛變的能力拙劣，而且一般民眾也沒有參與這場叛變，因此很快就結束了。叛變失敗後，喬治亞貴族受到的懲罰也比波蘭人輕一些，大多都是被流放到帝國邊疆。有些策劃叛變的人後來成為喬治亞浪漫主義運動的重要詩人，比如恰夫恰瓦澤，他在歌頌喬治亞英雄般的過往時，曾悲嘆喬治亞人失去了獨立的地位；比如後來升為副官長，並曾短暫擔任高加索地區總督的格利格爾・奧爾貝里安尼；比如瓦赫堂・奧爾貝里安尼，他也經常悲嘆喬治亞人失去了獨立地位；又比如劇作家葉利斯塔維，他的作品歌頌城鎮商人階級的崛起。[173]他們的存在為民族主義者提供了不少靈感，並為十九世紀末的喬治亞民粹主義和馬克思主義革命提供了許多養分。

決定兼併喬治亞之後，亞歷山大一世便決意要將東翼的軍隊駐紮在達吉斯坦和亞塞拜然北部。他提議對保羅沙皇的聯邦計畫進行修正，藉此吸引黑海地區當地的穆斯林汗國。然而對俄國在該地區的滲透，很快就開始出現了複雜而暴力的抵抗行動，而他的提議卻無法讓抵抗者平靜下來。喬治亞遭兼併不出兩年，奧塞提亞人便在喬治亞軍事公路沿線爆發了起義；一個貴族投石黨*則在一位皇室家族成員，以及幾十位流亡伊朗的喬治亞親王的支持之下發展出來。在伊朗，法特赫阿里國王憑仗著和英國簽訂的條約，宣稱喬治亞「是伊朗全能統治者的領土」。[174]亞歷山大同意軍事指揮官的看法，認為伊朗人變化莫測、狡猾低等，因此必須被趕出南高加索地區。他認為克諾林將軍的態度太過懷柔，因而將其免職，並以齊賈諾夫親王取而代之。齊賈諾夫親王接著採取了一系列手段，企圖鞏固俄國的戰略地位。他對喬治亞軍事公路進行了改善工程，並要求亞塞拜然北部地方上的汗王承認俄國為宗主國。他那專斷而且經常非常殘忍的手段，雖然就戰略上來說完全合理，卻引起了當地穆斯林汗王的抵抗。他們被夾在兩個強大的鄰國之間，只能嘗試歷史上屢試不爽的邊境策略，挑撥伊朗和俄國之間的關係，但並沒有太多成效。[175]

由於俄國政策的提醒，加上奧塞提亞人的起義行動也不斷擴散，警覺的國王於一八〇四年對俄宣戰，並聲稱卡巴爾達、奧塞提亞、印古什和車臣地區都屬伊朗領土。戰爭剛開始，他便向該地區的人民尋求支持。[176]黑海海岸地區的穆斯林汗王倒戈投向了伊朗陣營，但沒辦法說服達吉斯坦的山區居民跟著他們一起倒戈。鄂圖曼帝國認為這樣一來俄軍將被調離多瑙河邊境地區，他們便可以趁機恢復自己在高加索邊境地區的影響力，因而派遣特務前往卡巴爾達對當地的部族進行煽動。[177]就在俄國和伊朗交惡之後沒多久，鄂圖曼帝國的素檀也於一八〇六年對俄宣戰。俄國在高加索邊境地區的角力戰中得同時面對兩個敵手，而且他們都有法國和英國在背後輪流提供支援，端視拿破崙戰爭期間歐洲的同盟關係如何變動。

俄國之所以能從潛藏危機的處境之中崛起，並取得豐碩利益，主要是因為他們的軍事力量比鄂圖曼帝國和伊朗還要強大；這兩個國家當時都仍未跟上歐洲的腳步，尚未完成軍事改革。英國遲來的（而且意興闌珊的）調停，也是原因之一。倫敦當局希望俄國能全心投入對抗拿破崙的戰爭之中，防堵拿破崙最後一次在歐洲尋求稱霸的行動。一八一二年簽訂的《布加勒斯特條約》以及一八一三年的《古利斯坦條約》，則讓俄國在高加索地峽的兩側都站穩了腳跟。鄂圖曼帝國在布加勒斯特的會議中同意放棄比薩拉比亞地區，以及東歐大草原上的幾個堡壘。然而在法國和英國外交官的鼓動之下，他們起初仍拒絕在高加索地區對俄國進行任何讓步。最後，他們同意承認俄國擁有喬治亞、伊梅列季、明格列利亞以及阿布哈茲等地區的主權，而俄國則同意歸還阿納帕、波季以及阿哈爾卡拉基這些他們在戰爭中取得的地區。雖然鄂圖曼帝國的統治者對於這些損失無法釋懷，但他們卻再也無法挑戰俄國在南高加索地區的地位。

《古利斯坦條約》則正式導致亞塞拜然北方的汗國落入俄國手中，其中包括後來於十九世紀成為俄國石油產業中心的巴庫，以及擁有絲綢、茶葉等重要產業的沿海平原。伊朗也承認俄國擁有達吉斯坦地區的主權。該條約還給予俄國人在裏海地區停泊戰艦的獨家權利，並開放伊朗港口供俄國商船停

＊譯按：投石黨一詞源於法西戰爭期間在法國境內出現的內戰，其中一支主要由流亡貴族組成。

靠。由此，彼得大帝曾經有過的夢想，亦即建立一條從波羅的海連結裏海的交通動脈，在一個世紀之後終於實現。然而俄國和伊朗在陸地上的新邊界仍然非常鬆散、界線不明，因而成了未來紛爭的來源。

俄國兼併高加索地區之後，也將更多的穆斯林以及卡拉巴赫地區的許多亞美尼亞基督徒都納入了帝國境內，為俄國新取得的南高加索邊境地區帶來了族裔衝突的可能性。一八四〇年代，帝國政府批准地方穆斯林菁英的傳統特權，並將他們遭充公的部分財產歸還給他們。然而這種收編行動是以農民的福祉為代價。這些農民之中有基督徒也有穆斯林，他們被迫在經濟上依賴過去的伊朗地主和土耳其地主。[178]諷刺的是，俄國政府也在穆斯林地主和基督徒農民之間，製造族裔衝突和社會衝突，就像魯米利亞地區在鄂圖曼帝國治下發生過的衝突一樣。移墾行動是俄國在南高加索地區施行統治的第二根支柱。早在一八三〇年代，俄國人便已開始討論在伊朗邊境安置哥薩克人的計畫。第一波移民由教會成員組成。到了一八六六年，該地區已經有超過三萬一千名俄羅斯人。政府於一八八〇年代開始徵收游牧民族的牧地，並將俄羅斯人安置在這些土地上。移墾的高峰出現在哥力欽親王擔任總督的時期，亦即一八九六年至一九〇四年；為了俄國人的利益，俄國政府當時剝奪了亞美尼亞和穆斯林地主的財產。[179]

《古利斯坦條約》無法阻止伊朗的國王和統治菁英繼續將喬治亞視為「伊朗本土」的一部分。俄國兼併東高加索地區最後幾個穆斯林獨立汗國的行為，在他們的眼中，都對伊朗人的尊嚴和國家安全造成了威脅。這種觀點在幾首傑出的伊朗史詩作品中表現得最為清楚；在這些詩作中，高加索邊境地區的角力被定義為兩個文明之間的衝突。寫下這首詩的作者是卡伊姆馬坎姆．法拉漢尼，他是一名政府高官，來自薩法維王朝一個古老的門閥世家；這個政治世家曾經出力將波斯的行政制度和文學傳統引入卡加王朝的國家體系和皇室之中，特別是在亞塞拜然。歷史學家阿瑪納特曾說，卡伊姆馬坎姆·法拉漢尼那經常被後人複述的說法，亦即「俄國人闖入了『受保衛的領地』」（「受保衛的領地」是伊朗在卡加時期的正式名稱），已經「幾乎成了保衛家園的口號」，尤其是在亞塞拜然的邊境地區。這名身兼詩人的政治家將俄羅斯人連結上兩個傳說中的蠻族，亦即歌革與瑪各，並指控他們到處劫掠土地。為了反抗他們，卡伊姆馬坎姆·法拉漢尼提出了一個創新的途徑進行聖戰。依據不同情境，國家的責任（尤其是亞塞拜然邊境政府的責任）是「像亞歷山大大帝之牆那樣」，或是「像獅子一樣發動攻擊」。[180]

一八二六年，法特赫阿里國王在野心勃勃的後代阿拔斯的慫恿之下，選擇了第二條路線。統治菁英對部分由法國和英國軍官訓練的新軍隊寄予厚望。伊朗人也意識到了俄國的國際處境非常脆弱。俄國和鄂圖曼帝國的協商，已經進展到需要謹慎處理的階段，因為雙方對於《布加勒斯特條約》裡關於多瑙河省分、塞爾維亞以及黑海海岸的部分，在解讀上出現了不少爭議。此外，英國人也對伊朗人進行補貼，並主動鼓勵他們抵抗俄國為了解決邊境爭議而進行的外交施壓。新上任的沙皇尼古拉一世（一八二五年至一八五五年在位）則被十二月黨叛亂事件所震撼。高加索地區的軍隊也投入到了鎮壓車臣起義的行動之中。[181]俄國對高加索地區各個汗國的統治，也並非完全牢固。他們根據一個混合體系進行統治，亦即由汗王負責的司法和收稅等傳統治理機制，必須接受軍事上的監督。伊朗人相信，讓他們恢復在南高加索地區地位的時機終於來了。阿拔斯的軍隊跨過邊界之後，反俄的革命行動旋即在三個汗國之中爆發開來。[182]

雖然伊朗人起初獲得了一些勝利，但他們的攻勢隨即便陷入了膠著。部族之間的敵對關係，以及軍紀的崩壞都導致了他們的慘敗。在俄國，相對謹慎的內斯爾羅德，以及身為尼古拉一世寵臣的帕斯克維奇將軍，兩人對於戰爭路線的立場分歧又再一次浮上了檯面。帕斯克維奇希望占領伊朗屬亞塞拜然的邊境省分，但他的目的並非兼併該地區，而是希望從伊朗那裡獲得巨額賠款。此外，他也主張兼併分布在葉里溫和納希契凡兩地的汗國。然而俄國戰勝之後卻開始讓步。在俄國與伊朗的邊境地帶角力過程中，一八二八年的《土庫曼查宜條約》作為俄國勝利的成果，就某個意義上來說，正如同《古屈克卡伊納加和約》在俄國與鄂圖曼帝國的角力過程中一樣關鍵。

《一八二八年土庫曼查宜條約》將葉里溫汗國和納希契凡汗國都割讓給了俄國，而伊朗則被要求於六個月內支付賠款，否則整個亞塞拜然地區的汗國也將成為俄國領土。幸好英國最後提供了貸款，讓伊朗得以付清這筆賠款，而英國之所以願意提供貸款，也是因為他們愈來愈擔憂俄國在印度附近的攻勢。儘管如此，將亞塞拜然分割開來的邊界線也是出於戰略性的考量。這份條約在經濟上和政治上都造成了深遠的影響。伊朗政府失去了生產力最高的省分，因而被迫採取一些財政措施，卻讓窮苦農民的處境更加雪上加霜，甚至很大一部分的城鎮居民也都蒙受其害。大不里士作為伊朗屬亞塞拜然的中心，受創尤其嚴重，後來於一八四〇年代成為宗教派系主義的中心。[183]

雖然《一八二八年土庫曼查宜條約》成功地將伊朗從南加索地區的最後一個據點驅逐出去，但伊朗人似乎仍有收穫——俄國承認了伊朗王儲阿拔斯繼承王位的權利。然而就算是在這件事上，也仍然藏著一個陷阱。俄國確認王位世襲的這個行為，就算沒有給予他們在最高層級介入伊朗政治的權利，至少也給了他們這麼做的理由。十八世紀波蘭歷史的幽微回聲，伊朗的有識之士或許早已聽見了。

戰爭對人口和經濟造成的影響，對於俄國高加索邊境地區的未來更為關鍵。伊朗戰敗之後，有超過四萬名亞美尼亞裔基督徒離開伊朗，前往俄國，儘管這也意味著他們將會損失許多財富。人口外移也是俄國為了永久控制該地區所進行的計畫的一部分，該計畫有帕斯克維奇陸軍元帥的支持，並由知名的外交官兼詩人格里伯耶多夫擬定相關內容。帕斯克維奇將大多數移民安置在剛兼併入俄國的葉里溫與納希契凡的汗國境內，「因為他們特別希望增加此地區的基督徒人口」。他也指派其他人前往亞塞拜然北部的卡拉巴赫地區。由於納希契凡的國有土地不足，大多數亞美尼亞人最後都在卡拉巴赫地區落腳。然而俄國政府卻沒有將卡拉巴赫劃入亞美尼亞省之中。這其實是一個精心設計的做法：該地區的內部邊界曾在一八四〇年、一八四四年、一八四九年、一八六二年、一八六八年、一八七五年以及一八八〇年進行重劃，目的是為了阻止地域性分離主義或族裔分離主義的出現，並預防任何一個民族「在任何一個主要省分之中成為絕對多數」。[184]

一八二八年戰爭爆發後，許多遜尼派穆斯林離開了鄂圖曼帝國（離開的人數有多少至今未明），導致高加索的亞塞拜然居民突然成了少數族裔。[185]俄國外交官格里伯耶多夫曾試著想辦法讓亞美尼亞移民和穆斯林和平共處，但他後來卻在德黑蘭遭到了暗殺。對這個問題他應該要有所保留。事實證明，亞美尼亞在亞塞拜然境內的飛地成了邊境地帶上的另一個族裔定時炸彈，而這顆炸彈後來也的確在一九〇五年、一九一八年至一九二〇年，以及一九九二年遭到引爆。在後來的十九世紀期間，俄國人也不再期望亞美尼亞人能擔任抵抗伊斯蘭教的基督徒屏障角色，並指控他們在經濟上剝削喬治亞人，同時也開始擔憂亞美尼亞人漸長的民族主義訴求。《一八二八年土庫曼查宜條約》在高加索邊境地帶的角力過程中也是一個重要里程碑，因為該條約意味著伊朗和鄂圖曼帝國將不再共同對抗俄國，也不再會為俄國帶來威脅。一八二九年，《土庫曼查宜條約》剛完成簽署，尼古拉一世便下令占領多瑙河地區的公國，導致俄土戰爭爆發，而早已筋疲力竭的伊朗則是維持中立。該條約所導致的另一個意料之外的結果，則是讓卡加王朝開始轉而經營他們的外裏海邊境地區，取回了之前喪失的赫拉特省，試圖藉此彌補在亞塞拜然損失的領土。我們即將看到，這個舉動將會讓他們和英國人捲入一場曠日廢時的衝突之中。

如果不能將北高加索地區的邊界完整連成一線，俄國對南高加索地區的征服成果便難以鞏固。俄軍在高加索北麓對抗鄂圖曼帝國軍隊的過程（伊朗軍隊只有間接參與）中，也被迫要處理高度武裝化，由捷列克哥薩克人和山區居民（亦即卡巴爾達人、車臣人以及其他部族）演變而成的邊境社會。一直要到一八二四年，俄國政府才正式將捷列克哥薩克人登記入籍，要求他們繳稅服役。然而當俄國強迫他們一起攻打山區居民時，卻遇到了嚴重的逃兵問題，因為山區的領導人（尤其是傳奇人物沙米爾）在一八四〇年代會對叛離俄軍的哥薩克軍人提供重賞，並在軍隊中給予他們重要職位，如果他們願意皈依伊斯蘭教的話又更好。俄國政府因此學到了慘痛的教訓，無法信任哥薩克人，以及由名義上附庸於俄國的山民所組成的附屬部隊。俄國試圖強化鞏固高加索軍事防線的政策，在兩個層面上搖擺不定。首先，他們無法決定是否要鼓勵農民和宗教異議群體進行移墾。[186]其次，對於山民的習俗和信仰，到底應該要抱持寬容態度還是進行壓迫，他們的立場也不斷變換。[187]

在北高加索地區，俄國採用了相同的移墾政策，藉此鞏固自己在鄰近的東歐大草原和外裏海邊境地區的地位。俄國政府將從事混合經濟活動的農民安置在該地區，並對他們提供保護，藉此讓北高加索地區在糧食上自給自足。相較之下，哥薩克人在過去則是被迫要和山民進行交易，從山民那裡取得農產品。好幾個世紀以來，他們在經濟上的相互依賴，讓政治局勢得以維持平衡。然而一八四〇年代和一八五〇年代期間，政府開始將人數充足的農奴安置在北高加索地區，使得該地區可以為各個堡壘、哥薩克據點以及地方民兵提供物資補給。商品交易活動不再活絡之後，山民的地位也不再像從前那樣重要。在接下來的二十年裡，配有哥薩克人的俄軍逐漸剿滅了山區居民的抵抗行動，從而完成了高加索軍事防線的部署。[188]

現今，學者不斷爭辯舉凡對俄國征服行動的抵抗，以及對北高加索地區的鞏固行動，這些現象在意識形態上的根源究竟為何。十九世紀的俄國歷史學家起初抱持的傳統觀點，強調這些現象是受到了納各胥班迪政治宗教運動的影響，而這種觀點也在二十世紀和二十一世紀因為不同的政治因素而一再出現。納各胥班迪道團據稱是一支源於蘇非主義的武裝兄弟會，俄羅斯則將他們稱作「穆里德主義」。反對這種觀點的人批評，這種分類方式其實是沙俄主義和蘇聯帝國主義的產物，而很矛盾地，西方人後來在冷戰中為了對抗蘇聯，也不斷重提這些理論，從而複製了這種東方主義式的視角。但不論是哪種觀點，這些山區的居民都被描繪成充滿平等主義的精神，對軍事領袖也絕對效忠，而且心懷彌賽亞式的盼望，頑強地與俄國人奮戰。一八二五年和一八二六年間爆發的大車臣起義，以及歷時三十年的聖戰（最後於一八六〇年因為沙米爾戰敗而告終），其領導人物都出自於這些山民之中。[189]

對北高加索邊境地區的征服行動，其實是許多俄國軍事總督的努力成果，他們認為自己的任務不只有戰略上的考量，同時也是一種文明使命。其中最具代表性的人物，便是高加索地區的總督巴里亞欽斯基。他從一八五六年至一八六二年擔任這個職位，任職期間他解決了穆里德起義運動中最難對付的部分，並成功捕獲沙米爾。巴里亞欽斯基是沃龍佐夫親王的得意門徒，在高加索戰爭中曾立下輝煌戰功，雄心壯志地試圖對高加索居民進行同化。為了達到這些目的，他主張對地方上的官僚體系進行改革和亞美尼亞教會聯手建立一支具聖戰精神的教團，創立一家外裏海貿易公司挑戰英國商人在伊朗的地位，並建造一條鐵路將提比里斯和帝國中央連結在一起。他曾說，鐵路計畫能「讓俄國騰出雙手，成為亞洲地區的霸主」，而軍隊也可以「以雪崩之勢，席捲土耳其、波斯以及通往印度的路線」。[190]巴里亞欽斯基的見地領先聖彼得堡當局，而沒有被接受。但一如我們即將看到的，他於任職期間，拔擢人才、推行新政，有助俄國鞏固對外裏海地區的統治。

為了鞏固邊疆、促進邊境地區的穩定，巴里亞欽斯基的人口政策結合了兩種策略，一面將哥薩克人遷往邊境地區，一面驅逐穆斯林。作為一八六一年高加索軍事防線重組計畫的一部分，他徵召黑海哥薩克移民進入軍隊，希望藉此促進黑海沿岸地區的農業和製造業。起初，哥薩克人對這些調動非常抗拒，擔心進入常備軍之後，凱薩琳二世賦予他們的特權便會消失。然而政府後來發放可以世襲的土地給他們，讓這些哥薩克人決定妥協。巴里亞欽斯基也命令穆斯林搬離庫班地區以外的地方，因為他擔心他們會在戰爭期間成為俄軍後方的隱患；這個先見之明，在後來一八七七年至一八七八年間的俄土戰爭中顯現出價值。他想到了一個完美的計畫，說服鄂圖曼素檀撥出安納托利亞地區的空地給他，藉此利用沙米爾協助他的移民計畫。巴里亞欽斯基非常欣賞他的對手，向沙皇保證沙米爾會對移民進行組織與管教，否則這些移民就要「任憑命運擺布了」。由此，清除了穆斯林人口後的高加索平原地區，便可以完全由哥薩克人進行移墾。[191]這是多麼用心的種族清洗計畫呀！然而這個計畫從來沒有實現過。

穆里德起義遭到鎮壓後，車臣、印古什、達吉斯坦等地區的地方起義事件也陸續爆發。這些起義事件缺乏組織中心，但這並不表示要鎮壓他們是件容易的事。在一八五九年和一八七七年之間，光是在達吉斯坦就出現過十八次反俄起義。最後一次起義爆發之前，還有鄂圖曼帝國的特務在其中活動，他們承諾只要達吉斯坦人發起聖戰，鄂圖曼帝國便會提供援助。這些達吉斯坦人之中也包含沙米爾的兒子，當時他已經在鄂圖曼軍隊中官拜將軍。隨著俄土戰爭爆發，關於鄂圖曼軍隊發動攻擊的傳言引發了許多場游擊戰。然而俄國非常幸運，大多數山民中的軍事菁英仍對俄國保持效忠，有些甚至還一起鎮壓起義運動。這起事件同時顯示出了鄂圖曼帝國統治政策的優點和缺點。綏靖政策在當地的菁英階級裡的確成功攏絡了一些人。那些叛亂分子並非正規軍的對手，而且缺乏一名像沙米爾一樣充滿個人魅力的領袖。他們不夠團結、也沒有共同的計畫，同時又無法協同作戰。但起義行動仍然加深了俄國政府的恐慌，導致俄國人改變政策，不再讓地方進行自治。和沙米爾受到的慷慨待遇相比，這些組織叛亂的領導人和村莊受則是到了嚴懲；起義結束後，數千名叛亂分子遭流放到俄國的內陸省分。當時民謠詩歌和史籍裡，還流露著鮮明的憤恨之情，而亞歷山大在一般的印象裡，並非一位解放農奴的沙皇，而是一位冷酷無情的暴君。[192]相較之下，俄國人對於這場征服行動的記憶就大不相同，他們孕育了許多浪漫的文學傳奇，可以和英國人在印度的歌頌行為相比擬。

俄國在北高加索地區的征服行動，不時會受到穆斯林大規模出逃和驅逐的現象所干擾。從一八〇〇年到一八八〇年間，估計有十八萬阿布哈茲人和其他較小的部族成員遷入（或被驅逐到）鄂圖曼帝國境內；這場大規模的移民潮分別在一八六四年，以及一八七七年和一八七八年間的俄土戰爭之後爆發，而明格列利亞人則占據了他們留下的空缺。俄羅斯人和喬治亞人都認為這些明格列利亞人「完全就是俄羅斯人，就像莫斯科人一樣」。[193]

到了一八六〇年代，高加索山脈北麓和南麓的邊界都完整地連成一線，而俄國在該地區的優勢似乎也已獲得確立。然而俄國對內部治安的疑慮，仍於十九世紀下半葉不斷地反映在俄國的政策之中，尤其是伊朗的什葉派烏拉瑪對地方居民仍然擁有強大的影響力。俄國對北高加索邊境地區穆斯林居民的政策並不一致，除了反映出地區性的差異、總督的個人偏好、中央官員（包括宗教會議）的立場，也取決於穆斯林「毛拉」的抵抗程度。一直到十九世紀末，俄國政府為了維持該地區的穩定，曾實行過宗教寬容政策、改宗運動，並試圖將遜尼派烏拉瑪收編進官僚體制之中。[194]然而事實證明，這些政策沒有一個能完全有效確保穆斯林居民順從帝國的統治。二十世紀期間，北高加索邊境地帶經歷了四次重大危機，沙俄政府和蘇聯政府都曾捲入其中，這些危機包括：一九〇五年以及一九一七年至一九二一年間發生的兩次革命、第二次世紀大戰，以及蘇聯解體。直到二十一世紀，這些危機的遺緒仍對高加索人民的生活帶來重大影響。

外裏海地區

外裏海地區（通常又被稱作中亞地區）的西側，毗鄰著高加索地峽和裏海的北岸與南岸，東側則在阿爾泰山和天山一帶與內亞接壤。就該地區的地理樣貌而言，北部以哈薩克草原為主，南部以卡拉庫姆沙漠、克茲勒固姆沙漠為主，而撒馬爾罕、希瓦、布哈拉等幾個大型綠洲，則分別由錫爾河和阿姆河這兩個流入鹹海的水系進行灌溉。游牧民族和定居人口之間，並不存在明確的實體屏障。阿拉伯人於八世紀征服外裏海地區之後，河中地區的沙漠游牧民族和綠洲居民則陸續被兼併進蒙古人和突厥人的帝國之中。

從蒙古人災難般的侵略開始，外裏海地區便長期經歷著各種自然和人為災害，不只造成人口減少，也耗盡了天然資源，而爆發於十四世紀、迅速擴散的瘟疫，似乎也讓人口大幅銳減，遲遲無法復原。[195]到了十六世紀初，外裏海地區開始分裂成幾個彼此敵對的汗國；幾個原本在國際商隊貿易中因為作為中途站而非常繁榮的綠洲城市如撒馬爾罕、希瓦和布哈拉，到了此時也開始步入衰退。由於貿易逐漸由陸路轉移到海路，為西歐商人在紅海和印度洋開啟了第一階段的擴張，這些綠洲城市因而面臨不小的競爭，而鹹海盆地（河中地區）的商人則遭到了邊緣化，貿易行為也愈來愈以地方上的交易為主。城鎮工藝家高度精緻的技藝大半遭到了遺忘，而綠洲城鎮的人口也陷入長年衰退。俄國東方學家巴托爾德認為，這些現象使得中亞社會倒退回早期較為簡單的社會架構，其組織圍繞著地主、農民和官員。[196]這也在社會上開啟了帶有封建色彩的反應，而地方上的權貴階級則為了控制土地和畜群而相互鬥爭。[197]

然而我們不應低估草原民族的生命力。十六世紀和十七世紀期間，中亞地區曾出現兩股部族聯盟的勢力，不斷試圖建立游牧民族的帝國：首先是河中地區的昔班尼政權，後來則有突厥斯坦東部的準噶爾汗國。雖然他們最後分別被薩法維王朝和清帝國所殲滅，但都頑強抵抗了很長一段時間。

一、昔班尼、薩法維王朝和蒙兀兒帝國

為了將外裏海邊境地區統一在同一個政權之下，十五世紀中葉出現了一場三方的大型角力，但沒有任何一方能在其中占上風。昔班尼部族統一了原本居住在西伯利亞西北部的二十四個突厥部族，並在深具個人魅力、被歷史學家格魯塞稱為「未能成功的成吉思汗」的阿布海兒的領導之下形成了一個聯盟。[198]這些人逐漸被稱為烏茲別克人，但就像後來許多其他以效忠對象區別敵我的部族群體的名稱，這個稱呼其實掩蓋了他們內部高度異質的族裔組成。就在阿布海兒領軍入侵鹹海邊境綠洲的同時，他那鬆散的聯盟也解體了。其中幾個分離出去的部族自稱「卡薩奇」，意思是「像鳥一樣自由翱翔的人」，他們和阿布海兒反目成仇，擊敗了他的軍隊，在草原上四處流竄，並從後方侵擾烏茲別克人（俄羅斯人將這些卡薩奇稱作吉爾吉斯人或吉爾吉斯卡薩克人，亦即哈薩克人的訛讀，但即使他們最後於十八世紀落入了俄國的控制，他們依然保留了原本的名字，直到今天都被稱作哈薩克人）。不過阿布海兒的孫子穆罕默德・昔班尼扭轉了烏茲別克的命運。昔班尼是一名虔誠的遜尼派穆斯林，受過良好的教育，而且在語言和藝術技巧上極有天賦，他以亞歷山大大帝的神話作為自己的楷模。身為

一名宗教領袖，他試圖讓異教徒哈薩克人皈依伊斯蘭教，並破壞什葉派伊朗人的影響力。然而身為一名國家建構者，他的目標是阻止經濟衰退、振興藝術，並克服河中地區的政治分裂現象。到了一五〇三年，他已經征服了所有主要綠洲，直到在剛穩定下來的薩法維王朝的邊緣處，亦即謀夫這座城市遭到殺害為止。但這並不意味著角力就此結束。

在外裏海邊境地區的角力之中，昔班尼烏茲別克人和薩法維王朝在建構國家的過程中有幾個相似的特徵。[199]然而，昔班尼王朝在融合游牧民族和定居民族兩種文化這件事情上，卻比薩法維王朝還要失敗。聯盟裡的一部分部族仍然維持大部分的游牧生活方式。這些王朝和他們的追隨者將首都定在布哈拉，並逐漸取得許多土地，可惜仍無法恢復綠洲地區優美的文學和藝術傳統。[200]為了讓國家延續下去，這些王朝需要各個部族對他們保持忠誠，因為這些部族是精良士兵的來源，然而這些部族同時也是動亂的來源。這些城鎮群體就文化和族裔而言，和仍過著游牧生活的其他烏茲別克人非常不同；這些城鎮群體被稱為「撒爾塔人」，後來被用來指稱所有定居人口。昔班尼王朝的統治者愈來愈常以貶義的方式使用烏茲別克這個詞，用它來指涉混亂、無政府的狀態，以及他們無法控制的游牧民族。[201]王朝內部在文化和社會層面上的分歧，最終危害了國家本身的穩定性，只要經歷一次重大的軍事挫敗，其政權基礎便可能被摧毀殆盡。

在接下來的兩百年內，薩法維王朝、昔班尼王朝和蒙兀兒帝國在外裏海地區投入了一場三方角力戰中，但沒有任何一方能夠取得完全的主導權。這個問題對於任何一個位處文化碎片區的國家建構者都不陌生。在此期間發生的兩起衝突，則為我們描繪出了外裏海邊境地區在地域、宗教和族裔混居程度上的複雜性。第一起衝突發生在薩法維王朝的阿斯塔爾阿巴德省，是烏茲別克人和伊朗人之間的衝突；第二起則發生在更東邊的地方，亦即烏茲別克諸汗國和阿富汗部族聯盟交界處。

阿斯塔爾阿巴德的居民和其他伊朗人不同，他們主要是遜尼派穆斯林，和邊界另一側同為遜尼派的烏茲別克人保有許多連結。由什葉派奇茲爾巴什家族所組成的薩法維地方統治菁英施行中央集權統治，而從外裏海草原地區而來的地方商貿菁英和部族團體，卻依然十分抗拒這些奇茲爾巴什家族的統治。烏茲別克人則經常在邊界的另一邊進行干預，支持他們的遜尼派弟兄，而夾在中間的農民則極度不滿，飽受苛稅和邊境戰役帶來的劫掠之苦。在各種社會不滿情緒的刺激之下，從六世紀初到八世紀中葉一共發生了五次重大叛亂事件，為當地省分帶來不少破壞。就在公共秩序瓦解之際，叛亂分子內部也出現了分裂的狀況，對彼此發動攻擊。[202]雖然這些起義運動最後未能達到目的，但從南高加索地區，到印度蒙兀兒帝國之間的外裏海邊境地區的中央政權，卻也因為這些起義而逐漸瓦解。

烏茲別克昔班尼、伊朗薩法維王朝，以及印度蒙兀兒帝國之間的第二個角力場，則位於半沙漠、貧瘠丘陵地和高山所組成的嚴峻地形之中，大部分都位於今日的阿富汗境內，有著歐亞邊境地帶上族裔組成最多元的人口（另一個有相同現象的是高加索地區）。[203]該地區的地理位置具有非常高的戰略價值，橫跨在東西向和南北向的貿易和入侵路線上，因而一千年來一直都有暴力事件發生。十六世紀末，阿拔斯國王於赫拉特打敗了昔班尼，終結了他們對該地區的野心，薩法維王朝和蒙兀兒帝國接著便瓜分了該地區。[204]雖然烏茲別克人後來再也未能對伊朗造成威脅，但他們仍持續侵擾著蒙兀兒帝國的軍事據點。

在這場三方角力的混戰中，阿富汗部族採取傳統的抵抗方式，亦即對抗勢力最為強大的外部敵人。他們先是和主要競爭者的其中一方結盟，然後再和另外一方結盟。雖然薩法維王朝和蒙兀兒帝國成功運用優勢火力和軍事戰術占領了阿富汗，卻仍無法讓邊境局勢穩定下來，也無法平息各個部族的騷亂。先進技術人人都可以學習，卻不能保證他們可以就此控制兇狠的阿富汗部族。這些部族不願服從他們的統治，發動了一連串叛亂活動。到了一六七〇年代，儘管蒙兀兒帝國多次嘗試鞏固北方地區，他們最終還是決定棄守。時序進入十八世紀之際，蒙兀兒帝國也永久退出了阿富汗其他地區。薩法維王朝的處境則比蒙兀兒帝國更糟。他們剝削性的財政政策和高壓的宗教政策，讓身為遜尼派穆斯林的吉爾札伊部族決定起身反抗。在一七〇〇年至一七二五年間一系列血腥的武裝行動之中，他們一再打敗皇室軍隊，並於一七二二年占領伊斯法罕，讓伊朗陷入了十四年的無政府狀態。[205]

一如前述，不論是薩法維王朝的納迪爾國王或是杜蘭尼王朝的阿赫馬德國王，十八世紀這些極富魅力的軍事領袖，都未能將外裏海的幾個邊境地區兼併進一個穩定的世襲帝國之中。一直要到一八八〇年代，喀布爾、坎達哈以及赫拉特三個汗國才終於加入了阿富汗國，不過接下來發生的事件，卻又證明這種團結其實非常脆弱。[206]這個狹小地區的歷史，是一群文化和族裔背景多元的族群抵抗外來勢力的最極端案例；他們的組織以部族為單位，居住在地勢嚴峻之處。這種狀況不利於一個穩定的中央集權國家的誕生。然而河中地區的狀況也同樣混亂。

昔班尼的統治結束後，一系列邊境戰爭導致他們的帝國核心開始崩解。布哈拉、希瓦以及撒馬爾罕這些綠洲周圍，開始出現一些新的獨立汗國，而烏茲別克的部族領袖則建立起了自己的世襲王朝。

由於缺乏中央政府，他們在政治上愈來愈分化。這些能力不足的統治者無法維持灌溉渠道的運作，又讓愈來愈多的國家財產落入私人地主和穆斯林宗教機構（「瓦克夫」）的手中。農民愈來愈依賴地主，國際貿易活動也大幅衰退。

就在汗王的勢力逐漸衰退之際，地方上的「埃米爾」*獲得了更多的行政權和司法權。汗王與地方菁英經常爆發流血衝突，而這些地方菁英彼此之間也有不少宿怨。[207]由於缺乏強大的軍力，他們的土地總會遭到游牧民族劫掠，尤其是來自北方草原的哈薩克人。從烏茲別克人分離出來、但仍維持游牧生活的哈薩克人，其勢力於十七世紀末達到了顛峰，他們的影響力甚至還擴及定居民族，遠至南邊的塔什干。[208]昔班尼政權瓦解後，繼承他們精神的並非由伊朗，而是俄國。汗國內部以及游牧部族之間的分裂情形非常嚴重，而什葉派的伊朗與遜尼派的外裏海地區之間，不論是語言或宗教都有不小差異，因而讓俄國人得以在十八世紀輕易滲透該地區。

到了十七世紀末，外裏海地區各個伊斯蘭「軍事恩庇侍從國家」之間的權力關係開始明顯出現變動。一七五〇年至一七七五年間，這些國家的頹勢已經相當明顯，到了十九世紀初又變得更加危急。其中的核心問題是，他們以部族為基礎，由充滿戰士精神的統治菁英進行領導的社會，為什麼沒有轉型成擁有固定官僚體系和強健財政制度的現代國家體系？這個問題，至今都仍未有人能給出令人滿意的答案。似乎已經不能再將他們的失敗（如果真的可以用「失敗」來談的話）簡單歸咎於戰爭的頻仍和軍事技術落後等因素；貿易路線的變動，以及城鎮中心的衰退也都是箇中原因，而持續在生態體系中占主流地位的游牧生活方式，也造成了一些影響。

二、卡加王朝、俄國以及英國

到了十九世紀初，兩個彼此敵對的強大帝國，開始在外裏海地區向彼此靠近：一個是位於草原另一邊的俄國，一個則是位於印度河另一端的英國。他們在靠近彼此的過程中，將會推翻幾個河中地區的地方汗國，以及印度西北部的幾個蒙兀兒衛星國，而且都必須處理阿富汗境內看似無法解決的部族問題。

一八二九年，俄國將卡加王朝從南高加索邊境地區驅逐了出去，卡加王朝因此希望能在外裏海邊境地區獲得補償。一八三一年，阿拔斯決定恢復他的偉大王朝，收復了赫拉特省。由於俄國人希望伊朗人轉往其他前線和英國人交手，因而對阿拔斯提供了不少幫助與支持。伊朗人在接下來的二十五年內，曾於一八三八年、一八五二年和一八五六年分別發動了三次邊境戰爭，希望取得對赫拉特的控制。然而英國人擔心伊朗其實只是俄國的先遣部隊，因此對伊朗人的每次行動都非常反對。

卡加王朝最後一次企圖重建伊朗帝國的舉動，也交纏在英國和俄國這兩個帝國建造者的角力之中。英國歷史學家通常聚焦於英國如何保衛印度，將這場角力行動稱作「大賽局」（the Great Game）。這個稱呼最初由一位英國駐印度政治特務所發明，後來再由英國作家吉卜林發揚光大。[209]然而如果我們接受了這個稱呼的原意，那麼便會窄化了這場角力的競賽場域。實際上，英國和俄國之間的對抗行為，比大賽局所指涉的範圍還要寬廣、深入許多：之所以說寬廣，是因為他們的角力場域涵蓋了從多

＊審定注：即統治者或軍事指揮官。

瑙河流域到太平洋之間的地區；之所以深入，則是因為這場角力也鑲嵌在文化衝突和商業衝突的層次之中。為了了解這場角力競賽的起源，我們必須將目光移至十八世紀末一場看似毫無關聯但含義深遠的事件。

英國對俄國擴張的憂慮，最初在一七八八年浮上檯面；當時俄國對奧恰科夫這個鄂圖曼帝國在黑海沿岸的堡壘發動了攻擊，而英國首相小威廉．皮特則對此發出了警告。然而由於英國政府認為他們需要和俄國結盟，共同對抗革命後的拿破崙法國，藉此消除可能危及英國地位的另一個更大的危機，因此小威廉．皮特的呼籲逐漸沉寂了下來。英國主要的關切，是希望他們在和伊朗於高加索地區交戰（一八〇四年至一八〇七年），以及和鄂圖曼帝國於多瑙河邊境交戰（一八〇六年至一八一二年）的時候，能夠擺脫俄國的干擾，以便在歐洲集中火力對抗拿破崙。但俄國人並非總是願意合作。

在此期間，俄國和法國的兩次短暫結盟便預示了接下來將會發生的事情。從當時倫敦的角度來看，俄國和法國對英國在印度的地位造成了不小的威脅，儘管從今天的角度來看這兩者之間似乎沒有太多關聯。一八〇〇年，俄國沙皇保羅一世進行了一次陸上的遠征行動，他們從奧倫堡出發，往印度的方向前進，但事實證明這次行動是失敗的。類似的想法後來在一八〇七年簽訂《提爾西特條約》時再次浮現；當時，拿破崙和亞歷山大一世同意攜手取道伊朗侵略印度，而法國也暫時在伊朗取代了英國的地位。一如前述，英國人愈來愈憂心，並且懷疑阿拔斯在一八三一年攻占赫拉特時只是在掩護俄國。

在討論英國和俄國之間的對抗時，我們可以在英國對印度次大陸的征服行動，以及俄國對高加索和外裏海邊境地區的征服行動中大致看見一些相似之處。[210]他們的動機都混合了帝國主義思想，都認為自己承載著歐洲文明，前來解救混亂、落後、無法維持和平與秩序的人民。就某方面而言，俄國使用的藉口或許還比較合理，因為混亂情勢的確就發生在他們自己的邊境上；但對於英國而言，這些問題是發生在他們的殖民地附近，距離英國仍有數千公里之遠。但無論如何，他們都使用了啟蒙時期的學術論述，再飾以些許浪漫主義，以「東方主義式」的視角描繪東方各地的原生居民，並以各種奇怪的比喻承認他們的高貴之處和野蠻之處，再輔以統計科學支持其論點。[211]俄國攻勢最猛烈的期間，是從一八六四年至一八八五年，他們分別沿著兩條戰線入侵外裏海地區，和兩個族群交手（但都同屬伊斯蘭文化），在對當地人進行同化時遇到了各種不同的問題。他們的邊界不斷沿著草原邊緣從北邊向哈薩克游牧民族的牧地推進（當時他們仍被稱作吉爾吉斯人）；在西邊，軍隊則向布哈拉、浩罕和希瓦幾個綠洲地區邁進。這些綠洲居民早在阿拉伯人征服初期就皈依了伊斯蘭教，而游牧民族皈依伊斯蘭教的時間則晚了許多。

這場征服行動並非由中央計畫統籌的，而是由幾個地方軍事指揮官發起的結果，而這些指揮官之所以能夠行動，也是由於當時聖彼得堡政府內部也出現了利益衝突。起初，俄軍必須處理游牧民族和汗國的抵抗行動。然而他們的入侵行動是朝向印度和中國的邊境，使得外裏海地區和內亞邊境地區原本局限於區域內的角力行動，開始轉變成為和英國對抗的核心場域，並因為帝國邊界的劃設而開啟了長期衝突，同時也標誌著俄國開始滲透進中國的領土。

從一八四〇年到一九〇七年之間，英國和俄國的政治家不時嘗試就彼此的共同利益和勢力範圍達成協議。然而猜忌、誤會以及錯誤的時間點，讓他們的努力付諸流水[212]（這也讓人聯想到哈布斯堡王朝與俄國之間在巴爾幹半島也曾展開類似的協商行動）。在英俄兩國的權力核心圈裡，連統治菁英都經常無法對他們的擴張範圍和步伐取得共識；主張採取積極前進政策的人，經常和較為謹慎的決策者發生衝突。在邊境上，雙方的冒險家和地方官員都規避或忽略來自倫敦或聖彼得堡的指示。他們希望在仕途上平步青雲，宣稱自己是為了帝國的最高利益而採取行動；在他們心目中，帝國的利益和自己的仕途經常被劃上等號。政府官員、政治特務以及軍官懷抱著複雜而相衝突的動機，導致他們自然會傾向於認為立場不同的人都是不可信的騙子。有時，這種現象會導致許多災難性的後果——尤其是在克里米亞戰爭前夕。

英俄兩國失去拿破崙這個共同敵人之後，就開始在歐亞大陸的西部和南部邊境地區針鋒相對。一如前述，亞歷山大一世在維也納會議上堅持要將大部分波蘭重建為遭瓜分前，由俄國控制的樣貌，因而引發了俄國和英國之間的危機。早在會議召開之前，英俄雙方於戰時成立的同盟關係，便已經在外裏海邊境地區開始褪色。《古利斯坦條約》於一八一三年簽訂後，伊朗人開始轉向英國尋求幫助，並和他們簽訂條約。根據這份條約，當伊朗遭到歐洲國家的攻擊時，英國會前來援救。雖然英國人從未履行過這個條約，但這份條約仍提醒了俄國人，在英國人眼中，伊朗現在已經成了防衛印度的重要關鍵。英國人對於一八二八年簽訂的《土庫曼查宜條約》更加擔憂，因為該條約似乎讓伊朗成了受俄國保護的附庸國。接下來一連串事件的快速發展，包括一八三〇年的波蘭叛亂，以及一八三三年的《恩格爾斯克勒條約》，則在兩方面額外引發了英國人的關切：就限縮波蘭的自由權利這件事而言，他們的關切是意識形態上的；然而就鄂圖曼帝國似乎接受了保護國的地位這件事而言（那曾經是伊朗的地位），他們的關切則是出於戰略上的考量。

從俄國的角度來看，雙方的敵對關係始於一八三〇年代，當時英國正在和發起叛變的切爾克斯人進行自由貿易，因而挑戰了俄國在黑海海岸的主權。英國探險家烏庫霍特自行發起了一場計畫，卻獲得了英國製造商和代理商的支持，因為他的計畫將讓黑海西岸對英國貿易商開放，同時還可以對切爾克斯山區居民的叛亂分子提供武器。他和波蘭恰爾托雷斯基親王曾在巴黎進行接觸；恰爾托雷斯基親王到了一八六三年的第二次波蘭叛亂時，已經開始和烏庫霍特站在同一陣線，因為他相信切爾克斯人的叛亂，是確保波蘭獨立，也是確保鄂圖曼帝國安全的關鍵。烏庫霍特也相信，如果無法對切爾克斯人提供支援，意謂著犧牲伊朗，拱手讓給俄國，而印度也將岌岌可危。[213]

一八三八年，伊朗試圖奪回對赫拉特的控制權事件，對未來英俄雙方的關係帶來了更深切的影響。這次，俄國決策的混亂狀況、地方政治的複雜情形，以及英國人的過度反應，都讓劍拔弩張的雙方幾乎進入戰爭狀態。生性浮誇的西孟尼赫，當時是俄國駐德黑蘭的官員，他主張在該地區施行積極前進政策，並受到許多和他立場相同的高階官員的保護，比如奧倫堡的佩洛夫斯基總督、軍事領袖，以及外交部亞洲司的官員。由於獲得了伊朗賠款的資金，西孟尼赫也支持穆罕默德國王進攻赫拉特的計畫。與此同時，他手下個性鮮明的特務維特奇維茨（他原本是革命分子，後來卻成為親斯拉夫派），則是積極地為伊朗人和坎達哈汗國，以及喀布爾汗國的阿富汗裔統治者（前者是庫匈狄汗，後者則是多斯特．穆罕默德汗）牽線，希望讓他們結為同盟。當時阿富汗人希望利用英國人來對抗俄國人，藉此鞏固自己的地位。駐德黑蘭和喀布爾的英國特務人員就此發出了警訊。英國於是派出了一支海軍攻占波斯灣的要塞哈爾克島，揚言要對伊朗以及喀布爾發動戰爭。俄國的外交部長內斯爾羅德不斷向英國保證，俄國並沒有任何不良意圖。然而內斯爾羅德似乎無法控制自己的下屬，因為他們同時也在接受參謀部，以及駐奧倫堡的佩洛夫斯基的指示。這個案例再一次顯示出俄國的官僚體系有多鬆散，和一輛多頭馬車沒什麼兩樣。

尼古拉一世後來終於意識到他冒險犯難的特務們，正在蹚入什麼樣的渾水時，決定將西孟尼赫召回。維特奇維茨則是身敗名裂，而內斯爾羅德也受命向英國保證「英俄兩國都有一個共同的利益，亦即維持中亞和平，防止亞洲的這個廣袤地區陷入戰火。」他提議雙方建立一個體系，「對於位處英俄兩國之間的緩衝國的獨立性，優先給予尊重」。[214]在英國那邊，巴麥尊子爵則體認到為了伊朗而發生衝突並不明智，因為俄國在地理位置上掌握了優勢。英國體認到以伊朗作為緩衝國的代價太過高昂，因此決定後退一步，只要能控制波斯灣便足以確保印度的安危。[215]然而英俄兩國要到了七十年後，才能完全實現這個構想。

堅定信念無法阻止英俄兩國在邊境地帶進行角力，而只是將他們努力的目標，改成避免發生正面衝突而已。危機解除之後，印度總督奧克蘭伯爵便對阿富汗發動侵略，進而罷黜了多斯特·穆罕默德汗。然而英國無法在喀布爾維持和平，而撤退的英軍也遭到了殲滅。俄國的佩洛夫斯基總督則趁著英軍遭遇挫敗，派出了一支部隊前往希瓦，希望建立一條安全而且有利可圖的商業路線通往中亞的綠洲城鎮，並終結該地區的奴隸貿易。然而這支部隊卻在烏斯秋爾特沙漠遇上了冰風暴，導致部隊幾乎全軍覆沒。但英俄雙方都挽回了一些顏面，沒有完全潰敗。希瓦汗國釋放了被他們所擄的俄國人，並承諾不會再俘虜任何俄國人；英國則是對剩下的幾個印度公國完成征服工作。納皮爾於一八四一年占領了信德省，並在電報中風趣地寫道「信德是我的了」，而英國接著又在一八四九年兼併了旁遮普。他們讓多斯特・穆罕默德汗在喀布爾重新登上王位，而多斯特・穆罕默德汗則在印度叛變期間持續效忠英國，以作為回報。

克里米亞戰爭結束之後，英俄兩國的政治人物和軍人再次對外裏海邊境地區應該採取哪種行動方針，出現了不同意見。俄國內部主張採取積極前進政策的陣營，出現了幾位強大的新成員，比如戰爭部長米盧廷。克里米亞戰爭讓俄國中央體認到，如果俄國與英國發生衝突，衝突的範圍將會涵蓋整個歐亞大陸。高加索地區的行政長官巴里亞欽斯基曾經特別強調，高加索地區和外裏海地區的連結很深。有鑑於英國於一八五七年打敗伊朗，他主張俄國應該要提出對策，因為他認為那是克里米亞戰爭的延續；他要求聖彼得堡當局儘速占領阿特拉克河以外的地區。唯有如此，俄國才能掌控伊朗和阿富汗北部的邊境地區，並制衡英國在波斯灣的地位。他寫道：「否則，未來無可避免的戰爭將會把我們推向更艱難的處境之中，因為部署在波斯灣沿岸的英國人將會在坎達哈、喀布爾以及赫拉特與中亞的汗王進行接觸、利誘他們。」[216]到了一八六三年，正值波蘭起義如火如荼之際，巴里亞欽斯基的前下屬米盧廷才剛從高加索地區被拔擢至戰爭部不久，便呼應並擴充了這種觀點。由於他注意到俄國和西方強權的關係已到了劍拔弩張的地步，因此寫道：「萬一真的發生戰爭，我們絕不能在歐洲戰場和英國交手，只能在亞洲進行戰爭。」如果有需要的話，一場位於亞洲的軍事行動將會至關重要，「就算不是為了入侵印度，至少也能將英軍調離歐洲，或許還能對他們的貿易活動造成更多傷害。」[217]

其他人熱切支持前進政策的人，也抱持著類似的觀點。令人印象深刻的是，支持前進政策的人包括：伊格納提耶夫伯爵，他身為一名熱切的泛斯拉夫主義者，曾於一八六〇年代領軍遠征外裏海地區；切爾尼耶夫將軍，他是征服塔什干的領導人，同時也是一八七五年前往塞爾維亞的志願軍指揮官；此外還有西伯利亞西部總督嘉斯福爾德、奧倫堡總督別札克，以及西伯利亞東部地區的總督科爾薩科夫。[218]伊格納提耶夫伯爵的生平，反映的便是俄國希望建立一個從北京延伸到君士坦丁堡的帝國的強烈野心。他是一八六〇年《北京條約》的主要談判者，為俄國奪回了十七世紀末割讓給清帝國的黑龍江和烏蘇里地區，並讓俄國商人獲得在喀什噶爾和伊犁等東突厥斯坦城鎮貿易的權利。十七年後，他則擔任《聖斯特凡諾條約》（一八七八年）的主要談判者，讓俄國短暫地成為多瑙河邊境地區的主要強權。伊格納提耶夫並非一名狂熱分子，而是精明的地緣文化政治實踐者。他認為土耳其海峽「從政治經濟的角度來看，對俄國南方的安全和繁榮」至關重要。至於俄國的控制是直接或間接的、方法是和平或暴力的，則端視其他歐洲強權的反應。如果俄國要占領君士坦丁堡，他們就必須利用保加利亞人、希臘人和亞美尼亞人，把他們當作「順從的俄國政策工具和堅定盟友，讓他們永遠不會投敵」。俄國過去和奧地利的盟友關係因為一八六七年的《折衷協議》而終結，因為該協議讓奧地利不止讓南斯拉夫人俯首稱臣，也讓他們和俄國的宿敵，亦即馬札爾人和波蘭人進行和解；「俄國遲早會為了在東方爭霸，為了俄國的團結和統一，為了維持和發展歷史地位的機會，和馬札爾人以及波蘭人發生戰爭；好幾個世紀以來，俄國透過努力奮戰已經取得了一些歷史地位，這是上帝賦予俄國的使命

——我們是東正教的捍衛者，也是斯拉夫民族之中人數最多、力量最強大的一支。」[219]

俄國外交部長戈爾恰科夫則是前進政策的主要反對者；前任戰爭部長蘇霍扎涅特，以及在嘉斯福爾德之後接任西伯利亞西部地區總督和西伯利亞軍隊總司令的迪歐嘉梅爾，也都支持戈爾恰科夫的觀點。[220]戈爾恰科夫一向希望避免和英國在歐亞邊境地區發生衝突。[221]他希望透過外交手段和貿易活動，以和平的方式滲透外裏海地區。他在一八六四年寫給歐洲列強的著名備忘錄中，描繪出他對俄國的外裏海地區政策的願景。他宣稱，俄國和歐洲主要的殖民強權以及美國不同，俄國的使命是國家安全和文明進展。[222]伊格納提耶夫和戈爾恰科夫在立場上的差異，也延伸到了俄羅斯帝國的所有邊陲地區。「我們兩人立場的根本不同之處，在於他相信歐洲，相信『歐洲協調制度』，渴望召開各種會議，而且喜歡那些不斷重複的語句和精明的外交活動，崇尚華美辭藻多過實際行動。」[223]

一如往常地，亞歷山大二世似乎對兩種策略都很支持，而且經常是同時支持。一八六〇年代和一八七〇年代內部辯論正烈之際，他同時將戈爾恰科夫和米盧廷都任命為部長和親信。但他並不支持那些最冒險的措施，比如切爾尼耶夫於一八六五年攻占塔什干的行動，但當這些行動成功時，他也沒有否定這些行動。[224]結果是，當戈爾恰科夫和其他人聲明俄國政策追求的是和平時，英國人認為那只是幌子而不予理會。[225]他們不知道的是，俄國政府內部對於如何保衛情勢不穩的邊境也沒有定論。征服塔什干的切爾尼耶夫呼籲兼併外裏海地區，他的論點也獲得許多軍官和政府官員的支持。總是關切英國反應的戈爾恰科夫，則希望在英國的保護之下建立一個獨立的汗國。最後，切爾尼耶夫的觀點獲得更多人的支持。[226]

外裏海地區的汗國在俄國擴張的威脅之下，也試圖引進改革措施。從十八世紀中開始，布哈拉和浩罕這兩個中等規模的外裏海汗國就已經有能力調動大量資源，維持灌溉系統的運作。布哈拉汗國逐漸將行政權收歸中央，並建立了一支配備大砲的專業軍隊，由來自印度軍隊的叛逃者進行訓練。[227]然而這些汗國幾乎持續在彼此征戰，消耗了不少資源，而他們越界進行的劫掠行動和奴隸貿易，卻激怒了俄國的殖民政府。布哈拉攻占了規模較小，塔什干所在的浩罕汗國，於是俄國發動了軍事行動，迫使布哈拉的汗王退讓，但要求保留對自身內部事務的控制權，但也對俄國承諾「不會派遣軍隊和盜匪集團跨越俄國邊界」。俄國則同意阻止吉爾吉斯人和其他游牧民族對布哈拉進行劫掠。俄國商人和移墾者將可以獲得治外法權。然而布哈拉汗王後來拒絕簽署協議，並在部下和烏拉瑪的要求下對俄國發動聖戰；此外他也向鄂圖曼素檀求援，然而結果並不順利。[228]俄軍在考夫曼將軍的領導之下獲得勝利；考夫曼同時也獲任命，擔任第一任突厥斯坦政府的總督。和平條約承認布哈拉汗國的自治權，但同時也讓布哈拉汗國開始在實質上依賴俄國。

俄國攻占布哈拉的消息，在新德里和倫敦激起了新一波反俄浪潮。英俄兩國之間的協商焦點，是如何界定他們與阿富汗的關係。一八七二年，兩國達成了非正式的協議，向北擴大了阿富汗的領土，並承認阿富汗的獨立地位，但布哈拉汗國和阿富汗之間的邊界，一直要到一八八五年才終於劃定。與此同時，俄國的擴張行動也在持續進行著，對希瓦汗國發動了進攻，而這種軍事活動也獲得了高加索行政長官亞歷山德羅維奇大公（亦即沙皇的胞弟），以及駐突厥斯坦的考夫曼的強力支持。考夫曼認為，俄國有必要在商業上與戰略上取得一條連結高加索地區和外裏海地區的通道。俄國勢力入侵裏海東岸地區，讓伊朗開始擔憂雙方缺少一條清楚界定的邊界。伊朗國王讓俄國承認伊朗的主權邊界位於阿特拉克河，而這條邊界也一直維持到了今日。儘管希瓦汗王曾試圖取得英國政府和鄂圖曼政府的支持，但這些英國和伊朗之間的協議仍成功防堵了其他國家的干涉，並讓俄國得以於一八七三年征服希瓦汗國。

俄國試圖在外裏海地區建立保護國，藉此維持局勢穩定，沒想到卻在一八七五年踢到了浩罕汗國這塊鐵板。蘇非兄弟會作為俄國長期以來的敵人，領導了一場公開的叛亂行動；然而行動遭到鎮壓之後，浩罕汗國便遭到俄國兼併，成為突厥斯坦的費爾干納省。如此一來，就只剩下裏海東岸的幾個土庫曼部族仍然未被兼併，但英俄兩國早已經在旁虎視眈眈了。

一八七七年和一八七八年間的俄土戰爭，則戲劇性地闡明了多瑙河邊境、東歐大草原、高加索地峽以及外裏海地區等複合邊境角力中的動態與互動關係。一如前述，就在巴爾幹地區爆發戰爭之際，車臣和達吉斯坦也出現了穆斯林的叛亂事件。這場叛亂是由鄂圖曼帝國的埃爾祖魯姆總督以及來自高加索地區的流亡分子，在鄂圖曼帝國領土以外的地區所籌畫、鼓動的。有些叛亂的領導人物，是來自蘇非兄弟會、鼓吹發動聖戰的激進分子。俄國花了一整年的時間和兩萬五千名兵力才平息這場叛亂，但關於這場叛亂的記憶卻延續了很長一段時間，讓俄國官員對泛伊斯蘭主義更加恐懼。[229]與此同時，博斯普魯斯海峽的沿岸也開始出現暴力衝突，英國艦隊和俄軍彼此幾乎是在射程之內的距離對峙著，像是在呼應外裏海地區的緊張情勢。如果說首相迪斯雷利已經下定決心要反對俄國控制巴爾幹地區，那麼新上任的印度總督利頓勳爵也是同樣堅定地想在阿富汗積極實施前進政策，以阻止俄國擴張。一位俄國駐喀布爾使節則採取了類似的做法，試圖和埃米爾謝爾．阿里成為盟友，以此回應英方的做法。由於英俄雙方在柏林會議達成了協議，因此並沒有在歐洲發動戰爭。然而在外裏海地區，由於阿富汗人拒絕接受英國使節的提議，因此協商宣告破裂。利頓接著違抗倫敦的指示，命令印度軍隊入侵阿富汗，因而引發了第二次阿富汗戰爭。[230]顯然，俄國並非唯一一個無法控制官員大膽冒進的國家。

英國占領阿富汗之後，開始對伊朗施壓，要求伊朗對土庫曼部族發揮影響力，以免俄國攻占謀夫這個綠洲城鎮。魯莽的新德里官員認為，俄國對謀夫的占領「可以視為入侵赫拉特的第一步，而赫拉特正是通往印度的關鍵」。[231]一八八〇年，反對英國海外擴張行動的格萊斯頓出任首相，緊張局勢便逐漸和緩了下來。英國的政策再次出現逆轉，他們決定從阿富汗撤軍，並和新的埃米爾阿布杜爾．拉赫曼達成協議，讓英國能夠控制阿富汗的外交關係，讓阿富汗成為緩衝國，時間長達四十年之久。然而他們未能說服伊朗國王主張位於阿富汗邊境的謀夫是伊朗的領土。儘管英國特務在土庫曼部族之間活動頻繁，俄國擴張的腳步仍逼近到了阿富汗邊境。俄國戰爭部長米盧廷最後制止了野心勃勃、曾參與過俄土戰爭的斯科博列夫將軍，否則他原本甚至想要持續入侵伊朗領土。聖彼得堡和伊朗政府祕密達成一項協議，隨意畫了一條邊界線將土庫曼的部族分隔開來，並相互承諾在邊境兩側的部族事務上雙方都會遵守不干預政策。然而斯科博列夫卻不顧協議，依然占領了謀夫這座阿富汗邊境上的最後一個綠洲城鎮，在倫敦和聖彼得堡之間激起了另一場危機，讓人捏把冷汗。從一八八五年至一八八七年，英俄雙方又進行了一場曠日廢時而緊湊的協商，最後終於確定了俄國和阿富汗之間的邊界。

外裏海地區的戰略鐵路計畫也大幅加速了俄國的攻勢。斯科博列夫之所以能在一八八〇年成功對

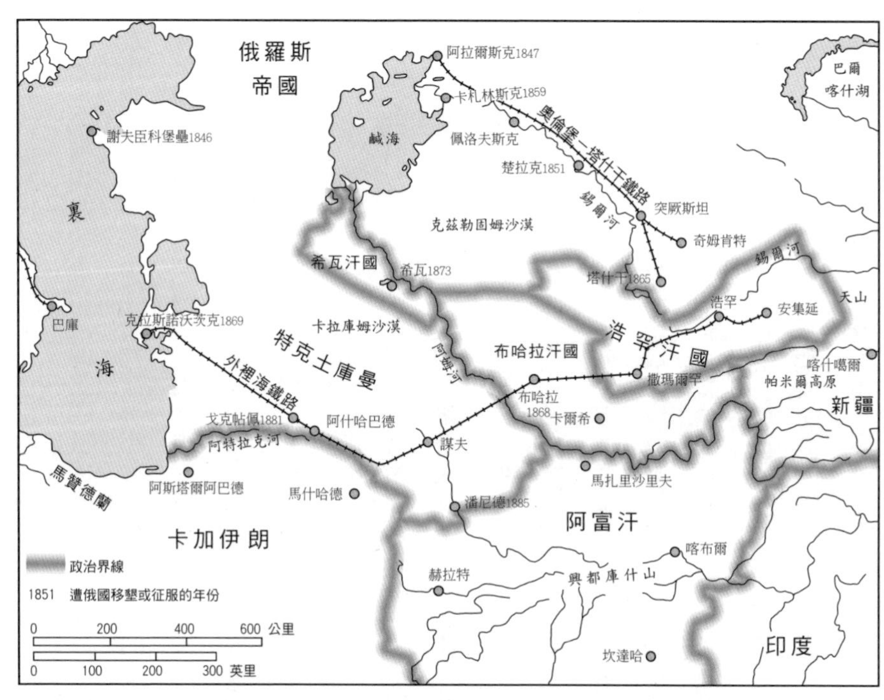

地圖 4.4　一八八六年以前的外裏海地區

抗特克部族、占領謀夫，這條從裏海的烏尊港延伸至突厥斯坦地區的路線絕對功不可沒。第二階段的外裏海鐵路計畫，則在通過阿什哈巴德時非常靠近伊朗邊界，並在五年之後英俄雙方就阿富汗邊界進行談判時，強化了俄國的戰略位置。通往撒馬爾罕的第三期工程則於一八八八年通車，實現了第一任突厥斯坦總督考夫曼（一八六七年至一八八二年在位）的夢想。232

三、突厥斯坦

歷史學家布勞爾曾說，「從一八六五年塔什干被征服，一直到一九一七年俄羅斯帝國瓦解為止，突厥斯坦一直都是一個仍在建構中的概念。」233打從俄國計畫要統治突厥斯坦開始，俄國的政策制定者對於是要在當地實施嚴格的軍事統治，還是要引進結構改革，以便將草原游牧民族和各汗國居民吸收進俄國的文明秩序之中，便難以取得共識。主張實施軍事統治的人將高加索地區以及東突厥斯坦（新疆）的穆斯林起義，和「狂熱的」泛伊斯蘭主義連結在一起，擔心這種泛伊斯蘭主義可能會擴散到突厥裔的居民之中。主張改革的人則試圖延續最初由凱薩琳二世構思，後來又由沃龍佐夫、巴里亞欽斯基、米盧廷與其門生考夫曼等人接手實施的政策。

打從一開始，俄國就面臨著三個主要問題。第一，他們對於外裏海邊境地區的認識既不完整、又充滿誤解。在處理游牧民族的問題時，他們將吉爾吉斯汗王視為代理人，卻又將他的權力想像得太過強大，同時又實施各種政策企圖瓦解宗族內部的連結。這些做法讓游牧生活方式開始式微，又促進了吉爾吉斯人以及土庫曼人和撒爾塔人的融合。居住在城鎮地區的游牧民族，開始接觸到一種混合了阿拉伯語單字和波斯語單字的人造書面語言，而大致上屬於伊斯蘭知識體系的教育則提高了引進俄語和歐洲文化的難度。[234]第二，官僚體系內部並不齊心，而且往往非常腐敗。政府的政策經常游移不定、相互矛盾，反映出各部會內部彼此衝突的立場，不論是中央和地方之間，或是前後任總督之間都是如此。於是俄國的行政體系最後成為兩種政策路線相互競爭、折衝妥協出來的結果。第三，俄國人必須處理多種不同的權力關係，而這些權力關係又各自代表著不同的地方生態。在後蒙古時期，綠洲地帶的部族人口或者遵守政治平等的理想，或者實行家父長制的統治制度，而定居在城鎮中（或城鎮周圍）的非部族人口，則形成了家父長制國家的核心。在這些部族裡，地方首領更多是由選舉產生；而在城鎮地區，官員則由汗王或伯克*任命。城鎮中心往往實施伊斯蘭律法，但游牧部族對這種法律的理解並不多。[235]俄國統治者從未真正克服這些差異，甚至在蘇聯統治期間，這種情況也持續了一段時間。

只有在有意識而持續的行動之下，俄國才有可能將突厥斯坦併入帝國的體系之中。考夫曼政府曾試圖以烏托邦路線對突厥斯坦進行改造，雖然他的政策其實充滿矛盾之處。[236]他設計了一個階層分明的軍事行政體制，同時在一定程度上承認地方的司法和財政自主權，然而他也試圖透過稅制改革和土地改革，清除吉爾吉斯部族領導人的政治權力。他的城鎮發展政策，尤其是在塔什干興建歐式街區，以及將哥薩克人和俄羅斯人移往鄉村地區進行拓墾，造成了兩種文化群體彼此隔離的現象。然而他也創建不分族裔的學校，在同個教室教育俄羅斯移民和中亞原生族裔的學童，並創立雙語報紙，通知當地人口沙皇政府的重要決策，傳播關於該地區的有用知識。然而他們並未積極地將地方菁英納進行政體系之中。[237]

總的來說，考夫曼對伊斯蘭教的態度更像是「忽視」，而非迫害。他將希望寄託於自己的一個錯誤認知之上，亦即只要忽略不管伊斯蘭教，它在遇到更優越的俄國文明時自然會走向衰亡。他的主要目標是削弱伊斯蘭「狂熱」分子的力量，並爭取「最優越的人」和他合作。他希望將穆斯林女性從沉重的社會連結中解放出來。他鼓吹實施環境計畫，鼓勵更理性的土地使用方式，並支持學者對原生居

＊編按：beg，土耳其語 bey 常翻成貝伊。原為中亞部落首領的稱謂，之後歷經各時代，後來成為鄂圖曼帝國屬地的一種頭銜，有「總督」、「老爺」等意思。其意涵多為軍政首長或貴族，在鄂圖曼帝國時期，次於汗或帕夏。新疆維吾爾族穆斯林以「伯克」指稱官吏或統治者。

民的習俗和律法進行民族學式的研究。[238]考夫曼對於政策中牽涉國際層次的問題非常敏感。由於布哈拉汗國與阿富汗接壤，他於是小心翼翼地對待布哈拉汗王，以免冒犯到英國人，尤其是在阿富汗的王位繼承人，亦即未來的埃米爾阿布杜爾·拉赫曼於一八七〇年逃往布哈拉汗國尋求庇護之後，更是如此。同樣地，俄國在和英國以及中國爭奪當時仍在阿古柏這個野心家統治之下的喀什噶爾汗國時，也體認到了浩罕汗國的重要性。[239]

考夫曼的殖民移墾政策，也反映出了他對伊斯蘭教的矛盾態度。在那些完全過著定居生活型態的地區，他對伊斯蘭教的態度相對正面；然而在哥薩克人從一八四〇年代開始遷居的草原地區，他卻反對伊斯蘭教的存在。奧倫堡和烏拉哥薩克人分別在兩波移民之中抵達，而西伯利亞哥薩克人則緊跟在後。他們在吉爾吉斯人的牧地上落腳，因而和游牧民族發生了衝突。考夫曼認為哥薩克人可以為該地區提供防護，阻止伊斯蘭勢力從綠洲地區擴散到草原地區，然而結果卻讓他大失所望，於是決定暫停移墾行動。雖然他為後世帶來了重大影響，但就像其他邊境地區的總督，他充滿家父長風格的統治手法無法辨法克服各種障礙，將擁有截然不同文化的邊境地區整併到帝國之中。

到了十九世紀末，俄國的政策制定者逐漸以更開放的觀點，看待高加索、外裏海和內亞邊境地區之間在商業和戰略上的連結，庫羅帕特金將軍便是箇中的代表人物。他在考夫曼之後接任突厥斯坦總督，後來更晉升為戰爭部長。他一直都非常支持財政部長維德和平滲透伊朗和滿洲地區的政策。早在一八九五年，他便被派往德黑蘭進行一次特別任務。在他隨後對尼古拉二世的報告中，主張俄國必須控制伊朗北部邊境地區，甚至是中部和南部地區的商業行動。維德為了做好準備，買下私營的波斯借貸銀行的股份，並將其改組為俄國國家銀行的分行。維德利用伊朗對英國的大量外債設計了一套貸款策略，藉此迫使伊朗在商業上和財政上進行讓步。英俄兩國都希望取得對伊朗財政的控制，因而進行了非常激烈的競爭。俄國曾於一九〇〇年和一九〇二年兩次對伊朗提供大型貸款計畫；伊朗政府則給了俄國許多特權作為回報，允許俄國可以興建和使用一條從高加索邊境通往德黑蘭的鋪面公路，以及沿線架設一條電報線路，並允許俄國商品免徵關稅。在這些協議當中還夾帶了一份於一九〇一年簽訂的商業條約，讓俄國在對伊朗的貿易中取得了優勢地位。[240]

從一八七〇年代起，俄國政府便開始針對建造一條鐵路連結高加索省分和伊朗北部的好處進行辯論。一八八一年，高加索地區的總司令和最重要的行政官員柯爾薩科夫呼籲，俄國應該加強自己在外裏海地區的地位，「將該地區當作重要據點，讓俄國得以據此抵抗英國充滿敵意的計畫。」他提議對一八八一年劃設的邊界進行調整，因為外裏海鐵路的路線太過於靠近邊界線；此外，有些河川雖然灌溉的是俄國境內的肥沃谷地，源頭卻在伊朗境內。他預見到伊朗可能會發生王位繼承危機，引發動亂，而動盪情勢可以輕易穿透鬆散的邊界，擴散到俄國境內。他主張和呼羅珊地區的部族領導人合作，藉此將動盪的呼羅珊省分納入俄國控制。他希望運用呼羅珊地區和王位繼承人進行協商，對他們提供支持，以此換取邊界重劃。雖然危機最後並未爆發，但俄國特務仍然不斷在呼羅珊與錫斯坦地區進行反什葉派的宣傳活動，藉此為邊界重劃計畫做好準備。

然而由於缺乏適當的資源，俄國只能推遲鐵路的興建計畫。雖然英國也希望取得興建鐵路的特許權，但俄國仍成功讓伊朗的國王承諾五年之內不會再興建任何鐵路。後來俄國也持續施壓，因此直到卡加王朝瓦解為止，伊朗都沒有新的鐵路興建計畫。[241]英國提議對伊朗進行瓜分，藉此避免各強權因為伊朗問題而彼此敵對，但俄國政府一直要到日俄戰爭戰敗，被迫重新思考邊境地區的整體政策之後，才開始認真思考英國的這個提議。

內亞地區

內亞地區的複合邊境介於阿爾泰山和日本海之間，就地緣文化而言可以分為兩個部分。第一個部分以農耕地區和畜牧地區交界的河谷為核心，亦即漢文化、蒙古文化、滿文化接觸互動的地區。第二個部分則與新疆相接，又可以分為準噶爾和東突厥斯坦，亦即天山以北和天山以南兩個地區。內亞邊境地區的重要軍事據點位於滿洲南部的遼河河谷下游（拉鐵摩爾將此地稱為「中國版的隔離屯墾區」）、黃河的鄂爾多斯河套，以及塔里木盆地中的綠洲地區。[242]鄂爾多斯是草原邊緣地區少數擁有湖泊和河川的地區，可以提供足量水氣維持農業活動，甚至在灌溉的幫助之下，還可以擴展耕種面積。包括明朝初年的皇帝在內，漢人一直嘗試維持對這個地區的控制。當明朝將此地區讓給蒙古人時，他們便實質上放棄了積極的軍事擴張政策，改採純粹的防禦策略，以修築城牆為主。[243]

一、清帝國與俄國的交手

從清朝開始，內亞邊境地區的安危，就是和俄國進行國界劃定時首要的考量。滿人征服初期，其邊境部隊便和哥薩克獵人、移墾者發生衝突；這些哥薩克人當時正試圖將附庸於清帝國之下的黑龍江河谷地區部族收歸在自己的控制之下。俄國政府在黑龍江河谷建造了一系列堡壘和輔助設施，藉此在該地區進行統治。一如前述，準噶爾的厄魯特人在俄國與清帝國發生戰爭時，曾經與俄國人保持聯繫。如果厄魯特人和俄國人成為盟友，便會對滿人在整個內亞邊境地區的處境造成危害，因此清帝國必須想辦法消除俄國在該地區的角色。

中俄雙方之所以於一六八九年簽署《尼布楚條約》，是因為滿人在和俄國人進行談判時擁有兩大優勢：滿洲人在邊境地區的軍隊人數更多，而且配有火槍和大砲等裝備，和俄國人的技術水準不相上下。此外，滿人還有耶穌會的教士在旁擔任翻譯和中介，以拉丁語作為雙方都能接受的「中立」外交語言。俄國人或許早就已經從他們和耶穌會在西部邊境地區的互動經驗中體認到，耶穌會絕不可能是公正客觀的中介，但他們可能不知道的是，耶穌會對康熙皇帝提供了不少武器和關於歐洲的資訊，已經藉此贏得了他的信任。耶穌會希望這些服務，以及他們在《尼布楚條約》上提供的協助，能讓他們進一步將清帝國改造成為一個天主教國家。就此而言，他們並沒有達成目標，但他們在條約協商過程中的參與的確讓清帝國占了上風。這份條約賦予俄國人跨境貿易的權利，但他們同時也必須放棄一些領土。更重要的是，他們必須在清帝國和準噶爾汗國的衝突之中保持中立。244

彼得大帝或許曾經很想介入其中。準噶爾汗國的領導人不斷向他們求援，但同時間哈薩克的游牧民族也在向他們抱怨，厄魯特人侵犯了他們的牧地。彼得大帝希望在對中國的貿易上取得壟斷地位，但這個計畫並不順利，又有傳聞說準噶爾地區發現了黃金。彼得大帝同時派出使節團前往清帝國和準噶爾汗國，但由於其他地區發生的事情讓他分身乏術，導致他遲遲無法決定是否要積極參與內亞邊境地區的角力。

彼得大帝過世後，俄國和清帝國進入了冗長而艱困的協商過程，最後於一七二七年簽訂《恰克圖界約》。[245]俄國使節團在北京長達六個月的拜訪行程中，不只遭清政府軟禁，甚至常常沒飯可吃。他們一共提出了二十個版本的條約草案，卻都被清政府打了回票。清政府起初要求俄國割讓西伯利亞東部和西部的大片領土。俄國的首席談判官曾說，清政府甚至「希望透過條約或武力奪走俄羅斯帝國在蒙古的領土。」[246]在《恰克圖界約》中，俄國再次割讓了大片領土給中國，其中甚至包括一些俄羅斯人自己的聚落*。他們在中國和準噶爾汗國之間的爭端中保持實質中立，而做為回報，他們也取得了在尼布楚和恰克圖這兩個邊境市場中進行定期貿易的權利，同時還直接派出三支商隊前往北京，並在北京建立一個駐地俄國教會。他們在邊境地區精心設置了一些機構，藉此對各種可能出現的爭端進行調解。十八世紀中葉，當清帝國準備好要全力入侵準噶爾地區之際，準噶爾汗國的領導人噶爾丹再次向俄國尋求支援。康熙於是亮出了他的最後一張外交王牌警告俄國，任何對厄魯特人的援助，都會被視為違反了他們之間的「和平協議」†。[247]

十九世紀初期，清帝國在內亞邊境地區遭遇到的威脅主要來自海岸地區的邊境，但長期而言俄國人也從中獲得了利益。一如本書已經提到的，中國的對外關係在傳統上關注的主要是如何調控和北方蠻族的關係，而滿人也繼承了這個傳統。他們的邊境政策持續由中國的儒家世界觀所形塑，亦即皇帝是天朝的統治者，而中國則是這個天朝體系的核心。就他們和蠻族的關係而言，這種體系意味著以貿易、交換禮物、朝貢等形式維持互惠關係。然而這種朝貢體系也意味蠻族必須正式對皇帝表達臣服，進行歸順儀式（亦即磕頭）。然而俄國人在和清帝國討論一六八九年的《尼布楚條約》和一七二七年的《恰克圖界約》時，卻是以平等對待的基礎進行協商，成為了朝貢體系的例外；清帝國隨後派往聖彼得堡的大使，甚至還在沙皇面前卑躬屈膝。

由於清帝國當時在內亞邊境地區分身乏術，因此菁英階級並沒有體認到海外的貿易商其實也會為國家安全帶來另一種問題。清政府起初對待西方人的方式，還算是嚴格遵守了朝貢體制度。當英國人要求清廷擴大鴉片貿易，試圖藉此試探朝貢制度的極限時，清政府卻拒絕了他們的請求。清政府的理由是，鴉片不像北方邊境地區的馬匹，並不是必需品或消費者想要的商品，再說，中國自己也可以種植鴉片所需的原料。一批極富影響力的士大夫強烈反對政府做出任何讓步，主張強化舊有的朝貢制度。[248]由於中國習慣了在北方陸地邊境發生的戰爭，又缺乏處理海上事務的經驗，因而嚴重低估了英國海軍的力量。他們在一八四〇年至一八四二年間的鴉片戰爭中戰敗之後，對於自己在海岸與河岸地區的挫敗震驚不已。

就長期而言，這場戰爭的結果幾乎是災難性的。鴉片的流行讓局勢變得更為混亂，在廣西省的西南邊境地區帶來了社會動盪。在改信基督教的洪秀全的領導之下，一群落榜學生接受他的感召，發起

＊審定注：一般認為中國失去較多土地。

†審定注：作者筆誤，噶爾丹在十七世紀末已過世，且此處清朝皇帝應是乾隆。

了一場強大的反清革命運動，幾乎導致清朝覆滅。雖然這場運動遭到了鎮壓，但太平天國之亂（一八四九年至一八六四年）仍嚴重削弱了政府的力量，讓清帝國難以在下一輪和西方強權以及俄羅斯的對抗中維持勝算。從乾隆末年便開始，清帝國政權便已出現崩解的徵兆；一個不斷出現的危機徵兆是，不論是帝國邊陲的邊境地帶，或是內陸省分的邊界地帶（這兩種地區就社會文化組成而言非常類似），都愈來愈常出現針對朝廷中央的抵抗事件。

即使清朝已經開放了大片領土供經濟開發，但俄國對突厥斯坦的兼併行為仍為清朝的安危帶來了嚴重的問題。在準噶爾地區，所謂塔里木盆地北路的貿易路線，穿過了吐魯番和阿克蘇幾個綠洲城鎮，最後抵達喀什噶爾；這條路線是穿越該地區全境的主要聯絡道路，取代了古代的絲路。「好幾個世紀以來，這條路線都是中國帝國政策對突厥斯坦綠洲地區整體的戰略關鍵……」該路線也通過了寧夏和甘肅這兩個中國的穆斯林省分，因而又進一步提高了這條路線在戰略上的重要性；十九世紀在這兩個省分發生的大規模叛亂事件，幾乎讓清帝國失去了整個東突厥斯坦。由於東突厥斯坦暴露在草原地區之中，因此不時會遭受侵略、破壞和強制遷徙的影響。該地區儘管非常富庶，卻只有低度開發，而且是各種族裔群體的大熔爐。通往該地區經濟中心與戰略中心的樞紐，是由蒙古人、哈薩克人、吉爾吉斯人、滿人以及漢人混居的伊犁谷地。這片谷地向哈薩克草原開放，而俄國人則於十八世紀中葉從那裡不斷擴張，在整個邊境地帶上挑戰中國的霸權。即使後來中國將該地區兼併為新疆省，但地理上的優勢仍有助於俄國人在此進行跨境交易。[249]到了十九世紀中葉，俄國人對外裏海地區的滲透，已經讓他們非常接近中國領土的邊緣，準備好隨時介入中國的內部叛亂。

二、邊境地帶的叛亂事件

甘肅和東突厥斯坦的穆斯林起義，根源於邊境地區各個族裔以及宗教群體與清帝國中央相互交纏的複雜關係。十八世紀的征服行動，讓許多納各胥班迪道團突厥裔居民遷入清帝國境內。一如本書已經討論過的，這些納各胥班迪道團屬於蘇非主義，曾經勇猛反抗俄國沙皇對北高加索地區的征服和兼併行動。他們的教義允許他們同時採取合作與抵抗這兩種明顯不同的策略來回應俄國的統治。他們將內心世界保留給神祕主義，但在外部行為上又遵守伊斯蘭律法，因此既可以對非穆斯林的政權發動聖戰，也可以遁入純粹的精神世界，從而和異教徒進行合作。[250]他們在外裏海地區讓大量烏茲別克人皈依伊斯蘭教，包括強大的和卓宗族中的幾位重要成員。和卓宗族從一六七九年至一七五九年統治突厥斯坦南部；當時有許多伊斯蘭復興運動企圖統一草原和綠洲地區的游牧民族和定居民族，和卓宗族便是其中一支。他們透過貿易活動，管理清真寺和宗教捐款（「瓦克夫」）等途徑取得了可觀的財富。他們對分崩離析的部族政權進行整併，建立了一個穩定的國家體系，藉此改造地方社會的經濟基礎。但就像外裏海地區的其他部族聯盟一樣，他們也無法建立強大的中央機構，或創造一支專業軍隊，因而無法和強大的清帝國與俄羅斯帝國競爭。清帝國在該地區的擴張行動，雖然於一七五九年消滅了和卓宗族的政權，卻沒能終結抵抗運動。[251]

清帝國在征服行動之後忠於多元文化政策，對新疆混合各突厥族裔的穆斯林人口賦予了許多自治權，但也對漢人貿易商給予特別保護。在清帝國殖民官員鬆散而腐敗的統治之下，原本規模不大的不滿情緒開始增長。在和卓宗族的領導之下，這些不滿情緒引起了叛亂活動；儘管當時和卓宗族已經遭到清帝國罷黜，他們仍持續在邊界另一側的汗國內掌控幾個綠洲地區。和卓宗族的劫掠行動結合了地方穆斯林（納各霄班迪道團）叛亂，相繼在一七六〇年、一七六五年、一八一五年、一八三〇年至一八三一年間、一八四七年間以及一八五七年為該地區帶來動亂，最盛時期是在新疆北部和南部皆於一八六四年至一八六五年間陷入大叛亂期間。[252]

一八六四年的大叛亂為我們描繪出，俄國和中國在處理蘇非主義中最虔誠的伊斯蘭律法捍衛者時將遇到哪些核心困境。不論帝國對地方上的穆斯林菁英有多寬容，都無法改變帝國統治者被視為異教徒，因而也缺乏統治正當性和領導魅力的事實。一八六四年的叛亂事件之所以會發生，是因為清帝國地方政府沉重的苛捐雜稅引起了大規模的不滿情緒，最後以聖戰的形式爆發開來。由於受到了太平天國的激勵，這場叛亂在缺乏協同策劃的情況下，仍迅速地蔓延到喀什噶爾、烏魯木齊、葉爾羌、伊犁以及和闐等地區，而講漢語的穆斯林（東干人*）和突厥裔的穆斯林也都加入了戰線。

一連串穆斯林叛亂事件從一八六二年到一八七七年席捲了整個中國西北，受影響的省分包括陝西、甘肅和寧夏。這些叛亂行動信奉「一種好戰，而且支持復興主義和千禧年主義的伊斯蘭教」，又稱「新教派」。這些自稱「回」的穆斯林，在元朝期間被蒙古人遷移至這些西北省分境內；比起漢人，當時蒙古人更加信任他們。這些穆斯林擔任軍人、偵察兵、土地開墾者、商人以及工匠。雖然他們完全融入了中國社會，卻從未拋棄自己的伊斯蘭信仰。清軍為了鎮壓回人叛變已經筋疲力竭，無力再去處理東突厥斯坦發生的大型起義。

這些叛亂事件顯示出想確實掌控內亞邊境地區會遇到的所有問題。帝國中央政府如果太過孱弱，便會引發內部叛亂，並進一步擴散到邊陲地區；在那裡，邊境居民和統治菁英之間（以及他們各自內部）因為族裔和宗教上的分歧，又會讓這些衝突變得更為嚴重。中國失去對邊境省分的控制之後，包括俄國、英國以及鄂圖曼帝國在內的幾個強權也都被吸引了過來，希望分一杯羹。

在取得初步勝利之後，這些叛亂勢力被統一在阿古柏的麾下。後人重新審視阿古柏時，曾將他比喻為納迪爾國王的翻版。他試圖領導一支專業軍隊，並在複雜的國際局勢之中巧妙施展外交手段。事實證明，他是一個不折不扣的邊境人物。起初，他和俄國的關係逐漸惡化。俄國政府一直都擔憂，如果一個大型穆斯林國家出現在內亞邊境地區，只會讓英國人得利。[253]此外，俄國也擔心阿古柏不會信守他們和清帝國簽署的商業條約。俄國占領浩罕地區之後，便開始對阿古柏施壓，要求他依循俄國的意願調整國界。他們的緊張關係不斷升溫，直到一八七二年雙方才終於達成協議。俄國承認阿古柏是喀什噶爾和烏魯木齊的實質統治者，而阿古柏則答應簽署商業條約。

與此同時，阿古柏也在和英國人進行協商。當時英國派出了一支使節團，希望評估俄國對該地區的控制將會為印度帶來多少潛在威脅。一八七四年，阿古柏和英國也簽署了一份商業條約，內容和他與俄國簽署的那份幾乎相同。對阿古柏來說，簽署條約的主要好處並非貿易，而是讓他們得以向印度政府購買軍事裝備。早在這之前他便已體認到，他需要取得比和卓的地方王朝還更強大的統治正當性來源。因此，他將鄂圖曼帝國的素檀視為整個伊斯蘭世界的哈里發，派出了一名他極為信任的親信前

＊審定注：中國回人。

往伊斯坦堡，希望素檀對他的政權進行保護。鄂圖曼帝國可以為他提供更可靠的武器替代來源；作為回報，他願意讓素檀擁有他的國家的主權。然而他也不斷改善自己和俄國的外交關係，先是透過駐伊斯坦堡的伊格納提耶夫的幫忙，後來則是透過駐塔什干的考夫曼。[254]

中國直到平定西北省分的回亂之前，都無力處理阿古柏所帶來的問題。當時，清政府也正為了臺灣而和日本發生爭端*，因此在北京引發了一場激辯：就國家安全而言，清帝國與內亞的陸地邊境，以及面向西方強權的海岸邊境，兩者究竟哪個更為重要？認為新疆是貧瘠偏遠的殖民地，因而不值得耗費鉅資維持的觀點，後來被擔心俄國擴張會導致清朝失去蒙古，繼而危及北京城的聲音掩蓋過去。[255]清政府對東突厥斯坦叛亂的鎮壓行動，再次確立了中國一直以來的對外政策：比起防禦海岸地區，保衛北部邊境更加重要。

叛亂初期，清帝國和俄國接壤的內亞邊境地區充斥著難民，游牧民族的劫掠行為也不斷增加，商貿活動更是完全消失。一八七一年，俄國提議和清帝國一起討伐叛亂分子，但清政府並未做出回應；當時任職戰爭部的米盧廷於是決定單邊出兵介入，占領了伊犁河谷，以此防範叛亂活動蔓延至受俄國控制的地區。後來俄軍在該地區停留了十年之久。

阿古柏高度仰賴他大規模的軍隊，以及伊斯蘭精神的復興來維繫自己的政權。雖然他打敗了對手，卻仍無法建立一個強大的中央政權。事後證明，他的官員也沒有比那些被他趕走的人更為忠誠或更有效率。此外，虔信伊斯蘭教也不代表就能解決族裔和地域之間的敵對關係，而這些敵對關係也正不斷侵蝕他的政權。一八七七年，關於北部邊疆重要性的辯論告一段落之後，清帝國的皇帝派出了他的部隊討伐阿古柏，重建秩序。清政府在此之前曾對英國提議擔任中介的主張置之不理，現在則要求俄國人撤出伊犁地區。俄國人對伊犁的占領一直持續到一八八一年，幾乎為了國界問題和清朝發生戰爭。與此同時，俄國則占領了希瓦和浩罕幾個綠洲地區，摧毀了和卓政權的最後幾個中心。作為回應，清政府廢除了東突厥斯坦的地方政權，並於一八八四年將該地區兼併入帝國的行政架構之中，將其稱為「新疆省」（意為新獲得的疆土）。[256]一如其他的複合邊境，各個帝國對突厥斯坦的瓜分行動也拆散了該地區的民族，不只讓哈薩克人和吉爾吉斯人分別落在帝國邊界的兩側，也為二十世紀和之後的爭端埋下了伏筆。

＊指日軍攻臺的牡丹社事件。

第五章

帝國危機

從一九〇五年到一九一一年間，這五個多文化帝國都面臨到了憲政危機的衝擊，預示了它們後來於一九一七年到一九二三年間遭遇更大動盪且相繼瓦解的命運。雖然各帝國遭遇的危機都有各自的內部因素，但它們仍具有一些共同特徵。這些危機意味著帝國政權遇到了重大亂流，嚴重地失去了統治的正當性；它們既由邊境地區逐漸崛起的社會主義運動或民族主義運動所引起，也是因為歐亞大陸疆界之外的強權（主要是英國、法國和日本）帶來了不小壓力，迫使這些帝國在經濟上和政治上做出變革。不論是法蘭茲・約瑟夫、尼古拉二世、阿布杜拉哈密德、納賽爾丁或慈禧太后，這些統治者都採取了自相矛盾的政策，既鼓勵可能造成動盪的制度改革，卻又同時試圖恢復傳統意識形態。他們面對危機時做出的反應，往往只是讓局勢變得更加緊張，而非消除內部的抵抗勢力，並進一步讓統治菁英彼此分裂。當宿敵國家內部出現動亂時，經常也會在鄰國的邊境地帶造成影響。一九〇五年的俄國革命，就引起了重大的回響。俄國之所以於一九〇〇年至一九一〇年成為多場危機的核心，有以下幾個因素：它以連綿不斷的鬆散邊界和其他所有歐亞國家都有接壤；它在巴爾幹西部地區、多瑙河邊境、外裏海以及內亞地區活躍（或者說兇猛）的對外政策；最後，還有俄國革命運動廣闊（或者不如說分散）的影響力，或者透過仿效、或者透過直接移轉，而擴散到邊界的另一邊。這些危機經常（如果不說總是的話）源於和邊境地帶有關的衝突，而當地的統治菁英又未能解決帝國統治最根本的安全問題；它們的第一道防線，仰賴的是動蕩不安而且十分脆弱的邊境。

雖然各帝國的統治者起初都能成功度過憲政危機所帶來的衝擊，卻都在第二階段的革命時期徹底瓦解。清帝國中央政府於一九一一年之後的崩解，以及一九一七年至一九一八年哈布斯堡王朝、鄂圖曼帝國、俄羅斯帝國的同時戰敗，都導致這些帝國開始解體，邊境地帶則分離，或企圖分離出去，而新的國家體系，則在舊帝國的基礎之上開始了重建的複雜過程。

哈布斯堡邊境地帶上的危機

從一八八〇年到一九〇〇年，哈布斯堡王朝在匈牙利、波希米亞、加利西亞以及波士尼亞地區的統治變得愈來愈脆弱。這四個邊境地帶都交纏在兩種衝突的來源之中。地方菁英不斷抵抗主要由德意志裔組成的中央政府所推行的文化政策，因而加劇了菁英階級內部的族裔衝突。隨著政治風險不斷增加，想要同時彌平各方的不滿情緒變得愈來愈難。針對愈來愈躁動的邊境地區，維也納的統治菁英其實並不缺乏想像力使用不同政策來進行處理，也了解每個文化動態都有各自的特性。然而到了最後，這些問題的複雜性仍然壓垮了他們。

在我們開始討論各個邊境地帶漸增的族裔角力和宗教角力之前，我們應該首先留意帝國政府為了解決所有民族衝突，最後進行了許多重要措施，其中一項便是採用最新的通訊和交通技術。哈布斯堡政府很早就體認到電報和鐵路能夠減少時空距離，是非常重要的新科技。一八四一年，活躍的奧地利政治家屈貝克規劃了一條國有鐵路（一八四一年）和電報網絡（一八四六年），主要著眼的是政治上（尤其是戰略上）的考量；後來他在梅特涅掌權的哈布斯堡政府之中，也成了改革派的成員。一直到一八六六年，國家安全考量，以及為了和普魯士爭奪對德國的控制，都主導了這些建設的方向。然而就像俄羅斯，高昂的建造成本迫使奧地利政府早在一八五四年，就逐漸轉向尋求私人資本的協助，而這也意味著，如何興建一條在經濟上有利可圖的路線逐漸成了考量的核心。和俄國類似的後續發展還包括，一八八〇年之後，維也納政府也開始進行有史以來野心最大的鐵路政策，目的是為了創造跨區域的路網，卻並未特別考量產業發展。由於該計畫沒有將產業政策和政治整合功能妥善結合，因此在民族問題解決之前，哈布斯堡王朝難以克服自己比西歐國家落後的地方。後來的克貝爾計畫的願景和命運，便呈現出了這個困境。[257]

一九〇一年，在和波希米亞捷克人發生一連串政治衝突之後，首相克貝爾為哈布斯堡王朝內的奧地利地區草擬了一份全方位的交通計畫。在該計畫中，布拉格、加利西亞、波士尼亞與赫塞哥維納，將經由林茨和薩爾斯堡與第里雅斯特連結在一起。該計畫也為加利西亞、波希米亞、奧地利的河運交通進行了規範。克貝爾清楚指出，該計畫的目標就是要鼓勵經濟發展，藉此讓所有人都能雨露均霑，以解決地區性的民族爭端。這項計畫成了哈布斯堡協商策略的成功案例，在一向分化嚴重的議會裡，輕易地就獲得表決通過。[258]然而不幸的是，這項計畫最後並未實現。問題並非出在他們落後於西歐的經濟狀況，或是哈布斯堡王朝各地區經濟發展的不均狀況[259]，而是各地民族基於經濟之外的理由，仍在抗拒帝國的整合政策。

一、加利西亞

奧地利於一八六七年簽訂的《折衷協議》，就已經將加利西亞省的政治和文化事務都交由波蘭貴族處理；此舉雖然讓政權得以趨穩，卻也讓人口占多數的魯塞尼亞人日漸不滿，於二十世紀為哈布斯堡王朝帶來了致命的結果。根據歷史學家魯德尼斯基的看法，這場衝突並非「種族」衝突，甚至根本也並非宗教上的衝突；他們的分歧，其實是「長久以來羅馬和拜占庭兩個文明之間差異的延伸」。雙方在想像羅馬基督教和希臘基督教之間的隔閡時，都仍和十七世紀波蘭土地貴族和哥薩克人之間發生戰爭時沒有太多不同，而波蘭作家軒克維奇則曾在他頗受歡迎的小說裡生動地描繪這場戰爭。就烏克蘭人的立場來看，政治運動家弗蘭科曾這樣說：「我們也希望波蘭人能夠完成民族自由和政治自由的願景，但他們必須放棄奴役我們，不再試圖重建『歷史上』的波蘭……他們必須像我們一樣，接受一個純粹由波蘭人組成的波蘭。」260

波蘭貴族採取的是「新加利西亞保守主義」的政策，而不願採取他們的起義傳統。在學術界裡，克拉克夫學派歷史學家對他們非常推崇，這些學者認為十八世紀波蘭之所以遭到瓜分，正是由於波蘭土地貴族在國內進行的魯莽行動所引起的。主張和解的波蘭人借用的是法蘭茲・約瑟夫的傳統，自認是啟蒙主義在東方的承載者。他們在行政體系之中使用波蘭語，對亞捷隆大學和加利西亞科學院進行控制，藉此將加利西亞省分波蘭化，而這種文化運動也激起了魯塞尼亞（烏克蘭）知識分子的敵意。對他們而言，文化上只有親俄或親烏克蘭路線這兩種選擇。然而即使是選擇親俄路線的親俄派或舊魯塞尼亞派，也不見得就代表他們認同俄羅斯帝國，他們可能是試圖在拜占庭文化的語言傳統和教會傳統之中找尋靈感。他們的座右銘是：「就算要淹死，也要淹死在俄國的大海裡，而不是在波蘭的沼澤裡。」他們的軍隊都集中部署在和俄國接壤的北部地區。二十世紀初期，奧地利政府懷疑他們的文化活動其實是一道間諜網絡。[261]這種態度，也反映出瀰漫在舊波蘭各邊境地區情報機構之中的間諜熱。在加利西亞的其他地方，親俄派的勢力則愈來愈不如活躍的親烏克蘭世俗派知識分子；這些親烏克蘭派，又以德拉何曼諾夫為代表人物。一八七六年頒布的《愛慕思詔令》禁止在俄羅斯境內出版烏克蘭文書籍之後，親烏克蘭派的知識分子將東加利西亞地區打造成為烏克蘭文學的出版中心。他們率先構思出了「皮埃蒙特基地」的概念，引用作為義大利統一運動發源地的皮埃蒙特，希望讓加利西亞成為烏克蘭統一的行動基地。[262]雖然事後證明這個想法不切實際，但仍在俄國內戰、兩次大戰的戰間期，以及第二次世界大戰的期間，不斷縈繞在波蘭、俄羅斯和蘇聯領導人的腦海之中（尤其是史達林）。

一八四八年改革結束之後的半世紀裡，哈布斯堡王朝並沒有繼續採用早期用來籠絡魯塞尼亞農民的土地政策。到了一九〇二年，在所有依然持有土地的農民之中，有三分之二的農地平均不到五公頃；百分之十九的農民手中則未持有任何農地，生活在極度的貧困之中。受到俄國農民動亂的影響，東加利西亞的農民也分別於一九〇二年和一九〇六年對波蘭地主發起了罷工運動，因而獲得了保有更多農作收成的權利。儘管讓農民組織政黨或許可以制衡波蘭人在地區政府的優勢地位，但哈布斯堡王朝仍然不希望農民這麼做。

對波蘭人在文化、經濟和政治上的優勢積怨已久的魯塞尼亞人，終於在一九〇八年爆發了武力衝突。一位魯塞尼亞學生暗殺了波蘭總督波多茨基；這位總督曾試圖和緩正在撕裂加利西亞省的社會衝突和民族衝突，卻並未成功。歷史學者沃爾夫曾指出，該事件象徵著哈布斯堡帝國政權未能和緩各民族之間的敵意，為一九一四年腓迪南大公遭暗殺的事件埋下了伏筆。[263]第一次世界大戰前夕，哈布斯堡官員終於想出一個複雜的方案，打破波蘭人對加利西亞政治的壟斷，但又不至於在行政上讓該省分（像烏克蘭人所希望的）沿著族裔界線分裂。戰爭的爆發也顯示出烏克蘭社會內部嚴重分化的情形：其中一群人希望成立烏克蘭最高議會，另外一群人（由舊左岸地區的流亡者組成）則希望俄國成為一個民主的聯邦，而烏克蘭則可以自由選擇加入。[264]

二、波希米亞

相較之下，波希米亞地區對帝國統治的抵抗就沒那麼複雜，但運動的範圍卻更為廣泛，幾乎在戰爭前夕癱瘓了奧地利的議會。一八六七年導致奧匈帝國二元君主制誕生的方案，讓捷克民族運動的領導人不只大失所望，還非常憤怒。自從一八四八年起，原本存在於知識分子之間的民族情感，開始在說捷克語的城鎮階級，以及愈來愈富裕並開始透過鄉鎮議會選舉投入地方政治的農民（魯塞尼亞農民就沒這麼幸運了）之中散播開來。一八六〇年，他們取得了對布拉格市議會的控制。由出身自一八四八年革命運動的巴拉茨基和李格所領導的老捷克黨，願意和波希米亞的貴族（主要是德意志人）合作，希望創建一個聯邦制的國家，但他們的合作政策遭到了青年捷克黨的反對；後者曾支持一八六三年的波蘭起義，並拒絕承認波希米亞的歷史權利，而是支持以普選和自然權利作為王朝重建的基礎。捷克人和德意志人在文化上的敵對關係，主要圍繞著語言問題，以及語言問題在制度上的表現方式，亦即建立和德語中學相抗衡的捷克語中學。但捷克人的抵抗現象亦存在於生活中的所有面向上。歷史學家奧奇曾說：「當時的趨勢是逐步瓦解德意志人的霸權。」[265]

捷克人和德意志人在語言問題上的衝突，是王朝諸多類似問題的其中一個案例，而這些問題也都在時序進入二十世紀時爆發為憲政危機。老捷克黨不斷節節敗退，在議會中的席次也遭青年捷克黨取代，因而造成了政府危機。新的奧地利首相巴德尼伯爵則在波希米亞地區對捷克語賦予和德語同等的地位，趁機藉此爭取到巴拉茨基的繼任者的支持，造成了政權危機。和許多效忠哈布斯堡皇帝的官員一樣，巴德尼並未在受大眾監督的情況下進行協商。協商結果公開之後，波希米亞地區的德意志人大為火光，於是採取杯葛式的議會戰術，試圖癱瘓政府運作。後來巴德尼自己手下的警察和示威者發生衝突，詔令遭到撤銷，隨後他也辭去了首相的職位。這場失敗的代價非常大。捷克人和德意志人都開始採取杯葛式的戰術，而政府則經常要透過發布帝國詔令的方式來進行統治。由於捷克人與德意志人兩方對抗激烈，民眾對於議會制度的信任也隨之蕩然無存。[266]支持應在波希米亞實施多元文化主義者，只剩下奧地利社會民主黨而已。

奧地利社會民主黨融合了馬克思社會主義派的理想和奧地利境內之德意志自由主義派的思想，認為哈布斯堡王朝是中歐對抗俄國以泛斯拉夫主義這面旗幟進行擴張的重要支柱。在他們於一八九九年發起的布爾諾計畫之中，他們對非德意志裔的民族提供了許多優惠，目的是為了讓王朝得以存續；他們建立了各民族的自治區，以此取代由皇室直轄的行政區，並對少數民族的權利提供保護，希望藉此讓哈布斯堡王朝轉型成為一個民主聯邦。然而布爾諾計畫通過之前也出現了不少爭論，顯示出潛藏在捷克裔社會主義者和德意志裔社會主義者之間的民族敵意，只是被掩蓋在國際主義的理想之下而已（匈牙利的社會民主黨員當時已經組成了另一個獨立的政黨）。捷克代表成功阻擋了將德語定為溝通用語的構想，並繼續對帝國政府施壓，要求「國會議員必須經直接平等的普選制度選出」，藉此以民族界線界定的自治地區，取代舊有的皇室領地。然而德意志人和捷克人也都同意讓哈布斯堡王朝存續下去的重要性。最後，布爾諾計畫成了列寧、史達林以及奧地利社會民主黨員之間爭論民族問題的引爆點。布爾什維克堅決支持民族自決，而這也意味著多民族國家應該解體。同時，倫納和鮑爾這兩名奧地利社會民主黨的年輕成員，也開始挑戰保守的布爾諾計畫，並提出更具原創性的計畫。

雖然倫納和鮑爾經常一起被視為奧地利馬克思主義在民族問題上的兩大支柱，但他們兩人在許多重要的面向上其實存有差異。倫納早期曾在哈布斯堡軍隊中服役，因而注意到王朝領土上形色各異的民族，並激發了他終生對各民族問題的興趣。在社會變遷這件事情上，他總是採取比鮑爾更有法制、更為溫和的觀點。他提議透過一個複雜的雙層組織（一層是行政組織、另一層則是民族組織），將哈布斯堡王朝重組為聯邦。新劃分的行政區域，將會基於社會經濟利益來進行劃設，藉此取代過時的，基於歷史因素而存在的皇家領地。由於倫納體認到，不論哪種行政區單位都無法和多元文化社會的族裔混居現象相容，他提出了他最具原創性的貢獻：不論住在何處，族裔群體都會依據個人的認同進行劃分。藉由將族裔性和地域性的基礎分割開來，他試圖去除掉可能不利於一個擁有多元文化的聯邦持續存在的致命威脅。首先，每個位於文化碎片區的族裔群體，將不再能夠理直氣壯地宣稱自己是唯一有權劃設自治區邊界，界定自治區文化特徵的人。其次，他希望向各個族裔群體展示加入聯邦的好處，保證聯邦會對所有國民都賦予平等的文化權，藉此減少分離主義運動的發生。倫納和鮑爾的想法，激起了列寧和史達林更激昂的批判，因為這兩位布爾什維克黨人的領袖，當時正全力反對俄境內猶太聯盟黨和喬治亞社會民主黨的自治訴求，而這兩個政黨都對奧地利的馬克思主義讚譽有加。267

該計畫的其中一種版本，原本可能有些微機會在哈布斯堡王朝的奧地利地區獲得支持，但前提是社會民主黨必須在國會之中取得多數席次。事後證明，將這個方案套用在匈牙利上將會遇到的困難，其實是非常難以克服的。倫納甚至乾脆放棄嘗試，但又認為奧地利的示範可以在道德上對匈牙利進行施壓。歷史學者雅茲頗能贊同他的想法，但雅茲也認為他們太過於烏托邦主義了。他們兩人後來於一九一八年曾短暫地在奧地利和匈牙利的共和政府中成為要角，但事態變化得太過迅速，使得他們最終仍無法實現這個聯盟。268

三、匈牙利

在匈牙利，一九〇五年的第二場憲政危機則動搖了哈布斯堡王朝的國本。這場危機在整個一八九〇年代不斷醞釀，而造成衝突的兩個主要來源，則是民族問題和社會問題。一直到戰爭爆發之前，這兩個問題都是匈牙利政治的核心問題，而《特里阿農條約》簽訂之後，這兩個問題則在領土面積縮小之後的匈牙利再次成為焦點。第三個同樣不斷出現的問題，則是匈牙利和奧地利之間的憲政關係，並在一八九七年雙方針對一八六七年《折衷協議》進行十年一次的續約協商時再度爆發。馬札爾統治菁英在取得自治權後，開始對匈牙利境內邊陲地區的少數族群實施糟糕的同化政策，和維也納政府當年在德意志裔官僚體系之下，企圖實施中央集權制的帝國治理模式如出一轍。政治人物宣傳著（在語言和政治思想上徹底馬札爾化的）「三千萬馬札爾人」的政策，以便控制匈牙利邊境地區的南斯拉夫人口。當他們慶祝馬札爾人抵達多瑙河平原一千週年時，他們特別強調草原戰士的英雄傳統，亦即「高貴的司基泰人」的勝利。有些族群發起了示威遊行（主要是羅馬尼亞人和斯洛伐克人），希望和馬札爾人一樣獲得自治權，卻都遭到了嚴厲的鎮壓。一九〇七年，斯洛伐克人抗議新教會的教士人選並未顧及他們的意願，而匈牙利警察則殺害了十二名參與示威的斯洛伐克人。[269]此外，政府也愈來愈強迫他們使用馬札爾語。

一八九〇年馬克思主義政黨成立之後，匈牙利社會的民主發展開始出現罕見的轉折。勢力強大的社會民主黨溫和派與政府達成了協議：政府將承認該政黨的合法性，但代價是他們必須幾乎等同於放棄對貧農和農工進行組織動員。然而鄉村地區的剝削情況和貧窮問題正是匈牙利最急迫的社會問題。工資糾紛，加上資本家對於土地的覬覦，都迫使農民採取激進行動；這些行動，後來在一八九七年與一八九八年間的大規模農民動亂之中達到顛峰。哈布斯堡王朝瓦解、以及一九一九年的革命結束後，社會民主黨回頭採取更安穩的合法途徑，和海軍總司令霍爾蒂的威權政府簽署協議，確保政黨能取得脆弱的法律地位，但代價是他們必須放棄對鄉村地區進行煽動。這個政策也讓他們在第二次世界大戰結束後遭共產黨奚落，被指控是在投機取巧。

除了上述這些情形之外，新一代的匈牙利政治人物也堅持，一八六七年的《折衷協議》應該在一八九七年，亦即每十年更新一次的方案效期截止時進行大規模的調整。此時，在民族問題和社會問題上的分歧，也讓同屬哈布斯堡王朝的奧地利和匈牙利漸行漸遠。法蘭茲．約瑟夫一世拒絕接受馬札爾人提出的調整要求。這種疏遠的關係，讓布達佩斯和維也納之間的關係開始不斷惡化，並從一八九七年一直延續到了一九〇三年（該時期又被稱作「窒礙時期」），並在一九〇五年爆發全面憲政危機時到達顛峰。在這段期間，匈牙利議會複雜的政治運作方式彷彿像是一個政治馬戲團。歷史學家蘇嘉爾曾說：「下議院於一八九七年之後建立的形象，是一個無能、自私，而且經常陷入可笑爭論的團體，他們的行為無法改善這個國家的問題，或實際上在進行統治的政府的問題。」[270]這場鬧劇嚴重損害了匈牙利曾經大肆吹噓的憲政傳統。該危機本身之所以爆發，是由於語言問題和軍事改革；這兩個問題在哈布斯堡王朝一直都是兩個最具煽動性的問題，對匈牙利來說更是如此。

一九〇二年，奧地利和匈牙利雙方的政府都制定了軍事法案，在各自的領地上徵用的兵員人數，再增加約四分之一以達十二萬五千名士兵。匈牙利的獨立黨（由於他們從未接受過一八六七年的《折衷協議》，因而又被稱作「四八年黨」，亦即一八四八年匈牙利革命的傳人）要求政府將馬札爾語納為軍事指揮用的語言，藉此趁機叫價協商，從而確立議會的完整主權。出人意料地，他們取得了所謂的國家貴族中幾名成員的支持，這些貴族來自幾個顯赫的家族，其中還包括當時正在執政的自由黨黨員。在接下來的政治操作中，自由黨的黨員被迫辭職，並在選舉之中遭遇前所未有的挫敗，終結了他們長達三十年的統治。新的議會多數由四八年黨領導組成，他們阻止新政府的成立，並要求政府在軍隊的問題上做出讓步，然而這也正是法蘭茲·約瑟夫不願妥協的議題。他於是接著任命了臨時的看守政府。哈布斯堡體制的結構性缺陷，自一八六七年以來首次顯露了出來：兼任匈牙利國王的奧地利皇帝以及議會的雙重責任，唯有在下議院能夠形成多數黨，以及下議院對匈牙利憲政權力的態度和皇帝一致的情況之下才能運作；此外，明顯由一九〇五年俄國革命所引發的一波罷工潮，又讓這場危機雪上加霜。一年後，哈布斯堡軍隊不顧憲法規範，占領了布達佩斯的議會，終於終結了政府運作癱瘓的情形。與此同時，傳統上效忠皇帝的克羅埃西亞人也出人意料地和塞爾維亞人聯手在匈牙利議會中組成聯盟，因為一九〇七年的另一條法案試圖將馬札爾語定為國有鐵路所有員工的法定語言，也激怒了這些克羅埃西亞人。克羅埃西亞爆發的動亂，卻迫使維也納當局要求克羅埃西亞議會休會，重新開啟了專制統治。這場僵局，一直要到哈布斯堡王朝威嚇要實施普選時才終於獲得解決，因為普選意味著馬札爾貴族的優勢將不復存在，於是他們決定打退堂鼓。到了一九一二年，軍事法案才由代表國家貴族的伊什特凡・第薩在議會中非法強行通過。他試圖透過逐步讓步來解決危機，比方稍微增加了具有選舉資格的選民（從總人口的百分之六增加為百分之十），修補與克羅埃西亞人和塞爾維亞人的關係（但遺漏了羅馬尼亞人或斯洛伐克人），以及在克羅埃西亞重訂憲法規章，同時也收緊了內部的維安措施。然而他仍無法收回已經造成的傷害。匈牙利內部正在沿著階級和族裔的界線分崩離析。由於匈牙利政府當局對居住在匈境內的塞爾維亞人和羅馬尼亞人大力推動馬札爾化政策，企圖將其全面同化，導致塞爾維亞和羅馬尼亞政府大為不滿，因而對哈布斯堡王朝在脆弱的巴爾幹西部地區和多瑙河邊境地帶之中的戰略地位帶來了不小傷害。其中最為嚴重的影響，便是匈牙利憲政危機為奧地利地區帶來的後續效應。一九〇六年的選舉改革為馬札爾人帶來了威脅，而奧地利國會為了同步實施改革，也通過了一條法律，在內萊塔尼亞地區實施普選。然而選舉卻帶來了災難性的後果：彼此抱持敵意的族裔政黨，根本不可能合作組成政府，因此奧地利只能透過皇室詔令進行統治，而匈牙利也出現了類似的情況。研究匈牙利史的學者拉斯洛曾寫道，真正因為馬札爾統治菁英式微而受益的並非城鎮社會群體的聯盟，「而是國家機器……崛起的也不是資產階級，而是東歐的專制國家。」[271]

和奧地利一樣，有些開明的學者在匈牙利提出了計畫，希望同時解決社會問題和族裔問題。領導這些計畫的主要是來自資產階級的激進派，而非匈牙利社會民主黨。雅茲是在匈牙利社會改革脈絡中，針對民族問題建構理論的首要人物。他是資產階級激進分子的靈魂人物，而在這些激進分子之中，很多人和雅茲一樣都有猶太血統，並和創刊於一九〇〇年的雜誌《二十世紀》有所關聯。他們主張廣泛實施社會和經濟改革（包括解放農民，地方政府民主化，以及實施普選制度），其主要的理論貢獻聚焦於民族這個議題上。雅茲很自豪地宣稱，他是匈牙利第一個將社會主義和民族主義調和在一起的人。但他的立場也阻礙了他與匈牙利社會民主黨進行合作；對他而言，社會民主黨在民族這個問題上太過拘泥於教條，儘管他們曾經支持一八九九年的布爾諾計畫和土地改革。

雅茲的理論靈感來自帶有科學色彩的進化論，其來源主要是史賓賽，而不是馬克思。雅茲主張，大家應該接受匈牙利邊境地區的民族意識覺醒，並把這種覺醒看作人類進化無可避免的一個階段，以為喀爾巴阡盆地內自由人的純正聯邦奠定基礎，將奧匈帝國內的大匈牙利也一併納入。科蘇特在一八五九年之後也曾採取相同的路線，當時他已經能夠冷靜反省一八四八年的挫敗。在他看來，匈牙利的歷史任務，是讓大匈牙利、羅馬尼亞、南斯拉夫組成一個多瑙河聯邦，成為抵抗德意志和俄羅斯帝國主義的支柱；一直到他於一八九四年過世為止，他始終抱持著這個看法。[272]對科蘇特而言，這是一種和可憎的哈布斯堡王朝斷絕關係的革命手段；但對雅茲而言，一個更遼闊的多瑙河聯邦，則是在平等權利和保存民族語言的旗幟下延續哈布斯堡王朝的方法。他的計畫將倫納關於自治國聯盟的想法，和匈牙利自由派政治家厄特沃什保存既存國家歷史疆界的原則結合在一起。這個計畫所組成的聯邦將會包含五個國家：奧地利、匈牙利（不含克羅埃西亞和斯拉沃尼亞）、波希米亞、統一後的波蘭，以及由克羅埃西亞領導的南斯拉夫伊利里亞，而羅馬尼亞則可能在稍後加入聯邦成為第六個加盟國。如果強迫雅茲做出選擇（他在一九一六年便遭遇過這種狀況），他會和大多數匈牙利知識分子與政治家一樣。他更害怕的是俄國人，而非德意志人。不論他有多心不甘情不願，他在戰爭中都仍選擇站在德奧同盟國陣營這邊。[273]他的激進小黨未曾獲得民眾的廣泛支持，但他於一九一八年和一九一九年間為卡羅伊的共和政府擔任民族事務部長時仍發起了一場運動，企圖透過賦予完全自治權，說服邊境地帶的各民族領導人（主要是羅馬尼亞人、斯洛伐克人、魯塞尼亞人）留在匈牙利的邊界之內。[274]然而這場運動來得還是太晚。大多數歷史學家都同意，第一次世界大戰前夕，要以非暴力的方式解決奧匈帝國內的問題已經是毫無可能了。即便依循聯邦路線徹底重組（當時的王儲腓迪南大公已經在考慮這個選項）帝國架構，多半也只會引起某個族裔團體的抵抗，認為自己是新制度下的受害者。

四、波士尼亞

哈布斯堡王朝的第三場、也是最關鍵的一場危機，爆發於波士尼亞和赫塞哥維納。波士尼亞農民的大型叛亂事件引起了一場嚴重的國際危機，在整個歐亞大陸的邊境地帶，從巴爾幹西部地區、多瑙河盆地、高加索地峽、外裏海地區等地，一直到內亞邊緣，都引起了骨牌效應。幾乎沒有歷史學家注意到這些事件彼此之間的相關性。波士尼亞和赫塞哥維納擁有文化碎片區的所有特徵：總人口中，穆斯林占了百分之四十，主要都是皈依伊斯蘭教的斯拉夫人；還有百分之四十二是東正教徒，另外百分之十八則是天主教徒。穆斯林主要聚集在城鎮地區，而信奉東正教的農民則在穆斯林地主的土地上勞動。在法律上這些農民擁有自由身，然而實際上他們的生活處境幾乎和農奴無異。然而，在鄂圖曼帝國的統治之下，東正教會卻獲得了很好的發展。從一八五〇年代到一八七〇年代，信奉東正教的富商在莫斯塔爾和塞拉耶佛協助興建新教堂和教會學校。他們賄賂地方上散漫腐敗的鄂圖曼官員，藉此換取官方讓步。俄國和歐洲各國的領事館官員則競相對鄂圖曼政府施壓，要求支持鄂圖曼帝國境內東正教徒和天主教徒的訴求，目的是為了強化自己在波士尼亞的影響力。[275]

在奧地利被驅逐出德意志領邦同盟（一八六六年）和德國在普魯士主導下而完成統一之後（一八七一年）獲得了重大進展。由於一八七三年爆發了經濟危機，有些產業因此更需要確保巴爾幹市場不會受到英國和比利時便宜商品的競爭，還有些人則是被波士尼亞與赫塞哥維納豐沛的森林和礦產資源吸引而來。[276]有克羅埃西亞裔和塞爾維亞裔的哈布斯堡地方官員在背後支持的奧地利軍官，則主張波士尼亞和赫塞哥維納對於他們在綿長的達爾馬提亞海岸地區的防衛工作至關重要。他們說服法蘭茲・約瑟夫皇帝沿著達爾馬提亞海岸進行長達一個月的航行，目的是為了在邊界另一側掀起動盪。一八七五年，長期以來在赫塞哥維納飽受折磨的東正教徒農民發動了叛變，動亂很快就擴散到了波士尼亞。鄰近的塞爾維亞人和蒙特內哥羅人也支持這起原本應該是社會運動的事件，以期擴展自己的疆域，藉此達到自己的民族目標。[277]奧地利和俄國官員也為叛亂分子提供了援助：奧地利對逃避鄂圖曼帝國報復的難民提供了庇護，而俄國則透過外交手段介入，防止因軍事改革而戰力大幅提升的鄂圖曼帝國打敗塞爾維亞。但除此之外，俄國政府也正面臨一個困境。

俄國外交部反對單邊行動，試圖和德國、奧匈帝國一起解決這場危機。然而俄國外交部東方局的官員卻希望在俄國的協助之下解放巴爾幹地區的斯拉夫人，這些官員包括俄國駐伊斯坦堡的公使伊格納提耶夫伯爵，以及其他在巴爾幹地區活動的特務，他們都是忠誠的泛斯拉夫主義者。他們可以仰賴俄國各個斯拉夫委員會的人脈網絡，提供志願者和塞爾維亞的同志並肩作戰，並有俄國媒體強大的輿論支持。這些公眾組織，以及不受初步審查的大眾媒體，都是俄國改革運動的產物。因此，就某個意義來說，這場邊境地帶上的角力，其實也是在對這兩個正在實行改革的帝國進行驗收。[278]一八七七年，俄國在泛斯拉夫情緒的煽動之下宣戰。俄軍接著跨越了多瑙河，在邊境地帶的角力戰裡開啟了一條新的戰線。

俄國雖然在戰場上獲得了勝利，卻在柏林會議的外交戰場上失利：在英奧兩國的杯葛之下，俄國支持建立的保加利亞大公國最後被迫縮小，而波士尼亞和赫塞哥維納則遭劃歸奧地利，以此作為對奧地利的補償。哈布斯堡政權於一八七八年占領波士尼亞之後，維也納政府對該地區的態度更像在對待一個殖民地，而非帝國內的一部分。波士尼亞受帝國財政部的管轄，採行「行政專制主義」的治理原則。該原則的代表人物、同時也是帝國財政部長卡拉曾說，哈布斯堡王朝對波士尼亞的統治履行了王朝一個古老的光榮傳統。他曾對一位英國記者這樣說：「奧地利是一個偉大的西方帝國，背負著將文明傳播給東方人民的使命。」[279]和卡拉一樣，對巴爾幹地區抱持類似態度的一小群馬札爾人，還包括接替他職位的布里安，以及他們的下屬兼學者塔羅奇。他們都抱持著某種版本的匈牙利民族使命，認為在二元君主制的脈絡裡，匈牙利對奧地利而言可以作為文明和現代性的另一種來源。[280]作為一位曾經於一八六八年至一八七五年擔任貝爾格勒總督的馬札爾貴族，卡拉的「想法是要讓波士尼亞與赫塞哥維納成為巴爾幹的模範地區，而哈布斯堡王朝應該要對該地區的文化發展和組織感到驕傲」。[281]和哈布斯堡王朝之前派駐在布科維納和巴納特的總督一樣，卡拉藉助國家對製造業、礦業和鐵路建設的扶持發展，振興當地經濟。他著手擘畫了一些城市的空間改造計畫，比如塞拉耶佛。他也邀請維也納的建築師前來，目的是為了讓維也納的環城道路規劃，能和所有基督徒和穆斯林社群的地方風格共存。[282]

卡拉也擔心波士尼亞會受到泛塞爾維亞主義和俄國的影響，因此著手進行了頗為複雜，但或許又有些過於隱晦的國族建構計畫，試圖建立波士尼亞人的身分認同。他不只承認天主教、東正教和穆斯林社群中各宗教團體的權威，還宣揚他們的文化認同，同時試圖讓東正教徒和穆斯林社群，各自與存在於塞爾維亞以及鄂圖曼帝國境內信奉同樣宗教的宗教社群斷絕來往。他的教育改革計畫鼓吹一種內涵模糊的波士尼亞歷史傳統，同時又為三個不同的社群提供了職業訓練。他認為，計畫能否成功的關鍵在於穆斯林，因為他們是占有優勢的地主階級，同時又是城鎮地區最大的群體。然而他仍十分懷疑伊斯蘭教是否能順應現代世界。[283]卡拉依循奧地利的傳統，延續了宗教寬容政策以及教派平衡政策，雖然立意良善，卻和天主教發生了衝突，尤其是方濟各會與傳教士，因為他們的目標是讓穆斯林皈依天主教。在文化政策實施的每個階段，卡拉都遭遇到了其他歐亞邊境地帶總督也會面臨到的阻礙。他試圖像在奧地利那樣由上而下地引進改革措施，卻隨即引起了民間的抵抗，比如由既存菁英和分離主義分子所發起的民族運動。[284]

奧地利軍隊於一八七八年占領波士尼亞與赫塞哥維納之後，立刻就遭遇到了強勁的抵抗。抵抗勢力的兵源，來自被保守宗教領袖煽動的穆斯林社群底層人口，從鄂圖曼軍隊叛逃出來的波士尼亞裔士兵，以及自願參軍的塞爾維亞東正教徒。奧地利被迫動員二十六萬八千名士兵，並在進攻塞拉耶佛的過程中損失了五千名兵力。穆斯林的非正規部隊往山區撤退之後，又持續奮戰了好幾個月。三年之後，另一場武裝起義在赫塞哥維納東部擴散開來，目的是為了反對實施徵兵制度，而卡拉則受命進行鎮壓。在歷經短暫的和平時期之後，一八八〇年代晚期再次爆發了動亂，並在改宗、徵兵、語言政策等問題的推波助瀾之下，於一八九〇年代中期廣泛地擴散開來。

就在讓步看似無可接受，而起義又不切實際的情況下，穆斯林再一次選擇了一個歷史悠久的傳統替代方案：逃亡。《柏林條約》（一八七八年）簽訂後的三年之內，奧屬波士尼亞的穆斯林人數便由於外逃或死亡而減少了三分之一，流失了將近二十五萬的人口。[285]第二波大規模的人口外移則發生在一九〇〇年，當時有七千人選擇遷往鄂圖曼帝國。雖然穆斯林抵抗運動的分布範圍非常大，但並非所有穆斯林都願意參加，比如有一小群頗具影響力的菁英階級，包括商人和大地主在內，都願意和卡拉合作。但卡拉沒有預料到的是，這些願意合作的人也利用他們的特權地位，開始在政治上進行組織。這些穆斯林菁英初次生活在非穆斯林政權的統治之下，會視情況採用他們獨有的順從與推托策略，逐漸適應了哈布斯堡王朝在邊境地帶特有的協商模式。[286]

波士尼亞與赫塞哥維納境內的塞爾維亞裔東正教徒，對奧地利的占領行為也至少一樣充滿敵意。

奧地利的占領行為也大幅改變了東正教會的特權地位。坦志麥特時期訂立的法律讓法律權利適用於所有居民，也讓外部勢力不再有藉口說要對信奉同樣宗教的弟兄提供協助或保護。官員的薪俸獲得了調升，讓他們不再腐敗。伊斯坦堡的希臘牧首的角色，也愈來愈微不足道，形同虛設。東正教會在地方上的宗教議會，當時仍未發展成熟。就在俄國影響力下滑之際，哈布斯堡王朝的政策也強化了天主教會的地位。奧地利和伊斯坦堡的牧首簽訂了協議，藉此取得東正教會高層職位的任免權。當維也納當局提名一名塞爾維亞裔的馬札爾人作為大主教時，他指派了所謂的「津貼教士」，並由政府對這些教士發放特別薪俸。新的大主教拒絕承認宗教議會選出的教士。這種手法讓東正教徒社群分裂為拒絕及願意承認新教士的兩派。東正教會在教育上的鬥爭也未能獲勝。[287]最後，東正教徒開始緩慢地向外移民，人數減少了百分之七，而天主教徒的人數則仍然能夠維持一定水平。結果是，東正教徒和政府之間的關係愈來愈疏遠。

到了卡拉臨終前，他所設計的體系在面臨穆斯林和塞爾維亞人漸增的反對之下開始陷入了混亂。卡拉於一九〇三年過世後，接替他的是另一名馬札爾貴族布里安，他後來為波士尼亞打造了全新的憲政秩序。作為一個熱愛匈牙利又同時效忠哈布斯堡王朝的人，布里安從一九〇五年至一九〇六年的匈牙利憲政危機之中學到了一個重要的教訓。帝國中央並未認知到馬札爾人對於一個完整憲政體制的需求，而匈牙利的民族主義者也沒有體認到有必要和哈布斯堡王朝進行妥協。他決意要在一系列新的自治制度中和塞爾維亞人以及穆斯林合作，藉此避免重蹈覆轍。他和卡拉一樣，都意識到主要的外部威脅其實來自東方。他積極地反對泛斯拉夫主義，同時也擔心地方上會出現由於官僚太過無能或是受俄國「虛無主義者」啟發的革命運動。針對波士尼亞的混亂局面，他提出的解決方案便是透過賦予文化自主權，以及建立波士尼亞議會等方式，將三個族裔宗教團體漸漲的不滿情緒，以憲政方式進行疏通。這個目的，要等到奧地利在他的參與策劃之下於一九〇八年兼併波士尼亞之後才能達成。在他掌權的九年之中（一九〇三年至一九一二年），他顯然成功地強化了塞爾維亞的學校體系，然而在「波士尼亞青年運動」這個旗幟下日漸壯大的激進學生團體，後來卻推翻了這個成果。[288]

在布里安的善意之下，較願意合作的穆斯林逐漸開始進行在政治上較能被接受的活動。事態發展得十分快速，他們不但創立了慈善會，又在一九〇六年創建了一個穆斯林政黨。兩年之後，他們支持哈布斯堡兼併波士尼亞，並正式宣誓效忠於哈布斯堡王室。在波士尼亞議會中，穆斯林政治人物則是學會和其他塞爾維亞、克羅埃西亞政治人物合作。藉由運用聯盟政治和政治讓步等技巧（這是「文明進展」的成果），穆斯林地主得以保留他們對農民的封建權利。到了一九一四年，他們已經成為波士尼亞境內最效忠哈布斯堡皇帝的臣民。然而這些哈布斯堡王朝所達成的成功，有一部分卻受到了同時期波士尼亞、塞爾維亞以及克羅埃西亞政黨崛起的破壞；這些政黨的崛起，也是更多政治意識和政治運動即將出現的徵兆，不過這些政黨同樣也十分容易陷入分裂的困境。

一如哈布斯堡王朝的其他地方，官僚體制的改革政策反而激起了這些政策希望壓抑的民族運動。宗教在早期或許仍是運動關注的焦點，但這些民族運動卻變得愈來愈與宗教無關。二十世紀初期，一些彼此擁有鬆散連結，被敵對陣營泛稱作「波士尼亞之塞爾維亞裔青年」的地下社群，開始在南斯拉夫人之中迅速崛起；這些組織與帝國之外的國家擁有重要連結，比如俄國和美國，而且主要都由塞爾維亞人組成。他們的目的很簡單：摧毀哈布斯堡王朝。這些波士尼亞之塞裔青年，係出身自波士尼亞境內的塞爾維亞民族聚居區，他們絕大部分都是學生，來自農民家庭，是在城鎮接受教育的第一代農民子弟。這些學生持續和留在村莊的親人保持聯繫，在精神上則緊繫著東正教會，而宗教或許也點燃了他們成為烈士的想望。[289]這些學生運動在學術上的搖籃是位於莫斯塔爾的文理中學。二十世紀初期，捷克哲學家兼政治人物馬薩里克的理性主義和反教會思想，對波士尼亞青年運動產生了不小影響。然而波士尼亞和赫塞哥維納遭兼併的事實也終結了漸進主義；許多學生不再尊崇馬薩里克的思想，轉向支持俄國的民粹派。車爾尼雪夫斯基、克魯泡特金、巴枯寧的著作，經常和義大利作家馬志尼一起被引用在他們的簡歷之中。他們將地方上的政治暴力傳統（例如烏斯科克和俠盜集團這類原始叛亂的英雄事蹟），與主張以人民意志進行革命的人所鼓吹的暗殺手法結合在一起。然而波士尼亞的學生團體和俄國革命分子還是有所區別：對他們來說，民族解放比社會主義更為重要。就這點而言，他們更像當時的亞美尼亞人。[290]

腓廸南大公於一九一四年六月二十八日遭刺的事件，只是波士尼亞塞裔青年運動密謀的多起恐怖攻擊事件之中的一個高潮而已。雖然波士尼亞青年運動由塞爾維亞地下社團「不統一毋寧死黨」（又被稱作黑手黨，由塞爾維亞的傳奇人物阿皮斯上校領導）提供武器，被該社團滲透，但波士尼亞青年運動後來與「不統一毋寧死黨」這個表面上的導師分道揚鑣，追尋自己在南斯拉夫的計畫，謀劃自己的路線。暗殺的主要行兇者普林西普，來自一個塞爾維亞家庭，原本居住在鄂圖曼帝國與哈布斯堡王朝交界的動蕩地區；他的親人曾先後為鄂圖曼帝國與奧地利政府服務。至於其他共謀暗殺行動的成員，則擁有頗為多元的社會背景，有些人還是東正教教士的兒子。其中幾位在戰爭中倖存下來的成員，後來於第二次世界大戰期間成了惡名昭彰的「南斯拉夫祖國軍」領導人。[291]他們所有人，都被捲進了這些省分在奧地利統治之下所發生的社會和政治轉型之中。

奧地利在他們剛取得的波士尼亞邊境地區裡，儘管面臨的是一系列幾乎不可能解決的問題，但他們採取的政策也沒有貫徹一致。他們先是支持穆斯林，後來又試圖爭取塞爾維亞人的民心，然後又在波蒂奧雷克將軍無能的治理，以及法蘭茲．約瑟夫的協助和唆使之下，於王朝末年轉向支持天主教徒，也就是克羅埃西亞人。誠然，一九一〇年之後，他們就必須處理議會內部時常變動的派系聯盟：有時穆斯林和塞爾維亞人聯手，有時塞爾維亞人又和克羅埃西亞人結盟，完全視議題情況而定。到最後，沒有任何一個主要團體感到滿意，而激進的學生團體則堅決要摧毀整個體制。

正當維也納為了完成開化文明的使命，因而積極地提倡殖民計畫，導致所有政治團體都非常反感之際，奧地利的統治行為以及他們對波士尼亞與赫塞哥維納的併吞，也導致了國際情勢的失衡。一八八六年，波士尼亞和赫塞哥維納只有一萬六千兩百七十五名奧匈帝國國民；到了一九〇一年，這個數字增長到了十萬八千人。為了提升奧匈帝國國民在波士尼亞的人數，他們計畫將退休官員移居至該地區；俄國人過去曾在東歐大草原使用過相同的策略，而波蘭人也在第一次世界大戰結束後於克雷希地區效法。為了鼓勵移墾計畫，匈牙利南部開設了特殊的銀行機構，以方便馬札爾農民和佃農定居。就經濟面向而言，哈布斯堡王朝在巴爾幹地區的滲透行動，其帝國主義色彩更加明目張膽。

在進行經濟擴張時，奧地利政府採用了兩條路徑：鐵路建設以及商業協定，兩者的目的都是要將塞爾維亞在實質上變成一個殖民地。一八八〇年，奧地利與塞爾維亞簽署了鐵路協議，接著便快速開展了鐵路線的建設，從奧地利領土通往貝爾格勒和尼什，再從那裡接上支線，經由馬其頓抵達薩洛尼基，或是經由魯米利亞東部（該地區很快就會和保加利亞合併）通往伊斯坦堡。一八八八年完工的東方鐵路計畫，讓奧地利得以對抗英國透過海港對巴爾幹地區的滲透。一八八一年，奧地利和塞爾維亞簽署了一份關稅暨商貿條約，使得塞爾維亞的對外貿易必須仰賴哈布斯堡王朝，大大地限制了塞爾維亞的產業發展。很快地，政治條約也隨之而來。透過限制塞爾維亞和其他政權簽訂協議的權利，該條約讓塞爾維亞淪為一個受奧地利保護的附庸國和經濟殖民地。奧地利外交部長海梅爾勒當時曾對塞爾維亞的王子米蘭一世（他隔年在奧地利的支持下，取得了國王的頭銜）說：

> 奧匈帝國並不反對塞爾維亞完全獨立，但如果塞爾維亞最後要成為「俄國總督的領地」，自行放棄獨立地位，並聽令於聖彼得堡的話，那麼我們是無法容許這樣的塞爾維亞出現在我們的邊界上的。雖然這並非上策，但兩害相權取其輕，我們仍然會出動軍隊占領塞爾維亞。292

在奧地利的監管之下，塞爾維亞人很快就開始出現反彈。在激進黨領導人里斯提奇的煽動之下（該黨在塞爾維亞國民議會中屬於親斯拉夫陣營），塞爾維亞境內出現了愈來愈多反對米蘭一世親奧地利政策的政治聲浪。然而真正關鍵的一擊其實來自國外。一八八五年，當保加利亞宣布兼併東魯米利亞時，奧地利對米蘭一世國王的補償請求提供了有條件的支持。塞爾維亞人不甚明智地將奧地利的

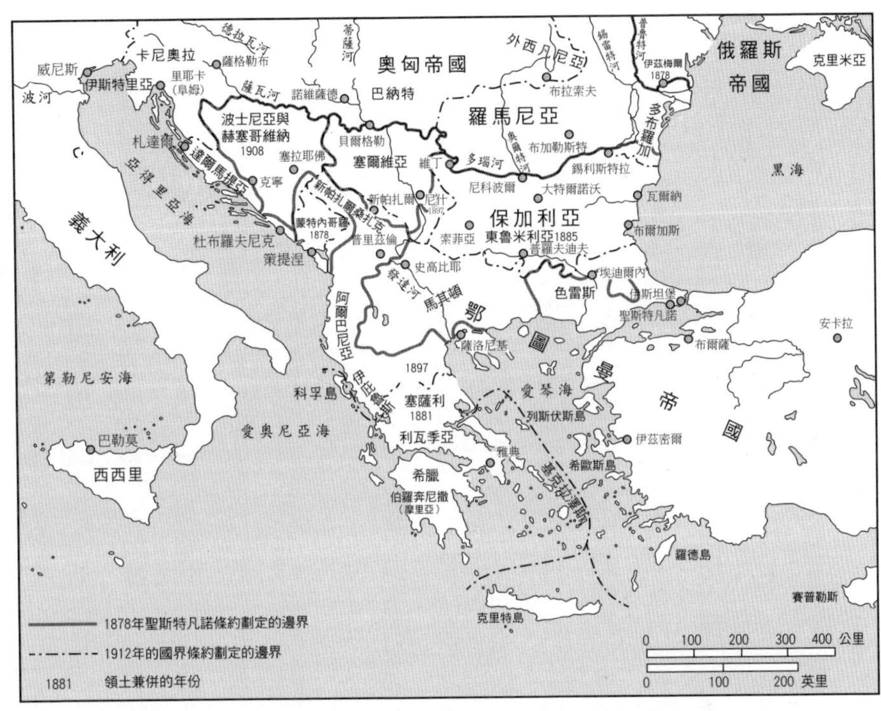

地圖 5.1　從簽訂聖斯特凡諾條約，到兼併波士尼亞期間

反應，當作是支持他們採取軍事行動。他們向維也納政府借了錢，對保加利亞發動了攻擊，最後卻被徹底擊敗。奧地利見狀後出面干預，要求雙方停火，並威脅說會進行介入，以便阻止保加利亞繼續擴張。俾斯麥則警告奧地利不要貿然行事，才讓情勢得以和緩下來。各強權之所以接受保加利亞兼併東魯米利亞，是因為其他選擇似乎更糟。英國和奧地利一反之前的立場，心不甘情不願地接受了保加利亞的兼併行動，因為他們認為統一後的保加利亞將可以更有效地擔任對抗俄國擴張的支柱。亞歷山大三世沙皇則非常不悅，因為保加利亞不再願意接受他的監管，然而他當時正忙著在外裏海地區和英國人交手，因此也不想出面阻止，以免又要在多瑙河邊境地區和奧地利人進行對抗。保加利亞平息了鄂圖曼素檀的怒火，向他保證兼併行動不會影響到他的主權。在這個案例之中，在邊境地帶上競逐的各方勢力彼此相互抵消掉了。[293]但情況並非總是如此。在戰場上遭到羞辱、卻又沒有獲得任何補償的塞爾維亞人，對於奧地利人的立場愈來愈不抱期望，於是在接下來的幾年裡，他們轉向尋求俄國的保護。眼見俄國干涉自己的內部事務，終於醒悟的保加利亞人則是逐漸投向奧地利的陣營。在這兩個案例之中，政治聯盟並不符合各國的地理位置，於是在多瑙河邊境地帶的角力之中導致了一個致命的結果。

就在時序進入二十世紀之際，塞爾維亞國內的政治氣氛也愈來愈背離奧地利。一九〇三年由年輕的迪米特里傑維奇（後來他被稱為阿皮斯上校）領導的一群軍官，暗殺了親奧地利的米蘭國王。繼位的新國王彼得二世則獲得了親俄的激進黨的支持，而該黨當時則剛由帕希奇接手領導。他們在俄國的支持之下，和軍隊聯手擘劃了大塞爾維亞計畫。首先，他們抓住機會簽署商業條約，藉此改善和保加利亞的關係，希望能擺脫奧地利在經濟上對他們的掌控。在匈牙利的煽動之下，奧地利嚴厲地做出回擊。他們對進口自塞爾維亞的豬肉產品課徵非常高的關稅，因而引發了所謂的「豬肉戰爭」。在巴爾幹地區也有經濟利益誘因的德國則彌補了缺口，讓哈布斯堡王朝在該地區再一次失去了威望。雖然巴爾幹地區的國家持續在俄國與哈布斯堡王朝之間來回遊走，但到了一九一四年，塞爾維亞已經成為俄國堅實的盟友，而保加利亞則和奧地利站在了同一陣線。用傳統的地緣政治角度來看，他們不合乎常理的選擇，最終讓他們付出了高昂的代價。

東南歐邊境地帶角力中的大問題，延續至其他仍受鄂圖曼帝國不穩定統治的地區。俾斯麥不斷提議將該地區劃分為幾個勢力範圍，而哈布斯堡王朝和俄國則準備最後一次嘗試實踐這個提議。不幸的是，這是個籠統的規畫，效果有限。一八九七年，他們達成了非正式的共識：只要情況允許，他們會努力維持巴爾幹地區的現狀。俄國與奧匈帝國都不願在巴爾幹地區見到一個小國比其他國家擁有更多優勢。然而還有一個問題仍未解決。俄國強烈反對奧地利保留兼併波士尼亞與赫塞哥維納的權利。巴爾幹地區在經歷了約十年左右的和平時期之後，俄國與哈布斯堡王朝開始針對勢力範圍的邊界進行協商，而他們所討論的範圍也比原本擴大了不少，帶有擴張主義的色彩。奧地利於一九〇八年單方面地兼併了波士尼亞，因而引發了一場大型的國際危機，而兩國之間在檯面下的分歧也因而浮上了表面。

在哈布斯堡的眾多官員之中，最積極主張兼併波士尼亞與赫塞哥維納的三個人分別是財政部長布里安、外交部長埃倫塔爾，以及參謀總長赫岑多夫，但他們各自的動機並不相同。布里安認為，將波士尼亞與赫塞哥維納納入帝國領土，是他在這兩個地區實施現代化政策（具體途徑是仿照匈牙利的模式賦予他們制憲的權利）的關鍵步驟。埃倫塔爾則是在其中看到了契機，可以圍堵貝爾格勒的大塞爾維亞計畫，但他同時也有更多算計。藉由確認奧地利獨立於柏林之外的地位，他希望將德奧同盟轉變成推動奧地利帝國計畫的工具。較為好戰和衝動的赫岑多夫，則是希望在最有機會打贏戰爭的時候挑戰塞爾維亞。他堅決地要求增加軍事支出，以便讓軍隊在對塞爾維亞的戰爭中主動採取攻勢，因為他認為這場戰爭無論如何都無可避免。[294]埃倫塔爾試著與俄國達成協議，藉此在外交上做好兼併塞爾維亞的準備，同時確認他們在巴爾幹地區的協議，但他又徹底修改了他們的共同利益條款，因而擾亂，而非維持了現狀。根據他的提議，奧地利將會兼併波士尼亞和赫塞哥維納，並將鄂圖曼帝國桑扎克（二級行政區）境內的人驅逐出去；作為回報，他向俄國保證，奧地利將會盡全力支持修訂一八七八年《柏林條約》中的《海峽公約》，以便讓俄國軍艦能在和平時期通過海峽。然而俄國外交部長伊茲沃爾斯基後來無法讓各個歐洲強權（尤其是英國）都同意修改《海峽公約》，該協議也隨之破裂。奧地利人接著在未徵詢俄國人意見的情況下，便提前宣布兼併行動。一如一八八一年保加利亞發生的危機，奧地利同樣未對塞爾維亞提供任何補償。憤怒的塞爾維亞人於是下令進入備戰狀態。德國幾乎等同於對俄國下了最後通牒，要求俄國不得做出回應措施，於是仍在試圖從日俄戰爭戰敗中復原的俄國，只能放棄對塞爾維亞人提供援助。

哈布斯堡王朝和俄國雙方從這場危機中學到了不同的教訓。奧匈帝國的官員認為，一旦他們與塞爾維亞陷入戰爭，德國便會支持他們，而軍力一直被他們低估的俄國則會放棄與他們對抗。此外，他們也認為塞爾維亞已經成為一個難以打倒的敵人，而政治邏輯也注定會讓他們依靠俄國。這也意味著從此之後，哈布斯堡王朝將會在兩個相距遙遠的邊境上面臨俄國的戰略威脅：遠在東北部的加利西亞邊境，以及南邊的塞爾維亞邊境。一旦危機發生，其他邊境地區的情勢也同樣不容樂觀。雖然義大利和羅馬尼亞都是奧地利和德國的盟友，但這兩個國家都不能算是忠實的盟友。他們都有希望收復的領土位於哈布斯堡王朝的帝國境內：義大利覬覦的是伊斯特里亞，而羅馬尼亞想奪回的則是外西凡尼亞。於是哈布斯堡王朝的確也和柏林當局一樣恐懼，正面臨著遭敵人包圍的夢魘。此外，哈布斯堡王朝也才剛在自己的邊界上引入了特洛伊的木馬：波士尼亞和赫塞哥維納這兩個剛被兼併進來的邊境地區，都存在著幾個地下社團，他們也都正積極密謀摧毀王朝政權。一九一三年和一九一四年間的巴爾幹戰爭則加深了塞爾維亞人的國族情感，並擴大了塞爾維亞的領土，從而讓情勢變得更加危險。由此看來，如果說哈布斯堡的統治菁英將腓廸南大公遭暗殺的事件視為攻打塞爾維亞的機會，似乎也不會令人意外？不過俄國人倒是有不太一樣的結論。

俄國邊境地帶上的危機

發生在俄國的憲政危機，其因素和哈布斯堡面臨的危機非常類似。就內部而言，其原因是由遲來的強制工業化所引發的社會衝突，以及無法解決邊境地帶的治理問題。就外部而言，將內亞的另一個邊境地帶收歸控制的企圖，則引起了國際危機。在俄國的案例裡，這導致他們與日本發生災難性的戰爭，導致了革命，也導致俄國貴族必須在第一屆全國民選的國會中做出讓步。

一八八〇年代，帝國對邊境地帶的統治開始出現質的變化。帝國政府實施了新的一波中央集權化和經濟整合措施，以及將帝國人民打造為同一民族的政策。他們劃設了新的內部邊界，廢除了傳統的行政權利和法律體制，並提倡以俄語作為官僚體系的唯一用語。[295]亞歷山大三世透過文化上的俄化運動，主導了這波民族建構運動的浪潮。他的身邊圍繞著一群俄國沙文主義者，包括：宗教會議內的政府代表波別多諾斯采夫、新上任的內政部長德米特里・托爾斯泰，以及從一八八二年至一八九七年擔任教育部長的德里安諾夫（他的下屬都稱他為「亞美尼亞人零號」）*；他們都有極具影響力的《莫斯科報》編輯卡特科夫在背後支持。他們的首要目標，是透過將行政權力收歸中央，以及在地方學校中獨尊俄語等方式，剷除正在萌芽的民族運動。這些措施都是由於波別多諾斯采夫對波蘭人、猶太人、亞美尼亞人以及其他邊境民族懷有強烈恨意而訂定的。他試圖以跟種族有關的汙辱性字眼，詆毀羅里斯梅李可夫這位亞美尼亞裔的改革派內政部長，說他是個「亞洲狂人」，是「玩弄雙面手法的大騙子……根本不愛俄國」。波別多諾斯采夫於一八八六年走訪高加索地區之後，曾對沙皇寫道：「亞美尼亞人和喬治亞人希望脫離俄羅斯文化，而且懷抱著重獲民族獨立地位的愚蠢夢想。」[296]

一、波羅的海省分

波羅的海省分的文化俄化運動，於亞歷山大三世在位期間開始實施。早在一八四〇年代，俄羅斯民族主義者便提出警告，德意志文化正在滲透進波羅的海沿海地區。當統治菁英正在歌頌波羅的海貴族如何效忠於俄國時（這些貴族往往擔任公職，最高可以升遷至高階政府官員和軍官），那些立基於親斯拉夫思想的早期泛斯拉夫主義者，則在拉丁－日耳曼語系文化的西歐與中歐，以及希臘－斯拉夫語系文化的東歐與東南歐之間劃出了一條文化邊界。他們對於德意志人的敵意，起初聚焦於奧地利對西斯拉夫人和南斯拉夫人的控制。但波蘭起義，以及德國在普魯士的領導下統一，都進一步激發了俄國對波羅的海省分可能分離出去的恐懼。[297]不過這些恐懼其實也遭到了誇大。

波羅的海地區的德意志人逐漸在當地的經濟領域失去了優勢地位。就人口結構來說，他們的絕對人口數雖然沒有下降，但由於拉脫維亞人和愛沙尼亞人的數量不斷增長，導致德意志人占總人口數的比例也在持續萎縮。一八八〇年之後反德情緒變得更為強烈，而傳統上在高階官員和軍官職位中占有高比例的波羅的海貴族（以人口比例來看），則開始儘量避免在政府中任職。他們的不團結，導致他們無法向亞歷山大二世治下的地方政府提出改革建議，並在接下來幾位沙皇在位期間，也讓他們在行政與語言上激進的俄化運動中變得更為脆弱。[298]帝國中央曾於一八六〇年代和一八七〇年代進行溫和的俄化運動，觸及的面向包含波羅的海地區的農業、法律以及宗教事務。一八八〇年代開始，俄化的腳步開始加速。嚴重的農民動亂爆發之後，亞歷山大三世在參政院中任命了一組委員會，由即將成為司法部長的瑪納賽因領導，對波羅的海省分的狀況進行全面調查。他的報告後來成為俄國在文化上和行政體系上對波羅的海地區進行大規模俄化的基礎。他做出的建議包括：強制地方官員使用俄語，以俄語作為多爾帕特大學的授課語言（並對學生社團實施許多限制性的規則），引進俄國法規取代古老的「中世紀」德意志法規，以及立法促進東正教會的利益。針對拉脫維亞和愛沙尼亞農民的問題，他只象徵性地提出了一點改善措施。至於一些較為激進，可能會進一步損害波羅的海德意志人權威的改革方案，則是從未實施過。[299]

對於瑪納賽因提議的選擇性支持與回絕，也彰顯出了俄國在波羅的海邊境地帶的統治困境。雖然

＊譯按：「零」這個詞語在俄語中如果用在人的身上，帶有「不算什麼東西」之意，代表下屬可能並不怎麼喜歡德里安諾夫。

皇室中也有許多人擁有泛斯拉夫主義式的熱情（尤其是亞歷山大三世），但這種熱情，實際上卻因為德意志貴族和拉脫維亞以及愛沙尼亞農民之間的族裔、宗教和社會衝突，而減損不少。人數不多的拉脫維亞與愛沙尼亞知識分子對德意志化和俄化的文化政策都抱持著反對的立場，卻又認為政府的俄化可以幫助他們對抗波羅的海地區的德意志貴族；在他們眼中，這些貴族會為他們迅速崛起的民族認同帶來嚴重威脅。至於是否要鼓動拉脫維亞人和愛沙尼亞人，聖彼得堡的官員則是相對謹慎，因為他們擔心這會讓農民製造社會動盪，而這些動盪又非常容易受到民族主義分子的煽動。這麼做同時也可能讓德意志貴族的勢力衰退，但他們畢竟仍是維持地方秩序的重要支柱。[300]波羅的海地區的少數俄羅斯人（其中有些屬於舊禮儀派）也並非可以依靠的對象。到了一八九〇年代，文化上的俄化為拉脫維亞年輕人開啟了新的機會，讓他們得以離開出生地尋找機遇，但也讓這些見過世面（尤其是接觸到社會民主思想）的拉脫維亞人開始心生不滿。[301]在波羅的海地區各省分中，俄化政策帶來的矛盾效果開始對整個同化政策造成了威脅。俄國政府被迫採取平衡政策，而在俄國對邊境的種族與宗教衝突缺乏統一政策的情況下，這些平衡政策也讓外界對俄國留下了孱弱猶疑的印象。一九〇五年革命爆發前夕，俄國終止了俄化政策中較為激進的部分，但傷害已然造成，而波羅的海居民過去的被動抵抗策略，也開始被煽動革命、農村動亂以及罷工等策略所取代。

二、芬蘭大公國

在芬蘭大公國，不論是俄化政策或是對帝國統治的抵抗，都發展得較為緩慢。一直到一八八〇年代，芬蘭議會中的瑞典裔芬蘭菁英，與俄國中央的關係仍相對友好。然而，一系列由瑞典人和統一的德國為俄國安全所帶來的外部威脅，加上內部對芬蘭憲政權利的角力，都破壞了瑞典裔芬蘭菁英和俄國中央之間的關係。十九世紀的瑞典國王雖然不再是一個強大政權的統治者，但仍不時期望著有朝一日能奪回芬蘭。克里米亞戰爭期間，瑞典曾友善地向反俄同盟陣營表達中立立場，而且如果不是俄國要求和平的話，瑞典可能早已出面介入。一八七〇年代與一八八〇年代期間，瑞典媒體開始出現愈來愈多的反俄論調。從一八八〇年到一九〇五年的這段時間內，瑞典的軍事支出占全國總預算的比例，從百分之三十五上升到了百分之五十五。此外，瑞典和統一後的德國的商貿與文化接觸也於十九世紀末快速增長，而芬蘭皇家軍隊之中，也有愈來愈多的瑞典軍官選擇前往德國受訓。到了第一次世界大戰爆發前夕，芬蘭溫和的社會主義領袖布蘭廷甚至說出了：「因為有瑞典裔芬蘭軍官，沒人能夠向德國開戰。」[302]

對於這些情勢發展，俄國民族主義輿論的回應較為緩慢。即使是卡特科夫的論調也都頗為溫和。但到了一八八〇年代末，由於俄國政府試圖在郵政和法律等領域採用俄國法規，由此導致的一連串爭議讓俄國與芬蘭之間的關係開始惡化。芬蘭議會和媒體開始出現一些聲音，擔憂聖彼得堡會將實施於波羅的海地區的俄化政策，也照搬到芬蘭來。儘管俄國駐赫爾辛基的代表在表面上是芬蘭裔或德意志裔，卻也愈來愈常遇上那些其他邊境地帶的總督正在面臨的困境。他們夾在地方上的利害關係，以及帝國中央的壓力之間，兩面不是人，但緊要關頭時他們仍必須以帝國代理人的身分行動。事實證明，他們沒有辦法彌合因為不信任而變得愈來愈深的鴻溝。亞歷山大三世過世後不久，第一階段的俄化政策也隨之結束，終結了「充滿善意、相對克制，並遵循傳統做法的時期」。[303]

芬蘭人內部存在著幾種族群的對立關係：講瑞典語的文化菁英，對立於講芬蘭語的中產階級、知識分子和富農；鄉村地區的地主階級，對立於沒有土地的農民（佃農）；而工廠勞工，則對立於他們的雇主。在講瑞典語的族群之中，一些較為極端的人將芬蘭視為文化邊陲，並將自己的文化和語言視為西方而非東方的，至於被他們蔑稱為「楚德人」的芬蘭人，則缺少了必要的智慧和意志，因而無法獲得自由與文明。但並非所有講瑞典語的人都這樣認為，有些甚至還成為芬蘭語的堅定支持者，讓原本就非常混亂的情況變得更加複雜。雖然瑞典裔菁英只是芬蘭大公國中的少數族群，卻掌控著芬蘭的議會。和波蘭人、捷克人和馬札爾人的情況一樣，講芬蘭語的人也分為願意和俄國合作的舊芬蘭人，以及決意抵抗帝國統治的新芬蘭人。在快速崛起的工人運動之中，芬蘭人是主要的成員，但也有些受過教育的重要領袖是瑞典裔芬蘭人。雖然他們反俄，但在一九〇五年的革命期間並不傾向使用暴力。然而情況後來在一九一八年出現了變化。

最初由芬蘭軍隊整併計畫所開啟的大規模俄化運動，很快便擴展到其他行政層面的改革之中。一八九〇年代初期，法俄兩國締結的同盟和軍事協定讓俄國的軍事政策重新遭到廣泛檢視。一八九八年，新上任的戰爭部長庫羅帕特金，以及新的芬蘭總督博布里科夫（在前往芬蘭之前，他曾任聖彼得堡軍區的參謀長），積極推動將俄國軍事體系延伸至芬蘭的計畫。博布里科夫一接受任命，便擬定了後來被稱為「二月宣言」的計畫，宣告俄國沙皇有權決定和「帝國整體考量」有關的一切法令。[304]尼古拉二世不顧芬蘭人的抗議，通過了違反芬蘭長久以來憲政權利的法案。隔年，博布里科夫制定了全面將芬蘭文化事務與行政收歸中央管控的計畫，其中包括在芬蘭國會、政府以及教育機構中引進俄語。自從卡特科夫主宰俄國媒體以來，俄國帶有民族主義色彩的媒體便不樂見於芬蘭的分離主義，而隨著情勢變得愈來愈緊張，這些媒體也開始使用更強烈的論調支持國家政策。[305]

對於該如何對「二月宣言」做出回應，芬蘭參議院內部也出現了分歧。大多數議員都畏縮地請求沙皇能確認芬蘭的憲政權利，並按照規定的憲政程序向國會提交修正後的版本。然而讓俄國政府大為吃驚的，是一場大規模的抗議活動居然成功蒐集到五十萬人的連署，對沙皇提出了「大請願」，霸氣地回絕了與俄國合作的政策路線。沙皇拒絕接見前來聖彼得堡提交請願書的五百人代表團。博布里科夫一直到一九〇四年遭暗殺為止，始終堅持自己的俄化政策。他的兩個主要成就分別是：一九〇〇年將俄語制訂為所有官方事務用語的《語言宣言》，以及一九〇一年更具爆炸性，等同於解散芬蘭自己的軍隊，並實施全民徵兵制度的《軍事宣言》。雖然參議院受到了解散的威脅和施壓，但最後仍通過了軍事改革，不過該宣言仍然引發了被動抵抗的行動。在長達兩年的時間裡，大多數新兵都拒絕接受徵召。愈來愈多感到幻滅的芬蘭人選擇移居國外：移出人數占總人口數的比例，從一八九八年的百分之十三・二，增加到一九〇三年的百分之八十三・七。[306]*

---

*譯按：原文語句有問題。一般而言，討論比例時，如果已經有百分比，便不會再加上「每一萬人」這樣的表述；再說，外移人口高達百分之八十三・七似乎也不符常理，因此這裡猜測作者在此想表達的意思是「萬分之」而非「百分之」，亦即，文中的兩個 percent 可能是誤植的贅詞。

博布里科夫的政策也加深了芬蘭社會內部的對立。社會主義運動變得愈來愈激進；不論是對俄國政府，或是對正在領導抵抗運動的芬蘭資產階級，社會主義陣營都抱持著敵對態度。一如俄國曾在一八六三年波蘭革命之後所做的，俄國官員也開始在鄉間笨拙地嘗試籠絡農民，干擾地主在政治上的反對行動，然而這麼做只是在製造動亂，加劇社會中的緊張情勢而已。到了一九〇五年，大部分的芬蘭人都已經背離了帝國政權，雖然這原本是可以避免的。再到了一九一八年，當芬蘭開始以暴力途徑與布爾什維克俄國決裂時，階級衝突也隨之爆發，並在芬蘭邁向獨立的內戰期間造成了可怕的後果。

三、猶太隔離屯墾帶的危機

俄國政府在西部邊境地區對猶太人所採取的政策，是為了限制他們在經濟和文化上的影響力，同時降低他們抵抗的程度，而一八八一年發生的屠殺事件，則標誌著這種政策開始進入了新的階段。這些屠殺事件激發了猶太人展開更多的政治行動。[307]根據大多數的資料記載，這些屠殺事件都是民間自行發起的，而政府也將屠殺發生的原因，歸咎於社會大眾對猶太人的剝削行為感到不滿。雖然政府並沒有迅速阻止屠殺行為，但也沒有大肆鼓勵，因為他們擔心公共秩序會就此崩潰。亞歷山大三世留下了一個著名的說法：「雖然我在看到猶太人遭到攻擊時，會打從心底感到非常高興，但我們仍然不能容許這樣的事情發生。」[308]屠殺結束之後，他拒絕廢除猶太隔離屯墾帶的制度，而時任內政部長的伊格納提耶夫伯爵作為當時無所不在的泛斯拉夫派，甚至還發布了新的禁令（亦即所謂的《一八八二年五月法案》），限制猶太人在邊境地區的居住權，並恢復了猶太青年錄取大學的人數限制。

對於如何妥當回應這個情況，猶太社群內部出現了非常大的分歧。聖彼得堡的猶太菁英認為猶太人應該順應事態的發展，但又希望保持猶太人獨有的文化，因而傾向繼續「選擇性地融入」俄國社會。一八六〇年代的教育改革也徹底影響了猶太人和社會中其他成員的關係。大學入學的限制廢除之後，教育改革措施讓猶太人更能融入俄國知識分子圈的自由派與激進派陣營。官僚內部和社會上的反猶主義，將猶太人的湧入視為隔離屯墾區邊境文化戰爭中的全新挑戰。[309]大多數的猶太畢業生都成為專業人士，尤其是法律相關的專業。然而一八八一年的屠殺事件，以及一八八九年實施的大學入學和法律從業人數限制，卻動搖了他們原本希望在體制內行動的態度。到了一八九〇年代，律師開始接觸廣大的猶太社群。他們以獨特的同化方式，將法律上俄國公民的概念與猶太人的族裔認同結合在一起。[310]

路線介於合作與抵抗之間的「錫安主義運動」，則是於一八八〇年代開始出現。運動中一些具有影響力的發言人（比如品斯克，以及又被稱為阿哈德．哈安的金斯柏格）對於同化計畫的回應方式，則是鼓吹自立自強和移墾巴勒斯坦。然而在他們的著作中，空間和精神，以及領土和文化之間卻存在不少矛盾之處。他們體認到，巴勒斯坦並不適合作為所有猶太人的棲身之處，而只能作為一個「精神上的民族核心」；大多數猶太人，仍然必須離散在海外各地。即便如此，俄國的「巴勒斯坦人」仍然堅持移居巴勒斯坦的理想，反對其他替代方案（比方說，曾有人提出將猶太人遷往烏干達的方案）。極具領導魅力的赫茨爾則在這場運動中大力鼓吹；一八九六年《猶太國》出版之際，正是他在哈布斯堡王朝的記者生涯和政治活動的顛峰。隔年，世界錫安主義會議於瑞士巴塞爾召開，許多俄國猶太人也都出席了。赫茨爾曾出人意料地嘗試要求沙皇政府認可其目標，然而政府的回應毫無新意。他曾於一九〇三年和俄國內政部長普勒韋進行了一場知名的對談，但過程中普勒韋只含糊地說會提供支持，就這樣打發了他們，而俄國政府也依然頑固地阻止猶太人大規模出走。就這樣，俄國的錫安主義者雖然試圖兼顧移居巴勒斯坦，以及鞏固俄國的猶太文化這兩個矛盾的目標，卻遇上了不少困難。到了一九〇五年革命前夕，錫安主義團體逐漸開始和俄國政府出現了政治上的交鋒。[311]

一八八一年至一八八二年間的屠殺結束後，猶太人的抵抗行動有兩種型態：逃亡和革命運動。儘管在沒有出境簽證的情況下就遷往國外是違法的，但其實猶太人打從尼古拉一世在位期間開始就已經在這麼做了。伊格納提耶夫伯爵曾一度考慮放手讓猶太人離開（他以一貫輕浮的態度描述這件事），之後卻又表明反對猶太人大規模出走。聖彼得堡的高官們，也都抱持同樣的態度。儘管如此，屠殺結束後約十年之內，仍有將近十三萬五千名猶太人離開了俄國；再下一個十年之中，離開的人數則又翻了一倍，而且主要都去了美國。[312]反對猶太人離開的還有沙皇政府，主張和俄國合作的莫斯科和聖彼得堡猶太菁英階級，以及正在崛起的激進運動。

一八八一年的屠殺發生之前，積極反抗帝國統治的猶太群體，和主張進行合作的猶太群體一樣，都是從一小群人發展起來的。在採取恐怖暴力路線的民粹主義運動中，如果就人口比例來看，猶太人在領導階層的比例比其他任何一個族裔還要多，只不過他們的參與和解放問題沒有直接的關聯。[313]到了一八九〇年代，民粹主義開始如火如荼地轉變為馬克思主義。於是在整個猶太隔離屯墾帶以及波蘭王國過去的領土上，猶太民族主義和社會主義這兩股反抗勢力開始匯聚在一起。新興的猶太裔勞工，成了猶太馬克思主義知識分子的支持者；從猶太人聚居的小城鎮湧入城市的猶太人，以及被吸收進新工廠的猶太工匠，使得猶太裔勞工的人數愈來愈多。根據一八九六年的人口普查資料，很大一部分的猶太人都居住在城鎮地帶。在歐俄地區，猶太人只占總人口數的百分之四，但在城鎮人口之中的占比卻有百分之十五。在明斯克、格羅德諾、莫吉廖夫、維捷布斯克等西北部省分，猶太人在城鎮地區的人口比例甚至超過百分之五十；而在維爾納和科夫諾*等省分，這個數字則超過了百分之四十。在俄屬波蘭王國（後改制為維斯瓦諸省）的十個省分之中，有三個省分的猶太裔人口占比超過百分之五十，還有另外三個省分則是超過百分之四十，而剩下的四個省分裡，至少都有百分之三十。[314]

波羅的海地區人數最多，架構最完善，同時也是最活躍的政治組織，便是立陶宛、波蘭與俄國的「猶太工人總聯盟」；他們又被稱作「崩得」，亦即意第緒語中的「聯盟」之意。在歷經了謹慎的前期作業之後，聯盟黨於一八九七年成立，代表華沙、維爾納、明斯克和比雅維斯托克等地的社會民主主義團體；一直到一九一七年，聯盟黨一直都是猶太裔無產階級主要的社會主義組織。[315]不過也有些猶太人投身其他主要的社會主義政黨，並在那些組織中擔任要角，而這個現象也正好說明了聯盟黨當時遇到的核心困境：猶太人並沒有屬於自己的領土，而聯盟黨代表的也正是一種在文化上追求猶太民族身分的期盼，然而有點諷刺的是，他們明明居住在猶太隔離屯墾帶裡，卻無法將這塊區域或其中的一部分變成猶太人的祖國。然而在猶太隔離屯墾帶之外建立祖國，卻也會摧毀他們的革命運動。聯盟

---

*譯按：亦即今日的考納斯。

黨認為自己的運動是在希望改變的社會之中，以某種方式兼顧社會正義和文化特殊性，但在過程中，他們除了要對付獨裁政權之外，還得面對其他團體的競爭。

他們最主要的競爭者便是錫安主義者；這個組織在一九〇〇年之後便在猶太工人階級之中獲得了不少支持。第二個主要競爭者則是俄國社會民主工人黨的領導階層；該組織在一九〇三年時仍然非常孱弱，後來分裂為孟什維克和布爾什維克兩個陣營之後依然如此。此外，一小群猶太社會主義知識分子（其中包括影響力很大的馬克思主義理論家盧森堡和約基希斯）也成立了反民族主義的政黨；該黨後來於一九〇〇年和立陶宛社會民主黨合併，成為波蘭王國與立陶宛社會民主黨。在邊境地帶幾個社會主義政黨之中，波蘭王國與立陶宛社會民主黨是最支持國際主義的，他們以強大的雄辯才能，將波蘭社會民主黨、聯盟黨，以及俄國社會民主工人黨都視為民族主義者，也對他們採取敵對態度。[316]俄國的專制政權起初也不只是採取壓迫措施而已。祕密警察莫斯科支部的領導人祖巴托夫，曾發展出一套被稱為「警察社會主義」的策略。他讓猶太工人在警察的保護之下組織工會，限制他們只能從事合法活動，訴求經濟目的，試圖藉此讓猶太工人階級放棄革命運動。[317]然而這場運動的結果和預期大相逕庭，最後只能中止。總歸而言，猶太人投身在這些革命運動和改革運動中的事實，也標誌著俄國鞏固邊境人民忠誠的計畫再次以失敗收場。儘管猶太人本就散布各地而讓這個例子顯得非常極端，但這些事件的確也描繪出了所有人民自發的抵抗運動都會面臨到的困境，亦即如何在兼顧民族問題和社會問題的基礎之上，達到政治上的團結。

外國的猶太社會主義組織在早期的政治辯論中，大部分都是支持國際主義的。然而在俄國問題則更為複雜，因為這個國家擁有非常多元的文化，而且在西部邊境地區的文化碎片區內，也有分布範圍非常廣闊的族裔社群。猶太社會民主黨不斷在兩個極端之間來回擺盪，無法決定他們的社會主義運動是要為所有俄羅斯人奮鬥，還是只代表猶太工人而已。

在一八九八年於明斯克召開的第一次大會中，創建聯盟黨的元老對於階級和民族孰輕孰重的問題抱持觀望態度。他們認為，聯盟黨應該作為「一個獨立自主的組織，只在和俄國與猶太無產階級特別有關的問題上保持獨立」（在此，他使用的是「俄國」這個帶有領土意涵的詞彙，而非「俄國人」這個帶有族裔意涵的詞彙）。後來由於留學海外的年輕聯盟黨黨員施壓，而參加奧地利社會民主黨布魯諾大會的南斯拉夫代表也提出了一些概念，聯盟黨很快便改變了立場。一九〇一年舉行的第四次大會上，聯盟黨決定採取新的方案，希望將俄國改變成「一個由各民族組成的聯邦，而各民族都能完全獨立自主，不論他們居住在哪個地區」。[318]這讓他們和國際主義者發生了衝突。在俄國社會民主工人黨關鍵的第二次大會上，包括普列漢諾夫、托洛斯基以及列寧在內的大部分黨代表，都拒絕接受聯盟黨的提議（亦即接受猶太人是一個民族，如同波蘭一樣）；而聯盟黨將自己當作俄國境內猶太無產階級唯一代表的主張，也遭到了俄國社會民主工人黨的駁斥。聯盟黨的代表隨後步出大會會場，導致以列寧為首，主張組成一個緊密團結的中央集權化政黨的黨員，成為俄國社會民主工人黨的多數派（布爾什維克）來對抗少數派（孟什維克）[319]，也讓聯盟黨和俄國社會民主工人黨之間的關係開始惡化。在各政黨對於民族政策的分歧之中，聯盟黨逐漸成為史達林最愛的攻擊目標；而後面我們也即將談到，史達林自己對於以「聯邦」路線重建俄國的提議，也有非常不同的看法。

聯盟黨的民族自主運動，面臨了不少帶有無產階級國際主義精神的激進工人的壓力。一九〇五年革命爆發之前的十五年裡，社會主義青年就已經在維爾納和整個猶太隔離屯墾區的西北部積極組織工人。他們很快就遇上了一個嚴重的障礙，因而難以獲得更多進展：只有少數猶太裔工人受僱於大型工廠，然而只有在大型工廠發動罷工才能取得最大功效。[320]光是出於這個理由，聯盟黨的左翼陣營便體認到，如何維持和非猶太裔工人的緊密關係對他們來說非常重要。雖然他們宣稱要優先考慮重新加入俄國社會民主工人黨，以促成無產階級的團結，但他們一直要到一九〇六年，也就是革命浪潮已經開始退潮之後才加入。

四、俄屬波蘭王國

俄國與波蘭之間在西部邊境地帶的漫長角力，在邁入十九世紀末時愈演愈烈。就經濟而言，波蘭土地貴族出人意料地成功保住了對莊園領地的掌控權。從一八六三年到一八七二年間，政府對叛亂分子擁有的領地進行了徵收，但徵收行動只影響到一百四十四個莊園。雖然大部分波蘭地主都面臨著政治壓力，但他們仍成功保住了領地，沒有變賣出去。擁有這些莊園對他們來說，是一種神聖的事業，而且可以用來代替他們失去的國家。在經濟壓力之下，他們寧願將領地出租給猶太裔的企業家，而非賣給俄羅斯人，卻也激起了反猶情緒這個棘手的副作用。俄國政府為了反制這個現象，於一八八四年通過了法案，防止土地出現長期抵押租用的現象，隨後又公布了其他措施，強迫波蘭人出售莊園領地。從一八六六年到一八九三年間，波蘭一共喪失了將近兩萬兩千平方公里的土地，但在波蘭王國過去的領土之中，他們仍然保有一半土地。尼古拉二世在位期間降低了波蘭人必須支付的特別財政稅，加上他們仍壟斷酒類販賣所得的利潤，因此波蘭人的收入增加了不少，也讓他們得以避免損失更多。波蘭人歷史學家波瓦指出，俄國人在西部邊境地帶並沒有受到和波蘭人同樣的「神祕使命」所驅使。波蘭人對於祖先領地的情感比俄國貴族更為強烈；相較之下，那些俄國貴族於一八六一年到一九一四年間，在整個帝國境內就賣掉了超過四分之三的莊園領地。然而就社會層面而言，情況卻非常不同：波蘭土地貴族花了很多時間，才逐漸接納波蘭農民作為民族中的一分子。[321]

在俄羅斯帝國的邊境地帶中，維斯瓦河地區（亦即過去的波蘭王國）的非法政治活動顯示出一定程度的民族意識，而這種意識，只有亞美尼亞人能夠相比擬。早在一九〇五年的大規模示威和暴力事件爆發之前，支持與俄國進行合作的陣營（又被稱作「華沙務實主義派」），便在政府的俄化政策影響下喪失了名聲。[322]地下政黨於此時開始成形。民族民主黨作為最具侵略性的右翼民族主義運動，當時正由德莫夫斯基進行領導；波蘭獨立之後，德莫夫斯基也將會成為新國家的領導人。德莫夫斯基領導的民粹主義運動影響非常廣泛。他將教會看作民族機構，並指責猶太人和烏克蘭人等少數族裔不加入波蘭的民族大業。他還將社會達爾文主義納入了他們的起義傳統，認為猶太人不屬於波蘭民族的一分子，因為他們從未參與過波蘭人為了生存而進行的鬥爭。他堅稱，由先進勢力所進行的征服和殖民行為，比如波蘭民族在歷史上曾在東方進行的活動，都是完全合理的。他的觀點持續演變成更激烈的反猶主義；他後來曾於一九〇二年指稱猶太人正在發展一個征服波蘭的計畫，將這種反猶主義的觀點推至顛峰。他還以替西方文明拯救立陶宛和魯塞尼亞為名，將他的文化矛頭指向了「莫斯科－亞洲專制主義」。[323]然而當他為了追求波蘭獨立，因而要在波蘭的傳統敵人之中選擇一個對象進行合作時，他還是勉為其難地選了俄國，因為普魯士王國及後續由其所主導的德意志第二帝國為波蘭帶來的壓迫更甚於俄國。

和俄國其他城鎮中心一樣，一八九〇年代初期維斯瓦河地區的社會主義運動很快就取得了不少進展。德國於一八九〇年廢除反社會主義的法律之後，馬克思主義便開始從德國滲透進來。與此同時，非法罷工也震撼了正在擴張的資本家和企業，於是政府隨後也開始進行大規模的逮捕和鎮壓行動。被迫轉入地下活動的波蘭社會主義者，和俄國的社會主義團體一樣，也對究竟要採取改革還是革命路線的問題爭執不休。和其他源於邊境地帶的社會主義運動類似的是，波蘭社會主義的領導人在空間和意識形態上也都各自擁有不同觀點。

成立於一八九二年的波蘭社會主義黨，起初主張波蘭採取革命途徑獲得獨立。該黨最重要的發言人畢蘇斯基，在初期對於猶太社會主義運動逐漸浮上檯面的民族主義路線和國際主義路線來說，都是一位滿腔熱血的敵人。在他的公開信〈寫給被占領的波蘭諸省的猶太社會主義同志〉中，他批評俄國那些主張使用俄語和俄國文化對猶太裔無產階級進行宣傳的人。他預言，這種以俄國為導向的政策將會激怒波蘭的社會大眾，並將這種政策稱為「猶太人自我俄化的癌症」。他希望他們了解到，不論就政治或文化而言，俄國都比波蘭還要落後。他希望猶太社會民主黨的黨員能支持他重建一個屬於波蘭民族的獨立國家，還極力促使，甚至幫助他們在文化事務中引進意第緒語這個沒這麼差的選擇，藉此將俄語趕出波蘭。[324]

如果說在畢蘇斯基眼中聯盟黨太過於以猶太人為導向的話，那麼波蘭王國與立陶宛的社會民主黨則是擁有太多國際主義的色彩。一八九三年，一小群由盧森堡、約基希斯以及捷爾任斯基所領導的知識分子脫離了波蘭社會主義黨，另行創立波蘭王國與立陶宛社會民主黨。這個政黨打從一開始便不認同「社會主義革命或推翻帝國政權可以帶來任何結果，但就是不能讓全世界的無產階級團結行動」這種說法。對盧森堡來說，唯一一個可以證實這個說法的例外，便是鄂圖曼帝國；她認為鄂圖曼帝國太過落後，以至於只有瓦解成一個個民族單元，鄂圖曼人民才能跟上正常的歷史辯證過程。[325]就成員的人數而言，波蘭王國與立陶宛社會民主黨從來就無法和維斯瓦河地區和猶太隔離屯墾帶的其他社會主義政黨競爭，但其在學術領域中的強大領導權，仍讓人對民族自決問題的理論辯論投入了更多的關切與參與。盧森堡在理論層次上做出了不少貢獻，而捷爾任斯基則是在組織上付出了不少心力。一直到一九一七年捷爾任斯基轉投向布爾什維克陣營，擔任全俄肅反委員會首任領導之前，他們都在一起支撐著這個政黨。[326]盧森堡持續堅持以下這個觀點：波蘭的獨立自主，是對資產階級的策略性讓步，但無產階級只有在俄國發生革命的背景之下，才有可能獲得完全的解放。她堅決反對列寧集中化政黨的模式，支持由工人階級發起的大眾民主運動。然而一九〇五年革命運動期間，以及一九一七年初，她和捷爾任斯基卻都表達了和其他政黨一起加入布爾什維克的意願。對他們而言，波蘭社會主義黨才是社會主義陣營中的主要敵人。西部邊境地區的社會主義政黨仍沉醉於一九〇五年爆發的革命運動；當時他們就算在思想上無法團結一致，至少也曾短暫地在抵抗帝國統治的行動上攜手合作過。從日俄戰爭的初期開始，不屬於任何政黨的波蘭知識分子團體便開始以地下出版的方式鼓吹一個「統一而獨立的波蘭」。他們以「超越政黨」的方式行動，組織了幾場非法的集會遊行，吸引到了一些左翼政黨和職業工會的成員前來參加。[327]他們隨即在一九〇五年一月支持了一場大罷工，並持續和工人維持緊密的關係。一九〇五年春天，幾個職業工會模仿俄國工會聯盟的路線成立，並試圖和俄國工會聯盟結盟，而許多文化組織也如雨後春筍般在革命當年出現，其中有些甚至一直存續到了一九一四年。然而將波蘭語重新引進公共領域的嘗試，卻遭到了專制政權的頑強反對。就很多意義上來說，一九〇五年的波蘭革命，其實是一八六三年民族運動的延續和擴張。

五、南高加索地區

俄國與鄂圖曼帝國以及伊朗分別於一八二八年和一八七七年與一八七八年間發生戰爭之後，高加索邊境地區便被兼併為俄國領土，而居住在高加索地區的亞美尼亞人的民族意識也開始逐漸增長。和波蘭案例相比，俄國對他們的統治較為仁慈。[328]和俄羅斯帝國常見的案例一樣，教會學校成了第一代民族知識分子的搖籃。政府不但允許這些學校的成立，還仿照埃奇米阿津修道院（一個屬於亞美尼亞－喬治亞教會的古老修道院）的形式，創建了一個中央的宗教主管機關。埃奇米阿津修道院在歷經數世紀伊朗人和鄂圖曼人的占領和迫害之後，獲得了許多重要的象徵性意涵；一八二七年，俄國駐軍英雄式地抵禦了由阿拔斯領軍的攻城行動。由於亞美尼亞教會和東正教會擁有古老的連結，禮拜儀式也非常相似，因此享有俄國的特別保護。亞美尼亞的商人社群同樣也非常興旺，尤其是在亞美尼亞人占人口多數，且市議會在一九〇〇年之前也都由亞美尼亞人掌控的提比里斯。俄國於一八七七年至一八七八年間的俄土戰爭中擊敗鄂圖曼帝國，而這也為亞美尼亞人的民族大業提供了極大的激勵。許多人自願加入安納托利亞東部的俄軍，以接受俄羅斯和亞美尼亞裔將軍（比如後來成為內政部長，也是亞歷山大二世在位期間的最後一位偉大改革者羅里斯梅李可夫）的領導為榮。然而柏林會議卻讓他們的理想幻滅。在這場會議之中，各強權強迫俄國修改《聖斯特凡諾條約》（該條約不只處理保加利亞的問題，也還包含安納托利亞東部的事務）的內容，導致亞美尼亞省只要仍被俄國統治，素檀就沒有義務在該地區實施改革。由此，鄂圖曼帝國得以再次無限期地拖延他們的承諾。

然而直到一八八〇年代為止，亞美尼亞人都仍認為信東正教的沙皇能夠守護他們的文化，並幫助他們抵抗南邊的伊斯蘭勢力。他們甚至認為，俄國也許還可以幫助他們和鄂圖曼帝國境內的亞美尼亞人統一在一起。然而這種樂觀的期待到了一八八一年卻突然變了調。和邊境地區的其他地方一樣，亞歷山大二世遭到人民意志革命黨成員暗殺之後，在俄國境內引發了許多針對非俄裔民族的暴力行為。俄化運動當時正如火如荼進行著，然而在南高加索地區，俄化運動卻出現了令人難以理解的轉折。於一八八二年至一八九〇年負責俄化運動的人是東杜科夫－科爾薩科夫親王，他當時擔任高加索地區的民政事務長官，同時也是高加索軍區的指揮官。當時外界對他的印象是一位開明的改革者，而這種名聲也的確名符其實。不過，究竟俄化政策和改革運動能否相容呢？

東杜科夫－科爾薩科夫在高加索地區的經驗非常豐富，他曾於一八五五年和一八七七年領軍對抗突厥人，並曾和切爾卡斯基親王一起擔任保加利亞的俄國占領軍委員，受命前去組織新政府的民政事務。他之所以在高加索地區被當成改革者看待，是因為他引入了新的地區行政法規，並中止軍事統治。他也負責對礦業進行規範，獎勵當地產銷知名的高加索礦泉水，以便促進經濟發展。[329]然而在他的管治之下，所有亞美尼亞教會學校都在一八八五年遭到勒令關閉，並由俄羅斯學校取而代之。接下來進行的政策，或許可以被稱為「俄化改革政策」。

俄國最知名的教育事務官員伊安諾夫斯基著手策畫了新的教育政策。出身自一個貧窮烏克蘭貴族家庭的他，儘管反對教育部長德米特里·托爾斯泰提倡古典教育的保守政策，卻仍在教育部門之中平步青雲。尼古拉耶維奇大公於一八七八年任命伊安諾夫斯基成為高加索學區的監管人，而伊安諾夫斯基後來花了二十二年的時間重整高加索地區的教育體系。小學、中學與師範學校數量的大幅增加，也是他的功勞。他還建立了職業學校和農業學校體系，專門用來改善當地經濟。他資助了二十卷關於高加索不同地區的學術研究出版，內容涵蓋了民族誌、語言和考古等領域的著作。[330]

但地方居民的合作意願，不一定會符合俄化改革政策提倡者的預期。到了十九世紀末，俄國官員開始指控亞美尼亞人沒有在依然居住著游牧民族的南高加索地區盡到基督教文明價值承載者的責任。政府於一八九九年通過了一項法律，限制將國有土地分發給當地俄裔農民的行為，從而終結了亞美尼亞農民長期以來，從鄂圖曼帝國遷居至高加索地區的行動。地方官員希望吸引到的移墾者，是可以不只帶來文明教化，還可以擔當國家建構任務的人，也就是可以和俄國中央省分建立緊密連結的人。[331]

在亞美尼亞推動「俄化」政策的人，竟同時身兼改革者的現象，其實並不令人意外。打從凱薩琳大帝在位以來，這種現象在許多邊境地帶便屢見不鮮。統一的制服，中央管控的行政體系，世俗化的教育，國家主導的經濟發展計畫，以及共同語言（亦即俄語）的推行，都被視作現代化的途徑。但那些覺得自身文化遺產遭到威脅，或是從鄉村社會被連根拔起，投入初期工業化惡劣環境之中的人，對這些政策也會心生抗拒。在亞美尼亞，即使是偽裝成改革政策的俄化政策也都面臨著一個獨特的障礙。一千年來，亞美尼亞人身處幾個彼此競爭的帝國接壤的邊境中，非常希望在民族上和宗教上獲得統一（儘管這種統一一部分有史實根據，一部分則是虛構的），然而他們被鄂圖曼帝國和俄國之間的軍事界線分隔開來，因而只有撤除這條界線，他們才能實現真正的統一。這也解釋了為什麼亞美尼亞人在試圖對他們進行同化的鄂圖曼帝國和俄國境內都非常抗拒帝國的統治，而這種抵抗行動也帶有深切的民族主義和社會主義目標。

和喬治亞的情況一樣，以民粹主義為形式的社會主義理想，也透過曾在俄國或西方大學留學的歸國學生特務，逐漸滲進了亞美尼亞人的心中。他們當中的一些人，對於俄國民粹主義恐怖分子所籌劃的亞歷山大暗殺案留下了很深的印象。一八八〇年代初，曾有一小群年輕的亞美尼亞民粹主義團體曇花一現，沒能持續太久。另一個俄國革命分子的溫床則是瑞士，在那裡，其他亞美尼亞學生組成了各自獨立的小型團體。俄國於一八七七年至一八七八年間打敗鄂圖曼，以及保加利亞國成立之後，民族情緒也開始在這些學生之中快速發展。一八八七年，一群主張革命的學生在日內瓦創立了《警鐘報》（名稱取自俄國思想家赫爾岑之前創辦的知名報刊），反映出多方角力的局勢，而這群學生也成了警鐘黨的核心。當時是俄國革命組織海外發展的轉型時期；一些勇敢的人（比如普列漢諾夫）已經是「半個馬克思主義者」。此外，警鐘黨也吸收了一些馬克思主義的詞彙和思想，然而在意識深處，他們仍然屬於民粹主義，致力於解放住在俄國、伊朗和鄂圖曼帝國邊境地區的亞美尼亞人，讓他們組成一個統一的獨立國家。[332]

亞美尼亞第二個帶有社會主義調性的民族主義政黨，是亞美尼亞革命聯盟（又被稱為達什奈克楚瓊或達什奈克）。該黨於一八九〇年成立，目標是將包括警鐘黨在內的所有革命團體都統一在同一面大旗之下。他們的運動依循著流亡俄國的希臘人和保加利亞人所立下的先例，源自俄國的幾個慈善團體，而且帶有政治目的。這些達什奈克黨人曾在一八七〇年代因革命活動而被捕。俄土戰爭結束後，他們將宣傳和運動的主要目標轉為解放鄂圖曼帝國境內的亞美尼亞人。到了一八九〇年代，他們在整個高加索和外裏海地區的邊境地帶上建立組織核心，從提比里斯和大不里士，到撒馬爾罕和希瓦，都有他們的蹤跡。他們和庫德人、青年土耳其黨，尤其是馬其頓革命組織（馬其頓內部革命組織的簡稱）進行接觸。一八九六年八月，達什奈克策劃了一場知名的鄂圖曼銀行示威行動，當時有二十六位組織成員占領了位於伊斯坦堡的銀行，希望迫使強權介入。然而這場行動的結果卻造成了反效果，導致六千名亞美尼亞人在伊斯坦堡遭到屠殺。[333]

達什奈克和警鐘黨之間，很快就在民族目標和社會主義目標孰輕孰重的這個問題上出現分歧。這也導致當時所有俄國邊境地區的地下祕密運動的知識分子領導階層開始分裂。警鐘黨始終獨立於達什奈克之外，而且儘管他們的計畫有不少相似之處，他們卻成了彼此的敵人。到了一八九〇年代末，警鐘黨開始分裂，讓達什奈克成為運動中的領頭羊。不過兩黨都受到俄國社會主義民粹派的不少啟發，比如說，他們也將恐怖主義當作策略之一。就像波蘭人、韃靼穆斯林（後來被稱為亞塞拜然人）以及之後的蒙古人，亞美尼亞的革命運動也利用鄰近帝國管理鬆散的邊境地帶，將受俄國民粹主義所啟發的革命思想，以及之後的俄國馬克思主義散播出去。[334]

六、外裏海地區

外裏海地區對俄國政府以及俄國移民湧入的抵抗行動，要到一八九〇年代才開始變得比較明顯。由於印度叛亂的教訓殷鑑不遠，因此俄國政府謹慎地避免徵召穆斯林入伍，害怕受過訓練的人獲得武器。費干納谷地爆發的第一次叛亂，於一八八五年由一位重要的穆斯林地主發起；在那之後，地方上跟土地問題有關的事件，俄國政府都能輕易鎮壓。大多數的叛亂都由宗教領袖帶領，而且通常都來自蘇非主義。一八九二年，塔什干爆發了由霍亂引起的暴動，成為該地區最大的城鎮叛亂事件；這場事件之所以爆發，是因為穆斯林害怕貧窮的俄國移民會帶來傳染病，而有些俄國人的衛生習慣，也冒犯到了穆斯林的傳統習俗。這些事件顯示出俄國移民和原本就居住當地的居民之間，在文化上存在著巨大的鴻溝。[335]一八九八年，緊張局勢終於在安集延聖戰期間爆發開來。這場經過精心策劃的叛亂，由德高望重的蘇非主義人士領導，資金來源則是兄弟會，許多在俄國入侵之前身為穆斯林部族菁英的人也都提供了支持。[336]政府則是將動亂怪罪於泛伊斯蘭主義的宣傳活動。俄國官員總是對穆斯林的叛亂活動懷抱著過分的恐懼；到了二十世紀初，他們對穆斯林的疑懼更是變本加厲。各種伊斯蘭改革運動四處擴散，比如克里米亞韃靼人、窩瓦河韃靼人、鄂圖曼帝國和印度的扎吉德運動，都引起了俄國人的恐慌，認為他們正在邊境地區密謀推翻俄國的統治。[337]突厥斯坦政府深受叛亂事件的震撼，而專家們則對應該如何回應爭論不休。有些人支持考夫曼的不介入政策，另一群人則不這麼想，並宣稱：

「大家會討論我們在中亞擔任文明使者的角色。在這個緊要關頭上，我們的文化影響力的不尋常處在於它的付之闕如。」[338]同時，俄國鐵路工人於一八九九年對地方政府發起了第一次罷工，在塔什干製造了一些社會對立的狀況；政府擔憂，這些工人可能會與原生於當地的居民進行接觸。

沒有人認為俄國在中亞邊境地區的統治是完全成功的。最多只能說俄國廢除了奴隸貿易，並減少了游牧部族之間，以及各汗國之間的暴力衝突。但俄國人對於要以何種方式推展文明教化仍莫衷一是（而且那些方式其實並不適當），而任務的目標是什麼他們也沒有定論（再說，那些目標其實彼此矛盾）。這有部分是因為他們用東方主義式的視角看待穆斯林，將他們視為外來、懷抱敵意，而且非常狂熱的群體；有部分則是因為他們害怕強制同化的政策會引起叛亂，而發起叛亂的團體又可能要求鄂圖曼帝國、英國甚至是中國提供保護。然而俄國政府半吊子的殖民計畫也帶來了一個預料之外的後果：他們很諷刺地提供了讓布爾什維克能夠在地區性內戰之中獲勝的民眾基礎。

七、一九〇五年的革命

俄國於一九〇五年至一九〇六年間發生的革命，源於俄國在內亞邊境地帶中的帝國主義擴張行動。在此前的十五年裡，俄國人充滿野心地想在戰略上和經濟上將內亞邊境地帶和帝國中央綑綁在一起，以便持續進行在外裏海地區的征服行動，以及在滿洲邊境的劃界計畫。一八九一年，西伯利亞鐵路動工；直到第一次世界大戰發生之前，這條鐵路都是歐亞大陸上最昂貴的工程計畫。俄國的統治者和官僚菁英直到一八八〇年代都不贊成進行這樣的鐵路工程，甚至是開發西伯利亞的計畫。然而在亞歷山大三世治下，官方的態度開始有了變化。沙皇在軍隊中的親信，以及沙皇本人都開始相信，由於地域主義正在崛起，中國也可能再次試圖奪回他們二十年前失去的黑龍江和烏蘇里江流域，因此如何讓西伯利亞東部和帝國核心更緊密地連結和整合，已經是一件迫在眉睫的事情。[339]西伯利亞鐵路計畫背後的推手，是活力和野心兼備的財政部長維德。在他的想像之中，西伯利亞鐵路將會成為一個多功能的國家計畫，可以刺激俄國國內的鋼鐵生產，可以將移民遷往人口稀少的地區進行開墾，可以作為傳播文明的媒介，還可以強化俄國在內亞邊境地區角力時的經濟實力。[340]

維德在遲疑了一段時間之後，也開始認為應該要建立一條支線橫越滿洲北部，讓西伯利亞鐵路直接通向海參崴，這條支線後來被稱作東清鐵路。有些俄國官員對東清鐵路抱持反對態度，因此維德指出這條支線將可以讓俄國滲透滿洲全境，並進一步控制整個中國北方的鐵路系統。中國的資深官員李鴻章則對這個計畫報以熱烈的回應。李鴻章支持中國自立自強的想法，因而制定了一些政策，希望將西方技術移轉至中國，而東清鐵路對他來說，就是這些政策中關鍵的一環。中國於中日甲午戰爭（一八九四年至一八九五年）戰敗後，李鴻章認為日本對中國東三省（滿洲）造成的威脅更大，因此將鐵路特許計畫視為中國傳統邊境策略的一種手段，以夷制夷。維德計劃透過華俄道勝銀行提供融資，並以法國的貸款作為擔保。[341]一八九六年，俄國和中國就同盟防禦條約進行協商，而共同對抗的目標則是日本；這份條約讓俄國獲得興建一條鐵路支線穿越滿洲的權利，同時也賦予俄國更多的治外法權式的特權。[342]東清鐵路曾在一九〇〇年庚子拳亂（義和團叛亂）期間為俄國占領滿洲的行動帶來不少幫助，也讓日本不禁懷疑俄國在滿洲地區的活動是否將會一直持續下去。維德接著照搬之前和哈布斯堡王朝在巴爾幹地區，以及英國在外裏海地區進行談判的方式，試圖解決與日本的爭議，亦即將邊境地帶劃分為幾個勢力範圍。大致上來說，這意味著俄國和日本將會互相承認彼此在滿洲和朝鮮的最高利益。然而在二十世紀初的關鍵年代裡，維德卻逐漸失去了他對尼古拉二世的影響力，預示了俄國在巴爾幹地區和內亞邊境地帶的政策即將遇到的災難。

維德和平滲透內亞邊境地帶的政策，只是他宏偉對外政策中的一個面向而已，但實現的前提是俄國那些總是難以捉摸的官僚利益團體願意合作。他試圖建立一個統一的政府體系，卻來不及完成這個計畫，但仍成功地讓沙皇提名他的一些手下成為重要的部會首長，使他得以在多瑙河流域和內亞邊境之間的弧形地帶上，推行自己的帝國主義經濟政策。[343]由於俄國兩端的複合邊境彼此在地緣文化上有不少連結，因此維德不得不在西部邊境和哈布斯堡王朝保持良好關係，以便在東邊積極實行自己的政策。俄國和鄂圖曼帝國之間的多瑙河流域邊境地帶爆發暴力事件之後，他於一八九七年和哈布斯堡王朝簽署了非正式的協議，同意十年之內會維持巴爾幹地區的現狀不變。一如我們已經討論過的，俄國和哈布斯堡王朝在一些議題上仍有分歧，也為未來的紛爭埋下了伏筆。但這份協議仍讓俄國政策得以擺脫長久以來對多瑙河流域的過分關注，開始轉向他認為更有利於俄國發展的內亞地區。與此同時，他也希望俄國、德國和法國組成一個歐陸同盟，共同對抗英國在歐亞邊境地帶之中、橫跨地中海和太平洋之間的商業勢力。

雖然維德是新政策的策劃者，但他的兩位門徒也為他提供了大力的支持；這兩位門徒分別是外交部長蘭布斯朵爾夫，以及一直到一八九八年為止都在擔任突厥斯坦總督的戰爭部長庫羅帕特金。庫羅帕特金在一九〇〇年寫給沙皇的備忘錄中清楚闡述了他支持滿洲政策的原因。他在備忘錄中提到，俄國必須在西部的邊境地帶設法維持現狀，以便集中心力向伊朗和中國北部擴張。他並不認同泛斯拉夫主義者的主張，也反對兼併加利西亞、喀爾巴阡山以南的烏克蘭，以及其他由烏克蘭人或白俄羅斯人居住的領土。他寫道：「對我們來說，奧地利境內的斯拉夫人，包括魯塞尼亞人（原文如此），都應該只是我們實現目標的途徑，而非目標本身。」他更強烈地重申了他早期的計畫，亦即讓伊朗在經濟上成為俄國的附庸國，並積極地在阿富汗、蒙古以及滿洲地區進行經濟上的滲透。當庚子拳亂爆發時，庫羅帕特金主張應該占領滿洲，卻又和維德一樣反對直接兼併。[344] 維德也為擴張政策設限，以不侵犯他認為被日本視為最高利益的地區為原則。他和庫羅帕特金聯手進行遊說，希望阻止皇室幕僚鼓吹對朝鮮半島採取冒險躁進的路線，因為這必定會被日本視為國安上的威脅。皇室幕僚大挫維德和庫羅帕特金，讓沙皇尼古拉二世捲入了爭取「鴨綠江伐木特許權」這個輕率的計畫之中，同時也讓日本人相信戰爭無可避免。一九〇四年，日本海軍在一次突襲中於旅順港摧毀了俄國的太平洋艦隊，導致俄國還來不及完成西伯利亞鐵路，就被迫捲入戰爭中，並讓日本人得以鞏固自己與朝鮮和滿洲之間的海上交通，也迫使俄軍在缺乏可靠運輸路線，無法連結中央省分主要補給基地的情況下進行戰爭。[345]

俄國對日戰爭的失利，顯示出俄國在邊境地帶角力過程中的崛起階段正在步向終結。戰敗也引發了革命運動，撼動了俄國對於波羅的海地區和高加索地峽之間的邊境地帶的掌控。不過俄國和日本於滿洲地區，以及和英國在伊朗劃定勢力範圍之後，便明顯從戰敗後的頹勢中走了出來，而維持現狀的協議於一九〇七年失效之後，他們也開始重新和哈布斯堡王朝在巴爾幹地區進行競爭。這些邊境角力行動帶來的漣漪效應，也預示了一系列彼此交纏的危機即將出現，而且一直要到所有多文化帝國都覆滅之後，這些危機才會解除。

一九〇五年至一九〇六年間發生的革命，並不是傳統意義上那種會導致既存政府遭推翻的革命運動，而是一系列獨立的起義事件；這場革命迫使獨裁政權必須實行半憲政制度的統治，卻也讓統治者能夠維持某些權力手段。[346]此外，這場革命也並非如列寧所說，是一九一七年俄國革命的一場預演，而應該說是一九一八年和一九二〇年間俄國將會發生內戰的預兆。因此，蘇聯在第二次世界大戰期間出現的內戰，一九八九年喬治亞和波羅的海地區的蘇聯加盟國率先出現違抗中央的嚴重動亂，以及其他後來導致蘇聯瓦解的種種事件，其實都不令人意外。

一九〇五年至一九〇六年間的革命，也突出、加深了社會的分裂以及政治上的對立；這兩條結構缺陷，早在時序進入二十世紀之際就已經進入到緊要關頭。帝國在進行國家建構的過程中，會透過征服手段不時兼併新的邊境地區，實施不完全也不平均的同化政策，並在帝國內部疊覆上各種制度和意識形態，而非直接由新的制度或意識形態取代舊的；而社會與政治上的缺陷，正是上述這些帝國建構過程的產物。一九〇五年至一九〇六年間的革命結果為我們提供了更多證據，證明俄國是一個「沉積社會」（sedimentary society）——結構性改革只是在既有的制度上覆蓋新的一層上去，而沒有完全取代舊的制度。[347]首先，在沙皇發布的法律文件之中，有些明定了俄國在革命之後的憲政架構，但這些文件卻擁有一些彼此無法相容的矛盾之處。尼古拉二世不只反對憲政統治的概念，而且根本就對這個概念毫無了解。當他自己的政策顧問於一九〇四年要求他成立某種形式的代議制議會時，他是這樣反擊的：「我們沒有封建制度。俄國人民一直以來也都是團結效忠於國家的……我不能明白代議制政府的意義何在。」[348]

一九〇五年八月，尼古拉二世在面臨愈來愈高漲的革命浪潮時，同意頒布一部有限度的憲法，並成立一個民選的帝國議會，亦即所謂的「布雷金杜馬議會」（這個稱呼，即源自提出這個建議的內政部長布雷金）。沙皇的詔令也凸顯出了其限制：

> 儘管因為俄羅斯帝國的基本法與沙皇的絕對權力有關（根據一八三五年實施的《俄國法律大全》所界定），因而不會對該法進行更動，但我們仍認為有必要建立國家杜馬、通過選舉條例，並讓這些法律適用於帝國全境，**但在少數條件特殊的邊境地區，該條例必須經過適當調整**。[349]

詔令中所指的「少數邊境地區」，包含位於波蘭王國的省分、烏拉爾和土蓋斯克地區、西伯利亞的省分和地區、草原地區和突厥斯坦各個由總督統治的地區，以及高加索地區和游牧部族。後來爆發的大罷工也迫使尼古拉頒布一份更具自由色彩的文件（亦即《十月詔書》），但在此之前，政府其實根本沒有時間實施布雷金杜馬議會。在《十月詔書》之中，沙皇承諾會賦予人民「宗教、言論、集會以及結社等方面的自由」，並對那些被布雷金杜馬議會特殊規章排除在外的人賦予選舉權，同時也「確立了一條不可違反的原則，亦即任何法律都必須經過國家杜馬的同意才能生效」。關鍵的問題在於，沙皇的這些妥協讓步，要如何與專制統治的原則相容呢？在整場危機之中，這個難題讓沙皇的幕僚出現了分歧，也讓沙皇本人非常為難。[350]在經歷多次的來回折衝之後，沙皇終於在一九〇六年四月頒布的《基本法》之中界定了自己的權力範圍：他捨棄了舊規章中的「無限」這個詞彙，但仍然保留「專斷」這個詞，同時確認只有杜馬擁有制訂新法的權利。韋爾納曾說，尼古拉二世「拒絕承認《十月詔書》承諾的權利，和他的個人權力與特權之間存有任何矛盾之處。」[351]

讓沙皇陷入極大麻煩的是，他有責任維持他繼承而來的權利，因此最好是在舊法律上直接堆上新的一層，而不要更動他繼承而來的事物。帝國政府也彷彿是要確認這種沉積理論似的，保留了許多舊有的緊急條款，而且自從一八八一年開始，這種緊急條款在帝國境內的許多地方都處於生效狀態，讓政府有權暫停或終止報紙的發行，在未經審判的情況下對個人進行逮捕和施刑，禁止集會和示威活動，並禁止人民行使公民權；而這些，也都嚴重損害了沙皇賦予公民權利的措施。[352]除了這些之外，第一和第二國家杜馬的選舉制度，也被疊加在既有的制度和法規之上，混合了由公民投票以及由這個古老而且正在崩解的法定工作群體進行投票的制度。那些參與立法的官員並不了解代議制政府的原則，而俄國國務卿克里詹諾夫斯基曾對此評論道：俄羅斯「在文化和道德上都缺乏力量，因而難以對不同民族進行同化工作，尤其就文化位階而言，有些鄰國比起俄國還要來得高。」[353]

政府的國族化（或俄化）政策，與反政府的民族團體（這些團體也會彼此對抗）激增的現象之間的相互影響，在社會中扯開了一道新的裂縫；俄國社會後來在第一波革命浪潮出現時，透過團結對抗專制政權的行動將這道裂縫黏合了起來。就在這些不同民族和社會團體聯手進行的革命運動，似乎成功讓政府同意實施憲政改革之際，他們之間的團結也開始出現裂痕，而反革命團體也開始出現。多數重要學者都同意，革命行動最終無法完全推翻沙皇政權，或許是因為他們缺少一個統一行動的革命運動。[354]然而我們也不能低估俄國政府鎮壓混亂局勢的決心。

《十月詔令》頒布之後，俄國政府面臨到的最嚴峻問題，便是軍中的大規模軍紀事件和公開叛變。五十萬名在滿洲軍隊中服役的後備軍人，發起了為期兩個月的叛變行動，要求政府讓他們回到家鄉。十一月則出現了兩波叛變的高峰，略低於三分之二的邊境地區軍隊都發生了類似事件，而當俄羅斯帝國於一九〇六年夏天幾乎要瓦解之際，叛變浪潮又再次湧現。然而當政府決定要採取最嚴厲的鎮壓手段重建公共秩序時，叛變的軍人便開始將矛頭轉向革命分子。[355]和一九一七年二月或一九九一年的情況非常不同，此時的軍隊維持了國家的完整性；一旦革命分子認清政府不會垮台之後，革命浪潮便平息了下來。

從上而下的鎮壓並非俄國政府使用的唯一武器。他們也慫恿民眾由下而上，以屠殺為形式對革命運動進行反制。猶太人並非唯一的攻擊目標，其他支持革命的人也同樣遭到了攻擊，但猶太人依然是主要的受害者。到了一九〇五年的秋天，保守派開始組織第一場俄羅斯人民聯盟黨（俄國極右派政黨）的群眾運動。該政黨大規模宣傳反猶主義和俄化政策，並組織武裝部隊對政治上的敵人進行暗殺，其策略和革命分子如出一轍。[356]大多數反革命活動也都集中在邊境地區。俄國政府先是做出一些讓步，接著又採取鎮壓措施，因而得以在革命分子之中製造更深的分化，然後在頒布憲政權利之後再將他們一一收拾。結果是，革命過後社會上出現了更多分歧，而且一直到帝國政權瓦解之後仍持續存在著。

很合理地，軍隊中的叛變行動，於一九〇五年十月的總罷工到達高潮的各種罷工運動，以及核心農業省分大規模的農民動亂事件，都引起了學者的極大興趣。然而，這些位於芬蘭至南高加索地區之間，占地非常遼闊的邊境地區，也爆發了許多持續更久的事件，甚至有些案例也比帝國核心省分發生的事件還要暴力許多。瑞士歷史學家卡普勒就指出，一九〇五年發生於邊境地區的動亂其實早有重要的徵兆：從一八九五年到一九〇〇年期間，總共五十九起街頭示威事件之中，有五十六起發生在俄國領土之外，而且絕大多數都在波蘭省分。[357]這些邊境地區的起義事件顯示出了某些特徵，和核心省分發生的事件既有連結，也有相異之處。在邊境地區，由於資本主義的發展不均，階級關係出現了不同的樣貌，而族裔因素又經常在工人和農民反抗地主，工廠雇主和沙皇專制政權的鬥爭之中增添了另一個階層。在核心省分，共同持有和經過重新分配的財產更為常見，因此起義事件大部分都是零星而缺乏組織的。在巴爾幹地區、東歐大草原以及高加索邊境地區，土地掌握在個人手中的現象則較為盛行，市場條件也更為成熟，因此農民起義也更有組織，帶有更多的政治意識。[358]然而如果要將邊境地帶的起義界定為民族解放運動，則又言過其實了。在大多數的案例中，衝突並不會馬上就轉化為民族獨立的訴求。但農民、工人以及其他城鎮團體在大規模行動中的參與，結合了早期在地下積極進行煽動和宣傳，以及後來逐漸浮上檯面的政黨，使得社會上的政治意識不斷高漲，並加速了邊境地區人民建立民族認同的過程。

到了一九〇五年，既有的猶太組織已經準備好要投入政治行動了。運動分子早在一九〇〇年便組成防衛組，負責保護在基希紐夫*和戈梅利屠殺事件中的受害者。在政治危機不斷升高的一九〇四年間，來自各行各業的防衛局成員和社會運動分子，則在俄國猶太人之間組成了推廣啟蒙社，成為俄國解放運動的一部分。他們在法律上發起運動，要求政府實施憲政體制。然而猶太認同和公民平等之間存在著難以化解的矛盾，而這個持久的問題也導致其成員無法組成自己的政黨。防衛組的成員在杜馬選舉之中也加入了其他政黨，但他們全都從原本願意和政府合作轉為抵抗的立場，儘管這些抵抗仍是在合法的框架中進行的。[359]革命結束後，推廣啟蒙社從新一代的猶太年輕人中重新招募了新血。雖然他們的規模依舊不大，但他們仍在公民權和集體權力的法律框架內，積極追求世俗化但依然正統的猶太教育理想。[360]

在一九〇五年革命發生的頭幾個月內，聯盟黨都站在革命舞台的中央。作為唯一的猶太革命政黨，聯盟黨在猶太隔離屯墾區的幾個城市裡發動了罷工運動，在奧德薩和烏茨的巷戰路障中配置了人力，也在美國募得了大量的金援，並成為其他運動的模範（不過這些運動過不了多久也會成為聯盟黨的敵手）。聯盟黨的影響力在頒布《十月詔書》時攀向顛峰，卻以同樣令人歎為觀止的速度崩解。在俄羅斯發生過最暴力的一次屠殺事件之中，曾有數百人遭到殺害，在猶太社群之中造成了極大的震撼，並導致許多人移民美國。與聯盟黨敵對的猶太團體也開始出現，而錫安工人黨便是其中最活躍的一個，同時致力於國際錫安主義，以及國際的階級鬥爭。[361]聯盟黨決定杯葛第一屆杜馬選舉，但事後

*譯按：亦即今日摩爾多瓦的首都基希訥烏。

證明，這個決定在戰略上是個錯誤，因為大多數猶太人都願意行使投票權。當政府的鎮壓措施為所有猶太政黨都帶來嚴重衝擊時，聯盟黨很快便開始居於對手下風。聯盟黨的黨員人數從一九〇六年的三萬三千八百九十人，銳減為一九〇八年的八百人；而錫安工人黨原本於一九〇六年則有兩萬五千名黨員，到了一九〇八年卻只剩下三百名。362

一九〇五年的革命，戲劇性地為我們演示了左派有多麼需要團結，而聯盟黨則在一九〇六年調整了他們帶有民族主義和自治訴求的立場，以便重新進入俄國社會民主工人黨。在那裡，聯盟黨一直在為政黨組織問題擔任調停者這個差強人意的角色，直到俄國社會民主工人黨因為一九一七年的革命和內戰而四分五裂為止。他們沒有太多選擇。聯盟黨在爭取自己對猶太裔群體的影響力時，認為自己的主要敵人來自右派，亦即錫安主義者和畢蘇斯基的波蘭社會主義黨。如果他們只是要在隔離屯墾區和波蘭王國有限的空間中尋求生存的話，那麼他們的策略其實並沒有問題。但到了一九一七年之後，他們發現自己身處在一個由共產黨統治，自稱由無產階級專政的國家，然而共產黨其實從未承認聯盟黨作為猶太工人階級的代表。政黨遭到解散之後，聯盟黨的成員加入了共產黨的猶太支部；一直到一九三〇年解散為止，這個猶太支部都是政府用來宣傳反錫安主義的工具。

在波蘭王國，日俄戰爭則為波蘭社會主義黨這個地下組織，提供了在檯面上運作的機會。他們成了大眾反戰運動的組織者，並在紡織之類的產業之中發起了罷工潮；這些產業當時正因為戰爭帶來的經濟動盪而虧損連連。他們的領導人畢蘇斯基抱持著堅決反戰的立場和失敗主義，甚至前往日本讓自己和黨任憑敵人處置。革命期間，波蘭工人則是社會上武力最為強大的一股勢力；他們在一九〇五年間的積極表現，比起莫斯科和聖彼得堡的俄國工人還要堅定。一直到一九〇六年和一九〇七年，他們仍在持續進行罷工行動和暴力示威，而且比起帝國境內的任何一個地方都還要激烈。[363]文理中學和高中裡的學生對於俄化政策的反應最為激烈，甚至組織了自己的民族主義和社會主義組織，彼此經常互鬥。相較之下，農民暴動則發展得較為緩慢，而且也不像發生在帝國核心省分的事件那樣暴力。然而俄國政府深感失望，因為他們讓東正教徒農民和天主教徒地主陷入對立的策略，並未如預期那樣讓他們效忠沙皇。一如其他地方的情況，人民的需求主要跟經濟有關，但也有愈來愈多人希望重新將波蘭語訂為小學和地方議會中的語言。俄國政府在通行波蘭語的省分就語言問題做出了一些讓步，卻沒有對立陶宛人進行類似的讓步，導致立陶宛人在政治上隨即變得愈來愈激進。剛崛起的政黨則試圖在城鎮和鄉間地區努力跟上工人與農民的激進行動。

儘管《十月詔書》頒布之後城鎮地區的緊張關係有所減緩，但社會主義陣營仍持續在鄉村地區進行滲透，嘗試煽動農民的反政府情緒。民間發起的武裝行動隨處可見，幫派集團也開始冒出；俄國官員發現自己成了暗殺行動的目標，而「鄉間的叛亂集團在取代『波蘭』和『俄國』政權之後，國家的公權力也幾乎蕩然無存。」[364]德莫夫斯基曾於一九〇五年十一月和維德進行協商，試圖讓他答應使波蘭比照芬蘭取得自治權，但駐華沙的總督斯卡龍將軍卻成功說服聖彼得堡的強硬派，使得德莫夫斯基的計畫無法成功。軍法的實施不只粉碎了波蘭取得自治的希望，也讓鄉間地區的暴力活動變得更加激烈。國家的壓迫行為讓之前在宗教和語言問題上的讓步大打折扣。此外，許多波蘭人也積極參與了非法行動，雖然為將來的獨立運動創造了群眾基礎，卻也留下了政治分裂和政黨間暴力事件的問題，為一九一八年從邊境地區變成獨立國家的波蘭投下了一道陰影。

一九〇五年革命結束之後，由斯托雷平領導的俄國政府將政策重點從與波蘭人進行鬥爭，轉變為在波羅的海地區和東歐大草原維持文化霸權。斯托雷平的新政策並不像前一個世紀的政策那樣，多半是為了對波蘭王國進行俄化，而是為了在波蘭和克雷希地區（波蘭東部邊境領土）之間設下一道文化壁壘。此外，位於維爾諾、明斯克以及涅斯維日的波蘭教育組織也被迫關閉。法律明文規定，西部八個省分裡所有的政府內部書信都必須使用俄文，並限制波蘭人在西部地區地方自治會中的人數。[365]斯托雷平最有名，也最具爭議性的行動，是將盧布林和謝德爾采這兩個最靠東南部的省分從波蘭王國分離出來，並將它們重組為新的霍爾姆省（亦即今日波蘭的赫烏姆）。

在東歐大草原地區，農民叛亂則集中在右岸烏克蘭。雖然那些農民的確是烏克蘭人，但在這個案例中，族裔認同對於動員過程並沒有太大幫助。[366]他們進行了許多非法行動（包括罷工、縱火、盜伐以及毀損邊界樁等），同時也要求獲得土地和調高薪資，但烏克蘭人、俄羅斯人、波蘭地主以及猶太裔的莊園管理人，全都是這些非法行動和訴求針對的對象，農民並沒有特別針對哪個族裔。在組織和領導鬥爭的過程中，政黨扮演的角色也非常微弱。歷史文獻並沒有太多關於社會主義革命或社會民主工人黨在鄉村地區活躍的記載。右岸地區最活躍的組織是烏克蘭社會民主聯盟，該組織的成員是說烏克蘭語的工人，隸屬於俄國的社會民主工人黨。烏克蘭社會民主聯盟宣稱有七千名黨員，還會派遣代表下鄉幫助農民表達訴求。農民民族意識相對薄弱，而這也反映出了城鎮地區和鄉村地區的烏克蘭人之間的文化差異。在複雜而令人困惑的第一屆杜馬選舉中，農民選出了沒有明確所屬政黨的代表，而當這些代表抵達聖彼得堡時，他們幾乎是隨意地加入那些他們曾聽過是支持土地重分配，或是他們認為屬於「左派」或「進步陣營」的政黨，儘管這些政黨有些仍在籌組當中。然而在農民向政黨代表所表達的訴求中，並沒有包含民族自治的訴求。[367]

在左岸烏克蘭，族裔的混居則提供了另一個鮮明的例子，讓我們知道由經濟發展所造成的移民和拓墾行為，如何能創造出一個文化碎片區，而且極有可能出現暴力事件。例如在頓巴斯，講烏克蘭語的居民勉強占人口多數，無法安心地和俄羅斯人（占百分之二十八），以及人數較少的希臘人、德意志人、猶太人、韃靼人、白俄羅斯人，以及波蘭人共處。不過以母語為調查基礎的官方人口統計，不太能顯示出該地區使用的方言種類有多少。哥薩克人強烈的自治傳統，在行政上獨立的頓河軍區被保留了下來。這種傳統孕育出了兩種彼此矛盾的勢力：一個是保守的反猶太勢力，另一個則帶有反抗精神。頓巴斯和整個東歐大草原地區一樣，烏克蘭人和俄羅斯人之間，以及斯拉夫人和韃靼人之間都存在著緊張關係。然而族裔對立的主要目標，卻被信奉基督教的烏克蘭人與俄羅斯人導向了猶太人。[368]在頒布《十月詔書》之後，東歐大草原的城鎮地區隨處可見屠殺事件。工人們在工業化程度較高的尤佐夫卡大開殺戒，而擁有多元文化的港口城市奧德薩也受創頗深。[369]

在波羅的海地區，一九〇五年的革命則是由城鎮工人開啟的，接著才散播到鄉村的農業勞工之中。俄羅斯帝國境內城鎮化比例最高的民族便是拉脫維亞人，有百分之四十的人口住在城鎮。雖然里加地區的主要人口是拉脫維亞人和愛沙尼亞人，但城市裡仍然是多元文化匯聚的萬花筒：一八九七年，德意志人占里加市總人口的百分之四十七，俄羅斯人占百分之二十五，拉脫維亞人占百分之二十三，猶太人占百分之四，愛沙尼亞人則占百分之一，而拉脫維亞人仍不斷從鄉村湧入城市。[370]工人都高度集中於里加的大型工廠裡，比如普羅沃德尼克橡膠廠，以及俄國在波羅的海的造船廠。一八九〇年代，馬克思主義在拉脫維亞的知識分子圈中愈來愈受歡迎。時序進入二十世紀之際，他們開始要求自治，並希望成為拉脫維亞工人的政治經濟計畫的唯一代表。這份計畫和聯盟黨提出的非常接近，因此雙方陣營找到了可以合作的共同基礎。[371]有鑑於大部分工人都集中於和國際資本主義有所連結的大型企業，而社會民主工人黨的煽動也愈來愈激烈，因此毫無意外地，庫爾蘭和利夫蘭南部地區的拉脫維亞工人擁有全俄羅斯帝國最高的人均罷工次數。在鄉村地區，拉脫維亞農民的好鬥精神，也是大量德意志地主在族裔問題上和經濟問題上遭到抗爭的原因之一。[372]當沙皇政府於十二月決定採取措施來平息混亂局面時，沙皇派遣了一支軍隊前往「與帝國鎮壓革命的最大軍事行動相距非常遙遠」的波羅的海省分，對派叛亂分子進行嚴懲。[373]

一九〇五年，北高加索地區和南高加索地區看起來就像是兩個不同的世界。在北高加索地區，由部族成員和哥薩克人組成的自足社群相對鎮定許多。不論是地方部族或哥薩克人，都在管理日常生活的習俗和法規上擁有一定程度的自治權。由於哥薩克人對產量極高的鹽、礦和石油資源擁有可以「永久」開採的特權，他們在經濟上也頗為富足。該地區的動亂，起源於呼應中央省分大罷工的城鎮和鐵路工人，以及軍隊和農民（尤其是庫班地區）一直以來對經濟狀況的不滿情緒。穆斯林山民則通常會和哥薩克人一起，參與對俄羅斯農民和工人的軍事行動。[374]

在南高加索地區，情況則更加複雜。罷工、暗殺，以及武裝暴動對帝國政權都造成了打擊，而族裔衝突和階級鬥爭也相繼爆發，展現出文化碎片區在經濟快速轉變之下會出現的問題。南高加索地區是帝國境內最早出現革命運動的地區。一九〇一年至一九〇二年間的經濟蕭條引發了大規模的罷工活動，並在一場癱瘓了巴庫、巴統和提比里斯的大罷工之中達到高潮。政府曾於一九〇三年魯莽地沒收了亞美尼亞教會的財產，導致亞美尼亞人自發地發起了民族抵抗，讓革命派的政黨措手不及；此外，猶太人對一九〇一年屠殺事件的反應，也啟發亞美尼亞人創立了亞美尼亞自衛委員會。[375]在喬治亞，兩股革命勢力起初沿著不同路徑發展，後來匯聚到了一起，不久後卻又再次分開。以農業為主的古利亞地區，直到一八七八年都是直接毗鄰鄂圖曼帝國的邊境省分；一九〇五年的革命發生之後，當地便宣布獨立為一個農民的共和國。美國政治學者史蒂芬．瓊斯對古利亞地區的深入研究顯示出，這種不正常的結果是由幾個複雜的因素所造成的，比如：農民分配到的土地雖然狹小但尚能自給自足，卻又不斷受到財政不穩的威脅；對鄂圖曼帝國，以及後來對俄國政權的武裝抵抗傳統；高識字率；單一的族裔組成；以及一個躋身喬治亞社會民主核心的地方知識分子群體。[376]在提比里斯多元的人口結構之中，喬治亞人只占了少數。這座城市當時仍處於資本主義浪潮初期的陣痛期，民族情感和階級情緒經常混在一起，搖擺不定。[377]這種文化多元的特質，也反映了南高加索地區其他主要城市的狀況，尤其是巴庫、巴統和葉里溫。

內部移民和拓墾行動，也讓城市有如一個族裔的萬花筒，然而鄉間卻依然相對同質。比方說，提比里斯在時序進入二十世紀之交的族裔／語言組成狀況如下：亞美尼亞人占百分之三十八．一，喬治亞人百分之二十六．三，俄羅斯人百分之二十四．八，波蘭人百分之三．四，而波斯人則是百分之三・二。在亞塞拜然共和國未來的首都巴庫，人口組成比例則是：突厥韃靼人百分之三十六・八，俄羅斯人百分之三十四・八，亞美尼亞人百分之十七，波斯人百分之三，而喬治亞人則是百分之一・八。葉里溫的人口則呈現出兩極化的分布：百分之四十八的人是亞美尼亞人，百分之四十九是突厥韃靼人，而俄羅斯人只占百分之二。[378]雖然南高加索地區的族裔混居狀況由來已久，但不同族裔數十年來彼此都和平共處，但十九世紀末愚蠢而混亂的俄化政策卻驟然加劇了各族裔間的緊張關係。由此，一九〇五年爆發的革命更像是族裔間的流血衝突。

南高加索城市中族裔間的對立情形，主要存在於俄羅斯和喬治亞裔的工人之間，以及亞美尼亞裔和韃靼穆斯林（亞塞拜然裔）的工人之間。一九〇五年一月的大規模罷工期間，喬治亞工人在提比里斯、巴統以及其他小城鎮裡，對俄羅斯工人進行了威嚇與攻擊；這些俄羅斯人，被他們視為帝國統治的代表。在提比里斯、巴庫和葉里溫，亞塞拜然和亞美尼亞工人之間的衝突，則是讓社會主義運動出現了分裂。[379]到了二月，在城鎮地區以及穆斯林和亞美尼亞人混居的鄉村地區裡，韃靼人與亞美尼亞人幾乎爆發了戰爭。穆斯林發起了針對亞美尼亞人的屠殺行動，進而引起戰爭；組織和裝備較完善的亞美尼亞革命聯盟接著開始反擊，對穆斯林造成了重大傷亡。在新興的亞塞拜然知識分子的煽動之下，幾個穆斯林團體以「迪法伊」（Difai，亞塞拜然語的「防衛」之意）為名組織了自己的防衛隊，沙俄的官員和亞美尼亞的士兵都是他們的攻擊對象。達什科夫總督被迫對喬治亞的孟什維克分子發放五百支步槍，以避免亞美尼亞人和穆斯林相互殘殺。[380]高加索地區的三次大規模民族革命運動都有一個共同的敵人，亦即沙俄的專制政權。此外，他們也都希望獲得某種形式的地方自治權，並保障自身的公民權和宗教權。然而他們在族裔、宗教和階級上的差異，卻受到了革命煽動者和激進知識分子的利用，導致這些民族難以團結合作。

高加索的社會民主陣營中，還有兩股強大的勢力向南越過了複雜的邊界，為伊朗北部的國內抵抗勢力提供了不少人力；這兩股勢力分別是和正義社會團這個組織有關的穆斯林聖戰者，以及亞美尼亞革命聯盟。他們的人員移動和思想傳播，一般朝兩個方向進行。季節性的伊朗勞工會向北越過伊朗邊界，主要是為了在巴庫油田尋找工作機會；大多數人後來都會返鄉，但也有五分之一左右的人會留在巴庫。此外，在俄國大學求學的伊朗知識分子，則是沿著相反方向回到伊朗，不過他們在人數上比北遷的勞工少了許多。亞美尼亞人在他們當中組成了一個規模不大但非常活躍的團體。這兩個團體都帶回了激進的思想，而且通常也都經歷過勞工運動的洗禮，比如軍事宣傳和罷工運動。[381]

從一九〇五年俄國革命前夕開始，到第一次世界大戰爆發為止，南高加索地區的移民便一直身處在各種革命運動之中，比如：喬治亞和俄國的社會民主主義運動，他們有些屬於孟什維克，有些則屬於布爾什維克；由和俄國社會民主工人黨有接觸的亞塞拜然知識分子成立，主張激進民主思想的穆斯林希望黨；亞美尼亞人的警鐘黨；以及亞美尼亞革命聯盟。這場政治動亂的中心是靠石油產業而蓬勃發展的巴庫；一九〇七年，當時還很年輕的史達林就是在這裡的俄羅斯和穆斯林工人當中找到了聽眾。他和其他高加索地區的布爾什維克一起與穆斯林希望黨建立了工人聯盟，藉此對抗孟什維克分子。[382]史達林在巴庫的經驗，以及他與穆斯林工人的接觸，都讓他留下了深刻的印象，而且讓他對於伊朗和其他中東地區是否可能進行革命運動這個問題，形塑出自己的態度。[383]此外，納里曼諾夫這位高加索地區的布爾什維克身為亞塞拜然裔的革命分子，也在巴庫和提比里斯為伊朗主要的社會民主黨派（正義社會團）奠定了基礎。在巴庫，該黨派吸收的主要是油田工人，而在伊朗，黨員的來源則非常多元。這些運動在伊朗的憲政危機之中表現得最為激進。

至於外裏海地區，在塔什干進行罷工的鐵路工人，則是於一九〇五年十一月帶頭發起了革命運動，然而《十月詔書》很快就讓反政府的勢力內部出現分裂。政府內部的自由主義知識分子原本將地方上的原生居民視為需要俄國人啟蒙的「黑暗」穆斯林大眾，但他們現在也開始對於過度激進的行動以及這些原生居民漸漲的敵意感到無比憂心。[384]宗教寬容的法律讓突厥斯坦的穆斯林開始希望建立一個獨立的宗教管理單位，同時擴大穆斯林法學專家（穆夫提）的權利。政府延續了考夫曼的政策，對那些在政治上可能占有一席之地的人依然抱有戒心，因此回絕了他們的訴求。他們擔心，如果突厥斯坦出現一個受烏法的穆夫提保護而且內部統一的宗教機構，便會為突厥斯坦、窩瓦河流域，以及克里米亞地區的穆斯林提供有組織的連結，助長泛伊斯蘭主義。出於類似的原因，俄國政府也在行政上對穆斯林用來提供法律訓練的宗教學校和經學院持續進行管控，甚至增加了管控的措施，比如要求穆斯林以俄語作為教學用語。一九一一年，斯托雷平發布了一道名為《關於打擊穆斯林居民中的泛伊斯蘭和泛突厥勢力》的法令。與此同時，政府也支持一項新的政策，使得任何「被認為超過」地方居民所需的土地，都可以開放讓移民遷入定居。戰爭期間，由於俄國擔心鄂圖曼帝國會入侵突厥斯坦地區，因而在該地區實施軍法，但事後證明他們完全是多慮了。儘管他們非常專注於對付泛伊斯蘭主義的威脅，但政府官員仍然無法理解突厥斯坦宗教生活的本質，因而在統治該地區的時候，未能將宗教本質也考慮進去。鼓勵移民拓墾的政策持續侵蝕著游牧民族的牧地。這些混合了宗教因素和經濟因素的不滿情緒，後來在第一次世界大戰期間為俄國帶來了災難性的後果。

一九一六年戰況正酣之際，俄國政府在人力短缺的壓力之下，首次於突厥斯坦實施了徵兵制度。雖然徵得的兵員只被用在後方地區的補給單位，但徵兵措施仍然引起了大規模的抗爭。這場抗爭由吉爾吉斯的游牧民族發起。有傳言指出，徵兵措施實際上是為了替俄軍在前線提供砲灰，以便讓俄國殖民者從他們手中奪走牧地，而這種傳言也很快就在他們之間流傳開來。同樣被列入徵兵名單中的「毛拉」，很快就加入了這場起義。驚恐的俄國官員後來鎮壓了這場起義，但也失去了大量游牧民族的畜群以及俄國人的財產。曾參與過突厥斯坦征服行動的總督庫羅帕特金也承認，這三十年來，俄國並沒有妥善經營和當地民族的關係。但就算是他也低估了起義行動中含有的宗教成分，甚至建議以行政手段解決問題。他的反應和一八九二年時一樣，再次要求為突厥斯坦成立一個統一的軍事和民政治理機構，然而這種法律上的補救措施依舊為時已晚。新法規實施的日子，幾乎正好就是二月革命爆發的一年之前。[385]

八、杜馬議會與憲政危機

一九〇六年和一九〇七年間，在革命動盪之中舉行的選舉，為政府帶來了兩個嚴重的後果。[386]第一屆杜馬中的大多數代表，都支持大規模重新分配土地的計畫，藉此依循合法途徑推進革命的目標。在統治菁英的眼中，這些非俄裔的邊陲地區在民族和地區自治的平台上所選出的代表，其實同樣是個不祥的預兆，尤其烏克蘭的代表還十分關心土地和自由權的問題。組織最完善的派系是波蘭的科沃黨，他們領軍要求政府賦予地方自治和宗教平等的權利。許多由杜馬向內政部提交的請願書，內容都是在抱怨地方政府於革命期間煽動族裔衝突。俄國政府迅速地解散了杜馬，並下令重新進行選舉。雖然非俄裔代表的人數因為政府施壓而有所減少，但事實證明，第二屆杜馬和第一屆一樣難纏。但各民族間也逐漸針對地方自治問題出現分歧，而來自西部邊境地區的非俄裔與俄裔代表之間，紛爭也從沒少過。新上任的總理斯托雷平希望對他們進行讓步，然而沙皇並不願意。

由於俄國政府對頭兩屆杜馬出現的極端走向太過震驚，於是在所謂的一九〇七年七月政變中實施新的選舉法，減少了農民和邊境民族的代表名額。根據新的選舉法，以下幾個地區或民族的公民權完全遭到了剝奪：草原和突厥斯坦地區、圖爾蓋地區、烏拉山地區、西伯利亞的亞庫次克地區、阿斯特拉罕和斯達夫波爾的游牧民族（諾蓋人與卡爾梅克人），以及西伯利亞的哥薩克人。波蘭、亞美尼亞和韃靼代表的名額也減少了許多，比如波蘭代表的名額就從原本的四十六人減少為十一人。選舉法也明定，來自非俄裔地區的代表，必須有一定比例由俄裔代表擔當。[387]

這個做法帶來的結果頗為諷刺。在頭兩屆杜馬之中，由德莫夫斯基領導的波蘭科沃黨，主要都由主張與俄國合作的代表組成，他們抱持著先讓波蘭在經濟和教育上獲得進步，再來討論民族獨立的態度。這些波蘭人將他們在杜馬中的位置定位為中間而非左派。穆斯林的代表則根本就還算不上是一個團結的群體；他們在民族意識的發展上，明顯落後於波蘭人、亞美尼亞人和其他邊境地區的民族。在政治上最為活躍的穆斯林團體，依然是受到韃靼政治家加斯普林斯基影響的產物。這些穆斯林的最高目標是散播啟蒙思想與溫和的改革計畫，因此在杜馬中也被視為中間派；只有高加索地區的代表（尤其是喬治亞社會民主黨員）較為激進。儘管如此，政府依然對這些族裔代表頗為疑懼。

斯托雷平溫和地重新提議廢除歧視性的法律，卻遭到第三屆杜馬中右翼民族主義團體的阻撓，而皇室也依然抱持反對的態度。此時開始出現一些不祥的預兆，比如族裔身分（而非宗教或語言）逐漸成為判定人民素質，以及人民是否可靠的主要依據；這種現象在軍隊中尤其顯著。[388]到了一九一四年，不斷增長的敵意將會變得隨處可見，導致俄國人愈來愈懷疑軍中的芬蘭人和波蘭人是否忠誠，並為居住在俄國西部可能遭入侵的邊境上的德裔和猶太裔人口帶來可怕的後果。

儘管俄國邊境地區的人民要求政府承認邊境民族文化的特殊性，並賦予他們自治權，但他們和哈布斯堡王朝的邊境民族一樣，並沒有鼓吹民族獨立。俄國政府原本可以以成立聯邦的方式做出讓步，藉此平息邊境民族的情緒，但他們似乎錯失了最後一次這樣做的機會；不過依照邊境地區族裔混居的狀況來看，也沒人能夠保證這麼做就能獲得和平。相反地，俄國政府發現有史以來首次受到政治動員的民族主義右翼團體壓力，而自己又需要這些新的政治勢力才能在杜馬中通過改革方案。核心的政治問題是，一九〇五年發生在邊境地區激烈的革命運動，在統治菁英，以及立場保守的人民之中引起了恐懼和敵意，這些保守派往往都把票投給了極右翼政黨，讓他們得以掌控第三屆和第四屆的杜馬。

任何自治訴求都會引起統治菁英的憤怒。芬蘭瑟姆不斷主張，芬蘭大公國在帝國之內享有特別的法律地位，但斯托雷平對此深惡痛絕。雪上加霜的是，位於沙俄警察管轄範圍之外的領土，已經開始成為危險分子和革命分子的藏身處。沙皇勒令第二屆杜馬休會，頒布新的選舉法之後，一群杜馬代表聚集在維堡發布宣言，呼籲俄國人民進行被動式的抵抗，讓俄國政府大為震怒。[389]為了報復，俄國政府決定重拾行政上的俄化政策。一九一〇年六月，俄國政府實施新的法律，進一步限制了芬蘭的自治權。芬蘭瑟姆議會拒絕承認這則新法條，而且直到第一次世界大戰爆發之前，他們和俄國政府的關係都並不融洽。雖然芬蘭的報章媒體和公共機構在戰爭爆發初期都站在沙皇這邊，但尼古拉二世卻在一九一四年九月批准了一項恢復舊制度的計畫，使得俄國政府再次失去了芬蘭的民心。這個計畫不但削弱了芬蘭官員的權力，禁止他們加入政黨，同時也減少芬蘭語使用者在地方政府中任職的名額，並讓芬蘭改採俄國的關稅制度和銀行法規。這些計畫一公布後，芬蘭輿論便馬上倒向了德國。有些瑞典人也被激怒了；他們為了「解救住在邊界對面的同胞」，不斷鼓吹與俄國進行戰爭。[390]然而，絕大多數的芬蘭人並不想要脫離俄國。雖然俄國軍隊主張進行更嚴格的控管，但總督扎因領導的民政機關卻反對這個做法。他曾經強烈反對芬蘭自治，後來態度卻一百八十度大轉變，成為芬蘭利益的捍衛者。[391]此外，還有一小群芬蘭青年前往德國受訓，加入輕步兵隊成為志願軍，後來卻又決定變節，儼然是一個非常不祥的預兆。他們在布爾什維克革命爆發之後回到芬蘭，並在芬蘭內戰之中扮演關鍵的角色，幫助白軍取得勝利。

一九〇五年，俄國沙皇發布了新的詔令，宣布不再限制東正教徒改信其他基督宗教，導致波蘭人和俄羅斯人再次為了爭奪對烏克蘭農民的文化控制權而爆發衝突。儘管霍爾姆地區的前東儀天主教徒已經在一八七五年「自願和東正教會合併」，然而詔令一出，立即就有大約十萬到十五萬人選擇回到天主教會的懷抱之中。沙俄的官員譴責這是波蘭人煽動所造成的結果。然而由於《十月詔書》保障了宗教寬容的政策，因此地方上的東正教會無法對那些他們視為叛教的行為進行指責。大規模的變節行為也讓俄國政府開始擔心俄羅斯人無法在第一屆杜馬的選舉之中取得足夠席次。他們面臨的困境顯而易見。俄國政府如果允許「波蘭人」（也就是天主教徒）掌控整個省分，那麼就不能違反改革精神，也不能為俄裔的少數群體（也就是東正教徒）特別提供保護。

在波蘭建立一個獨立省分的想法，於一九〇六年之後再次由盧布林東正教會的主教耶夫洛基提上檯面。他用帶有十字軍色彩的熱忱成功說服了斯托雷平，並在第三屆杜馬中取得了右翼民族主義政黨的強力支持，最後在一九一二年立法實現。[392]波蘭人對此非常憤怒。然而國務委員會中的俄羅斯極右派也高興不起來。根據國務委員會一名發言人的說法，這條法律「強化了一個錯誤觀念，亦即存在某種真正的波蘭王國……這個法條草案，並不是要讓傲慢的波蘭土地貴族、耶穌會和教士們知道他們其實沒有自己想像的那麼重要……而是要限制他們的遷徙。」[393]

這個事件再次顯露出烏克蘭人相對低落的民族意識，然而他們的宗教意識倒是相當高昂。這有部分是因為政府禁止他們使用烏克蘭語的歧視性政策所造成的。就算是講烏克蘭語、人數不多的知識菁英，也都願意接受多重的族裔認同，比如烏克蘭裔俄羅斯人，或是烏克蘭裔波蘭人。一九〇五年以前，只有少數幾個文化運動和政治運動團體在推動民族主義的訴求。然而他們在一九〇五年的革命之中並未扮演重要角色，而且直到一九一七年之前，在政治領域中也完全沒有活動。[394]

九、帝國主義行動再起

在革命結束後的年代裡，俄國於持續進行的邊境地帶角力中採取了更為積極，更具有擴張主義精神的政策。在巴爾幹西部地區和多瑙河邊境地區，俄國的外交官都在努力破壞哈布斯堡王朝和鄂圖曼帝國的影響力。第一次世界大戰爆發前夕，俄國在巴爾幹地區幾乎達到了目標，直到戰敗和革命運動震撼了整個帝國之後情況才有所改變。從南高加索到內亞地區，俄國都在透過各種機制進行經濟滲透，比如設立俄亞銀行、修建鐵路的政策，以及一九〇七年與一九一二年分別與英國和日本對伊朗和滿洲進行瓜分勢力範圍的協議，目的則是恢復失去的領土，並持續擴張俄國的政權。

沙俄官員對於內部的穩定愈來愈擔憂，和他們對邊境地區安危的擔憂不相上下。斯托雷平表明，他的對外政策和剛上任的外交部長伊茲沃爾斯基一致。他主張，俄國的對外關係必須經歷一段和平時期，和緩國際間的緊張關係，好讓他有喘息的空間，可以投入所有心力和資源處理國內事務，比如安定國內情勢以及實行農業改革。[395]

伊茲沃爾斯基知道他的任務是重建俄國在國際間的聲望，和法國維持同盟關係卻又不能與德國敵對，並消除俄國和主要敵人可能在外部邊境地區發生衝突的因素。[396]俄國的敵人對於革命可能傳染的危險性普遍感到恐懼，而歐洲人在日俄戰爭中被一個亞洲政權打敗的事實，也在整個邊境地帶都掀起了反殖民的浪潮；然而上述這些現象，卻也為伊茲沃爾斯基在進行協商時帶來不少幫助。

一九〇七年，日俄雙方簽訂了《日俄協約》，從而恢復了和平友好的正常關係，然而這份協約也掩蓋了真正的帝國主義目標。在協約中的祕密條款裡，滿洲被劃分為日本和俄國的勢力範圍，雙方皆不得取得鐵路或電報的經營利權。東北省分有三分之二被劃為日本的勢力範圍，其餘的三分之一則劃歸俄國。東清鐵路的南部支線被分配給了日本、並改為窄軌鐵路，而這也意味著滿洲北部和遼東半島之間的連結將會中斷，而俄國商品向南運輸的成本也會增加。為了彌補損失，俄國政府為東清鐵路和烏蘇里鐵路公司創立了一個單一的管理機構，藉此強化滿洲北部和海參崴之間的連結，讓海參崴成為滿洲原物料運往歐洲的主要出口港。俄國在自己的勢力範圍內，則從中國政府那裡取得了許多特許，包括煤礦和通訊事業。一九一〇年，一份就滿洲問題而新簽訂的《日俄協約》（亦即《伊茲沃爾斯基－本野協約》）除了重新確認前幾份協定，並對現況進行承認。「透過將滿洲北部變成……一個可靠的緩衝」，俄國外交部長想要獲得更多好處，而軍隊卻想直接兼併該地區。日本政府起初反對這個想法，但一九一一年辛亥革命之後，日本政府和俄國軍隊設計了一套共同占領的祕密計畫，一旦中國進入無政府狀態之後便能實施。[397]

俄國人也利用辛亥革命的機會，要求在滿洲西部主要由蒙古人居住的巴爾虎地區取得更多特許。該地區富含金礦，而在東清鐵路沿線定居，並居住在滿洲里和海拉爾這些邊境貿易城市中的俄羅斯人，早就對這個地區進行了開墾。沙皇政府支持巴爾虎蒙古人發動起義，從中國獨立出來。作為調停者介入其中的外交部長薩宗諾夫，則堅持要中國承認俄國在該地區的經濟利益，並維持蒙古人的自治地位。一九一五年，北京政府終於對俄國提出的所有要求做出讓步，讓巴爾虎地區幾乎成了中俄兩國的共同領地。[398]接著，日本與俄國又和在華外國銀行合作，聯手阻擋美國在滿洲地區進行投資，進一步在經濟上加強掌控這個中國最具生產力的邊境地區。[399]

透過一九〇七年的協約，俄國也聲明不會對日本和朝鮮的「政治團結關係」進行干涉，而日本則承認俄國在外蒙古的特殊利益，並聲明不會對這些利益進行干涉。在一系列的後續協約中，日本在貿易問題以及俄羅斯遠東地區的漁權等方面取得了重要的經濟特許。[400] 一九一一年的辛亥革命結束後，俄國和日本於一九一二年又簽署了另一份協約，將他們的「特別利益」範圍的界線定在內蒙古，「以穿過北京的經線為界，雙方各占東西兩側」。[401] 在新疆，俄國則可以單方面地自由進行活動。就像在滿洲那樣，俄軍也正準備重新占領伊犁地區和伊犁的首府伊寧。雖然曾被阻止，但一支由哥薩克人組成的特遣隊仍在一九一二年占領了伊寧，而俄國政府也沒有再進一步提出抗議。[402]

在準備和英國協商時，伊茲沃爾斯基在他提交給沙皇的報告中提到，若要解決俄國在整個陸地邊境上遇到的問題，關鍵在於：

> 接下來，我們將會迫切需要打造出一系列協約，來保證俄國在遠東地區和歐洲之間的漫長邊境中的安全。考量到俄國所處的艱困處境，其中最重要的無疑是與英格蘭（原文如此）的協議；這份協議在結合其他協議之後，將讓我們可以在一定的時間之內消除威脅俄國的危機，並讓俄國和平地完全恢復實力。[403]

和英國就外裏海地區達成的協議，卻在俄國統治菁英內部造成了嚴重的分裂。在戰敗之後認清現實的沙皇政府，終於接受了英國的寇松侯爵於一八九〇年代的提議，亦即將伊朗瓜分為幾個勢力範圍。然而針對勢力範圍的邊界，各方仍爭論不休。財政部長科科夫佐夫提議，應該根據俄國真正的經濟利益決定這條界線。伊茲沃爾斯基對他的想法表達支持，但拒絕承認英國在波斯灣的特殊利益，以避免讓德國有理由將柏林至巴格達的鐵路，一路延伸到波斯灣的港口巴士拉。參謀長和戰爭部長則有戰略上的考量，希望將俄國的勢力範圍一路推向阿富汗的邊界。關於伊朗勢力範圍邊界的討論，很快就捲入了關於英俄雙方在邊境地帶上的整體關係的討論，牽涉到的邊境地區還包括西藏、阿富汗和鄂圖曼的兩個海峽。

時序進入二十世紀之際，英國開始試圖進入西藏這個邊境地區，並取代中國長久以來在該地區的影響力；親俄的西藏人於是向聖彼得堡尋求援助，制衡英國的這些外交行動。當英國人聽說維德、蘭布斯朵爾夫以及庫羅帕特金正在討論於西藏邊境設立領事館的可能性時，寇松侯爵激起了輿論的反彈，指控俄國正在試圖取代中國，將西藏變成自己的附庸國。俄國人宣稱，他們只是為了保護俄國境內喇嘛教徒的權利，以及科學考察團的人身安全；對於這種說法，英國人並不採信。[404] 一九〇三年印度軍入侵西藏，並且一直占領到一九〇六年為止。

對於英國將阿富汗當作戰略跳板的行為，以及英國對阿富汗的掌控，俄國參謀依然非常不安。俄國政府曾於一八七三年宣布，阿富汗完全不屬於俄國的勢力範圍。然而時代已經不同。二十世紀初英國人正為波耳戰爭忙得不可開交，讓俄國政府有機會和阿富汗政府以政治以外的方式直接建立關係。印度政府一直都對俄國的威脅非常擔憂，也害怕俄國政府在阿富汗的請求，將會讓英國不再是影響阿富汗埃米爾對外政策的唯一來源。為了解決英國方面的擔憂，俄國同意進行協商。但就像關於西藏的談判一樣，這些協商一直要等到日俄戰爭結束後才會開始進行。[405]

一九〇七年八月，也就是《日俄協約》簽署一個月後，英國和俄國針對伊朗、阿富汗和西藏等問題達成了協議。伊朗的北部被劃為俄國勢力範圍，而南部是英國勢力範圍，中間則以中立區隔開。諷刺的是，他們後來發現大部分的油田其實都位於中立區。英俄雙方都保證會向「俄國貼現貸款銀行」和「大英帝國銀行」還款。英國也保證不會改變阿富汗的政治現狀，而且只會使用和平手段來行使影響力，不會在伊朗鼓勵任何反俄活動；俄國則是再次承認阿富汗並不在他們的勢力範圍之內。俄國同時也承諾，如果他們要和阿富汗的埃米爾建立政治關係，必定會透過英國的中介。不過俄國和阿富汗的邊境政府仍有權力處理無關政治的地方問題，等同承認了人流管控在鬆散的邊界上的確是個問題。至於西藏，英俄雙方都承認中國擁有該地區的主權，但英國的商業代表仍可以直接和拉薩政府進行聯繫，從而使英國在西藏的特殊利益獲得承認。條款中也明定，英軍最後必須撤離他們從一九〇四年便開始占領的春丕地區。然而德黑蘭和北京政府直到協議簽署的那天，才得知協定的內容[406]，而阿富汗的埃米爾則拒絕接受這份協議。

一九〇七年的英俄協議也證實，伊朗的命運和一百多年前的波蘭立陶宛聯邦如出一轍。他們原本都是邊境地帶角力之中的參賽者，卻因為不斷衰退，最終反倒成了其他帝國之間的邊境地帶。英俄雙方的內部，也都有官員強烈反對協議的結果。和持反對意見的聲音相比，支持協議結果的人其實並不多；而那些持反對立場的人（比如寇松侯爵和維德）則認為他們的國家為了達成協議做了太多犧牲。但雙方的外交部長（格雷和伊茲沃爾斯基）都願意放下幾十年來的敵意，以阻擋德國可能帶來的威脅，比如德國在商業上愈來愈強大的滲透，而伊朗的確也在鼓勵德國商人擴張勢力，藉此對英國和俄國的占領進行反制。[407]這些協商行動通常被描繪成大賽局的最後一個回合。但此時要論輸贏仍言之過早。

俄國和英國的外交官相信，英俄兩國能夠處理伊朗的國內政治，並試圖調和國王與自由派國會議員之間的關係。然而亞塞拜然爆發的革命，加上地方部族發動的叛變，卻讓他們的希望落空了。俄國和英國也增強了各自在伊朗邊界上的軍力。國王的支持者阻擋了大不里士的高加索革命運動，並讓外國人社區的居民陷入危險之中。英國於是邀請俄國介入這起事件，準備暫時占領伊朗。俄國起初有些遲疑，一些部長和高加索地區的總督擔心會被捲入與民間的長期衝突之中。當俄國派出部隊占領大不里士和馬什哈德時，英國人也正從南部的海岸登陸，雙方都在自己的勢力範圍內對叛亂活動進行了鎮壓。英國人後來開始撤軍，而俄國人則是為撤退設下了時間表，然而德黑蘭發生的事情卻改變了他們的想法。面對英俄介入的國王為了鎮壓政變，於是對國會發起了攻擊行動，並出動由俄國軍官指揮且效忠於國王的哥薩克部隊，逼迫國會解散。一如我們將會在關於伊朗的章節中所討論的，伊朗國內的秩序接著快速惡化。鄂圖曼帝國趁機占領了他們與伊朗接壤的邊境地區，而俄國人則是增加了兵力部署，最後占領了整個俄國的勢力範圍，讓英國人如坐針氈。

俄國的占領行動讓伊朗的內部情勢穩定了下來，同時也鞏固了邊境地區，卻沒有帶來任何其他優勢。高加索地區的總督柯爾薩科夫，以及財政部長科科夫佐夫都抱怨，占領行動的代價過高，也耗盡了軍隊的力量，於是要求一定形式的的補償。然而他們最多只獲得了從邊界通往大不里士的鐵路特許權。由於俄國貼現貸款銀行的營運開始出現問題，俄國對這條鐵路的控制非常短暫，因而在經濟上的影響力逐漸被英國超越。新的外交部長薩宗諾夫希望重新對一九〇七年的協議進行協商，然而時機卻不太恰當。英國艦隊的動力來源當時正從燃煤改為燃油，而伊朗的石油也剛成為英國艦隊的重要油源沒多久。新任的海軍大臣邱吉爾堅決要取得石油開採權，讓英國在波斯灣變得更加積極主動。從私營的特許經營人那裡買下大英波斯石油公司之後，英國政府開始嘗試將開採權適用的範圍延伸到中立區，甚至是俄國勢力範圍的部分地區。於是這時輪到俄國要緊張了。由此，英俄雙方在伊朗進行的對抗，更多是聚焦在石油開採權之上，而不再只關注邊境的安全問題。儘管德國在商業上的滲透愈來愈強勢，英俄雙方仍舊無法就跨伊朗鐵路計畫達成共識；俄國希望這條鐵路將高加索地區和印度連結起來，而英國則堅持這條鐵路的終點應該通往波斯灣。開戰前夕，英俄兩國之間再起紛爭，起因則是一九〇七年的協議在伊朗、阿富汗和西藏的執行狀況。[408]很顯然地，大賽局仍未落幕。

事實證明，俄國對土耳其海峽*的野心是個非常複雜的問題，導致俄國與哈布斯堡王朝在東南歐邊境地區的關係變得更加緊張。伊茲沃爾斯基「偉大國策」的核心目標，是讓各強權同意只有俄國戰艦有權通過土耳其海峽。雖然這一直都是俄國對外政策的目標，但日俄戰爭讓這個目標的重要性更加凸顯了出來，因為當時正是因為俄國的戰艦無法通過海峽，所以他們的黑海艦隊才無法加入遠東地區的俄軍，也因此當遠東地區和波羅的海的俄國艦隊都被日軍殲滅後，俄國便無法派出其他艦隊出現在公海上。當俄國和英國就雙方在中亞的勢力範圍進行討論時，伊茲沃爾斯基也不斷對英國人進行試探。俄國外交官的主要目標，是雙方在談判某種「協議」時，不論英國人可能會提出什麼異見或條件，都要避免他們明確地拒絕俄國的提議。由於他們的這種期待，或者說，由於他們不抱任何期待，他們和格雷談判的結果可以用各種方式解讀，但不論如何解讀，對他們來說似乎都並非好事。在英國看來，讓俄國獨占海峽通行權似乎並不實際。為了讓英國輿論接受俄國獨占海峽通行權的可能性，英國內閣也希望俄國在當時的中亞談判中做出相應的讓步，並在相關問題上對海峽制度的任何更動進行補償，例如放棄在埃及的特殊法權。關於海峽制度的討論，只有在其他強權（包括鄂圖曼帝國）也參與討論時才能繼續進行，而且俄國必須主動提出這個問題。[409]

伊茲沃爾斯基在為自己的絕頂妙計做準備時，也顯露出了海峽制度與巴爾幹局勢之間的連結。他在成功與日本和英國達成協議之後，開始於歐洲各國首都巡迴宣傳自己的提議。他預期作為盟友的法國會鼎力支持，而英國人雖然有所保留，但也仍會贊同他的提議。但他也體認到，主要的困難將會來自維也納和柏林。讓俄羅斯戰艦獨占海峽的通過權，不只會徹底改變奧地利人苦心經營的巴爾幹戰略和經濟形勢，影響所及也包括被德國利益滲透的地中海地區和整個鄂圖曼帝國，尤其是在柏林到巴格達的鐵路開工之後。伊茲沃爾斯基嚴重低估了他的計畫將會遇到的反對力道。很難想像他們可以提出一個讓所有強權在這個議題上都能滿足的補償方案，甚至包括正在萌芽的《英法協約》或奧德聯盟。此外，他的計畫還忽略了一個重要的元素，亦即該地區新成立的國家中的人民；這些人民與伊朗、阿富汗和中國無依無靠的臣民不同，他們因為民族意識高漲而士氣高昂。一九〇八年，俄羅斯即將學到

＊土耳其海峽（Turkish Straits），又稱黑海海峽，由博斯普魯斯海峽、馬爾馬拉海、達達尼爾海峽三部分組成。連接黑海與愛琴海／地中海。

一個此後仍會不斷重複的教訓：由於歐洲東南部的邊境地區有太多利益衝突糾纏在一起，讓俄國人難以透過外交手段或武力占據主導地位。

一九〇八年以後，巴爾幹邊境地帶的角力開始變得愈來愈複雜。規模較小的政權開始更加積極地將鄂圖曼帝國趕出該地區，但為了分配勝利的果實，紛爭也隨之湧現。隨著青年土耳其黨的出現，鄂圖曼帝國似乎再次出現了週期性的復興現象。哈布斯堡王朝變得更為好戰，而俄國的戰略目標則沒有改變，但由於聖彼得堡內部充斥各種意見，其外交政策變得愈來愈飄忽不定，經常讓其他國家無所適從。這有部分是由於俄國缺少一個內部團結一致的政府，有部分也反映了外交部內部一直都存在的分歧。

到了帝國邊境地帶角力的尾聲，泛斯拉夫人和他們意識形態在其中的角色既複雜又模糊。雖然泛斯拉夫主義從未正式成為帝國主義意識形態的一部分，但正如我們所看到的那樣，一些泛斯拉夫主義的準則早已融進了一些俄國外交官的心態之中。一九〇九年，俄國新任的大使加爾特維格（又名哈特維格）剛卸下在德黑蘭的職位之後便前往貝爾格勒，決定推動一項帶有反哈布斯堡和泛斯拉夫色彩的強勢計畫。他的計畫遠遠超過了他的上級長官薩宗諾夫（亦即外交部長）所支持的謹慎政策。加爾特維格和其他抱持類似立場的人一樣，和外交部亞洲司關係匪淺，也曾在蘭布斯朵爾夫的手下擔任亞洲司的領導人長達五年（一九〇一年至一九〇六年）。在此之前，他曾在充滿沙文主義色彩的報紙《新時代》擔任記者。他曾希望成為外交部長，卻因為外交部長後來由伊茲沃爾斯基出任而無法如願，並被伊茲沃爾斯基調往伊朗。他擔任駐德黑蘭大使期間，正好也是英俄雙方談判勢力範圍的關鍵時期；

對於同樣駐在德黑蘭的英國外交官而言，他是個非常難纏的對手。後來到了貝爾格勒之後，加爾特維格迅速地就在皇室內取得了主導地位。為了鼓吹「俄羅斯偉大的斯拉夫使命」，他建立了一個大塞爾維亞計畫，並試圖用對塞爾維亞人較為有利的方式瓜分馬其頓，藉此成立一個由塞爾維亞和保加利亞組成的反鄂圖曼聯盟。[410]薩宗諾夫對於這個聯盟的計畫非常贊成，但目的只是為了維持該地區的現狀而已，然而由於該地區的情勢愈來愈緊張，維持現狀早已成為一種不可能實現的願望了。

塞爾維亞和保加利亞雙方在進行協商時，俄國曾居中擔任調解人的角色，然而調解的過程中也彰顯出了沙俄政府內部的所有問題，比方說：缺乏一個堅實、穩定而團結的核心領導群；外交官之間存在許多尖銳的矛盾；許多人誤以為俄國可以調解各國對領土的聲索行為；而許多小國在爭奪原本屬於鄂圖曼帝國的領土時，俄國人也以為他們可以對這些小國的行為加以控制。加爾特維格堅定地支持塞爾維亞，然而俄國駐索菲亞大使涅克留朵夫，卻克制而堅定地為保加利亞的主張進行辯護，因而與加爾特維格的立場相衝突。保加利亞不斷要求俄國人履行他們在《聖斯特凡諾條約》中所承諾的一小塊地區，最後薩宗諾夫決定讓步，然而各方隨後又對條約內容的含義起了爭執。薩宗諾夫向他的法國盟友保證，巴爾幹地區的政權已經私下向他們承諾，在沒有事先徵詢俄國的情況之下不會採取任何攻擊行動。然而實際上，他和涅克留朵夫私底下都不太能確定這個說法的真實性；他們擔心，這份條約是對鄂圖曼帝國發動攻擊的前奏曲。[411]塞爾維亞和保加利亞後來在兩個月之內簽署了一項軍事公約，但未遭到俄國反對，增強了塞保聯盟發動攻擊的可能性。希臘也加入了同盟，但聖彼得堡並不樂見希臘所提出的條件。蒙特內哥羅這個巴爾幹半島上立場最多變的地區，後來也決定加入這個聯盟，湊齊了聯盟的最後一塊拼圖。俄國人一直在向尼基塔國王提供武器和補貼，一廂情願地認為這能讓他們控制他的行動，然而由於尼基塔國王行為莫測，這種做法其實風險很高。到了最後，蒙特內哥羅的加入，是最終導致巴爾幹聯盟向鄂圖曼帝國發動戰爭的關鍵原因。此時局勢已經演變到俄國人無法控制的地步了。他們強烈警告保加利亞不要指望俄國會在戰爭中提供任何支援，卻沒有被當作一回事。由於俄國人太害怕失去他們在該地區正在迅速流失的優勢，所以沒有呼籲各個強權進行協商。

戰爭一開打，俄國便發現自己處於一種尷尬而危險的處境。俄國支持塞爾維亞取得亞得里亞海沿岸的港口，但奧地利卻堅決反對。俄羅斯人於是在加利西亞邊境集結軍隊備戰，防止奧地利介入戰爭。然而薩宗諾夫和科科夫佐夫總理也說服了尼古拉二世，不讓俄羅斯軍方採取更具挑釁性的措施。維也納的內閣也有不少人主張參戰。不過任何一方都不希望發生戰爭，而法國和德國作為他們的盟國，則更是不願意攤牌對決。俄國和奧地利後來決定不再對抗，撤走了一部分加利西亞邊境的部隊。然而保加利亞卻迅速發動攻擊，幾乎攻占了伊斯坦堡，讓俄國人既驚訝又沮喪。雖然俄國人也開始進行戰備，希望搶在保加利亞人之前占領海峽，但薩宗諾夫擔心這樣會激起奧地利的反應。奧地利在巴爾幹地區的進一步擴張，對俄羅斯保護南斯拉夫人，確保海峽通行權的政策而言只會造成破壞。俄國的困境，最後在保加利亞的攻勢遭遇瓶頸之後獲得了解決。[412]然而蒙特內哥羅仍不願放棄主張自己擁有斯庫達里鎮的主權，因而可能會導致新的危機。一九一二年十二月，兩個聯盟的代表聚首進行調解，而這也是他們最後一次依照歐洲協調制度，共同以負責任的方式解決領土爭端，最後解除了一觸即發的危機；當時的強權，仍然不願被邊境地區的小國拖進一場歐洲大戰之中。

到了一九一四年的六月和七月，這種克制的態度卻已不復存在。為何局勢會有這樣的發展，歷史學家今日仍未有定論；但比較合理的解釋似乎有兩個。哈布斯堡王朝和俄國的統治者以及統治菁英中的關鍵人物，在邊境地帶的漫長角力中都得出了類似的結論，亦即，如果要延續他們名過其實的強權地位，那麼塞爾維亞的角色便非常重要。與此高度關聯的還有，他們也相信，塞爾維亞在他們的安全體系之中是一個至關重要的環節。有足夠的歷史因素讓哈布斯堡王朝擔憂，如果不阻止塞爾維亞的民族主義，那麼這種思想便會穿透鬆散的邊界，讓帝國境內的其他斯拉夫人也都染上分離主義的病菌。俄國政府則依然非常關切他們能否掌控土耳其海峽附近的巴爾幹地區，因為該地區是通往黑海沿岸的門戶，那裡有著俄國最脆弱的邊境。如果他們在塞爾維亞人的危急時刻沒有伸出援手，那不就等於宣示自己不再繼續擔任南斯拉夫人的守護者？此外，保加利亞的統治菁英，本就已經分裂為親德派（腓迪南國王和首相拉多斯拉沃夫）和親俄派；放棄塞爾維亞，又會不會打破保加利亞內部的平衡呢？他們相信，他們的關鍵利益已經危在旦夕，因此有必要列出軍事動員的時間表，而這種信念也導致他們甘冒極大的風險。雙方都希望縮限衝突的範圍，然而他們的同盟體系，卻讓任何位於匈牙利、塞爾維亞和羅馬尼亞三國交界處的區域衝突，都幾乎無可避免地會快速擴散開來。

鄂圖曼帝國的危機

正當鄂圖曼帝國的改革行動（亦即一八三九年至一八七七年坦志麥特時期）如日中天之際，這場改革卻突然遭反改革運動所取代，而類似的潮流也幾乎同時出現在俄國。此外，反改革運動在這兩個帝國內持續的時間幾乎一樣，最後也都導致了憲政危機。坦志麥特主要是由少數幾個家族的菁英所發起的，其中有不少是透過世襲獲得高階官職的基督徒。在西方思潮的影響之下，他們試圖建立憲政制度，消除所有宗教上和族裔上的不平等現象，並建立一個有誠信、有效率的政府，從而讓基督徒和穆斯林都願意認同自己是鄂圖曼人。到了十九世紀中葉，政府成功地限縮了行會的權力，征服除了最偏遠地區之外的所有部族，並削弱了地方王朝的自治權。[413]鄂圖曼政府最大的成就，便是在一八七六的憲法中首次賦予基督徒選舉權，讓他們能夠進入各民族都有代表名額的代議制議會。這個議會之所以成立，也是為了阻止分離主義的浪潮，而猶太人、亞美尼亞人和希臘人都相當支持成立議會，不過斯拉夫人就沒那麼高興了。一如前面已經討論到的，剛登基的素檀阿布杜拉哈密德二世幾乎是馬上就反對這部憲法，認為憲法限縮了他的權力，故暫緩三十年實施，並對包括米德哈特帕夏在內的改革運動主事者進行肅清。[414]

反抗政治改革的人不只是素檀而已，許多無法晉升為菁英階級的基層官員都表示反對，烏拉瑪因為失勢而感到憤恨不平，而軍隊則是被新的官員冷落在旁。[415]帶頭反對的鄂圖曼青年團，試圖將西方的憲政原則和伊斯蘭教的「拜伊亞」原則（亦即統治者有義務徵詢社會意見）結合起來。他們批評實施改革的官員不顧伊斯蘭原則，又沒有像歐洲政府那樣賦予人民公民權，還任由外部勢力滲透進鄂圖曼帝國人民生活的每個面向，讓經濟落入外國人的掌控之中。對他們而言，儘管一八七六年由改革派官員訂定的憲法看似體現了鄂圖曼青年團的許多理念，但他們仍然認為這部憲法並不恰當。[416]政府官員於是分裂成主張中央集權的坦志麥特派，以及軍隊和烏拉瑪所支持的鄂圖曼青年團，而這種現象不只嚴重削弱了改革的力道，並在一八七八年讓阿布杜拉哈密德二世得以恢復素檀的專制權力，使得所有彼此競爭的政治菁英都必須臣服於他。

鄂圖曼政府無法成功將憲政改革制度化，也無法引入鄂圖曼主義作為超越民族的帝國最高意識形態，導致帝國邊境地區的人民只能選擇公開反抗帝國的統治。到了一八九〇年代中，三個迥然不同的抵抗運動開始分別在亞美尼亞、克里特島以及馬其頓愈演愈烈。這些運動都對帝國的穩定和領土完整性造成了威脅，而且運動之間具有危險的關聯性，後來也都引發了其他強權的介入。

一、亞美尼亞

在安納托利亞東部邊境地區，阿布杜拉哈密德二世遇上了一個典型的複雜處境。雖然鄂圖曼帝國終於解決了和伊朗長久以來的邊界問題，卻再也無法將該地區完全收歸自己掌控。這裡是典型的文化碎片區，阿拉伯人、庫德人、土庫曼人和伊朗人比鄰而居，還有人數較少的猶太人、亞述人、亞美尼亞人以及迦勒底人。亞美尼亞人的處境變得尤其脆弱。一方面，他們並沒有聚集在一個區域內，而是散布在鄂圖曼帝國全境；即使是在安納托利亞東部所謂的亞美尼亞省，亞美尼亞人也未占人口多數。另一方面，鄂圖曼帝國將各宗教社群整併進米列這個新宗教體制之中的政策，讓他們在文化上得以保持一致。到了一八二五年至一八五〇年間，亞美尼亞人之所以出現了文化復興運動，有一部分是因為受到希臘革命的啟發，以及留學威尼斯和巴黎的亞美尼亞學生的支持。有些返國的學生在宗教團體的小圈子裡工作，並將普選制度引入亞美尼亞教會議會的選舉之中，藉此對文化復興運動進行世俗化和民主化。改革派對《聖斯特凡諾條約》非常失望，因為這份條約沒有像對保加利亞那樣，也對亞美尼亞省賦予自治權，而是只承諾帝國中央將會進行地方改革，並保護人民對抗庫德人和切爾克斯人的襲擊。切爾克斯人正是在保加利亞犯下暴行的元兇。[417]出席柏林會議的亞美尼亞代表團也同樣失望。亞美尼亞人由此開始將希望寄託於英國。

在柏林會議上，迪斯雷利持續依循英國長久以來的政策，亦即保護鄂圖曼帝國不受俄國入侵，同時又試圖從鄂圖曼帝國那裡獲取好處，作為提供保護的回報。他和鄂圖曼帝國簽署了《賽普勒斯協定》，為英國在地中海東部取得另一個島嶼據點。與此同時，他也鼓勵鄂圖曼帝國對行政體制進行改革、保護基督徒，因為那是最能夠防範俄國再次介入的做法。[418]英國人也持續要求素檀在亞美尼亞人、庫德人以及突厥人混居的安納托利亞東部省分實施改革計畫。一如往常地，素檀做了許多承諾，但真正實現的卻少之又少。一八七八年，阿布杜拉哈密德二世廢除了鄂圖曼帝國的憲法，為帝國政府和亞美尼亞人之間的關係罩上一層不祥的陰影。

庫德族問題則讓鄂圖曼帝國在高加索省分的政策，以及與亞美尼亞人之間的關係變得更加複雜。當時的權力掌握在地主權貴家族，以及兩個彼此敵對的蘇非兄弟會領導人手中。庫德人對於自治權的訴求，最早可以追溯至一八二〇年代和一八三〇年代，亦即馬哈茂德二世素檀在權力集中的改革計畫中對半自治的庫德人公國進行鎮壓之後。俄土戰爭結束後，當地爆發了嚴重的暴力衝突，導致素檀不得不出面介入。儘管這些叛亂分子不斷破壞他推動和平的計畫，但素檀的策略仍是居中調停、特赦叛亂分子。

庫德人真正的民族運動，要到一八七〇年代和一八八〇年代才會在烏貝耶杜拉教長的領導之下出現。烏貝耶杜拉是地方上一個納各胥班迪道團的領袖，該道團帶有彌賽亞和千禧年主義的色彩；他曾公開譴責鄂圖曼、伊朗的政府以及當地的基督徒（亦即亞美尼亞人）。他主張所有庫德人都應該要團結起來，並指控《柏林條約》要求鄂圖曼政府必須幫助亞美尼亞人抵抗切爾克斯和庫德人。他後來成立了庫德聯盟，並且獲得鄂圖曼政府的支持，藉此制衡亞美尼亞人的自治運動。烏貝耶杜拉的軍隊於一八八〇年入侵伊朗，但最後遭到擊敗，而烏貝耶杜拉也遭鄂圖曼政府逮捕。他早已成為國際間的燙手山芋，因為俄國人和英國人出於各自的理由都反對他領導的運動。[419]然而，阿布杜拉哈密德二世並沒有就此放棄利用庫德人對抗亞美尼亞人的想法。在統治菁英的眼裡，地方上的亞美尼亞人在克里米亞戰爭和俄土戰爭期間對俄國的支持，已經讓素檀對他們的信任大打折扣。成立於一八九〇年的警鐘革命運動，雖然規模不大卻十分激進好戰，同時也證實了素檀的疑慮。但庫德人的立場也很可疑，因為他們為了獲得更多自治權，也曾在戰爭期間表達對俄國人的支持。一如前述，許多切爾克斯人在與俄國達成協議之後，於一八六〇年代從安納托利亞東部遷往高加索山區。他們保留了許多游牧民族的習俗，經常劫掠當地的穆斯林和基督徒。阿布杜拉哈密德二世的鄂圖曼政府，當時由於割讓領土和外部壓力（尤其是來自英國政府的壓力）而陷入了混亂；為了重建鄂圖曼帝國在該地區的權威，他們在行政體系上改採集權政策，並在地方上的穆斯林菁英之間挑撥離間。能否成功的關鍵便在於如何遏制庫德人，卻又不至於造成人心背離。根據歐洲外交人員的報告，由於鄂圖曼中央政府的權威漸立，這個策略從一八八四年到一八九四年之間似乎頗能奏效。

在安納托利亞西部，阿布杜拉哈密德二世則採取了另一種策略，徵用庫德人進入以俄國哥薩克軍團為範本所建立的哈米德騎兵隊。這個策略被設計成是一種恩惠政策，同時也是一種對庫德人進行管束的途徑，結果卻適得其反。庫德人部隊開始覺得自己有理由反抗中央統治、或攻擊亞美尼亞人。[420]與此同時，亞美尼亞人革命運動也在蓬勃發展，而庫德人的暴力情勢也在不斷升高。面對亞美尼亞革命分子在薩松地區發起的叛亂活動，帝國政府決定命令哈米德騎兵隊前去鎮壓，並在當地引發了一場針對亞美尼亞人的屠殺事件。[421]亞美尼亞人的屠殺事件於一八九四年和一八九五年間爆發之後，素檀更加不願對庫德人進行懲處，因為他非常仰賴他們。當青年土耳其黨的革命運動迫使阿布杜拉哈密德二世退位時，這個邊境地區仍舊處於混亂之中。[422]

二、克里特島與馬其頓

自從鄂圖曼帝國開始迴避他們在一八七八年的《柏林條約》中所承諾的改革計畫之後，克里特島的革命運動便一觸即發。當革命運動於一八九七年爆發時，希臘政府便支持革命，並鼓吹克里特島與希臘統一。希臘和鄂圖曼帝國開戰之後，各強權試圖居中調停，並且占領了克里特島，因為他們不希望該地區的權力平衡出現變化。哈布斯堡王朝與俄國這兩個死對頭已經達成協議，會維持該地區的現狀。鄂圖曼素檀則接受了由各強權提出的和約條款，而這些條款也再次要求該地區必須擁有自治權，由基督徒官員進行統治。[423]有些希臘民族主義者試圖將他們的同胞從失敗主義中喚醒，並將他們的注意力轉移到北方另一個仍未收復的邊境地帶：馬其頓。

在包括馬其頓在內的鄂圖曼省分裡，希臘人、保加利亞人和塞爾維亞人都在競爭文化和政治上的主導權，而克里特島和亞美尼亞發生危機之後，這種競爭更是進入了一個更暴力的新階段。一如前述，希臘人、保加利亞人和塞爾維亞人之所以在馬其頓爭奪文化主導權，是因為保加利亞於一八七〇年成立了自治教區。由希臘人主導的伊斯坦堡牧首區把宣傳集中在攻擊地方的教士，指他們用一種被譴責為具有保加利亞色彩的語言和修辭吸引講斯拉夫語的人。牧首教會則和教會外的希臘知識分子和愛國組織，聯手在馬其頓省興建教堂和學校。保加利亞人則做出了反擊，以自己的文化運動動員人民，並譴責鄂圖曼統治者和希臘統治者是他們的雙重束縛。保加利亞自治國於一八七八年獨立且馬其頓西北部被割讓給塞爾維亞之後，競逐行為也變得更加激烈。希臘人擁有兩個優勢：他們掌控著該地區的商業活動，而希臘教士的識字率也相當高（雖然他們說的語言是雅典的希臘語，和該地區希臘語使用者所講的方言有所區別）。希臘人在史書和學校教科書裡讚揚，希臘文明從亞歷山大、拜占庭時期一直維持到現代綿延不絕。雖然保加利亞人只有一個優勢，但事實證明這個優勢更為有力：大多數馬其頓人講的斯拉夫語，很接近教會中所使用的保加利亞語。[424]塞爾維亞人在這場競逐中落後於人，儘管他們也的確在馬其頓北部建立了一些學校。

這場激烈的競爭，當時在族裔組成高度複雜的文化碎片區正如火如荼地進行著。當時並不存在可靠的統計資料；實際上，根本就不存在界線分明的族裔基礎，能夠讓政府據以蒐集人口資料。來自外國的旅行者和外交官通常會將斯拉夫人當作保加利亞人，但當地的學者卻偶爾會將他們視為一個獨立的族裔團體。有些敏銳的外國觀察家則指出，農民並沒有明確的族裔認同。一如前述，這便是有爭議的邊境地帶經常出現的情況。除了講斯拉夫語的東正教徒之外，那裡還有許多穆斯林，有些是阿爾巴尼亞人，更多則是切爾克斯人，而其他突厥人則是在十九世紀鄂圖曼帝國與俄國發生戰爭之後才遷居至此。以牧羊、農耕和手工藝為業的弗拉赫人雖然已經高度希臘化，卻說著一種非常接近羅馬尼亞語的方言。猶太人聚居在薩洛尼基（亦即今日的塞薩洛尼基），還有一些則住在較小的城鎮裡，但人數較少。[425]

一八九〇年代初期，這種在文化上的競逐開始演變成政治衝突和動亂。兩個彼此競爭的地下組織幾乎同時出現。幾個學生和在海外留學的知識分子於一八九三年在薩洛尼基成立了「馬其頓內部革命組織」，他們希望透過暴力手段讓鄂圖曼帝國賦予他們自治權。兩年之後，被稱為最高委員會的「馬其頓海外革命組織」則將幾個從馬其頓流亡至保加利亞的斯拉夫語系流亡者的組織結合起來，並挑戰馬其頓內部革命組織在自治運動中的領導地位。馬其頓海外革命組織透過一些小型組織（亦即土耳其語的「切塔」，為幫派之意；南斯拉夫祖國軍的另稱「切特尼克」一詞，即源自「切塔」）在馬其頓東部對抗穆斯林；該地區長久以來都有土匪（塞爾維亞語稱作俠盜集團，保加利亞語則稱作海度特）的傳統。他們的目標是利用亞美尼亞當時發生的動亂吸引強權的目光，藉此迫使素檀對馬其頓做出讓步。

保加利亞親王腓廸南用他一貫狡猾的方式，讓土匪在保加利亞的領土上運作，並由保加利亞的兵工廠為他們提供武器，利用這個情勢增加自己在馬其頓的勢力。腓廸南甚至要求更換新主教，而當時深陷於克里特島和亞美尼亞動亂的素檀也只能點頭答應。[426]但保加利亞政府其實並沒有辦法控制這些武裝土匪。至於已經在一八九七年和哈布斯堡王朝簽訂協議，希望「讓巴爾幹情勢緩一緩」的俄國，則已經不想繼續在鄂圖曼帝國的邊境地區為基督徒出力，而是將目光轉向了遠東地區。

到了一九〇二年，馬其頓的情勢已經十分危急。隨著土匪變得愈來愈活躍，穆斯林也開始建立自己的民兵進行回擊，導致族群衝突爆發。阿布杜拉哈密德二世強化了鄂圖曼帝國的要塞，要求官員「在各自的管區，以合法妥當的方式維持秩序，並且不得讓穆斯林居民擅自執法，對保加利亞的煽動者進行報復」。[427]素檀再次遇上了同樣的困境：該如何防止受他統治的基督徒和穆斯林彼此殘殺，又不會引起歐洲強權介入呢？然而一如往常，他並沒有投注太多心力，也沒有太多資源能夠處理這件事。

就在此時，俄國和哈布斯堡王朝決定聯手介入。他們提議改革該地區的政策和司法制度，素檀只能心不甘情不願地答應，然而由於馬其頓爆發了重大的叛亂事件，導致改革計畫只能擱淺。俄國和哈布斯堡王朝希望謹慎保守地對地方性的叛亂事件進行鎮壓，藉此支持保加利亞，並讓遭到戰火蹂躪的邊境地區得以回穩。由國際監管的改革行動於是開始扎根；鄂圖曼軍隊鎮壓了兩起大型起義，腓迪南親王則是對所有馬其頓組織都進行了取締，導致馬其頓內部革命組織開始解體成零散的武裝勢力。然而由於鄂圖曼帝國一貫出爾反爾的態度，加上阿布杜拉哈密德二世決定要將所有強權捲入其中，藉此減輕奧地利人和俄國人所帶來的壓力，這些改革行動於是開始遇上瓶頸；他尤其希望英國人可以制衡奧地利人和俄國人聯手帶來的壓力。然而受外國支持的地方革命勢力，卻只願意接受自治方案，導致阿布杜拉哈密德二世的政策注定要以失敗收場。[428]

對保加利亞發起的兩次大型革命運動消退之後，塞爾維亞和希臘土匪也開始出現在馬其頓境內。有些效忠君士坦丁堡主教且已經希臘化的斯拉夫人，當時正在接受希臘政府的私下支持，後來更於一九〇四年至一九〇八年間對效忠保加利亞教會且講斯拉夫語的人發動了攻擊。[429]一九〇五年至一九〇六年間，希臘軍隊將馬其頓內部革命組織的餘黨，趕出了薩洛尼基地區以及莫納斯提爾省的大部分地區。一九〇三年於塞爾維亞發生的政變，則讓帶有激進民族主義色彩的卡拉喬傑維奇王朝得以復辟，而塞爾維亞人組成的武裝團體也獲得了貝爾格勒當局的祕密支持。[430]這場三方的角力行動也預示了日後局勢的發展：保加利亞、希臘和塞爾維亞在一九一二年至一九一三年的巴爾幹戰爭期間，聯手瓜分了馬其頓。

三、危機管理

帝國晚期的統治者經常試圖將傳統的政治神學、移民政策，與新技術結合在一起，藉此維持對邊境地區的控制，而阿布杜拉哈密德二世便可以算作箇中代表，不過他的案例可能較為極端。他在面臨巴爾幹地區和安納托利亞東部的多重危機時，不但召喚了蘇非兄弟會，還試圖把伊斯蘭主義當作自己的保護傘。一八七七年至一八七八年間的俄土戰爭爆發之後，許多穆斯林紛紛逃離巴爾幹和切爾克斯地區，而阿布杜拉哈密德二世則實施了新的移墾政策，將這些穆斯林安置在通往伊斯坦堡和加里波利半島的戰略地區之中。他甚至還鼓勵波士尼亞人移居至此。[431]行政上，阿布杜拉哈密德二世則是在現代官僚體系的基礎上採取專制集權的體制，藉此將行政體系收歸於自己的掌控之下。他最有創意的措施是設立專門學校，藉此提供必要的民政和軍事技術人員維持帝國運作。他也延續了前幾位素檀的實驗性計畫，努力發展新的電報和鐵路等通訊交通技術，以便更緊密地將邊境地區和帝國中央連結在一起。

阿布杜拉阿齊茲是第一位對鐵路感到興趣的素檀。他於一八六七年成為首位還在位時便出訪西歐的鄂圖曼素檀，出訪期間幾乎皆以火車作為移動方式，從此之後便熱中於鐵路建設。在此之前，鄂圖曼帝國只興建過幾條地方性的鐵路。但鄂圖曼帝國缺乏資金興建鐵路，因此必須仰賴外國企業家的投資。克里米亞戰爭結束後，包括俄國在內的六個國家都試圖獲得鄂圖曼帝國鐵路的興建權，因此決定鐵路路線如何規劃的並非鄂圖曼帝國的國家利益，而是這些外國政府的利益。英國人希望將海岸地區的商港與富饒的內陸地區連結起來，俄國人則是希望防止其他國家將鐵路建得太靠近西北部的省分。俄國後來成功阻止德國人將柏林通往巴格達的鐵路計畫修得太過靠近高加索地區的邊界（這條邊界當時由安納托利亞東部的卡爾斯堡壘戍守著）。[432]鄂圖曼政府接受了一位德國工程師於一八七二年提交的通盤計畫，但阿布杜拉哈密德二世「更希望鐵路路線能為帝國帶來軍事和政治上的利益，而非經濟機會」。[433]

在他的統治之下，鄂圖曼帝國鋪設了三萬公里的電報線。他進行電報建設的主要原因，是為了盡可能在不依賴外國電報線的情況下讓帝國全境的情報網絡能暢通無阻。[434]基於軍事考量所興建的主要鐵路線則包括：將伊斯坦堡和埃迪爾內以及索菲亞連結起來的東方鐵路和通往薩洛尼基的支線，從伊茲密爾通往安卡拉的安納托利亞鐵路，以及起自科尼亞，深入伊拉克省分，但最後未能完工的知名的巴格達鐵路。雖然素檀費了不少力氣，但事實證明這些戰略性鐵路未能滿足現代戰爭的需求，比如一九一二年至一九一三年間的巴爾幹戰爭，以及第一次世界大戰。這些鐵路線沒有形成網絡，而帝國境內也缺乏良好的道路，導致動員速度慢如蝸牛，軍隊也無法取得足夠的補給。[435]此外，僅有的幾條鐵路也未能顧及富庶的安納托利亞地區的經濟發展，以及貝魯特和漢志地區的商貿需求。素檀本人則規劃了漢志鐵路，這是唯一一條以鄂圖曼資金興建的路線；該路線連結大馬士革與麥加，滿足了促進帝國融合的多重目的。首先，漢志鐵路取代了沙漠車隊的路線，讓前往聖地朝覲的穆斯林輕鬆許多，也讓素檀可以藉此證明自己的泛伊斯蘭立場，宣稱自己是所有穆斯林的哈里發；其次，這條鐵路也象徵伊斯蘭教與科學、科技的調和，並加強帝國中央與希望脫離鄂圖曼帝國統治的葉門省分之間的連結。然而烏拉瑪之中的有力人士卻強烈反對諸如電報和鐵路的現代計畫。一九一六年，有些貝都因部族「或者出於無知，或者出於貪婪，又或者因為離心的民族主義終究比伊斯蘭教的統合力量還要強大」，他們摧毀了漢志鐵路的許多路段。[436]

針對中學教育和高等教育，阿布杜拉哈密德二世也實施了帶有世俗色彩的改革計畫，但這也和他希望復興伊斯蘭教義，成為哈里發的計畫相互牴觸。因此，就像在中國、伊朗和俄國那樣，他們都以傳統的道德或宗教規範重振帝國意識形態，而世俗化教育又注定會創造出一個高效率的官僚體系與軍官新階級*，如果要將這這兩件事結合在一起，那麼便會創造出一個堅決自行擬定改革方案的激進世代。

四、青年土耳其黨的挑戰

青年土耳其運動起初是個鬆散的組織，由反對素檀的人所組成。它的第一個重要組織核心是由一群醫學院學生於一八八九年組成的鄂圖曼聯盟；若干年後，其領導人物將組織的名稱改成更為人所知的「聯合與進步委員會」。荷蘭學者居爾赫將他們稱為「邊境地區的孩子」。他們的特色是非常年輕，而且社會背景和文化背景都非常多元（有突厥人、阿拉伯人、阿爾巴尼亞人、庫德人以及切爾克斯人），也幾乎都在阿布杜拉哈密德二世在位期間以歐洲模式創立的現代學校中受過教育。一九〇六年之前，平民在這些組織中仍占有主導地位；從一九〇六年到一九〇八年的革命期間，則是由官員取得了組織的掌控權。大部分的組織成員都來自地方省分，尤其以巴爾幹地區為主（一九〇八年之後，來自巴爾幹地區的成員比例為百分之四十八），他們在那裡已經習慣了和塞爾維亞人、保加利亞人與希臘游擊隊進行的小規模戰鬥，對於穆斯林和基督徒在學校和經濟活動中逐漸拉開的差距也深有體驗。[437]然而軍隊並沒有團結起來追隨青年土耳其黨的腳步。青年土耳其黨取得政權後不久，一場反革命運動便隨即爆發，而率先發難的正是伊斯坦堡第一軍的成員，他們與某個伊斯蘭政黨結盟，要求恢復伊斯蘭教法。薩洛尼基的軍隊對他們進行了鎮壓。[438]直到一九二三年鄂圖曼帝國瓦解為止，土耳其民族主義似乎都仍算不上是主流意識形態。

＊編按：本書第三篇導讀〈帝國之異同〉中，廖教授提到：因為中國不像其他帝國那樣存在宗教規範能與政治體制抗衡或能嚴重影響文化、教育的情況，因此也不存在宗教化教育與世俗化教育的對立或區別。詳參頁(24)。

儘管聯合與進步委員會內部的多樣性非常高，但他們仍堅決要解決帝國治理不當和分崩離析的問題。它被稱為「鄂圖曼穆斯林民族主義的一個特殊分支，而且很大程度上是由巴爾幹地區、希臘和亞美尼亞人漸起的民族主義所致」。[439]高加索地區於一九〇五年發生的俄國革命，則是啟發青年土耳其運動的另一個來源。土耳其報紙上出現了數百篇讚揚俄羅斯革命的文章，其中包括青年土耳其黨自己辦的報紙。鬆散的邊界兩側，似乎開始出現政治思想交流和聯合行動的可能性。透過參與運動的亞塞拜然人和韃靼人，聯合與進步委員會也和高加索地區的穆斯林組織進行接觸，還呼籲突厥人組成共同陣線，聯手對抗俄羅斯，並協助宣傳用途的出版和傳播活動。和他們進行接觸的知識分子包括：加斯普林斯基（亦即鼓吹建立新的穆斯林教育體系的克里米亞韃靼人），以及都曾在聖彼得堡和巴黎留學，也都曾參與一九〇五年革命和一九〇八年青年土耳其黨革命的徐賽因扎德・阿里和阿奧魯。其中，阿奧魯更於一九一八年以鄂圖曼軍隊顧問的身分返回高加索地區，後來成為短命的亞塞拜然共和國的領導人。[440]

從一開始，青年土耳其運動便強烈反對帝國主義，尤其譴責哈布斯堡王朝和俄羅斯帝國對鄂圖曼國內事務的干預。他們成功地在整個帝國境內進行宣傳活動，逐漸獲得了不少追隨者。一九〇七年，他們與一個名為鄂圖曼自由社的地下組織進行合併。這讓不滿的官員和基層軍官也開始能夠加入他們，並在擴大後的組織之中成為支柱，「使得鄂圖曼社會中最活躍的勢力都納入了該組織的控制之下」。[441]聯合與進步委員會存在期間，他們會依據情勢和受眾的不同而變換組織的思想取向。和素檀一樣，他們為了增強國力，也採用了三種不同的思想體系：突厥主義、伊斯蘭教和鄂圖曼主義。突厥主義因此重獲生機，吸引到了曾參與青年土耳其運動的一些官員。但由於他們被迫要與其他的泛伊斯蘭主義者競爭，因而也難以獲得多數人的認同。尤其是在一九〇二年至一九〇八年期間，青年土耳其黨也以帶有鄂圖曼帝國主義色彩的措辭對非穆斯林進行呼籲。這讓他們能夠與達什奈克進行聯繫與合作，於一九〇五年至一九〇七年間在安納托利亞東部發動一場失敗的起義行動。更重要的是，這還讓他們爭取到阿爾巴尼亞武裝團體、弗拉赫人以及馬其頓內部革命組織裡右翼成員的支持，並讓塞爾維亞和馬其頓的希臘武裝團體保持中立。一九〇八年，在確保側翼安全之後，聯合與進步委員會從馬其頓發起行動，迫使素檀屈服於他們的訴求，恢復一八七六年的憲法，否則便會發動內戰。[442]一九〇九年的反政變行動失敗後，阿布杜拉哈密德二世被迫退位。繼任的兩位素檀都非常孱弱，實權也遭到青年土耳其黨革命運動的剝奪。

事實證明，鄂圖曼帝國主義其實是把雙刃劍。支持鄂圖曼帝國主義的突厥人只是鼓勵了希望獲得自治的亞美尼亞人、阿爾巴尼亞人、庫德人和馬其頓人，卻沒有贏得他們的忠誠。一九〇八年之後，聯合與進步委員會試圖藉著強調突厥主義，以建立民族化的帝國，同時也張開雙臂接納地方上的菁英。然而，在義大利人於一九一一年失去利比亞，以及巴爾幹聯盟於一九一三年失去馬其頓之後，這種策略便不再具有太大吸引力，進一步降低了帝國內部的族裔多樣性。巴爾幹戰爭期間，有將近二十五萬名魯米利亞穆斯林為了逃離保加利亞軍隊的入侵，而湧向了伊斯坦堡。

在巴爾幹戰爭中的失利，也讓鄂圖曼帝國關鍵性地決定在不完全放棄鄂圖曼主義的情況下，改採以突厥人為主的政策，但揮之不去的矛盾仍導致了災難性的後果。這種跡象在兩個方面最為明顯：族裔衝突以及經濟上的民族主義。希臘人是第一個受害者。第一次世界大戰前夕，約有十萬名希臘人被驅逐出安納托利亞的愛琴海沿岸地區，表面上的原因是因為遭希臘吞併的領土上有穆斯林受到騷擾，而鄂圖曼帝國則藉由驅逐希臘人來進行報復。希臘總理韋尼澤洛斯同意對願意移民的人進行人口交換，但這個計畫從未正式實施。然而在戰爭爆發的四年期間，鄂圖曼政府為了實施安全措施，反而又把將近五十萬名希臘人驅逐到安納托利亞的內陸地區。一直到一九一六年，穆斯林的非正規軍團都在對少數希臘族裔進行威嚇。[443]這也為一九二三年更大規模、更暴力的驅逐行動和人口交換措施設下了先例。[444]緊接著遭殃的則是亞美尼亞人。

在安納托利亞東部，試圖為基督徒和穆斯林提供平等權利的團結倡議，卻與庫德人和亞美尼亞人之間的敵意無法相容。鄂圖曼政府的許多行為都激起了庫德人的武裝抵抗，比如鄂圖曼政府對庫德人盜匪集團進行了鎮壓，又在該地區任命親亞美尼亞的官員、徵召亞美尼亞人加入軍隊；此外庫德人也擔心，原本屬於亞美尼亞人，後來在阿布杜拉哈密德時期分發給庫德人的土地，將會再次被歸還給亞美尼亞人。與此同時俄羅斯政府也在實行離間計畫，一邊煽動庫德人反抗鄂圖曼帝國中央，一邊又聲稱自己代表亞美尼亞人的利益。聯合與進步委員會為了報復，也煽動伊朗境內的庫德人對抗俄國。第一次世界大戰前夕，俄羅斯人開始推動行政改革，試圖將亞美尼亞人所定居的五個省分合併在一起，並由一個權力極大的基督徒總督來進行統治（最好還是個歐洲人）。然而俄國人的這種干預，也正好是聯合與進步委員會試圖透過鄂圖曼主義政策阻止的對象。好在鄂圖曼帝國在同意俄國的改革計畫之前，便成功減弱了這些計畫的力度。

然而，這種妥協卻激怒了庫德人，導致他們於一九一四年初決定揭竿起義。一些庫德人的領導人物早就已經在俄羅斯，而其他領導人則是在起義遭鄂圖曼軍隊鎮壓後也開始逃亡。鄂圖曼政府隨後恢復了對庫德人利誘示好的政策。[445]俄國和鄂圖曼政府不但未能調解安納托利亞東部發生的衝突，他們矛盾而帶有操弄性質的政策反而還加劇了基督徒和穆斯林之間的敵意。鄂圖曼帝國於一九一四年十一月向俄國宣戰之後，基督徒和穆斯林之間的暴力對抗也上升到了前所未見的高度。鄂圖曼政府在大舉驅逐亞美尼亞人時串通庫德人，進而引發了屠殺行動，屠殺規模之大，幾乎稱得上是種族滅絕。

青年土耳其黨是一個崇尚菁英主義的組織，他們並不追求代議制的多元主義，而且很快就顯露出了集權和專制的一面。他們有革命光環的加持，組織又比其他較弱的反對者更為完善，因而得以在一九〇八年的選舉中大獲全勝。他們很快便鞏固了自己的地位。軍人在這場運動中發揮的作用也愈來愈突出，尤其是在鄂圖曼帝國於一九一二年至一九一三年的巴爾幹戰爭中落敗之後更加如此。在所謂的鄂圖曼三巨頭之中，恩維爾帕夏和傑馬爾帕夏這兩位都畢業自戰爭學院。[446]他們因為支持土耳其化政策，卻無視於伊斯蘭原則而受到攻擊，後來更藉由恐嚇和詐欺手段，再次於一九一二年的選舉中獲得壓倒性勝利。政治鬥爭的場域由此開始發生在議會之外的場域之中。巴爾幹戰爭戰敗後，聯合與進步委員會為了繼續執政而再次籌劃了政變。儘管他們採取的是中央集權的政策，但正如從前帝國時期的官員那樣，他們被迫要與穆斯林和非穆斯林社群的地方菁英協商。結果是，雖然一九一四年的選舉再次受到聯合與進步委員會的操縱，但選出來的議員族裔比例至少和當時帝國整體的族裔組成比例相去不遠。然而政府在戰爭期間仍幾乎忽視了議會的存在。[447]

這場戰爭也強化了青年土耳其黨內部愈來愈盛行的信念；他們相信，鄂圖曼帝國的工商業長期以來一直都掌握在基督徒和猶太人的手裡。早在一九〇八年，聯合與進步委員會便開始抵制希臘商人。戰爭開打之後，鄂圖曼帝國政府也認為國家應該肩負起建設國家經濟的責任（其實有些贊同李斯特理論的經濟學家早就提出了這樣的構想）。鄂圖曼政府採取了新的措施，要求所有商業交易都必須使用突厥語，並發起了由國家支持的合作運動，卻對非穆斯林群體實施差別待遇。[448]

戰爭的爆發也加速了軍隊的突厥化。在一九一四年的內閣中擔任戰爭部長的恩維爾帕夏，就對阿拉伯裔軍官進行了肅清行動，強迫三百名軍官退役。鄂圖曼三巨頭的第三名成員傑馬爾帕夏當時是敘利亞的軍事統治者，他相信這些阿拉伯人正在醞釀民族主義運動，將對帝國的安全構成威脅，因此對阿拉伯人實施恐怖統治。帝國政府的政策讓阿拉伯人的領導者決定發動叛變。傑馬爾帕夏對叛變的報復行動則又激怒了阿拉伯人軍官，並讓這些軍官成為支持民族獨立的主力。[449]當醞釀許久的民族對立浮上檯面之後，鄂圖曼主義和伊斯蘭教之間的共同紐帶也終於斷裂了開來。

鄂圖曼統治集團的內部有愈來愈多人希望將鄂圖曼帝國突厥化，但這個趨勢更多是出於對邊境戰爭和邊境危機的回應，而非有意識地在意識形態上做出選擇。無論他們的意圖是什麼，帝國的領導人最終仍在帝國兩端（亦即色雷斯東部和愛琴海沿岸地區，以及安納托利亞的亞美尼亞高地、敘利亞和伊拉克）助長了突厥人和阿拉伯人之間，以及基督徒和穆斯林之間漸增的敵意，並為偉大的突厥民族復興奠定了基礎。

鄂圖曼帝國雖然在第一次世界大戰中戰敗，又失去了阿拉伯地區的省分，但突厥民族運動卻依舊進展得相當緩慢。這主要是歐洲強權分裂鄂圖曼帝國的計畫所造成的結果。[450] 毫不令人意外地，當民族運動終於出現時，凱末爾（阿塔圖克＊）帕夏成了這場運動的領導人。凱末爾畢業自戰爭學院，同樣是青年土耳其黨的成員，也同樣出身自邊境地區（薩洛尼基）。儘管他與恩維爾帕夏和傑馬爾帕夏並不親近，但他有著和他們一樣的職業背景，出身環境也都充滿著民族主義的思想。一個世紀以來的改革為鄂圖曼帝國帶來了一支新的軍隊，而這支軍隊也成為帝國境內最世俗化、最現代化的組織。長期以來，軍隊都是鄂圖曼帝國擴張的武器（後來也成為保衛帝國的盾牌）；這支軍隊不只孕育出了青年土耳其黨的軍官，帶來一九〇八年的憲法革命，後來也以凱末爾作為代表人物，標誌著舊王朝的覆滅。為了擊敗希臘人，凱末爾於一九二一年透過新的國民軍發起軍事運動，而新國家的建構計畫也在此時於焉成形，他不只建立了一個世俗化的土耳其共和國，也奠定了未來八十年土耳其的政治基調。[451]

伊朗卡加王朝的危機

一九〇五年至一九一一年發生在伊朗的憲政危機，和出現在俄國和鄂圖曼帝國的危機一樣，最後也加劇而非減少了邊境地區與帝國中央之間漸生的緊張關係。不過在伊朗，造成緊張關係的原因和結果與俄國比較類似。憲政運動匯集了許多不同的利益，但他們只有在反對國王專制而無效的政策時才

＊編按：「Atatürk」即土耳其之父的意思。

會團結起來。該運動起初成功地限縮了國王的權力，但不久後內部卻開始分裂，導致許多成果被拱手讓給了反革命分子。然而與俄國不同的是，伊朗的反革命運動之所以能成功主要是因為來自外部的干預。為了維持政權的存續，卡加王朝一直以來必須在彼此衝突的團體和利益之間進行操控和斡旋。但他們未能在官僚體系或軍隊之中建立強健的制度基礎，因而難以在政權受到重大挑戰的時候存續下去。[452]憲政危機爆發期間，伊朗很明顯擁有太多個權力核心團體，比如王室、官僚體系、烏拉瑪、市集*以及部族都是；這些核心團體的內部都高度分化，而且也沒有任何一個核心團體能夠支配其他團體。

阿米爾．卡比爾於一八五〇年代進行的改革運動，是伊朗最後一次認真嘗試對伊朗軍隊進行現代化。納賽爾丁國王在位末期，遭到忽視的軍隊亂成了一團，士氣也非常低落。指揮官的官職可以透過買賣取得，而買賣官位的人還會侵占基層軍官的薪餉。士兵被鼓勵靠兼差謀生，軍事訓練卻馬虎隨便。王室中的保守派、部族領袖以及高層的烏拉瑪都反對實施改革，並將改革視為對自身利益的威脅。[453]然而在俄國人和英國人大致決定要持續以伊朗作為緩衝之後，伊朗政府便失去了外部威脅，因而也缺少了進行改革的壓力；相較之下，鄂圖曼素檀則是為了對抗國內的反對者而實施了改革運動。一直要到年老的納賽爾丁出訪歐洲期間（他是第一位進行這種出訪活動的伊朗統治者），他才目睹了以歐洲方式訓練出來的軍隊有多強大（即使令他欽慕的可能不是軍隊效率）。於是他請尼古拉耶維奇大公為他派來了一位哥薩克顧問，試圖在伊朗軍隊之中引入紀律。在經歷了許多失敗而可笑的嘗試之後，俄羅斯軍官終於成功地在伊朗組建了一支波斯的哥薩克軍團。事後證明，這支軍團成了卡加王朝的忠實守衛，於一八九六年為繼承王位的新國王提供了保護，從而為王朝延續了三十年的壽命。[454]在卡加王朝期間，伊朗雖然是一個軍事化的社會，卻一直都沒有建立一支隸屬中央的常備軍隊，在各帝國的案例之中可謂一個異數。

宗教異議者是伊朗憲政運動之中最令人意想不到的支持者。他們希望推翻卡加王朝，因為他們認為卡加王朝當時正在勾結那些受西方思想影響的世俗派改革者。到了十九世紀末，卡加政府開始限縮烏拉瑪在朝廷、學校和慈善機構中的管轄權，同時還給予外國人廣泛的經濟特權，因而激怒了什葉派中的激進教士。[455]一八九一年至一八九二年間，卡加政府將菸草專賣權賦予英國，因而在伊朗引爆了第一次反外來帝國主義的重大抗議活動。一八六〇年代，有些宗教異議分子因為擔憂西方思想不斷滲透，譴責帝國政府不該引進電報系統。從此之後，仇外的情緒便在伊朗不斷增長。伊朗商人則將外來的競爭歸咎於政府，認為那是因為政府對外國人賦予特權所造成的。在設拉子和伊斯法罕這樣的城鎮裡，即使早在重大動亂爆發之前，城鎮的治安就已在不斷惡化。[456]呼籲撤銷外國人特權的抗議行動，在大不里士的知識分子、商人和烏拉瑪的領導之下也迅速擴散到了其他城鎮。[457]一如既往，伊朗政府的解決方式是和當地居民進行協商，最後撤銷了特許權。這些動盪似乎為帝國財政關上了最後一扇復甦的大門，但也為憲政改革開闢了新的道路。很顯然地，伊朗的城鎮社會正在出現根本的變化。鄂圖曼帝國的改革呼聲來自統治菁英，但在伊朗，改革呼聲的來源卻是市集、清真寺以及大學，並以伊斯蘭教法定義的社會正義進行號召。

*編按：市集（Bazaar）除了商貿機能之外，還因為都有清真寺，所以宗教人士跟商人的關係密切，又因為是各階層人們聚集之地，在政治局勢變化的時候，市集也成了政治宣傳的重要場所。

一如伊朗歷史上曾出現過的許多政治倡議，一九〇五年至一九一一年的憲政革命，也受到邊境省分亞塞拜然的社會團體的強力支持。[458]由於大不里士的知識分子居住的地方非常靠近俄國和鄂圖曼帝國的邊界，而他們又會說突厥語，因此成了傳播西方思想的關鍵渠道。在此之前的一百年裡，出現在國外的伊朗代表之中，大約有百分之九十都來自大不里士或亞塞拜然省的其他地區，而伊朗境內和海外伊朗社群的現代媒體創辦人也是如此。來自俄國的印刷機最早出現在大不里士，而早在一八六八年，這座城市就已經可以透過電報和提比里斯進行聯繫；到了十九世紀末，大不里士甚至還有美國、法國和俄國人的學校。許多積極參與憲政改革的人，都出生於大不里士，或曾在那裡生活過。伊朗的憲政改革為經濟領域所帶來的影響，起初比對知識分子的影響還要多，但在歷經初期動盪之後，革命性的思想也開始出現。日俄戰爭對貿易活動造成影響之後，伊朗人也開始因為通貨膨脹，以及亞塞拜然經濟遭外國滲透等因素而變得愈來愈不滿。其中一個來自城鎮的團體發起抗爭，他們要求「政府必須改變目前的政策，不能再幫助俄國人而繼續犧牲伊朗商人、債權人和製造商的利益」。這種敵意也在城鎮之間，激起了三次大規模的抗議活動，最終導致一九〇六年八月的革命。與此同時，在邊界另一頭的巴庫則有一小群流亡國外的伊朗知識分子在移工社群之中進行組織工作，試圖將社會民主思想滲透進伊朗的亞塞拜然地區。然而他們的革命思想除了受到俄國啟發，也摻雜了一些法國烏托邦社會主義者的思想，讓伊朗的激進主義顯得獨樹一格。[459]

伊朗憲政運動的起源和複雜的演變過程，也源於英俄兩國在伊朗的經濟競賽，以及俄國在高加索邊境地區的崛起。一八一三年和一八二八年，俄國和伊朗分別簽署了兩份和約；在和約中，俄國允許沙赫賽凡游牧民族跨越新邊界，有限度地讓這些牧民來往於他們的傳統牧地。但可以預見的是，這些牧民並不會遵守俄國立下的限制。於是俄羅斯政府開始利用牧民造成的跨境糾紛對伊朗政府施壓，要求伊朗放棄對牧民的管轄權。高加索地區的總督於一八六九年任命了一個永久邊境委員會，試圖以最有效的手段來控制移民而非阻止移民，因為阻止移民可能只會導致經濟損失，並讓劫掠事件變得更加頻繁。他曾說：「即將出現在我們邊境上的，不會是一個統一的游牧民群體，而是許多彼此敵對的盜匪集團；對俄國來說，後者將導致我們保護邊境居民的任務變得更加困難。」[460]

儘管俄國和伊朗雙方都在不斷試圖管控移民，卻無法阻止大型游牧民群體突破邊境防線，而俄國人採取的鎮壓措施也只會讓盜匪活動變得更加頻繁。到了一八九〇年代，伊朗境內的整個亞塞拜然省都陷入了混亂狀態。俄國提升了施壓的力道，並獲得了重要地方官員的任命權。他們在商業上擴大了對亞塞拜然省的滲透活動，並成立俄亞銀行對伊朗政府提供貸款。長期以來積極嘗試制衡俄國影響力的英國人，則是利用國家貸款促進自己的經濟利益。到了一九〇六年，伊朗對英俄兩國欠下的債務總額已經是年度財政預算的三倍之多。[461]

作為伊朗最早成立的地下「民族社團」之一的祕密委員會，於一九〇三年在大不里士召開會議，隨後德黑蘭也出現了類似的團體，為第二次起義開啟了序幕。在接下來的兩年之內，大不里士和德黑蘭率先出現了要求制憲的聲音。反抗國王的行動，也讓許多城鎮群體聚在一起，形成了鬆散的聯盟，這些群體包括商人、工匠、知識分子和宗教異議分子，但他們心裡都有各自的盤算。這些城鎮群體對於政府賦予俄國經濟特許、俄國和英國銀行的成立、新的海關規定，以及不斷上漲的生活成本都感到非常憤怒。然而他們並不反對在經濟上採取自由主義，而只是希望將這些經濟活動收歸自己控制而已。

烏拉瑪內部的異議分子也投入了改革運動之中。他們同樣仇外，卻反對和政權站在一起的什葉派菁英，而這些反對什葉派菁英的行為也受到了許多世俗觀點的影響。[462]俄國在日俄戰爭中戰敗之後，伊朗的反對派便開始大膽挑戰伊朗政府管理不彰、貪汙腐敗、依賴敵人等問題。一九〇六年七月，政府以武力鎮壓群眾的行動並未成功，又承認了國會選舉的結果，導致這場反抗運動愈演愈烈（和俄國一樣，只有特定階級的人民才能獲得伊朗國會的選舉權）。雖然這場運動缺乏明確的政治色彩，但卻催生了一份法律草案。直到一九七九年為止，這份草案都是伊朗憲法的核心。[463]

回到伊朗的激進分子也都聚集在大不里士。正義社會團和達什奈克黨都有重要支部位於大不里士。一九〇八年六月，剛繼位的穆罕默德·阿里國王暫停了前一任國王實施的憲政改革，而大不里士當時則在反政變的行動中扮演了領頭的角色。亞塞拜然省的地方議會也呼籲其他省分的議會加入反抗行動。在兩百名來自高加索地區的叛亂分子（其中包括亞美尼亞人和喬治亞人）的支持下，當地的叛亂分子成功取得了對亞塞拜然省的控制，並在裏海畔的吉蘭省尋求支持，在德黑蘭組織遊行，最後成功推翻國王並重建了憲政體制（儘管維持的時間並不長）。[464]雖然這場憲政運動帶有超越民族的色彩，但事實證明，即使他們面臨著反革命運動的威脅，要建立一個團結的社會民主政黨依然非常困難。[465]

英俄雙方都認為應該讓卡加王朝延續下去。不過俄羅斯人認為伊朗應該實行絕對君主制，而英國人卻想要一個君權有限的王朝。正如英國大使所指出的，俄國人之所以不能允許憲政運動取得成功，是因為「不滿情緒」主要就集中於亞塞拜然，而該地區當時正「到處充斥著俄國的革命分子」，他稍微語帶誇大地這麼說。[466]

從一九〇七年到一九〇八年動蕩的革命年代期間，國王唯一能夠用來對抗憲政主義者的武裝力量，依然是他的哥薩克衛隊，他們在一九〇八年間是反政變的先鋒。在一名俄羅斯上校的帶領下，他們曾經衝入解散國會，並處決了一些領導人。英國人見狀後不太高興。他們寧願與俄國合作迫使國王讓步，也不願與俄國起衝突。然而他們的共同努力仍舊無法阻止亞塞拜然的革命勢力以及南部的巴赫蒂亞里部族逼近德黑蘭，擊敗哥薩克人，甚至也無法阻止他們罷黜國王。儘管國王曾兩次嘗試重返伊朗奪回王位，卻都未能如願，而俄國人見狀，終於也表示將不再支持國王，但能在巴庫為他提供庇護。與此同時，他們也阻止改採憲政制度的伊朗政府對財政結構進行改革。俄國還對伊朗國會下達了最後通牒，要求他們開除來自美國的財政顧問舒斯特。然而伊朗國會拒絕了這個要求。遭到拒絕的俄國政府決定出兵占領伊朗北部，強迫伊朗就範，接著又在大不里士、馬什哈德和拉什特實施了恐怖統治，以此作為對革命運動的報復。[467]

伊朗局勢後來漸趨平穩，但其代價卻是遭受外國勢力的支配。由於他們缺乏一支真正的軍隊和強健的中央政府，伊朗已經不再是一個帝國強權，無法繼續在西部和北部邊境地區和鄰國競爭，因而淪落為俄國和英國之間的邊境地帶。一九〇七年到一九一四年之間的這段期間，伊朗幾乎遭到了瓜分，而俄國又對伊朗軍隊的現代化、官僚體制改革以及鐵路興建計畫百般阻撓；這些種種，都嚴重破壞了王朝的統治正當性。[468]如履薄冰的國王成功地對部族和烏拉瑪做出了適當的讓步，但矛盾的是，這也進一步讓他無法實施重要的改革措施。然而如果卡加王朝希望在二十世紀存續下來，這些改革措施都缺一不可。469

清帝國的危機

導致清帝國於一九一一年滅亡的憲政危機，則是源於清朝的最後一次大型改革運動，而這場運動，其實也是清帝國對俄國、日本和西歐強權侵犯內亞邊境地帶和沿海邊境地區的回應。在內亞地區，俄國曾於一八七一年到一八八一年間侵占伊犁，為新疆的中國政府帶來不小的震撼。清帝國後來也在一八九四年到一八九五年間的中日甲午戰爭中戰敗，並失去對朝鮮的影響力。義和團叛亂則撼動了整個清帝國，並導致俄國侵占滿洲地區。

正當中國對內亞邊境地帶的控制變得愈來愈薄弱之際，沿海的邊境地區也在不斷面臨西方和日本的侵擾。一八四〇年代的鴉片戰爭結束後，清朝的國勢便持續衰退，並在二十世紀初跌至谷底。對日本戰敗之後，歐洲列強緊接著又於一八九八年紛紛要求在通商條約口岸的勢力範圍，外國軍隊甚至還於一九〇〇年直接進入中國鎮壓義和團叛亂；這些種種都讓統治菁英堅信，唯有經歷一場徹底的改革才能挽救朝廷。一般而言，知識分子、學生以及受過教育的人民都希望進行改革運動。在之前半世紀內逐漸壯大（雖然過程中免不了波動和干擾）的兩股勢力，此時開始合流。第一股勢力為「自強運動」，主張以折衷的方式對儒家思想進行詮釋，並以此作為方針，由朝廷裡的士大夫自上而下地實施改革。第二股勢力則是由自發的仇外情緒，以及一種近似於民族主義前身的情感混合在一起的產物，時不時在城鎮造成暴動；此外，這一派人也非常推崇日本藉由學習外國政治模式和經濟改革來抵禦外國勢力的做法。雖然這些改革派人士在細節上不盡相同，但他們通常都希望保留清朝體制，以及他們自身的地位和利益。他們實施憲政改革的目的，是為了讓帝國中央的權力能更深入到地方上，同時也鼓吹修建鐵路，創建一支現代化的軍隊。

十九世紀末的鐵路興建熱潮，則描繪出了「自強運動」有多仰賴外來的協助，才能使權力更加集中於中央政府手中。[470]在中國，主張修建鐵路的統治菁英起初並不認為鐵路會對儒家的世界觀造成威脅。一如歐亞大陸上其他多文化帝國，在邊境地帶上的角力過程中，修建鐵路的實際好處要在抵禦敵人入侵邊疆的關鍵時刻才會顯現出來。俄國於一八八一年撤出新疆之後，李鴻章便憂心，如果不修建一條鐵路將新疆與內地連結在一起，清帝國將無法抵禦俄國下一次的入侵。一八八四年至一八八五年間的中法戰爭結束後，他持續支持鋪設鐵路和電報線，藉此改善沿海地區的通訊與交通。然而許多官員擔心鐵路也會讓外國軍隊侵華變得更加容易，導致大規模的鐵路計畫遲遲無法實現。列強爭劃租界地和勢力範圍期間，許多外國公司獲得的特許權明顯著眼的是他們自身的經濟利益，而非為了促進中國的發展。一八九九年至一九〇〇年間，地方上出現了針對鐵路的攻擊事件，而這正是當時仇外心態的部分結果。義和團叛亂落幕後輿論開始轉向，要求政府興建中國人自己的鐵路。這種地方上的呼聲也導致了保路運動的發生，而運動背後則有支持君主立憲制的地方仕紳和富商在暗中支持。一九一一年清政府決定將鐵路國有化，並由英美聯合貸款協助清政府新建鐵路。然而這個決定卻在地方上引起了抗爭運動，而外國人和政府官員則成了抗爭針對的對象。此時新軍的軍官也加入了反對的行列。於是清政府也面臨到了伊朗帝國和鄂圖曼帝國的經典困境：為了趕上西方，他們不只欠下了大量外債，在政治上也必須聽任外部勢力，因此導致國內的民族主義者和愛國人士強烈不滿，還有許多人甚至希望改革運動能完全不仰賴外國人的援助。

為了在傳統儒家體制之外訓練出領導人，清政府也實施了教育改革，但改革卻也造成了自下而上反對政府的主要勢力來源。一九〇五年俄國革命對中國知識分子的影響，則描繪出他們在交織的歷史中所扮演的思想傳播角色。二十世紀初，俄國革命運動的消息開始傳入中國，而且通常是透過日本的媒介傳入的。年輕的讀書人尤其嚮往普羅夫斯卡婭的英勇事蹟，這位人民意志黨的成員曾經參與對亞歷山大二世的暗殺行動。此外，長期以來不斷侵擾內亞邊境地帶的俄國後來竟遭到同為亞洲國家的日本擊敗的消息，也令他們大感振奮。這些情緒讓他們更普遍地讚揚革命運動，但他們同時也從其他傳統中找尋靈感。[471]

自強運動早期，清政府不斷嘗試建立現代化的軍校，但並未完全成功。義和團叛亂結束後，地方上開始出現新的軍事學校；到了一九一〇年，中國已有七十所類似的軍校。這些軍校製造出了一群新興的菁英，他們所受的訓練雖然只局限在軍事上，但也接觸到了一些西方思想。為了解決中國在軍事上的弱勢，他們除了將民族主義、愛國主義式的憤慨投射於外國人身上之外，也瞄準了「外來」的滿清政權。[472]激進反清勢力的來源非常多樣，其支持者有中國新式學校和海外歸國的學生、受西方革命思想影響而心懷不滿的文人，以及在新軍服役的軍官。在這些群體之外還有許多對現狀感到不滿的人，比如貧農和在城鎮地區遊蕩的工匠與行商，這些人在過去本來就是反清叛軍的基層主力。滿清政權遭遇到的最後一場危機，可以看作是新一代的改革派菁英，與早期大量不滿的社會群體之間的互動。

理解清帝國之所以覆滅、帝制之所以在中國終結的關鍵，就在軍事改革出人意料的結果。滿清自從於十七世紀掌權之後，便持續仰賴軍隊維持對人口更多的漢人的統治。清帝國的陸軍共分為三種類型：八旗兵，亦即傳統的滿人組織形式；更像警察組織，而不像正規軍隊的綠營兵；以及規模較小的淮軍（北洋軍）。淮軍建於一八七〇年代，由李鴻章主辦，是自強運動的一部分；他們配有現代化的武器，訓練也相對精良，是對日作戰期間最有力的一支軍隊，然而兵力卻只有兩萬五千到三萬名而已。他們在一場關鍵的對日戰役之中寡不敵眾，最後以慘敗收場。這些軍隊最主要的弱點便是軍紀不佳、訓練不足，而專業軍官的人數也不夠。[473]

為了重振逐漸沉寂的自強運動，統治菁英於一九〇一年對徵兵制度和訓練方式實施了一系列的重要改革；這場改革的成果便是一九〇四年之後被稱為「新軍」的軍隊。[474]除了以北洋軍模式為基礎，新軍的改革運動也首次引進了義務兵役制度，因此在理論上滿清遲早會需要依賴漢人軍隊的效力。意識到危機的清政府也創建了一支大清侍衛隊，但他們並沒有禁止漢人進入侍衛隊服役，因而稀釋了這支菁英部隊在族裔上的同質性。他們也為高階官員的子弟建立了特別的學校，同時試圖掌控高階軍官的任命權。儘管滿清政權的擔憂是真確的，但他們採取的預防措施並不適當。[475]

軍事改革也試圖提升基層士兵的社會地位，清政府除了調高薪餉，提供退伍津貼之外，也將服役年限訂為三年；而軍官的選拔標準，也從對四書五經的理解程度變成軍事技巧。此外，清政府也開始嘗試發展本地的軍工業，希望能生產出制式武器，而新建的軍事學校則請來外國教官（通常是日本人）提供現代化的訓練。有潛力的軍官則會被送出國接受訓練，但這些軍官歸國後往往對海外流亡激進分子的反清思想和民族主義式的煽動最為支持。他們和畢業自軍校的軍官由於訓練背景的緣故，都深知中國非常容易遭到外國支配。[476]

推翻滿清的辛亥革命起初是由新軍中漢人菁英的叛變所引發的；當時的新軍，已經被擔任基層軍官的激進派學生高度滲透。起義很快就散播了開來，而年輕人、文人以及（最重要的）軍官所懷抱的強烈民族意識和愛國情操，則都在持續助長起義運動。辛亥革命過程中最關鍵的部隊是兵源和駐地都位在湖北省的新軍。根據美國史學家周錫瑞的看法，這支軍隊在三個意義上非常特別：「湖北新軍的規模和識字率較高，軍隊又駐紮在一個主要的通商港口，而且地方上的學校也無法吸收所有受過一些教育，而且可能成為革命分子的年輕人。」此外，湖北新軍的所有軍官都曾在海外留學，或者至少畢業自軍校。[477]他們都抱持反清立場，是漢人民族主義團體和文學社的成員，認為滿人和日本人或英國人一樣都是外族。雖然意圖叛變的湖北軍只召集到了人數不超過兩千名的兵力，卻成功攻占了一座現代化的軍火庫，並擊敗了前來鎮壓的清軍。這是五十多年來首次有漢人軍隊打敗了效忠清廷的軍隊。這場起義行動由在日本受過訓練的軍官領軍，很快便蔓延到中國各地，並且愈來愈像一場反抗外來政權的民族起義。不到一年，效忠清廷的軍隊便在戰場上被一一擊敗。北洋軍的高階指揮官於是呼籲朝廷建立共和國。皇帝在最後一道詔令中宣布退位，並將政權轉交給袁世凱。袁世凱原本是一位勢力強大的地方長官，也是籌建北洋軍的推手。於一九一二年成立的中華民國政府中擔任臨時副總統的黎元洪，此前則是武昌起義的領導人之一，他曾在清廷開始實行集權政策、鞏固政權之前，便呼籲漢人推翻滿清，推動了起義運動的擴散。

身為總統的袁世凱，則懷抱著稱帝建立新王朝的野心。他開始重新將儒家儀典納入制度之中，藉此準備將儒教定為中國的國教。他試圖將自己的權力基礎建立在中國的傳統菁英，亦即官員、地方上的大地主以及由他的親信擔任將軍的新軍之上。在一系列的行政改革之中，他開始將政治權力集中在自己的手上：他限縮了地方軍事指揮官的權力，解散國會，甚至廢除內閣制度。然而他卻無法調和中國內部相互衝突的政治利益團體；這些團體分為死忠的共和派，以及希望復辟滿清的保皇派，雙方勢不兩立。對他造成更多傷害的是，他竟然為了達成稱帝的夢想而尋求外部勢力的援助。一九一五年，袁世凱接受了日本的《二十一條要求》，讓日本在滿洲、內蒙和其他地區獲得了更多的經濟利權。日本也利用他的讓步取得了更多的協議。作為對一連串大規模鐵路貸款的回報，日本得以將朝鮮的鐵路和南滿鐵路連接在一起，又興建了其他五條鐵路，讓他們獲得了滿洲、蒙古和山東省的戰略鐵路的絕對掌控權。478 * 北洋軍隊的地區指揮官此時抓住了全國反袁運動的機會，公開反抗袁世凱的統治。袁世凱於一九一六年猝死之後，他們開始為了取得舊帝國政權的中心而彼此討伐，將中國拖入了長達四十年的內戰。†

蔣介石便是這些年輕軍官的其中一名。他曾於一九〇八年到一九一一年在日本的軍事學校留學；

* 審定注：歷史學界最近的研究咸認袁世凱在抵抗日本《二十一條要求》的過程中取得不俗成果，以至於厭惡袁的日本並不支持其帝制。

† 編按：此處應為筆誤，從一九一六至一九三〇年中原大戰，前後約十四年。

一九二三年，孫中山又將他送往俄國學習蘇聯的軍事制度，接著更任命他為黃埔軍校的校長，「為救中國而建立一支新的革命軍」。[479]這些經歷，讓他在孫中山過世後爭奪對國民黨的掌控權時處於有利的地位。他藉此在一九二六年的政變中掌權，並在中國南方鞏固了自己的勢力。然而國民黨只不過是他建立在軍隊之上的個人權力的其中一個面向而已：「中華民國真正的基礎是軍隊，中國（在蔣介石領導下）實現統一，只不過是軍閥之間的臨時聯盟罷了。」[480]一如鄂圖曼帝國和卡加王朝，中國的改革運動也帶來了一個現代化的國家軍隊和軍事技術的進步；然而這些產物原本是為了讓帝國能夠抵禦外部敵人，最後卻加速了帝國政權的滅亡。

辛亥革命在內亞邊境地區的直接影響，是終結了清政府此前中央集權控制的政策，並開啟了內亞地區的自治運動。俄國人於一八八一年撤出伊犁谷地之後，清廷便廢除了他們十八世紀時的懷柔政策，不再容忍邊境地區的多元文化。他們將新疆併呑為中國的一省，並開始對他們進行同化。這意味著他們將起用漢人擔任官員，鼓勵關內居民向新疆移民，並試圖透過儒家教育同化一部分維吾爾居民。然而移民計畫卻因為缺乏資源而以失敗告終。[481]

一九〇一年，清廷在東北地區（滿洲地區）發動了一場大刀闊斧的改革運動，亦即所謂的「新政」，對政府的各個層面都進行了改革，也標誌著清政府將正式開放人民前往東北移墾，藉此調整清帝國的邊境政策。但早在官方政策啟動之前，自發性的移民便早已大量湧入了滿洲地區。到了清末，漢人大規模湧向東北的移民潮到達了顛峰。一八九四年，東北省分的人口約有一千兩百萬，到了一九一二年卻竄升到超過一千八百萬。由於漢人農民侵入了蒙古牧民的牧地，許多蒙古人被迫遷往柳條邊*以西的地區。清政府也在一八八〇年代引入滿洲的邊防部隊中增加了中國士兵的人數。到了此時，除了西邊的一些蒙古人以及黑龍江邊境上的一些通古斯語族之外，幾乎所有東北地區的居民都使用漢語。482

就像在滿洲地區一樣，一直到十九世紀中葉，清政府在蒙古地區的政策都是為了保存軍事傳統和游牧生活型態，藉此對抗「漢人粗鄙的習俗」。蒙古旗人能否像平定太平天國期間那樣繼續擔任後備軍隊，對於清帝國來說至關重要。出於同樣的精神，清政府也對西藏和蒙古地區的藏傳佛教進行保護和提倡，同時卻又斷絕了拉薩和居住在清帝國疆域之外的厄魯特人之間的聯繫。清政府這麼做的目的有三個：首先，他們希望防止地區性的文化中心在不受他們直接掌控的情況下持續發展；第二，清政府希望在漢人與蒙古人之間立起一道文化屏幕；第三，則是為了確保帝國治下蒙古地區的和平、穩定和忠誠，在佛寺和親王之間將權力和土地所有權區分開來。483

儘管法令不斷阻礙或禁止蒙古人與漢人之間進行文化接觸，但蒙古人的漢化現象仍在不斷加速，尤其是在內蒙古。由於通婚頻繁、蒙古人又會赴京當官，而清廷也需要在邊境省分任命懂漢語的蒙古官員，蒙古貴族於是逐漸被收編進清朝的貴族之中。有些蒙古貴族加徵稅賦，或者將牧地讓給了漢人移民定居，只是為了過上和漢化的滿族貴族一樣的奢華生活。他們非法出售土地，並向漢人商人和錢莊借高利貸。事實上，漢人移民湧入蒙古南部的現象，早在十九世紀中葉內部叛亂使核心省分陷入動亂時，便已經開始發生。到了十九世紀末，希望過上奢華生活的蒙古貴族，將會為他們打開漢人移民

＊編按：柳條邊指十七世紀後半期，清帝國在東北地方興建的堤防壕溝，主要將盛京地區及長白山區包圍，限制包括漢族在內的其他民族流入。

大門的行為付出代價。

此外，清朝的宗教政策也在不斷助長不滿情緒。北京政府提倡在內蒙和外蒙地區發展兩個佛教中心，並透過賞賜土地來鼓勵寺院擴增。由八旗旗下的親王、佛寺和漢商組成的三位一體聯盟不但有些不倫不類，還削弱了半游牧社會的活力，讓人民進一步陷入貧困。[484]蒙古人愈來愈擔心，此時從關內湧入的移民將會對他們的整體生活型態造成威脅。儘管如此，與內蒙相比，遷往外蒙的移墾者人數仍然很少；到了一九一九年，在內蒙的四個主要地區之中，漢人移民的人數已經占了百分之八十八以上。[485]

關於土地使用、稅賦和漢人聚落的衝突，也在地方上激起了抗爭。從十九世紀中葉開始，隨著「蒙古匪幫」的出現，反漢人的暴力行動也不斷加劇。二十世紀初爆發的一連串大型起義，都集中在地區首領漢化最深的地區。最嚴重的一起事件始於一九〇八年，從內蒙的東部蔓延開來，並在三年之內便擴及到四個旗。[486]日俄戰爭結束後，清政府宣布將會在蒙古地區實施新政改革，明顯在為未來的漢化政策鋪路。這些措施都是清政府在控制邊境地區時常見的模式。清朝官員開始重組學校體系和軍隊，並計劃將鐵路網延伸至蒙古地區，以便將蒙古和中國更緊密地連結在一起，並阻止蒙古向俄國靠攏。喀爾喀的親王批評，新政對蒙古人一點益處都沒有。一九一一年夏天，一群擁有影響力的蒙古人祕密前往聖彼得堡要求俄國提供援助，不過直到今日，他們的計畫內容仍然是個謎。見到蒙古人求援的沙俄政府起初非常驚訝，無法確定是否應該伸出援手。就經濟層面來說，蒙古並沒有什麼東西可以提供給俄國，但蒙俄漫長的邊界在戰略上仍然非常關鍵。在接下來的三年內，俄國大力支持蒙古的主張，讓「蒙古人可以透過外交管道維持自主，但又不破壞他們和主君大清皇帝的關係」。[487]接著，俄國還要求北京政府恢復現狀。當清帝國於一九一一年遭推翻時，喀爾喀蒙古人宣布獨立，並呼籲內蒙古的人民加入他們，一起建立包含外蒙、內蒙以及滿洲西部的巴爾虎地區（呼倫貝爾）的大蒙古國。矛盾的是，清政府長期以來企圖阻止的自然漢化過程，也在蒙古引發了一場民族抵抗運動，並在清帝國瓦解前夕逐漸發展成獨立運動。[488]

清帝國的覆滅，也等同於清除了大蒙古國建國進程上的一個路障。新的大蒙古國將會實行神權君主制，由神權統治者博克多汗進行統治，而官僚體系的樣貌則和已經滅亡的清朝非常類似。在接下來的幾年裡，蒙古人不斷呼籲俄國和北京的新政府承認蒙古國，但這兩個彼此競爭的政權都有自己的盤算。俄國於一九一二年與日本協議在蒙古劃分各自的勢力範圍，隨後更提出將自治的外蒙置於俄國控制下的構想，猶如他們在伊朗北部和新疆的政策翻版。他們甚至試圖以伊朗的哥薩克軍團為範本建立蒙古軍團。相較之下，中國則是試圖限制蒙古人的自治權限，但因為日本對華提出的《二十一條要求》而無法如願。

在一九一五年恰克圖的三方談判中，俄羅斯人幾乎大獲全勝。中方一直認為蒙古是中國的一部分，也是帝國不可分割的一部分，而蒙古人則從未接受過這種觀點，而認為蒙古是一個「外藩部」，處於一種特別的邊境關係中。俄國人試圖將這些術語轉化成西方概念，藉此為中蒙雙方進行調解，因而在談判期間將中國在法律地位上的定義從對蒙古擁有「主權」轉變為「宗主權」。由於俄國已於一九一二年承認日本在內蒙的利益，因此俄國反對內蒙和外蒙統一。[489]協議的結果是，中國將繼續擁有外蒙的主權，而蒙古也將繼續作為緩衝國，但協議也對蒙古的自治權進行了確認，同時禁止中國政府派遣軍隊、移民或官員進入蒙古，俄國於是可以就經濟利權議題和蒙古單獨進行談判。然而俄國大革命的爆發卻讓俄國人無法兌現這些利益。490

中國倒是成功地保住了內蒙。新的共和國建立在五族共和的基礎之上，而這五族分別是漢族，以及滿族、蒙古族、維吾爾族和藏族這四個邊疆民族。然而，由袁世凱領導的北方政府和孫中山領導的南方政府彼此敵對，也未能就如何實踐五族共和達成共識。袁世凱承認地方蒙古親王的權力，希望藉此重新爭取到喀爾喀蒙古人的效忠。為了獲得承認，他任命貢桑諾爾布郡王為蒙藏事務局的總裁。貢桑諾爾布曾受日本明治維新影響，也曾擔任改革運動的領導人，而百日維新的失敗也讓他提前警覺到中國的頹勢。然而貢桑諾爾布更欽佩孫中山，因此加入了國民黨，並在曾於日本受訓的年輕知識分子幫助下進行改革運動。不過他溫和的計畫卻引起了保守派貴族的敵意，也沒有爭取到偏好民主思想的支持者。

袁世凱於一九一六年去世之後，中國北方陷入了內戰，而內蒙也在戰火旁岌岌可危。日本人對內蒙東部的動盪表達了關切，卻引起許多知識分子的憂心，認為這是日本即將出手干預的預兆。菁英階級分為兩派，一派支持北京政府，希望保留蒙古王公的傳統權力；另外一派則是南方的國民黨民主政權，承諾將會讓內蒙自治；只有少數人主張內蒙應與外蒙古統一。491 拉鐵摩爾認為，內蒙和外蒙之所以無法統一，是因為內蒙王公在經濟上與中國的連結過深，又擔心自己無法與外蒙的統治者競爭，而且也相信北京孱弱的北洋政府能讓他們鞏固自身權力。另一個更大的阻力，則是來自俄國和日本的反對。[492]

一六八九年，俄國與中國簽署的《尼布楚條約》導致蒙古民族的第三個地區被兼併入俄國。為了對這些蒙古人進行整合，俄國使用了一個簡單的方法：以「布里亞特人」這個鮮為人知的民族名稱，稱呼認為自己是成吉思汗嫡傳子民的部族。這些部族形形色色，有些原本就居住在外貝加爾湖地區，有些則從滿洲地區遷徙而來。他們稱自己居住的地區為「後方」，意指該地區是蒙古人在艱困時期的後盾，或者依據一位俄國官員的說法，這個地區猶如「札波羅結人的西奇堡壘」。移民對蒙古人的生活型態帶來了巨大的影響。儘管彼得大帝下令保護這些布里亞特人的祖地，但來此拓墾的俄羅斯人仍在邊境地區的另一輪生態競逐之中逐漸占據了大片的肥沃牧地。[493]然而俄羅斯人和蒙古人之間也有跨文化接觸和經濟合作的跡象，與漢人和蒙古人在內蒙出現的互動情形非常類似。如果說內蒙遭到了嚴重漢化，那麼布里亞特蒙古人遭俄化的程度大概也不遑多讓。俄羅斯帝國和清帝國崩潰後，蒙古民族和外族融合程度最深的兩個地區，都仍選擇留在繼承帝國的政權之內，而沒有投入統一蒙古的運動之中。

和在蒙古的政策一樣，清政府對滿洲的軍隊進行了重組，目的是將既有軍官以漢人取代，並裁撤旗人的部隊。日俄戰爭結束之後，清政府啟動了一項更具野心的計畫，試圖去除整個東北地區擁有的邊境特質，破除旗人的力量，將東三省納入單一總督治下，實施地方選舉，同時也鼓勵關內人民移民至東北地區。改革派語帶焦急地呼籲，他們擔心清國若不加緊控制東北地區，該地區勢必會落入俄國和日本的手中。然而辛亥革命爆發時，該地區的改革行動才剛開始進行沒多久而已。[494]袁世凱去世後，地方上的軍閥接下了滿洲地區的統治權；在接下來的二十五年內，這個邊境地區都和中國若即若離。

結論與比較

在第一次世界大戰爆發前的二十年裡，歐亞邊境地帶角力達到了前所未見的激烈程度，最後導致第一次世界大戰和歐亞帝國的崩潰。在此期間，三個發展已久的歷史進程逐漸演變成為危機。首先，帝國之間的對抗模式出現了巨大變化。鄂圖曼、卡加和清帝國的內部弱點，不僅讓傳統上的敵人（亦即俄國，但對鄂圖曼帝國而言，傳統敵人還多了哈布斯堡王朝）更加頻繁地介入他們各自的邊境地區，就連西方殖民強權也加入了戰局，尤其是以間接帝國主義進行干涉的法國和英國。其次，由於外國干預的壓力，以及邊境地區反抗帝國統治而爆發的武裝抗爭，統治菁英也開啟了一系列新的改革措施，卻依然遭遇到了抵抗，進而導致了意料之外的後果。第三，邊境地區對帝國統治的反抗行動，也開始從社會主義和民族主義這兩種主要的意識形態中汲取靈感，但事實證明，這兩種意識形態在解決多元文化社會的治理問題時彼此難以相容*。

強權對鄂圖曼帝國、卡加王朝和清帝國邊境地區治理的干預行為，包括協商勢力範圍（一八九七年哈布斯堡與俄國的協議、一九〇七年英俄在伊朗的協議、一九〇九年和一九一二年俄日的協議），以及對貿易、銀行業務、金融措施和鐵路建設等方面的掌控。就政治層面而言，干預手法也包括透過併吞（比如波士尼亞）或扶植自治政權（比如外蒙古）等方式讓邊境地區脫離帝國，施壓推動改革運動（比如亞美尼亞問題），或鼓勵附庸國成立聯盟（比如巴爾幹聯盟）。雖然哈布斯堡王朝和俄國也都因為邊境地區陷入危機而受到影響，但他們卻倖存了下來（儘管只是短暫的）而無需放棄主權，但這個結果的代價卻是讓整個世界都陷入了戰火之中。

為了回應危機，多文化帝國的統治菁英內部也出現了不同的意見，因而產生許多難以連貫的政策，比如憲政改革，對邊境地區進行讓步，以及鎮壓反對運動。與此同時，統治菁英也試圖讓建構國族的概念，與家父長式帝國秩序的符號、儀典和政治神學相容。在這些條件下，改革行動必然會產生辯證式的結果（dialectical result）：改革這個正命題（thesis），卻產生了革命行動這個反命題（antithesis），並在合命題（synthesis）之中播下了自我毀滅的種子。這些帝國愈是選擇性地在選舉制度和宗教寬容之類的文化習俗之中下功夫，由改革運動造就出的新菁英群體對於帝國政權的抵抗便會愈大。

受改革影響最大的人，反應也最出人意料。鄂圖曼帝國、伊朗和清帝國的軍隊裡都出現了一群專業軍官，認為自己可以比統治菁英更有效率也更有成效地進行統治。由於帝國成立了不少新的世俗化學校和大學，所有多文化帝國的邊境地區都有愈來愈多的知識分子，在社會主義、民族主義和民主主義的旗幟下熱切探尋各種變革模式。社會主義者在兩個相互關聯的問題之間拉鋸：第一個是對帝國主

＊編按：本書第三篇導讀〈帝國之異同〉中，廖教授提到：本章討論清朝時完全沒寫到社會主義和新式大學，也沒提到中國邊境地區出現的知識份子，因此不適合把清朝也歸納進此段內容。詳參頁(24)至(25)。

義的批判，探討的是國際競爭的根源；第二個則是民族問題，處理的是國家內部發生的衝突*。他們在理論層次上的辯論早已失去了熱情和時效性（但或許依然至關重要），而且這些辯論也發生在一個高度分化的社會主義社群之中——甚至是發生在第二國際的各個政黨內部，而不是發生在這些政黨之間。第二個問題集中在普遍主義和特殊主義這兩個彼此衝突的意識形態之間的關係上，亦即社會主義和民族主義之間的關係。這兩種思想都鼓吹將人從不同形式的剝削中解放出來，但如果從這兩種思想最純粹的形式來看，他們彼此之間是無法相容的。他們不僅會彼此衝突，而且還要面對統治菁英嘗試將帝國政權國族化的這個新趨勢，亦即，將優勢民族的語言和文化習俗強加在多文化帝國境內的其他民族身上。

對於這些社會主義者非常在意的問題，右派的回應方式則是透過俄化、德意志化、馬札爾化、土耳其化以及漢化等做法，來支持帝國政權的國族化。這些重組社會，甚至有時是改變社會的各種手段是許多衝突的來源，但這些衝突的來源並不是銘刻在一片空白的石板之上，而是疊覆在早期政治進程和社會文化進程的遺跡之上，疊覆在不斷變動、爭議不斷的邊境歷史之上，也疊覆在帝國之間的競爭過程之上。到了二十世紀初，邊境地帶已經演變成為地緣文化的場址，各種彼此無法相容的意識形態和政治運動（諸如族裔國族主義、農民民粹主義和工業社會主義）的支持者在此交互作用，從而產生了爆炸性的組合，並透過癱瘓國家運作、叛亂行動和國際戰爭等途徑，對帝國政權帶來了嚴重的威脅。

*同上頁注。

第六章

帝國遺緒

一九〇〇年到一九二〇年間導致帝國滅亡的戰爭與革命，長久以來都被歷史學家當作現代歐洲史中的一連串斷裂來看待。比方說，邊境地區紛紛從帝國核心脫離出來，有些人響應了民族自決的號召，有些軍閥則在地方上稱王，而世襲王朝的概念不是已經消亡，便是正在消亡當中；既有內部市場和交通通訊網絡的邏輯和結構也都遭到了破壞。帝國軍隊和軍官則遭到解散，而從前的同袍戰友，也開始在歸屬不明的邊界上彼此殘殺。取得政權的新統治者（他們通常來自社會或軍隊中的邊緣）或者鼓吹新的意識形態，或者以激進的方法包裝過去的意識形態。在戰後的幾年之內，邊境地區的人民似乎已經一吐數十年來或數百年來遭帝國統治的怨氣。

然而，過分強調斷裂的觀點也可能會低估帝國的遺緒，因而忽略了繼承國裡剛掌權的統治菁英所必須面對的一些遺留因素。在本章中，歷史遺緒指的正是那些在帝國滅亡之後仍然延續下來的制度、意識形態，以及文化結構和文化實踐元素，它們明顯地體現在領導方式、決策模式以及政策本身之中。從歷史研究角度看待的遺緒概念，和法律上的遺產概念並不相同。所謂的遺產是在沒有對其基本特徵進行更動的情況下，原封不動遺留給繼承人的事物。但由於歷史變遷，歷史意義上的遺緒並不能以遺產字面上的含義等同理解。繼承政權的統治者背負著舊政權留下的遺緒，因此在解決由遺留因素所造成的問題時，無法將解決方法直接銘刻在空白的石板之上。

由於帝國政權過渡到後帝國政權的過程非常暴力，往往牽涉戰爭、內戰和革命運動，因此統治者決定要保留和摒棄舊帝國政權中哪些元素的過程也變得更加複雜。雖然許多帝國官員被迫或自行去職，但也有許多官員繼續在新政府中留任。有些曾為帝國效力的軍官即使在政權易幟之後，也仍在統領部隊。繼承帝國的每個新政權都非常重視專業人才。議會的形式和選舉的實施辦法雖然都依據新的情境而做了調整，但和過去一樣往往是為了掩蓋專制的權力結構。新的統治菁英仍然擁有過去帝國統治時使用的工具，而他們所面臨到的問題，與那些過去困擾著專制君主的問題依然非常類似。

首先，除了奧地利和匈牙利之外，歐亞大陸上繼承舊帝國的政權都仍是文化多元的國家，而即使是在奧地利和匈牙利，猶太人和羅姆人就算不被視為外國人，也都有自己獨特的文化。其次，新的國家同樣也有邊境地區，而且和過去的帝國時期一樣，這些邊境地區也都遠離政權核心。第三，邊境地區往往居住著不同族裔的居民，經過人口變動之後更是猶如重新洗牌了一般。第四，繼承國的國界和內部行政區邊界的劃定過程幾乎毫無原則可言，而且經常將相同族裔的群體分割開來（這點也跟過去的帝國一樣，幾乎都是軍事行動造成的結果），因而引發了新一波以歷史和民族論述為基礎的領土收復訴求。第五，上述的問題也意味著族裔政治開始滲入了文化政策的各個面向，尤其是教育面向*。

當新的菁英正在努力解決這些帝國遺留因素所造成的問題時，他們的反應往往也與過去帝國統治者的反應非常類似。在設計政治和社會解決方案時，他們同樣採取同化、移民或驅逐等做法，而少數族群採取的回應方式也和過去帝國治下的受統治民族一樣，有抵抗、也有適應。

儘管繼承帝國的政權在許多方面都像是帝國的縮影，但它們仍然有許多重要的差異。比方說，雖然新的國家內部同樣擁有多元文化，但統治階級卻只來自主流族裔；和過往帝國較為彈性、較不連貫

---

*編按：本書第三篇導讀〈帝國之異同〉中，廖教授提到：第三、四、五點的歸納，也不完全適用清朝及其繼承國。

的國族化政策相比，新的統治階級也更傾向於要求少數族裔完全忠於他們所定義的國族。此外，由帝國解體所造成的大規模權力重組過程中，有些本身就曾是一個大型多民族國家的地區，也開始變成他國的邊境地區。哈布斯堡王朝、鄂圖曼帝國和俄羅斯帝國解體後，許多人被迫逃離家園，則為繽紛的人口拼盤帶來了劇烈的變動，繼而產生了新的文化碎片區，導致爭議不斷。此外，就像清帝國被軍閥控制的各個地區一樣，歐亞大陸西部新的邊境地帶也很脆弱，側面正暴露於來自周邊強權的外部威脅。

大規模人口流動

帝國邊境地區的人口組成，於一九一四年至一九二三年間變動得更加劇烈。雖然歐亞邊境地帶的戰爭一向都會產生不少難民，但第一次世界大戰頭三年所造成的人口流動仍然是前所未見的。戰爭爆發後，從波羅的海沿岸、東歐大草原、多瑙河流域，到高加索南部的複合邊境地帶上，居住在前線兩側的居民開始大規模逃亡，或是被迫接受安置。到了一九一七年，光是俄國估計就有六百萬難民，其中絕大多數人都是主動或被迫從邊境地區的家園逃離出來的。[495]在波羅的海地區，戰爭導致大約二十萬名猶太人和五十萬名拉脫維亞人逃離家園，其中包括里加的一半人口；白俄羅斯的各個省分則湧入了二十五萬名難民。再往南一點，到了一九一五年底，則有超過四十萬難民（主要是烏克蘭人）正在逃向東邊。甚至早在一九一五年德國人發動攻勢之前，估計就有六十萬名猶太人逃離隔離屯墾帶，並有二十多萬名德裔居民被迫遷往東部。一九一四年，居住在奧俄邊界另一側的加利西亞烏克蘭活動分子則是為了躲避俄軍進逼，選擇逃往維也納。除此之外，還有上萬名魯塞尼亞人被捕並送往集中營。在俄羅斯這邊，這場人口流動災難則是由過去數十年來邊境地區角力造成的猜忌所引發的。研究人口流動史的美國學者加特雷爾認為，將在烏克蘭和窩瓦河流域定居好幾個世代的德意志人驅逐出去的行為，「預示了下一代人在史達林統治期間將會遭受的恐怖待遇」。[496]

有些人因為恐慌而選擇逃離，但這種主要以強迫移民為形式的人口流動之所以出現，首要的原因仍是俄國最高司令部和地方官員所採取的政策；他們認為，邊境地區的非俄裔居民成了國家安全的隱患，尤以猶太人和德意志人為甚。在此前的幾十年裡，由於「黑色百人團」這樣的團體和沙文主義媒體的推波助瀾，反猶主義不斷茁壯。[497]對德意志的恐懼心態，則根植於泛斯拉夫人對德裔的「波羅的海貴族」及其特權的反感。到了俄羅斯帝國末期，眾人開始譴責德國企業家和技術專家在俄國工業部門中的影響力。一八九〇年代，俄國改變了長期以來與德國的友好關係，轉向和法國交好，而這個對外政策上的徹底轉向，也加強了俄國的反德風氣。德國在巴爾幹邊境地區對奧地利的堅定支持則讓俄人相信，德國即將在下一場戰爭中成為敵人，不過尼古拉二世偶爾仍會試圖和緩局勢。[498]俄國的最高司令部於是也出現了一陣間諜熱潮。[499]

戰爭爆發前夕，許多異族居住在具有重要戰略價值的邊境地區；由於他們是潛在的背叛者，因此哈布斯堡王朝和鄂圖曼帝國國族化運動的目標都集中在他們身上。一如俄國的情況，戰前間諜活動的增長以及不斷破獲的情報網絡（不論是真實或虛構的），也讓人更加擔心少數族裔聚居的邊境地區會不會成為安全漏洞。哈布斯堡軍隊的指揮官堅信，加利西亞西部的魯塞尼亞人當時正在與敵人建立聯繫，準備顛覆政權。奧地利的間諜活動則是集中在親俄的魯塞尼亞人身上，不過諷刺的是，這些魯塞尼亞人曾在哈布斯堡王朝的最後數十年裡得到波蘭總督的支持，成為制衡烏克蘭民族運動的工具。他們破獲了一個跨國的政治慈善組織，該組織主張一旦哈布斯堡王朝與俄國陷入戰爭，便會對哈布斯堡政府進行破壞行動。戰爭爆發前夕，哈布斯堡王朝發動了兩場針對親俄分子的公審，受審人數高達數百人。戰爭爆發之後，司令部下令驅逐數千名魯塞尼亞人，並將他們遷往內陸省分。[500]對於義大利人的忠誠度，司令部也同樣擔心。義大利對帝國中央宣戰之後，奧地利也驅逐了來自提洛南部地區邊境的七萬五千名義大利裔平民，並將他們拘禁起來。[501]

至於青年土耳其黨則堅信亞美尼亞人會對國家安全造成重大風險。和波蘭人一樣，亞美尼亞人也成為彼此敵對的帝國的瓜分對象；儘管鄂圖曼帝國和俄國都在積極對他們實施國族化政策，但亞美尼亞人仍自願為這兩個國家的軍隊效力。一九一五年，俄國在安納托利亞的前線擊敗鄂圖曼軍隊，導致大批亞美尼亞人逃往被剛被俄國占領的地區，繼而引發土耳其的殘暴回應。青年土耳其黨的領導人下令將大量亞美尼亞人驅逐出境，最終導致大屠殺爆發，還有數十萬名亞美尼亞人因為饑荒和流離失所而死亡。[502]關於亞美尼亞人的死亡人數眾說紛紜，但大多數資料都認為至少有一百萬人以上，而且還有另外二十五萬難民逃往了南高加索地區。屠殺還蔓延到了邊境省分以外的黑海沿岸和安納托利亞西部。[503]我們可以舉一個經典（但可能有點慘痛）的邊境政治案例：許多亞美尼亞人在安納托利亞地區遺留下來的廢棄農地，都被移交給了在巴爾幹戰爭期間逃離色雷斯西部地區的七十五萬名土耳其難民。[504]大屠殺遠遠超出為了保障軍事安全而應有的行為限度，而阿布杜拉哈密德二世的國族化政策，也早已為這些屠殺事件埋下了伏筆。青年土耳其黨政府利用這場戰爭，加速將亞美尼亞人從鄂圖曼帝國境內剷除出去，而當時的鄂圖曼帝國，也正在從一個多文化帝國逐漸變成一個民族國家。美國歷史學家雷諾茲認為，突厥人對亞美尼亞人的趕盡殺絕是「民族同質化的初期計畫的一部分，該計畫也涉及許多其他族裔群體的遷移計畫，比如信伊斯蘭教的庫德人、阿爾巴尼亞人和切爾克斯人，以及其他人數較少、較為分散的民族，目的是打破他們與宗族和部族的連結，並促進同化政策」。[505]

難民的創傷經驗非常多樣，因此我們難以用簡化概括的方式，總結他們戰後返鄉的過程對自己的民族意識造成了哪些影響。然而在這些返鄉的人或是某些流離海外的特殊案例（比如亞美尼亞人）之中，他們會傾向於增加對新取得的國籍或失去的祖國的認同，並以幾種不同的形式呈現出來。在逃離斯洛伐克、外西凡尼亞和巴納特等淪陷地區的許多馬札爾人之中，民族主義的情感被用於收復故土和支持右翼組織的行動上，然而這個案例是個特例。在拉脫維亞，從俄羅斯歸來的人則似乎更積極地建立了一個民族國家，而且也創造出了許多英雄神話，比如「拉脫維亞步槍兵」當時雖然支持布爾什維克，後來卻被拿來當作支持拉脫維亞民族自決的故事。[506]在立陶宛，國族化運動帶來的影響則有不太一樣的轉折。在三十五萬名歸國者之中，許多人接受了新國家的民族主義思想。但是從蘇聯返回前維爾納省和格羅德諾省的立陶宛難民，卻發現他們的故鄉現在遭到了波蘭軍隊的占領；為了回到故鄉，他們不得不非法越過新的邊界。他們於是陷入了選擇性歸國的艱困處境之中，立陶宛、波蘭和蘇聯政府都牽涉其中，而這些困境也讓這三個帝國的繼承國之間的關係變得更加惡化。此外，將猶太人遣返回立陶宛的動作不僅在民族主義右派當中引發了強烈的反猶聲音，在社會主義民主派當中也是如此。

官方的難民政策變得愈來愈嚴格，而這也體現在「國家官僚體系愈來愈帶有國族化色彩的措施上，比如試圖讓立陶宛內部的族裔組成不再多元，而這種族裔多元的現象其實也是俄羅斯帝國遺留下來的」。[507]

戰爭目標和邊境地帶

這些彼此敵對的政權內部，都在不斷辯論參與第一次世界大戰的目標為何，卻不太關注國內社會正在湧動的混亂情勢，儘管社會動態對於戰後移民的影響，遠遠大過政治家遠大的夢想。現在回看讓人頗為驚訝的是，即使已經經歷過兩個世紀的邊境對抗，哈布斯堡、俄國和鄂圖曼帝國的領導人仍然無法決定，萬一打贏第一次世界大戰的話，應該要如何處置這些邊境地區。但驚訝不能代替分析，而分析結果也必定非常複雜。首先，正如所有牽涉結盟的戰爭一樣，盟友之間不一定擁有相同的目標，甚至經常是彼此衝突的。其次，這三個帝國不僅要與盟友進行協商，還要與那些試圖達到自己目標的中立國進行談判。第三，俄國、哈布斯堡和鄂圖曼帝國各自的權貴階層／統治高層內部也未必有一致的共識，對於戰爭目標經常莫衷一是。第四，隨著戰爭不斷延長、傷亡人數持續增加，戰爭帶來的傷害與厭戰情緒也迫使各國重新評估和妥協讓步。最後一點，或許也是最為關鍵的一點，三個帝國即將崩潰的事實迫在眉睫，壓過了所有戰爭目標以及邊境人民的訴求，尤其邊境人民當時已經不再效忠帝國政權，而且開始要求獲得獨立。

以下的篇幅無意追溯曲折的協商過程、意見衝突以及戰爭目標的變化過程[508]，而是將重點放在最大或最理想的戰爭目標上，藉此闡明這些帝國政權如何設法解決邊界穩定和邊境重構這些老問題，以便實現長治久安，以及在經濟上自給自足的困難目標。

俄國政府於第一次世界大戰之中的目標，在內部和外部的邊界地區是依據不同模式所制定的。在芬蘭和波羅的海省分內部的西部邊境地區，其政策的目的是加強行政體系的俄化工作；而當俄國在面對波蘭保守勢力的反對時，則傾向於給予他們更多的自治權。至於在外部的邊境地區，軍隊則是採取了激烈的俄化政策，尤其是在哈布斯堡的加利西亞地區；而在南高加索地區，他們對待定居在鄂圖曼帝國占領省分裡的亞美尼亞人的方式，則表明了他們無意為了一個統一的亞美尼亞，而犧牲地方上的其他民族，給予他們特別待遇。[509]

一九一四年九月，外交部在起草的十三點中概述了俄國初步的戰爭目標，而這份文件之所以出現，必須歸功於薩宗諾夫。[510]他在與英法兩國大使的友好對談中表達了他對未來的展望，以及如果協約國獲勝之後有哪些願望。至於德國方面，一如我們即將談到的，霍爾維格總理也在他的九月計畫中提出了類似的反思。薩宗諾夫在制定俄國的戰爭目標時，使用了容易讓人誤解的理想主義修辭；用威爾遜主義和列寧主義式的奇怪（預言）修辭來說，這些目標「將依據民族原則來決定」。[511]事實上，這是一個奪取德國邊境地區，並將俄國邊界向外推展的計畫。由於政府高層內部爭執不斷，而法國和英國這兩個俄國盟友的目標又彼此衝突，再加上羅馬尼亞這類中立國的努力協商，該計畫後來雖然經過了大幅修改，卻從未成為官方政策。此外，俄國後來在關於德國的目標聲明中之所以表現得相對克制，也可能是因為俄國人默認了，他們在戰後仍然需要德國的貿易和技術轉移，才能克服俄國經濟落後的問題。[512]儘管如此，薩宗諾夫的十三點仍然證明，俄國統治菁英也察覺到一個統一的德國在邊境地帶角力中崛起為新的主要挑戰者，可能會為他們帶來不小威脅，也證明俄國有多堅決想要透過在邊境地區提升斯拉夫人的勢力，來終止與哈布斯堡王朝的傳統競爭關係。根據薩宗諾夫的說法，他們可以透過以下幾個做法破壞德國的勢力。首先，俄國可以兼併東普魯士的聶門河下游；其次，將波森、西里西亞和加利西亞東部併入波蘭王國；第三，恢復漢諾威的獨立地位，並將什列斯威霍爾斯坦區歸還給丹麥、將阿爾薩斯洛林地區歸還給法國（如果法國想要的話，還可以加上德帝國的普魯士所屬之萊茵普法爾茨省），並將未定界但非常「重要」的邊境地區劃歸比利時。

至於哈布斯堡王朝的勢力，則可以藉由以下方式進行重建：將加利西亞東部劃歸俄國，以及將加利西亞西部劃歸俄屬波蘭王國；兼併波士尼亞和赫塞哥維納、達爾馬提亞以及阿爾巴尼亞北部，以便擴大塞爾維亞的疆域；把捷克人和斯洛伐克人（他們錯誤地居住在摩拉維亞）一起納入波希米亞王國，藉此將二元君主制變為三元君主制；奪走「奧地利帝國（原文如此）」的領土，使其只剩下原有的世襲領地，而和羅馬尼亞就外西凡尼亞問題進行和解的任務則交給匈牙利完成；保加利亞則將會獲得塞爾維亞的領土。此外，除了瓦羅納港將被劃歸義大利之外，希臘將可以併吞阿爾巴尼亞的南部。藉由增加所有巴爾幹國家的領土，俄國將得以重新確立自己身為巴爾幹國家保護者的地位，至於德國的殖民地，則將會由英國、法國和日本接收。[513]

鄂圖曼帝國加入同盟國之後，立即為俄國開啟了許多新的可能性。薩宗諾夫曾說：「鄂圖曼的參戰，將會把整個近東地區的問題列入戰爭的議程之中，或許也終於可以讓海峽問題獲得解決」；他所指的「整個近東地區的問題」，顯然也意指高加索和外裏海邊境地區的長期角力。他的意有所指也為英國人造成了困擾，因為英國人不斷強調能否將所有力量集中於對抗德國至關重要。不過在這個真正的戰略考量背後，其實也隱藏著英國人對俄國突破高加索邊境，進入安納托利亞和伊朗亞塞拜然地區的恐懼。[514]自從凱薩琳大帝在位以來，俄國的統治者和對外政策的制定者為了取得土耳其海峽的自由通行權、甚至是君士坦丁堡的控制權，便已經制定了許多策略，而這也是他們能否在多瑙河流域、東歐大草原和科索沃邊境地區取得霸權的關鍵。俄國的政策制定者在推動目標的過程中，根據國際情勢不斷在兩個極端之間來回擺盪。一種是《恩格爾斯克勒條約》的模式，透過聯盟來達成目標；另一種則是《聖斯特凡諾條約》的模式，透過武力來達成目標。第一次世界大戰爆發前夕，薩宗諾夫再次準備透過外交手段追求俄國利益，因為他擔心德國積極的經濟政策將會導致鄂圖曼帝國瓦解。[515]在過去，不論俄國的軍隊或外交官距離成功達成目標有多麼接近，他們總會因為其他強權的干預而挫敗，這些出手干預的強權主要是哈布斯堡王朝和英國，偶爾還會有法國。歐洲戰爭的全面爆發則打破了這些限制，英國也終於開始與俄國一起對抗哈布斯堡王朝。一直是俄國對手的法國，也在一九一四年成為俄國的盟友，而且這個盟友來得正是時候。一系列偶發的事件為俄國帶來了獨特的機會，就連尼古拉二世也體會到了這一點。同年十一月，他對法國大使暢談了自己的觀點。他主張將突厥人從歐洲驅逐出去，保障俄國在土耳其海峽的自由通行權，並讓君士坦丁堡成為一個國際共管的城市。他重申了薩宗諾夫對巴爾幹地區和德國的計畫，甚至更進一步主張讓哈布斯堡王朝實質解體，並依據民族分布組成幾個新的國家。[516]

薩宗諾夫似乎已經實現了一九一五年《海峽公約》的目標，亦即讓英法兩國同意，一旦戰爭勝利，他們將支持俄國取得博斯普魯斯海峽、馬爾莫拉海和達達尼爾海峽的西岸，以及馬爾莫拉海上的島嶼。出人意料的是，在整個談判過程中，英國人竟表現得比法國人還要更加配合。談判期間，薩宗諾夫幾乎像是事後突然想到般提議要剝奪鄂圖曼素檀的哈里發稱號；很顯然地，這是為了削弱素檀對俄羅斯邊境地區穆斯林居民的影響力。[517]然而俄國的這場外交勝利如同具文；當時俄國的軍力已經不再像一八二九年或一八七八年時那樣強盛，根本無法實現這些目標。[518]

《海峽公約》簽訂後，俄國也和英國於一九一五年三月達成協議，修改了一九〇七年英俄兩國之間關於伊朗的條約。由於英國提出了要求，薩宗諾夫在沙皇的支持下，同意將中立區併入英國的勢力範圍；而俄國則要求進行領土調整，將俄國的勢力範圍擴及伊斯法罕、耶茲德以及俄國和阿富汗邊境之間的地帶。薩宗諾夫還希望英國同意俄國在自己的勢力範圍內可以完全自由行動，尤其是在經濟和財政事務這兩方面。最後，他也提議暫緩在從前的中立區興建鐵路的計畫，以便未來進行「友好會談」。他再次要求阿富汗埃米爾承認一九〇七年的《英俄協議》，並要求他承諾不會將北部地區劃為外國租界，或讓英國企業在經濟上取得獨占權。他還進一步要求，如果俄羅斯沒有事前同意，阿富汗政府不得授權在阿富汗北部修建鐵路。作為回報，俄羅斯人則會承認英國在西藏的特權。[519]由於俄軍持續占領包括亞塞拜然和曼德蘭在內的俄國勢力範圍，而且又擊退了鄂圖曼帝國的入侵，俄國對伊朗北部的控制似乎頗為穩固。

薩宗諾夫接受了英法兩國提出的瓜分鄂圖曼帝國邊境的計畫，因此堅持要從英法這兩個盟友之中取得豐厚回報，而這也符合薩宗諾夫對於完全重新開放近東地區（亦即高加索和外裏海邊境地區）的一貫立場。[520]在談判過程中，英方的代表賽克斯試圖反對俄國主張自己擁有整個亞美尼亞的主權；為了說服俄方，賽克斯還說兼併「工團主義革命分子居住」的地區是非常危險的（所謂的工團主義者指的應該是達什奈克），因為這些工團主義者「和波斯及高加索地區的顛覆分子依然過從甚密」。他還主張對法國和俄國在伊朗邊境附近的勢力範圍界線進行調整，藉此讓新取得的領土中的主要居民由穆斯林組成，因為「從國家安全的角度來看，穆斯林比亞美尼亞人更有幫助，也更令人滿意」。[521]在那份應該被稱為「賽克斯－皮科－薩宗諾夫」協定（一九一六年五月簽訂）會更為恰當的條約中，俄羅斯將會取得鄂圖曼帝國的埃爾祖魯姆、特拉布宗（舊名為特雷比宗德）、凡城和比特利斯，以及族裔組成非常複雜，住有亞美尼亞人、突厥人、拉茲人、庫德人和聶斯脫留基督徒的庫德斯坦地區。這一次，俄國的主張有了軍力的加持，因為俄軍當時正沿著黑海海岸移動。此外，當時各國正在針對波蘭的自治權進行辯論，而亞美尼亞人也出現了類似的訴求，不過俄國當時已經可以忽視亞美尼亞人的呼聲了。高加索邊境的俄羅斯高階軍官和民政官員提出了一個熟悉的方案：從庫班和頓河地區引進俄國移民，讓他們「在邊界上建立一個哥薩克地區」。[522]

在軍事和外交形勢良好的情況下，俄國領導層大可以解散曾經幫助俄軍發動攻勢的亞美尼亞志願軍。新上任的總督尼古拉．尼古拉耶維奇大公便下令解散這些部隊，並對所有的亞美尼亞出版物都實施嚴格的審查制度。他進一步對亞美尼亞的自治主張表達毫不妥協的反對立場，並對薩宗諾夫說：「我深信，目前在俄羅斯帝國的範圍內絕對不存在亞美尼亞問題，甚至也不應該允許人們提起這個問題，因為總督治下的俄羅斯亞美尼亞臣民，和穆斯林、喬治亞人和俄羅斯人一樣都是平等的俄國子民。」[523]

俄國對於波蘭未來的規劃，導致所有昔日的爭論再次浮上檯面，並彰顯出政策制定者之間的嚴重分歧。第一次世界大戰期間，原本瓜分波蘭的三個強權開始爭相承諾讓波蘭人獲得某種程度上的自治，以便贏得波蘭人的支持和募集新兵。然而雙方取得的成功都很有限。俄國是第一個公開立場的國家。一九一四年八月十四日，當時的俄軍指揮官尼古拉・尼古拉耶維奇發表了一份由外交部準備、極具說服力的宣言，迎接「波蘭民族的復興以及與大俄羅斯的友善和解」。即使俄國在政治上的實際作為只是模糊地承諾讓他們「在俄國沙皇的權杖之下……進行自治」，但支持與俄國合作的波蘭人卻頗能接受，比如德莫夫斯基和維洛波爾斯基。在接下來的兩年裡，他們與俄國的自由派都要求俄國政府提出更具體的方案。包括內政部長馬克拉科夫、司法部長謝切洛維托夫，以及宗教會議的官員薩布列爾在內的俄國右翼代表，儘管反應有些緩慢，但最終還是採取了行動。[524]最後，薩宗諾夫於一九一六年五月向贊同波蘭自治的尼古拉二世提交了一份詳細的憲法，賦予波蘭自治權，希望能避免英法兩國介入；自從瓜分波蘭以來，特別是一八六三年波蘭起義期間，如何避免外國勢力介入一直都是俄羅斯官員非常關注的課題。[525]儘管首相斯圖爾默強烈反對，但尼古拉似乎有意批准憲法，直到費多羅芙娜皇后介入才改變立場。無論皇后是不是造成薩宗諾夫遭到解職的幕後推手，但她的確非常痛恨薩宗諾夫的「自由主義」觀點，而且她激烈反對波蘭憲法的立場，也無疑導致憲法相關的討論被迫推遲——實際上，這份憲法後來也的確遭到了永久擱置。[526]主張與俄國合作的波蘭人再次遭到挫敗。

無論國內對波蘭問題的立場如何分歧，俄國都仍取得了令人刮目相看的外交勝利，儘管維持的時間並不長。這場勝利出現在法國戰事陷入低迷之際，也就是彼得格勒*爆發革命的前夕。一九一七年三月，法俄雙方政府都同意對方在德國邊界上的最大目標。法國政府確認了他們於一九一五年做出的承諾，亦即支持俄國「長久以來對土耳其海峽的願望」，同時「為了確保俄國在軍事上和工業上的安全以及經濟發展，他們也同意讓俄國完全自由地界定其西部邊界」。毫無疑問地，伊茲沃爾斯基認為這能為他在一九〇七年所受到的羞辱報一箭之仇，並在巴黎和會上成功地將「波蘭」一詞從協議中刪去。[527]由於法國實在退無可退，於是不得不放棄過去幾百年來用來防止俄國滲透中歐的壁壘政策。

由於沙皇政府在軍事和外交上的施政一心致力於西部邊境，因此確保了自己在亞洲內亞邊境地區的地位。一九一六年，俄國與當時已經正式成為盟友的日本簽署了一項祕密協定，雙方同意延續、確認先前的協議，亦即「保護」中國，並在必要時聯合採取行動，防止第三方勢力介入。然而由於談判時俄國處於下風，因此俄國在經濟上對日本做了一些讓步，導致日本於布爾什維克革命爆發之後在內亞邊境地區採取了更大膽的政策，犧牲了俄國的利益。[528]

哈布斯堡和鄂圖曼帝國則由於加入的聯盟完全被德國所掌控，而德國又比他們強大太多，因此當哈布斯堡和鄂圖曼帝國在界定、追求戰爭目標時，他們受到的限制遠多於俄國。德國總理霍爾維格首次宣布了德國暫定的戰爭目標，但該份聲明其實是由他的私人祕書里耶茲勒負責起草的。德國的九月計畫和薩宗諾夫提出的十三點非常相似，都要求儘快對歐亞邊境地區進行重建。但這些要求使用的措

*編按：聖彼得堡於十八世紀由彼得大帝所建，一九一四年之後在去德意志風潮下改名彼得格勒，列寧去世後又改為列寧格勒。在蘇聯解體後，又改回聖彼得堡。

辭都非常籠統：「俄國必須從德國的東部邊境地區撤出，離德國愈遠愈好，而俄國也必須終止對非俄裔臣民的支配行為。」德國更明確地闡述了其在西部地區的目標，而他們的目標還包括徹底改變比利時、盧森堡和法國的國際地位和領土，但並不涉及與盟友相衝突的目標。大德意志主義者則是提出了更詳細的計畫，要求俄國的「邊界必須大致退回到彼得大帝時期的狀態」。隨著戰場形勢的變化，德國政府的政策又發生了變化。即使德國於一九一六年五月在日本的斡旋下曾考慮單獨與俄國達成和平協議，但德國在邊境地區上希望變更的領土數量仍然非常驚人。德國要求俄國將波蘭、立陶宛和庫爾蘭割讓給他們，並同意鄂圖曼兼併波斯的庫德斯坦、洛雷斯坦和庫伊斯坦；此外，俄國也必須退出巴爾幹地區。作為回報，俄國將可以保留之前征服的鄂圖曼亞美尼亞部分地區，並獲得波斯的其他地區、東突厥斯坦、準噶爾地區、外蒙古、滿洲北部以及中國北方的甘肅省和陝西省。雖然這些要求後來有些修改，但目的都是為了讓俄國退回亞洲，並藉由人口交換鞏固德國在波羅的海沿岸地區的勢力。[529]魯登道夫和興登堡這兩位將軍在掌控德國的軍事事務並取得政權之後，便以「東部領地」這個名稱對波羅的海沿岸地區進行重組，其中包括層面廣泛的行政改革、大規模的人口驅逐，以及將德裔移民重新遷回等。[530]儘管德國的目標前後都非常一致，但德國仍必須和奧匈帝國以及鄂圖曼帝國的目標進行協調。

不過戰爭爆發之後，奧匈帝國的領導人卻反而無法確定自己的目標是什麼了。箇中的問題在於，任何新增領土都必然會加劇帝國政權中心與邊界地區之間本就非常緊張的關係。由於他們沒有整體計畫，而政府內部又充滿分歧，很難不讓人覺得統治菁英就是把贏得戰爭當作他們的主要目標；打勝仗，就是保住王朝的唯一途徑。然而將軍和外交官仍然持續在看似無解的問題上爭執不休。首先，他們究竟該如何處理塞爾維亞呢？就這個問題來說，奧地利和匈牙利的立場存在根深柢固的差異。自從這個問題在第二次巴爾幹戰爭期間被提上檯面以來，匈牙利首相伊什特凡．第薩伯爵便一直堅決反對將塞爾維亞併入奧匈帝國。他對匈牙利邊境由羅馬尼亞人居住的地區（外西凡尼亞）和塞爾維亞人居住的地區（佛伊弗迪納）的考量，也決定了他對外交政策的看法。這也解釋了他為何會這麼希望和保加利亞結盟：目的就是為了控制羅馬尼亞人和塞爾維亞人。七月危機期間，所有哈布斯堡王朝的領導人中，只有他反對先發制人，對塞爾維亞發動戰爭，而主張改採外交途徑解決問題。他還補充道，如果戰爭真的無可避免，目標也應該是在征服塞爾維亞之後將其瓜分成好幾個部分，再分別劃歸保加利亞、希臘和阿爾巴尼亞，而奧匈帝國則只會保留一小塊具有戰略價值的邊境地帶。即使他最後也同意對塞爾維亞發出最後通牒，但他仍堅持不該併吞塞爾維亞。[531]他於一九一五年十二月對皇帝的備忘錄中，詳細地闡述了他心目中的戰爭目標背後的邏輯。他認為，塞爾維亞不應該被消滅，而是應該被削弱；要達到這個目的，可以將塞爾維亞的領土割讓給保加利亞和阿爾巴尼亞，並將其東部地區和蒙特內哥羅合併成一個沒有出海口的新國家，使得它「在經濟上必須仰賴奧匈帝國」。如果將更多的塞爾維亞人納入奧匈帝國，「會讓奧匈帝國境內正虎視眈眈的塞爾維亞人獲得新血，而匈牙利也會面臨到內部分裂的嚴重威脅」。這個結果，「正好就是泛塞爾維亞主義者希望看到的局面」，亦即「奧匈帝國瓦解」。再說，併吞塞爾維亞並不會讓俄羅斯停止施展詭計，而只會讓他們更積極從事密謀活動而已。俄國永遠不會接受塞爾維亞遭到攻擊，除非塞爾維亞被徹底擊敗，「但這似乎不太可能」。[532]

奧地利官員一致非常希望懲罰塞爾維亞，但他們對於什麼才是最好的手段各有不同意見。例如，奧地利外相貝希托爾德伯爵似乎只贊成實現一九一四年七月最後通牒裡的條款。然而保加利亞開始對塞爾維亞發動進攻之後，他們就必須考慮到第三方的目標了。塞爾維亞的防線被攻破，塞爾維亞和蒙特內哥羅遭到占領之後，奧地利軍政府就開始設法防止這個飽受戰爭蹂躪的國家的生活條件進一步惡化。由於匈牙利首相第薩伯爵抗議他們的統治方式太過溫和，奧匈帝國於是任命了一位更集權、更專制的軍事總督。然而在某種程度上，奧地利當時的占領政策和一九〇七年之後在波士尼亞和赫塞哥維納實施的政策非常類似。塞爾維亞南部和蒙特內哥羅的穆斯林非常希望和奧地利合作，他們募集了數千名志願兵準備為奧地利效力。奧匈帝國為了威嚇波士尼亞境內的塞爾維亞人，曾經建立了穆斯林保衛軍，而上述的志願軍也為這支保衛軍增添了不少生力軍。

從正面角度來看，占領當局對俄羅斯戰俘進行了組織，並徵召工兵修復因戰爭造成的損害，甚至還增加了糧食的產量。儘管馬札爾人不斷抗議，但占領當局仍能控制流行疾病、興建新的學校。奧地利人也在他們占領的阿爾巴尼亞開展了許多建設活動，儘管那裡的資源完全不足以讓阿爾巴尼亞脫胎換骨。[533]當時的奧匈帝國自己都已在走向衰亡，卻仍試圖重拾傳播文明的使命，現在看來幾乎是有點可悲的。

無可避免的是，遭到占領的地區除了和奧匈帝國合作之外，也出現了抵抗行動。一九一六年底，塞爾維亞開始出現游擊戰。有些年輕人就像在鄂圖曼帝國統治時期那樣，逃入森林和山區組成祖國軍（切特尼克）；到了第二次世界大戰爆發期間，類似的組織也將會再次出現。他們的活動範圍集中在保加利亞占領區，但也有些蔓延到了奧地利的占領區。保加利亞人從馬其頓西部（亦即塞爾維亞境內的馬其頓）招募了十萬人進入軍隊，並計劃興建保加利亞學校和其他文化機構，試圖恢復因為塞爾維亞統治四十年而逐漸枯萎的保加利亞民族意識，不過並未成功。[534]

最讓奧地利、匈牙利和德國爭執不下的戰爭目標，便是該如何處置波蘭王國的問題。奧地利的官員不知道自己到底想要什麼，官員之間也沒有共識。貝希托爾德伯爵希望以三元君主制的路線對奧匈帝國進行重組，藉此將波蘭王國併入奧匈帝國；會這麼想的原因，主要是因為如果不這樣做，唯一的替代方案就是建立一個完全獨立的波蘭。批評他的人則反駁說，這麼做只會讓波蘭的民族主義者獅子大開口，要求兼併加利西亞和波森地區，以便重建更大的波蘭；換句話說，波蘭的民族主義者想要的其實就是重建十八世紀的波蘭立陶宛聯邦。加利西亞地區的波蘭保守派領導人則支持貝希托爾德伯爵的想法。由於波蘭裔的人口大約有兩千萬人，他們大可以要求獲得跟匈牙利在奧匈帝國之中一樣的憲政地位。奧地利首相斯圖爾克伯爵並不信任波蘭人，但他也沒有更好的解決辦法。奧地利參謀長赫岑多夫也不信任波蘭人，希望等到戰爭結束後再決定解決方案。第薩伯爵則認為，不論哪種方案都潛藏著危機。他提議奧地利應該兼併波蘭，且不該為了避免讓這方案淪為試驗性質而賦予波蘭平等地位。第薩伯爵的親信布里安認為他的想法不切實際，而他的政治宿敵安德拉西伯爵則認為這證明了第薩伯爵思想非常死板。[535]

德國軍方堅持要取得波蘭王國的邊境地區，以及波蘭其他地區的經濟控制權。歷經兩年的戰爭、談判和遲疑之後，奧地利終於加入德國的行列，共同宣布他們將會建立一個獨立的波蘭國，由前波蘭王國組成一個君主立憲制的國家，但這個國家的領土將不會包括奧地利的加利西亞，以及普魯士的波森。他們於是建立了影子政府和攝政委員會，卻沒有賦予任何實權，而波蘭的邊界也依舊模糊不清。[536] 一九一七年至一九一八年間的冬天，俄國的布爾什維克政權和同盟國在布列斯特進行談判；談判過程中，奧地利人發現他們在界定自己與斯拉夫邊境地區的關係時陷入了兩難。在德國的同意下，烏克蘭中央議會的分離主義政府派出了代表參與談判，而波蘭人也以民族自決的名義要求獲得平等待遇。這為奧地利人帶來不少麻煩。奧地利代表團團長切爾寧在與德國人第一次會面時哀嘆道：「我根本無法在辯論中提到『民族自決』這個詞，否則捷克人、魯塞尼亞人和南斯拉夫人也都會過來向我要求更多的民族自決權。」[537] 與此同時，德國也對奧地利強力施壓，要求他們同意將波蘭納入德國在中歐建立關稅同盟的偉大計畫之中，而哈布斯堡王朝也在該計畫之中。奧地利和德國的商界菁英則認為，這整個計畫並不利於他們在商業和工業上的自由，因此堅決抵制，不過如果最後德國贏得戰爭，他們可能沒辦法改變什麼。[538]

奧地利也面臨了必須與布爾什維克政權達成協議的巨大內部壓力，以便為和平鋪路，以及獲得烏克蘭的糧食供應，因為當時奧匈帝國境內的內萊塔尼亞地區急缺糧食；由於馬札爾人不願分享他們愈來愈少的糧食，維也納當局陷入了困境。與此同時，來自加利西亞的報告則顯示，波蘭農民已經開始放棄效忠國王的傳統立場，藉此抗議政府徵收糧食。切爾寧試圖藉由一個複雜的方案來完成這個艱難的任務。在與鄂圖曼和保加利亞的代表團激烈交換意見後（他們對領土都有各自的主張），他贊成每個國家都可以自行決定是否要解決民族自決的問題，換句話說，民族自決並非每個國家都要遵守的普遍原則。但他仍必須在波蘭人和烏克蘭人之間做出選擇。參加布列斯特談判的烏克蘭代表團，要求將爭議較大的霍爾姆區移交給新成立的魯塞尼亞皇室領地；該領地的範圍包括加利西亞東部和布科維納北部，魯塞尼亞人在該地區可以擁有「充分而自由的民族發展」。奧地利人接著遇上了麻煩。由於奧地利國內當時因為罷工、叛亂而應接不暇，人民也提出和平與生計的訴求，切爾寧因此同意與烏克蘭中央議會簽署條約、滿足他們所有的要求，並且不再支持波蘭主張擁有霍爾姆和整個加利西亞的主權。波蘭「立即做出了災難性的」回應。華沙的攝政委員會大聲譴責這份條約，波蘭和加利西亞地區也爆發了大規模的反哈布斯堡示威遊行，而為奧地利效力的波蘭附屬部隊則發動叛變，與帝國軍隊發生衝突，過程中有數百人投向了俄軍的陣營。此外，奧地利國會中的波蘭代表也決定倒戈加入反對黨，導致政府不再擁有多數席次，為奧地利帶來了最後一擊。[539]

到了一九一八年，奧地利政府由於仍舊無法將奧地利和匈牙利的經濟整合在一起，也無法解決馬札爾人和邊境民族之間的衝突，即將付出慘痛的代價。但即便到了戰爭末期，維也納當局也沒有想要放棄他們的波蘭方案；對奧地利政府而言，這個方案可能是解救奧匈帝國的唯一途徑。一九一八年九月，也就是奧匈帝國滅亡的前夕，他們做了最後一次的反擊，試圖阻止德國將波蘭變成自己的附庸國。奧匈帝國提出了一份詳細的計畫，想滿足波蘭人的大部分訴求，並建立一個真正的三元君主制帝國。[540]然而到了此時，奧匈帝國的方案早已不再有吸引力，因為波蘭人即將獲得完全的獨立。

鄂圖曼帝國之所以投入第一次世界大戰的原因，必須從他們因巴爾幹戰爭羞辱式的挫敗而漸起的民族情感的氛圍中來理解，他們強烈希望阻止英俄兩國干涉本國事務，並對兩國過去的干涉進行報復。[541]在德國領導的勝利聯盟中，鄂圖曼帝國非常好戰；儘管鄂圖曼帝國可能會在經濟上更依賴德國，但他們似乎至少可以確保經濟復甦。素檀在決定參戰之前，其實都仍在試圖避免捲入戰爭。一九一四年九月初，鄂圖曼政府單方面非法地廢除了所有外國強權的法律特權。但這招起不了作用，德國和奧匈帝國都提出了異議。鄂圖曼帝國一投入戰爭之後，同盟國陣營拒絕同意，並要求素檀沒收英法兩國在該國的財產。

鄂圖曼帝國的戰爭目標十分宏大，但他們並沒有非常想要擴張領土。這或許是因為巴爾幹戰爭已經讓他們學到不少教訓，知道自己注定無法重建已經失去的帝國。突厥人甚至願意將色雷斯東部的一小塊領土割讓給保加利亞，藉此鼓勵保加利亞加入同盟國陣營。[542]在布列斯特的談判中，同盟國強迫布爾什維克政府歸還他們於俄土戰爭（一八七七年至一八七八年）後吞併的卡爾斯、阿爾達漢和巴統省，使得保加利亞得以獲取他們主張擁有的主要領土。

鄂圖曼素檀投入戰爭的目標中還有一個極具野心的面向，亦即建立一個或好幾個緩衝國，藉此防範俄國帝國主義捲土重來。他們採取的政策和鄂圖曼帝國的古老傳統非常類似，亦即在帝國周遭建立附庸國，例如將多瑙河地區的公國、匈牙利和克里米亞汗國當作帝國外圍的邊界地區，以此作為解決帝國過度擴張所產生的問題的實際辦法。本著這個精神，他們也支持烏克蘭獨立，因為「只有這樣才能打擊布爾什維克重建大俄羅斯的行動」。然而現在看來很清楚的是，他們並沒有採用泛突厥主義或泛圖蘭主義作為意識形態來指導他們在高加索地區的行動。[543]一戰期間，青年土耳其黨曾試探性地以帶有泛突厥色彩的論述提出呼籲，但外裏海地區保守的烏拉瑪卻充耳不聞。鄂圖曼帝國在高加索地區取得緩衝區的希望，起初在一九一七年二月俄國革命之後似乎最有機會實現，當時鄂圖曼軍隊再次成功地入侵了南高加索的邊境地區。然而他們更為強大的德國盟友卻一再地對他們的計畫百般阻撓。544

一戰期間，哈布斯堡王朝和鄂圖曼帝國被迫承認，在邊境地帶的長期角力之中，德國已經崛起成為主要的參與國。德意志第二帝國擁有優越的經濟和軍事實力，不只可以和哈布斯堡王朝以及鄂圖曼帝國這兩個盟友競爭，甚至還可以讓他們屈服於德國的戰爭目標之下。到了一九一六年，不論最後戰勝國是德國或俄國，似乎都將使波羅的海地區、匈塞羅三國交界地帶、東歐大草原、高加索和外裏海等邊境地區落入其中一方的掌控之中。沒想到最後德國與俄國都戰敗了。這也導致他們的終極對決，一直要到第二次世界大戰爆發時才會發生。與此同時，邊界地帶角力的主要舞台則轉移到受帝國統治的民族和繼承國之中；這些國家不但長期承受著強權角力的後果，世界大戰和帝國解體也讓他們的負擔變得更加沉重。

第一次世界大戰並沒有終結歐亞邊境地帶的戰事。在一九一八年至一九一九年間的混亂局勢之中，哈布斯堡、俄國和鄂圖曼帝國這幾個戰敗國的軍隊都以民族為單位，各自分裂成好幾支部隊，持續在爭奪著帝國所遺留下來的領土。辛亥革命之後，中國的新軍也瓦解成好幾個部分，在內亞邊境地區和其他清帝國遺留下的破碎領土上被幾乎擁有獨立地位的軍閥把持著。伊朗的皇家軍隊也同樣解體（儘管他們本來就不算強大），最後是在禮薩汗這位透過軍事政變而篡位的國王統治期間，才又重新組織起來。中央政府無法再對邊境地區施展影響和控制，而帝國的意識形態則在戰火和煙硝之中蕩然無存；三個多世紀以來一直將多文化帝國維繫在一起的制度，也已經失去作用了。

內戰與外力介入

歐亞大陸上新國家的創建，以及這些國家之間的劃界工作，早在一九一八年十一月簽署停戰協定之前就已經在嚴重的社會動盪之中開始進行。這一個過程將持續到一九二〇年代初。歷史學家經常誇大了巴黎和會上那些戰勝的協約國在劃定邊界，確認繼承國的主權範圍時所扮演的角色（當然也誇大了他們的能力）。和同盟國在戰況對他們最有利時的狀況一樣，協約國也為了重整邊境地帶而多次出手干預。然而不論是哪個聯盟，都沒有辦法解決那些曾經困擾著帝國統治者，由帝國遺留因素所產生的複雜問題。這兩個聯盟後來的處境，也證實了法國前外交官塔列朗的著名格言：「你可以用刺刀做任何事情，就是不能坐在刺刀上面。」當干預的力量退出時，繼承國能否繼續生存，進行劃界並捍衛邊界，便取決於自身資源的多寡。

第一個接下帝國擔子的繼承國，是俄羅斯的臨時政府。該政府試圖重整政權核心與邊境地區之間的關係，而這也生動地描繪出這個問題內在的困難，以及敵方額外帶來的複雜性；那些敵國針對該如何對長期未決的邊境地區進行分配的問題，設下了不切實際的戰爭目標。在第一次世界大戰開打之前，俄國臨時政府主要受到自由主義者與溫和社會主義者的支持，他們不斷批評沙皇對各民族實施的壓迫政策，同時也支持各種形式的民族自決。等到他們掌權之後，能否繼續投入戰爭這個問題卻比其他任何事情都還要來得重要。他們認為各民族的分離主義訴求並不利於他們在戰爭中保持團結，只會讓敵人得利。他們勉強做出了最低限度的讓步，承諾會在戰後舉辦選舉籌組憲政議會，並將國家未來的整體問題交給憲政議會來處理。許多民族運動（尤其是在芬蘭和烏克蘭）都認為這些承諾並不足夠。他們對於臨時政府拒絕在軍隊中建立民族部隊這件事感到非常不滿。這種希望幻滅的感覺，逐漸被不滿情緒所取代。在調和邊境民族的獨立訴求和多文化國家的國家安全這件事情上，新的政權並沒有比之前的帝國來得成功。然而，民族主義者此時也無法依賴過去來自西方國家的支持。這些西方國家當時並沒有對所有民族一視同仁，甚至還有點虛偽；他們雖然在哈布斯堡和鄂圖曼帝國境內鼓吹民族解放，卻不希望俄國這個盟友的邊境地區也出現同樣的狀況，因為他們必須依靠俄國來維持東部的戰線。[545]同盟國也陷入了類似的困境。然而由於他們在邊境地區取得了軍事上的成功，因此哈布斯堡王朝和鄂圖曼帝國還是能夠延緩（儘管非常短暫）終局的到來。

在同盟國介入邊境地區的第一階段裡，他們奪走了俄國從波羅的海地區，到東歐大草原和南高加索的邊境地區，讓俄國的領土只剩下彼得大帝在位之前的核心省分（彼得格勒除外）。這正是與俄國和烏克蘭簽訂的《布列斯特－利托夫斯克條約》*的真正用意。雖然介入過程只維持了七個月，但規模卻非常龐大。一九一八年，光是烏克蘭境內的同盟國占領軍就有近五十萬人。德國人沿著波羅的海沿岸，分別派兵前往芬蘭、愛沙尼亞省、利夫蘭省以及維斯瓦省。奧地利、德國和保加利亞的軍隊占領了塞爾維亞和整個多瑙河邊境地區，並將羅馬尼亞人趕回普魯特河流域。德國和鄂圖曼帝國的軍隊也控制了南高加索的大部分地區。

＊編按：一九一八年俄國與同盟國簽訂《布列斯特－利托夫斯克條約》，從此退出第一次世界大戰。條約中，蘇維埃政權承認芬蘭、烏克蘭、白俄羅斯獨立，並有義務同烏克蘭人民共和國立即締結和約。

在內亞地區，日本則是利用歐洲陷入戰爭的時機，成為第一個介入中國的協約國，為清朝滅亡之後孱弱的中國帶來了沉重的壓力，迫使中國鬆開對北部邊境地區的控制。新疆、蒙古和滿洲地區也愈來愈背離清帝國過去的權力核心。中原地區被切分成南北兩個部分，並在地方的軍閥割據之下分裂成一塊塊更小的區域。同盟國戰敗之後，協約國在整個歐亞大陸上接手成為介入邊境地區主要行為者。然而由於當時布爾什維克部隊不斷進逼，協約國並沒有急著要求德軍撤出。從波羅的海沿岸（海軍和地面部隊）、高加索地峽到內亞地區的整個俄國邊境，活動範圍最大的外國軍隊首推英軍。法國率先對波蘭進行重建、擴大了羅馬尼亞的領土，並在東歐大草原邊境地區的黑海沿岸支援反布爾什維克的部隊。日本則是持續對中國施壓，並派出了軍隊前往西伯利亞，成為協約國介入邊境地區過程之中最大的一次行動。除了日本之外，美國也派出部隊前往西伯利亞和俄國北部，有部分原因便是為了制衡日本。協約國還採用規模較小的附屬部隊來強化主力軍隊，這些附屬部隊包括捷克人、義大利人、希臘人、塞爾維亞人、羅馬尼亞人、阿拉伯人、殖民地部隊以及蒙古人。整體而言，這些介入邊境地區的措施不太有組織，他們追求著各種不同，而且經常自相矛盾的目標，在地方上的抵抗運動之中對各個彼此競爭的勢力都會給予支持。由於各強權的勢力會相互抵消，他們在整個邊境地區能施展的力量都非常有限。[546]

同盟國在進行統治時之所以比協約國還要成功（儘管並沒有維持多久），主要是因為他們在地理位置上更接近邊境地帶，武裝力量也更為優越。但在西方前線上的失利，也拖累了他們重建邊境地區的力量。在德國軍隊撤退，哈布斯堡和鄂圖曼帝國軍隊也解體之後，歐亞大陸西部五百年來首次出現不存在強權的現象。協約國的小型軍事行動在戰場上往往缺乏足夠的力量，無法在自己的指揮和意願下履行巴黎和會做出的決議。布爾什維克組織得比他們在俄國國內的對手還要好，而且在就戰略而言更有利的內部戰線上進行戰鬥，從而得以在舊時的帝國權力中心，重新取得對大多數沙俄邊境地區的控制。

同盟國和協約國介入邊境地帶所獲致的主要成果，是藉由承認邊境政權獨立，並向邊境人民提供武器、裝備和軍事顧問，在政治和外交上擴大了對獨立運動的支持。起初，這些獨立運動通常只不過是臨時的國家委員會，只能在他們小型而分散的武力可以施展到的地區進行控制。協約國經常發現自己內部四分五裂，而且對於是否要保留大俄羅斯，或者鼓勵獨立運動是否有利於他們的問題，立場也不一致。然而無論他們選擇哪個，都會發現他們通常只能對新的菁英進行勸說和協商，而這些菁英在很大程度上都是激進的知識分子或軍官，而且多數都沒有顯赫的家世背景。

事實證明，外交上的承認通常都很短暫，比如烏克蘭或高加索地區的共和國都是如此。除了波蘭邊境（切申和西里西亞）舉辦過幾場公民投票，以及但澤（今日波蘭的格但斯克）和阜姆這兩個自由城市之外，新的邊界線都是在當地經由角力折衝而決定的。邊境地區的居民在此之前從來沒有像這個時候一樣，可以在形塑歐亞邊境地帶的空間樣貌時擁有如此關鍵的角色。在這之後，他們必須等到一九八九年至一九九一年間，才能再次取得同樣的機會。這個現象有部分是因為帝國政權的崩潰造成了權力真空，有部分則來自人民在漫長的十九世紀期間所建立起來的反抗勢力。

在強權介入行動的表面之下，歐亞大陸上的邊界再次開始出現嬗變和鬆散的防守，也再次成為爭奪的對象。一九一四年過後的幾年之內，全面戰爭的動員、既有政權的崩潰、強制性的人口遷移，以及族群暴力的蔓延，都使得原本只是擁有多元文化的社群，逐漸變成更具政治意識的多民族社會。在這些條件之下，帝國統治所遺留下來的族裔混合狀態成了一顆不定時炸彈。不論是威爾遜主義式，或列寧主義式的民族自決，都沒有辦法作為劃定繼承國國界的依據。由於一些原因，將不同語族群體同化進新國家之內的過程，比帝國統治下的國族化過程還更棘手。首先，不論是優勢民族或弱勢民族，民族意識在當時都已經傳播得更為廣泛，也更為深入。其次，和平條約對弱勢民族權利的承認，只是在眾人的認知上加深了優勢民族和弱勢民族之間的差異。對於優勢民族的民族主義者來說，少數民族不只是居民之中的外來分子，還是潛在的敵對因素。對於弱勢民族來說，抵抗同化的行動則已經成為一種群體現象，而不只是少數人的事情而已。第三，更令掌權者憂心的是，少數族裔通常都居住在新政權脆弱的邊疆地區，因此可能會對國家安全造成問題。最後，繼承國中的某些極端民族主義團體，也可能會對領土懷抱著帝國一般的野心。這些少數族裔成了「大波蘭」、「大塞爾維亞」之類的論述的受害者；換言之，這些新的繼承國以歷史論證為基礎，主張自己應該奪回過去曾經擁有的領土，同時又主張那些居住在戰前國界之外和他們有著相同根源的語族是他們的同胞，希望藉此完成國族建構的進程。戰後人民遷徙的獨特空間結構，也導致優勢民族（捷克人、波蘭人、塞爾維亞人、羅馬尼亞人、波斯人和漢人）注定要和弱勢民族為了新的邊境地區再次發生衝突。

在族裔組成非常複雜的邊境地區，其實原本是有可能避免建立民族國家的，而這種可能性，也在一九一九年的凡爾賽會議上激發出了某些聯邦構想方案，比如美國代表團就曾提出類似的構想。波蘭和俄羅斯是最積極鼓吹聯邦構想的兩個主要國家，但不令人意外地，他們的構想彼此完全無法相容。[547]其中一位對聯邦構想心存懷疑的人，便是重要的地緣政治理論家麥金德爵士。他認為，他稱為「中段班」的民族，亦即波蘭人、波希米亞人、馬札爾人、羅馬尼亞人、塞爾維亞人、保加利亞人和希臘人，他們彼此之間的「差異實在太大，除了防衛之外，根本就找不到其他理由結為聯邦；然而他們和德國以及俄國又都非常不同，以至於不論是德國或是俄國這兩個強權近鄰建立了什麼樣的新的組織形式，他們都可以信任彼此，一起對抗德國或俄國。」[548]這位地緣政治之父於是提出了一個不同的解決方案，亦即在和平的情況下，經過共同協議之後進行的人口交換。在當時，這個方案對於那些心懷「更宏大」目標的繼承國而言，幾乎沒什麼吸引力。只有突厥人和希臘人進行了這種人口交換，但那是在另一場戰爭之後才發生的，而且在那場戰爭之中，希臘人也曾試圖實現他們的「梅加利」（字面上的意思為「偉大的計畫」）計畫，最後弄得自己聲名狼藉。長遠來看，最接近實現麥金德爵士的建議的人其實是史達林，但他是以殘暴和一意孤行的方式進行的。不過第二次世界大戰結束之後，捷克人和波蘭人其實也為這種人口交換計畫帶來了一些幫助。

隨著帝國軍隊解體，在經歷內戰蹂躪後的社會中，新的武裝團體成了國家建構，或重建社會秩序的主力。許多繼承國的新統治者都是軍人出身，而這並不是巧合。舉凡芬蘭的曼納海姆、波蘭的畢蘇斯基元帥、匈牙利的霍爾蒂、土耳其的凱末爾、伊朗的禮薩汗，以及中國的袁世凱都是軍官，而在袁世凱之後掌權的，也都是地區性的軍閥，包括蔣介石這位最重要的人物。不過蘇聯再次成了最重要的例外。如果布爾什維克打輸了內戰，那麼俄國應該也會被鄧尼金將軍或高爾察克海軍上將這類軍人所統治，因為他們兩位早在局勢仍不明朗的時候就被協約國認定是俄國的最高統治者。上述這些人都是取代帝國的人，他們自稱人民的救星，也成為新的英雄崇拜對象。與從前的統治者一樣，他們也希望維持個人的領導魅力，而這讓他們通常必須高度依賴軍隊，同時也必須透過收編舊菁英，以及招募像他們這樣原本在帝國中位居邊緣地位的人物來建立新的官僚制度。[549]

俄羅斯帝國的瓦解導致整個俄國陷入了混亂時期，光是用「內戰」一詞，還不足以描述當時的混亂狀況。[550]俄國當時分裂成好幾個彼此交戰的區域，實現了長期以來困擾帝國菁英的憂慮——對外戰爭的慘敗，將導致帝國分崩離析，讓邊境地區脫離帝國，甚至可能導致社會革命。由於軍隊解體，臨時政府又無法在一九一七年間持續提供有力的領導，加上同盟國於一九一八年三月對孱弱的布爾什維克政府實施了嚴厲的《布列斯特－利托夫斯克條約》，這些都助長了出現於沙俄晚期的三個極具破壞性的趨勢：社會分裂、區域性的認同意識，以及對統治權威的暴力反抗。民間社會正在萌芽的制度，以及緩慢發展的法治意識都被棄之不顧。農民對地主、知識分子對資本家，以及工人對工廠雇主的敵意愈來愈強烈，而這種敵意，也和基督徒與猶太人之間、烏克蘭人與波蘭人之間、韃靼人與亞美尼亞人之間，以及許多民族對大俄羅斯人的敵意交纏在一起，回應了帝國晚期的俄化政策。

為了分析方便，在爭奪俄羅斯帝國邊境地區控制權的過程中，主要的參與者可以分為五個主要群體；但需要提醒的是，在這些群體之中，沒有一個的政策和實踐方式是統一或一致的。布爾什維克的領導層（或者更具體地說，列寧和史達林）原則上希望透過社會上最先進的力量（亦即無產階級）行使民族自決的概念。在革命的最初幾年裡，他們對國家未來樣貌的想像仍然模糊不清，同時又在口頭上保證會對邊境地區賦予自治權。反革命的白軍領袖之中，最著名的是志願軍的鄧尼金將軍，他不顧歐亞大陸上的地理文化多樣性，決意要建立一個統一的大俄羅斯國。散布在前俄羅斯帝國南部邊境中的各種哥薩克軍團，大多則堅持要保護或恢復他們的社會特權，以及他們作為邊境地區的自治地位。每個邊境地區的民族主義者希望獲得的自治或獨立形式都各不相同，而無政府主義者的「土匪軍團」（或稱綠軍）則是反對任何形式的國家政權。

在這些繼承國的菁英階級之中，沒有人試圖為了將多樣的民族凝聚在一起而在意識形態上建立一個整體原則；唯一的例外，就是剛成立的蘇俄裡的布爾什維克。布爾什維克的民族政策，原本或許可以延長蘇聯作為一個多文化國家的存在，但事實證明結果恰好相反。受布爾什維克控制的舊政權中心莫斯科，的確絕大多數都是大俄羅斯人，但布爾什維克的領導階層也包括許多來自不同族裔和文化背景的人。蘇聯的第一屆政府甚至設有由史達林（他本人就是喬治亞人）領導的民族委員會，內部有波蘭代表以及包括韃靼人在內的各個民族。列寧對馬克思主義的詮釋提出了民族自決的願景，同時也提出了一個以民族平等為基礎的跨民族共同體。[551]

一、波羅的海地區

在波羅的海地區，二月革命鬆綁了俄國中央政府對芬蘭大公國的控制。當時的俄國政府已經是個孱弱的「臨時政府」，而且正在努力重新定義舊權力中心與邊境地區之間的關係。[552]在接下來的兩年內，芬蘭陷入了內戰與外部勢力的干預，導致國家開始分裂。第一次世界大戰前夕，芬蘭社會已經出現了兩極化的分裂跡象。來自遭解散的芬蘭軍隊的舊軍官組織了一個祕密軍事委員會，而且成功獲得德國最高司令部的協助為他們在德國培訓志願軍。一九一六年，人數達兩千人的芬蘭獵兵營開始在里加附近對抗俄軍。一九一七年七月，軍事委員會在芬蘭極右翼政黨的支持下要求德國人登陸，同時組建一支地下的公民護衛隊。這支部隊後來與獵兵營共組白軍，他們不只擊敗了芬蘭境內的紅軍，也在德國的幫助下將蘇俄紅軍逐出芬蘭。

芬蘭的紅軍也源於同樣的社會和經濟動盪，而瀰漫俄國城鎮地區的厭戰情緒在他們身上也能看到。到了一九一七年九月，由彼得格勒的布爾什維克供應武器的工人與士兵蘇維埃已經準備在芬蘭掌權，然而芬蘭的左翼團體內部此時卻開始分裂。史達林在被任命為民族委員會成員之後的第一個任務，就是前往芬蘭敦促社會民主黨加入革命運動，因為紅軍暴力事件而大感震驚的社會民主黨領導人此時卻動搖了。史達林永遠不會原諒他們。局勢由此快速惡化，演變成為內戰；右派從北部和中部的農村地區取得軍力，而左派的兵源則來自城鎮化程度較高的南部地區。打破平衡的關鍵就是由前芬蘭沙皇軍軍官所領導的白軍專業部隊；在芬蘭獨立之後成為總統的曼納海姆將軍，就是這支部隊中最傑出的領導者。

白軍之所以最終能夠獲得勝利，多虧了德國的幫忙。一九一八年三月，在最後導致《布列斯特－利托夫斯克條約》簽署的談判期間，德國的最高司令部大力敦促剛成立的蘇維埃政府承認芬蘭獨立，並要求他們承諾不進行大規模干預，也不對紅軍提供支援。由於駐紮在芬蘭的蘇俄紅軍士兵在人數上多於芬蘭和德國可以投入戰場的軍力，因此他們原本可以輕易扭轉局勢，讓紅軍在芬蘭占上風。然而這些紅軍士氣低落，軍官也不鼓勵士兵採取行動。《布列斯特－利托夫斯克條約》簽訂之後，德國人增加了對芬蘭的武器供應，並派出一支軍隊試圖將紅軍趕出赫爾辛基；芬蘭則給予德國大量的商業利權，作為回報。德國最高司令部更希望芬蘭由白軍掌權，因為當時的德國希望創建一個受德國控制的中歐關稅暨經濟聯盟。

芬蘭東部與蘇俄的劃界問題，一直到要芬蘭人占領卡累利阿東部的行動失敗之後才能解決。該地區是一個界線不明的區域，由俄國幾個省的一部分所組成，位於芬蘭大公國和俄國的舊邊界線以東，這條舊界線最初是在一三二三年由瑞典和諾夫哥羅德共和國協議劃定的。二十世紀初，有二十萬人居住於該地區，其中百分之六十一是卡累利阿芬蘭人，以及在血統上和芬蘭人有關聯的維普森人，另外的百分之三十九則是俄羅斯人。曼納海姆希望將該地區併入他構想的大芬蘭之中，於是他的公民護衛隊最後在一九一八年三月進攻俄羅斯，然而最後並沒有成功。這場行動之所以失敗，是因為英德兩國在該地區的競爭，而布爾什維克的領導人也巧妙地操縱英國人和德國人，讓俄國得以恢復舊的邊界。俄國許多重要資源都遭到了威脅，比如從彼得格勒通往俄國北部唯一的不凍港摩爾曼斯克的鐵路，以及佩琴加（芬蘭名為佩特薩默）的銅礦。令人困惑的是，由於英國人當時懷疑芬蘭白軍正在與德國合作，因此派出一支由英國指揮、士兵來自不同民族的部隊介入局勢，成功地趕走了芬蘭白軍，確保俄國白軍能繼續控制該地區。然而這麼做的結果，只是讓布爾什維克在擊敗芬蘭白軍之後可以重新控制該地區。曼納海姆曾指出，芬蘭白軍當時面臨到的問題，是他們在政治上必須不讓行動受到任何外國勢力的影響，但在軍事上卻又必須找到一個願意承認芬蘭獨立的盟友。

德國人離開之後，追求重振大俄羅斯霸權的俄國白軍政府便立刻拒絕承認芬蘭獨立，也不承認芬蘭與俄國之間的邊界。芬蘭人於是獨自發動進攻，卻沒有獲得成功，最後決定和布爾什維克達成協議。一九二〇年十二月，雙方簽署了《塔爾圖條約》，將佩特薩默劃歸芬蘭；作為回報，芬蘭則將卡累利阿東部的兩個省分歸還給俄羅斯的蘇維埃政府。俄國人雖然承諾他們會成立卡累利阿自治政府，最後卻沒有信守承諾，導致卡累利阿的芬蘭人在地方上發動了一場起義，而且獲得邊界另一邊的芬蘭民族主義武裝團體的支持（這些團體早在一九一九年和一九二〇年間就已經參與過卡累利阿的保衛戰）。布爾什維克雖然在戰術和補給上出現了一連串的失誤，但最後仍然成功平定了起義。有趣的是，史達林後來在一九四〇年的冬季戰爭中又犯了同樣的錯誤。很顯然地，蘇維埃政府記取了教訓（儘管後來又忘記了），於一九二三年建立了一個蘇維埃社會主義自治共和國，以此作為本土化政策的一部分，並允許當地人設立芬蘭語學校。但卡累利阿的鬥爭並未結束。後來芬蘭和蘇聯又分別在一九四〇年（當時史達林將卡累利阿－芬蘭蘇維埃社會主義自治共和國的地位升格為蘇聯直屬加盟國）以及一九四一年至一九四四年間打了兩場戰爭。第二場戰爭結束後，雙方的國界終於得以落定。曼納海姆和史達林這兩個死對頭都有出現在最後一場戰爭中。

從二月革命到十月革命期間，俄羅斯波羅的海各省的居民都在依循不同的途徑爭取自治和獨立。階級衝突和種族衝突的相互作用，加上外國（主要是德國）的干預，在愛沙尼亞、利夫蘭和庫爾蘭（這些地區在角力過程之中，逐漸形成愛沙尼亞和拉脫維亞這兩個國家）以及立陶宛的情況都不盡相同。愛沙尼亞要到一九一七年四月才會建國，幾個埃斯特民族主義團體也才終於獲得由愛沙尼亞和利夫蘭北部組成的臨時政府的承認。在專業人士和商人階級的支持下，走中間路線的政治人物只希望在民主的俄羅斯內部取得自治權。一開始他們並沒有武裝力量支持他們。一直要到二月革命之後，愛沙尼亞人才被允許籌組自己的軍隊。他們的力量太過微弱，無法阻止布爾什維克在一個以講俄語的工人階級為主體的北部城鎮奪取政權。因此當他們在一九一八年二月宣布獨立時，他們不得不依靠已經占領大部分波羅的海地區的德軍來阻止布爾什維克的行動。波羅的海地區的德意志人也在愛沙尼亞人和拉脫維亞中產階級的攜手合作之下，要求德意志第二帝國皇帝威廉二世對他們進行保護。

拉脫維亞人內部比愛沙尼亞人更加分裂，而德意志人則是人數更多，組織也更加完善。主要居住在里加地區的拉脫維亞工人階級比較激進。受到一九一七年布爾什維克的影響，臨時政府批准成立一支獨立的拉脫維亞步槍兵團，為彼得格勒的布爾什維克革命做出了許多貢獻。後來成為拉脫維亞領土的庫爾蘭和利夫蘭南部地區，德國人的占領行動和在愛沙尼亞一樣強硬。德國撤出戰爭後，一群來自不同政黨的拉脫維亞人組成了一個民族議會，宣布拉脫維亞獨立。[553]作為國家，愛沙尼亞和拉脫維亞的根基並不穩固，因為他們的生存仍有賴德意志第二帝國軍方遺留在波羅的海地區的自由兵團或英國海軍的保護。

德國在西線投降之後，一支英國的中隊隨即被派往波羅的海地區對德國實施封鎖，並向對抗布爾什維克的軍隊提供援助。協約國同意讓德國軍隊（自由兵團）的部隊留在波羅的海，藉此抵禦布爾什維克的攻勢。在芬蘭領導德軍的戈茲將軍成為了司令，並決定在這些新成立的國家之中強化德國的角色。他可以在當地依靠波羅的海防衛軍的支持，而這些防衛軍的兵源則來自波羅的海地區的德意志人。這些部隊和三千名芬蘭志願軍一起加入了愛沙尼亞部隊，將紅軍趕出愛沙尼亞。戈茲將軍乘勝追擊，又從布爾什維克手中攻下了里加，卻欲速則不達，弄巧成拙。他不斷採取攻勢，讓自己的軍隊深陷在波羅的海地區複雜的國際角力之中。

雖然英國需要德軍來阻擋布爾什維克主義的蔓延，但他們也反對德國將該地區納為勢力範圍。倫敦一些有影響力的官員認為愛沙尼亞人和拉脫維亞人沒有自行建國的能力，但也認為他們可以協助該地區的白軍擊退紅軍，因此也就能制衡德國的影響力。然而他們無法說服白軍承認愛沙尼亞和拉脫維亞在大俄羅斯國內的自治地位。就在這個局勢難分難解的關鍵時刻，行動的主導權開始轉移到了當地人的手上。

一九一九年春天，一支由拉脫維亞和愛沙尼亞人組成的聯軍擊敗了波羅的海防衛軍（這支防衛軍當時是戈茲將軍的先遣部隊）。對此，英國歷史學家柯比評論道：「文登戰爭在二十世紀的意義，和一五七八年的瑞典波蘭聯軍打敗莫斯科軍隊的意義差不多，都是重要的轉折點。」[554]他們的聯軍後來成功驅逐了俄國的白軍，接著又分道揚鑣追求各自的民族目標。由於愛沙尼亞人對大俄羅斯國的計畫沒有興趣，因此沒有加入尤登尼奇將軍的白軍隊伍對彼得格勒發動最後攻勢。拉脫維亞人則是短暫地加入了波蘭人的行列，將最後一批布爾什維克驅趕出去。愛沙尼亞和拉脫維亞這兩個新國家的領導人接著於一九二〇年與列寧政府達成協議，讓列寧承認他們的獨立地位，並在前線劃設國界。和芬蘭人一樣，愛沙尼亞人和拉脫維亞人利用了德國的戰敗和俄國的弱點，因此得以在盡可能不需要西方的協助之下獲得獨立。然而這種情況到了第二次世界大戰期間將不復存在，因為到了那時，納粹德國和蘇聯都希望將波羅的海地區重新納入自己的邊境地區，置於自己的控制之下，而西方列強只能無助地在遠處旁觀。

立陶宛與愛沙尼亞、拉脫維亞有著類似的經歷，但情況又有些不太一樣，因為立陶宛還有波蘭這個因素，而這個因素也導致俄國和德國在波羅的海地區已經夠複雜的敵對關係變得更加難解。二月革命後，在立陶宛民族運動的早期階段裡，立陶宛與歐亞大陸西部的其他邊境地區一樣也成立了一個民族議會；他們在德國占領期間仍召開會議，除了讓海外的立陶宛人心生懷疑，也讓立陶宛社會主義分子人心背離。[555]一九一八年三月，這個民族議會在德國的施壓之下屈服，同意和德國建立永久同盟，以此換取他們承認立陶宛獨立。直到德國在西部戰線戰敗為止，德國的最高司令部都對立陶宛的政治環境進行了嚴格的管控。一九一八年十一月停戰之後，立陶宛幾乎陷入了無政府狀態。關於立陶宛的未來，不同陣營開始主張各種不同的方案。民族議會公布了臨時憲法，並在維爾紐斯（俄語名為維爾納，波蘭名則為維爾諾）組建了一個政府。不久後，立陶宛人卻跟著正在撤退的德軍離開了他們的新首都，導致這座城市遭波蘭軍隊占領。華沙的波蘭人為立陶宛人提供了類似於雅捷弗王朝的聯邦制度。當地的社會主義者希望紅軍能從東方前來援助，後來卻選擇與白俄羅斯合併，試圖重建十六世紀大立陶宛的領土範圍，最後卻以失敗收場。

到了一九一九年，立陶宛已經成為俄羅斯內戰的戰場，而布爾什維克軍隊則在此與俄國西部的白軍作戰。波蘭人再次驅逐了白軍和紅軍，進而取得主導地位。他們重新提議將立陶宛和波蘭合併組成聯邦。然而立陶宛的領導人當時已經開始準備獨立建國，並試圖讓在巴黎和會進行協商的協約國代表認可他們的獨立地位。英國人傾向於接受立陶宛人的訴求，雖然這麼做的目的只是為了阻止法國人建立大波蘭國的企圖。立陶宛人面臨到的其中一個主要問題，就是缺乏像芬蘭、愛沙尼亞和拉脫維亞那樣強大的國家軍隊。因此，立陶宛最後能否成為一個獨立國家，以及他們理所當然的首都（亦即維爾紐斯）的命運，仍取決於一九二〇年波蘇戰爭的結果。

二、東歐大草原地區

在受奧地利統治的加利西亞地區，畢蘇斯基則是試圖在同盟國這邊爭取波蘭獨立。畢蘇斯基長期反對俄羅斯帝國，曾積極參與一九〇五年的革命運動；早在第一次世界大戰爆發之前，奧地利政府就已經允許他在加利西亞建立起一支準軍事的組織網絡。戰爭爆發後，他將幾個步槍兵團整合為一支波蘭軍團，希望這支軍團日後能成為波蘭國家軍隊的核心；許多曾在第二次世界大戰期間為軍團效力的軍官，後來也在戰後的波蘭政府和流亡政府之中擔任要職。然而當他跨過邊界，在俄國控制的地區呼籲波蘭人起身反抗俄國之後，卻失望地發現那裡的波蘭人似乎無動於衷。這是因為波蘭進行憲法改革之後，與俄國合作的姑息態度開始在波蘭占了上風；此外，俄國也慷慨承諾將會賦予波蘭人自治權，讓波蘭人更加願意接受俄國統治。由於同盟國不願讓波蘭取得獨立，希望幻滅的畢蘇斯基因此辭去了委員會的職務，同時建議他的手下不要對德國宣誓效忠。在德國人解散波蘭軍團之前，軍團人數約有兩萬人。畢蘇斯基曾在一戰結束之前遭到逮捕，但不久後便又獲釋，後來他從德國人手中奪回了對前軍團士兵的指揮權、並將德軍驅逐出去，最後宣布自己是波蘭的國家元首。

獨立後的波蘭軍隊還來自另外一個體系，亦即在法國招募的波蘭人，以及曾在西線服役過的德軍戰俘。起初，沙皇派出的大使伊茲沃爾斯基反對籌組另外一支波蘭部隊，認為任何跟波蘭有關的決定都是俄國的內部事務。然而到了一九一七年二月，俄國革命和西線戰況的告急卻改變了這一切，導致法國和俄羅斯臨時政府針對成立波蘭人自己的軍隊一事達成了協議。與此同時，居住在西歐的波蘭移民在德莫夫斯基的領導之下成立了一個民族議會，並逐漸將這支波蘭軍隊納入自己的掌控之下。由於來自美國的波蘭人不斷湧入，他們的人數變得愈來愈多，而哈勒將軍則被任命為他們的領導人。哈勒將軍在畢蘇斯基的軍團中是一名旅長，他於一九一八年初曾和手下的士兵一起倒戈投向俄羅斯陣營，然後又在德國人的包夾下殺出重圍，最後抵達法國。到了一九一九年，他所帶領的藍軍人數已經超過了六萬八千人，並配備由法國提供的精良裝備。當時的法國希望他可以成為重建波蘭，壯大波蘭的主力，藉此讓波蘭成為對抗德國和布爾什維克的堡壘。

波蘭復國的過程，其實主要就是將這兩個武裝團體合併重組為波蘭國家軍隊的過程。但政治領導階層和過去的波蘭人一樣缺乏團結，對於國家的形式和領土範圍莫衷一是。德莫夫斯基和畢蘇斯基兩人想像中的波蘭並不一樣。德莫夫斯基原本想建立一個純粹由波蘭人組成，但依賴於俄國的國家，但在布爾什維克革命之後他的態度卻大幅轉變。為了在德國和蘇俄之間生存，他希望建立一個領土範圍更大的獨立國家，而這意味新的波蘭將會兼併所有加利西亞東部地區、波多利亞和沃里尼亞的一部分地區，以及白俄羅斯的大部分地區（包括明斯克省的三分之二，以及整個維爾紐斯省）。波蘭人將會由維斯瓦河流域移居至該地區，並逐步對白俄羅斯和烏克蘭人進行同化。他不再主張恢復一七七二年的邊界，而是希望在各自的傳統權力中心之間劃分邊境，並以此原則和蘇聯達成協議。實際上，德莫夫斯基正在倡導一個中央集權，而且徹底國族化的多文化國家。[556]

畢蘇斯基對波蘭的願景就更加捉摸不定了，因為他的計畫曾經歷多次變化，而且他在解釋計畫時也總是含糊帶過。[557]針對波蘭和克雷希的關係，他似乎贊成兩種非常不同的模式。首先，他曾希望實行某種聯邦制度，讓歷史上的立陶宛與白俄羅斯和波蘭結合在一起（他本人就是在立陶宛境內出生的），這個國家結構和過去的波蘭立陶宛聯邦非常類似。此外，他也考慮讓波蘭和芬蘭、愛沙尼亞和拉脫維亞一起建立一個政治聯盟，並與烏克蘭人民共和國締結軍事聯盟，藉此確保邊境地區的國家能獨立於德國和蘇聯之外。事後證明，立陶宛人是其中最大的阻礙，他們懷疑這些計畫的目的是建立一個波蘭帝國，同時對波蘭占領維爾紐斯的行動也非常不滿，因此對於聯邦方案或聯盟方案都持反對態度。由此，與烏克蘭人民共和國結為軍事聯盟，便成為畢蘇斯基將波蘭邊界向東擴展的願望最有機會實現的一條途徑。

第一次世界大戰期間，發生在東歐大草原邊境上的角力行動帶有許多十七世紀波蘭「大洪水」時期的表面特徵。當時意識形態上的核心已經出現變化，但仍未完全從宗教過渡到民族，而外部勢力的角色雖然也出現了變化，但並未完全改變——瑞典此時已經退出角力，鄂圖曼帝國已經邊緣化，而德國則正在加入戰局。不過不論如何，外國勢力的干預仍然是一個關鍵因素。根本的問題在於，烏克蘭人的領土（其邊界一如既往地非常模糊）究竟是要成為一個獨立的國家、一個緩衝區，還是要併入民族多元的俄國或波蘭呢？對此，不論是外部勢力或是當地的各個民族內部，都沒有討論出一致認同的答案。

在奧地利統治的加利西亞地區，烏克蘭人分為較為溫和的親哈布斯堡派，以及更激進的親俄派：前者主張讓加利西亞東部和布科維納地區合併，成為一個皇室直轄的自治領地，不受波蘭統治；後者則鼓吹建立一個民主而獨立的烏克蘭，由東歐大草原的幾個邊境地區構成。在這兩派之間進行調解的，則是加利西亞的大主教薛普提茨基，他是希臘天主教（東儀天主教會）的教宗，也是另一個典型的邊境人物。他提議在哈布斯堡皇帝的治下建立一個擁有自治地位的烏克蘭，這個新的國家將會根據哥薩克傳統擁有自己的軍隊，由一位蓋特曼（首領）負責指揮，並擁有自己的教會組織，獨立於聖彼得堡的宗教會議之外。[558]雖然薛普提茨基注定無法實現這個計畫，但他在被俄國人監禁之後仍然成了烏克蘭的民族英雄。第二次世界大戰期間，他則是與德國人合作，企圖讓烏克蘭獨立建國。一九一八年，同盟國起初支持激進的親俄派，但由於加利西亞人愈來愈希望烏克蘭可以統一，因此引起了奧地利人的憂心。像往常一樣，沙俄政府內部對烏克蘭的政策存在分歧。當俄軍於一九一六年重返加利西亞時，處理民政事務的內閣再次承諾會將喀爾巴阡羅斯地區併入俄國，但俄軍的領導人卻反對這種帶有收復國土色彩的主張。

二月革命也未能調和俄國內部彼此衝突的利益團體。俄國的臨時政府起初同情支持烏克蘭自治的人，並從牢裡釋放了大主教薛普提茨基，藉此釋放出善意的訊號。然而主張革命的基輔地方政府、烏克蘭國會和彼得格勒之間很快就出現了裂痕。就在烏克蘭國會不斷施壓推動民族自治解決的方案時，臨時政府卻陷入了僵局。俄軍指揮官對地方官員非常殘暴，不但徵用糧食和物資，還坐視軍紀不斷敗壞，導致軍隊不斷對地方居民施暴，包括針對猶太人的屠殺事件。[559]在俄羅斯的占領之下，加利西亞的公共秩序近乎崩潰。

自從一九一七年十一月烏克蘭人在基輔宣布烏克蘭人民共和國成立的那一刻起，烏克蘭便成為俄羅斯內戰和外國勢力介入期間戰火最猛烈的戰場。由於該地區變成各方都能介入的邊境地帶，紅軍、白軍、同盟國和波蘭都試圖取得對這裡的掌控。儘管烏克蘭人內部的分歧非常嚴重，他們仍然努力維持自治地位，或試圖取得完全獨立。在布列斯特進行協商時，德國對烏克蘭和芬蘭的訴求都表示支持，並簽署了一份承認烏克蘭獨立的和約。鄂圖曼帝國非常樂見烏克蘭獨立，因為如此一來烏克蘭便能成為他們的緩衝區，可以保護他們免於「莫斯科人」長久以來帶來的威脅，而他們也可以試著和烏克蘭人建立「友好關係」。同盟國於一九一八年二月和烏克蘭國會單獨簽署的條約包含一項商業條款，賦予了鄂圖曼帝國最惠國待遇，讓伊斯坦堡當局（和維也納當局一樣）開心地認為他們可以取得烏克蘭這個糧倉的農產品，減緩在海上遭協約國封鎖所帶來的衝擊和國內糧食短缺的問題。此外，正如塔拉特帕夏在發給恩維爾帕夏的電報中所說的，烏克蘭的獨立也讓他們可以在克里米亞和高加索地區建立穆斯林政府。[560]克里米亞韃靼人已經宣布將會成立國家議會和內閣。然而在黑海艦隊水手的支持之下，當地的布爾什維克迅速推翻了韃靼政府，建立塔夫里蘇維埃社會主義共和國，並開啟了各方對克里米亞的爭奪行動。[561]

事實證明，在克里米亞這個鄂圖曼帝國經常涉足的地方，鄂圖曼帝國反而是各個競爭者之中最弱的一個。德國於一九一八年四月將布爾什維克的勢力驅趕出去之後，他們在當地面臨到的問題和同盟國在波蘭邊境地區遇到的問題很像，亦即如何調和兩個民族運動彼此衝突的目標。在克里米亞這個案例之中，這兩個民族分別是烏克蘭人和韃靼人。德國決定站在克里米亞人和烏克蘭人組成的聯盟這邊，而鄂圖曼帝國卻只能旁觀無法置喙。[562]戰爭結束後，紅軍、白軍和當地的民族運動分子仍在持續彼此鬥爭。最後獲得勝利的布爾什維克為了解決這個問題，曾試圖在烏克蘭蘇維埃社會主義共和國境內建立克里米亞蘇維埃社會主義自治共和國。但這對於韃靼人來說只是虛假的勝利。第一次世界大戰期間，他們在德國的幫助之下再次成功獨立，但卻帶來了許多災難性的後果。

駐烏克蘭的德軍司令只顧著推動自己的計畫，對於奧地利和鄂圖曼帝國這兩個盟友的利益卻毫不在意。原本只是受邀前來幫忙抵禦布爾什維克的德國人，開始任意介入烏克蘭的經濟層面，和其他同盟國一樣企圖取得急需的糧食來源，以避免協約國的封鎖行動對他們造成破壞。然而德軍的要求遭到了拒絕，因此他們於一九一八年四月推翻了烏克蘭國會裡溫和的社會主義共和政府，並扶植斯科洛帕德斯基成立一個更聽話的政權。斯科洛帕德斯基不得不依靠保守的地主和曾在舊政權服務的官員，讓他們在政府裡任職，為他指揮剛成立的烏克蘭軍隊，然而這些地主和舊官員大多數都不是烏克蘭人，而是俄羅斯人。

和其他正在追求獨立的邊境地區領導人一樣，俄軍中的烏克蘭軍官也組織了軍事議會，並籌組以烏克蘭語為指揮語言的民族部隊，只不過這些行動比其他地區出現得更早，早在一九一七年五月他們就開始這麼做了。然而這些軍官很快就開始分裂，而烏克蘭各個部隊和俄羅斯軍隊之間，以及彼得格勒蘇維埃政府和臨時政府之間的嫌隙也在不斷擴大。[563]作為西南戰線第三十四軍團的指揮官，斯科洛帕德斯基對於軍隊中的烏克蘭化運動抱持著懷疑的態度。他非常瞧不起臨時政府和烏克蘭國會中的社會主義分子。但他對布爾什維克的仇視，最終還是讓他於一九一七年六月決定支持烏克蘭化運動，藉此保留從前俄羅斯帝國軍隊的戰力。從一九一七年的夏天到秋天，身處紛亂局勢之中的他立場逐漸轉變，開始支持將烏克蘭人的國家打造成某種自由的哥薩克社會。他發現自己被夾在兩派之間，一邊是依然效忠逝去的帝國的人，一邊則是希望取得民族自治的人，而希望民族自治的這一派內部又分為右派的俄羅斯人和左派的烏克蘭人，導致情況變得更加複雜。與此同時，他也對加利西亞的烏克蘭人心存疑慮，認為他們是激進民族主義者、立場更親波蘭，因此在社會上和文化上都與「俄羅斯這邊」的烏克蘭人非常不同。[564]

《布列斯特－利托夫斯克條約》簽訂之後，斯科洛帕德斯基無法確定該採用各種方案；他曾在回憶錄中語帶歉疚地寫道，這些方案沒有一個是完美的。他決定和同盟國同甘共苦，因為他相信比起白軍或布爾什維克，他可以從同盟國那邊獲得更多的好處。就此而言，他的判斷的確是正確的。他成功地推廣了烏克蘭的文化制度，並讓同盟國承諾克里米亞、比薩拉比亞和庫班這些地區都會納入烏克蘭之中。他還創建了一支兵力達六萬五千人的龐大軍隊。[565]但仍是一個缺乏廣泛民意基礎的獨裁者。奧地利和德國政府都實施了徵糧政策，並支持那些希望從農民手中奪回土地的地主，而這些都破壞了他的威信，也引發了農民叛亂。德國投降之後，他改向協約國求援，但協約國反對烏克蘭獨立，並要求烏克蘭與俄羅斯共同在白軍政府的統治之下組成聯邦。

在名為「指南」（the Directory）的新政府的統治之下，烏克蘭各個心懷不滿的民族主義團體聯

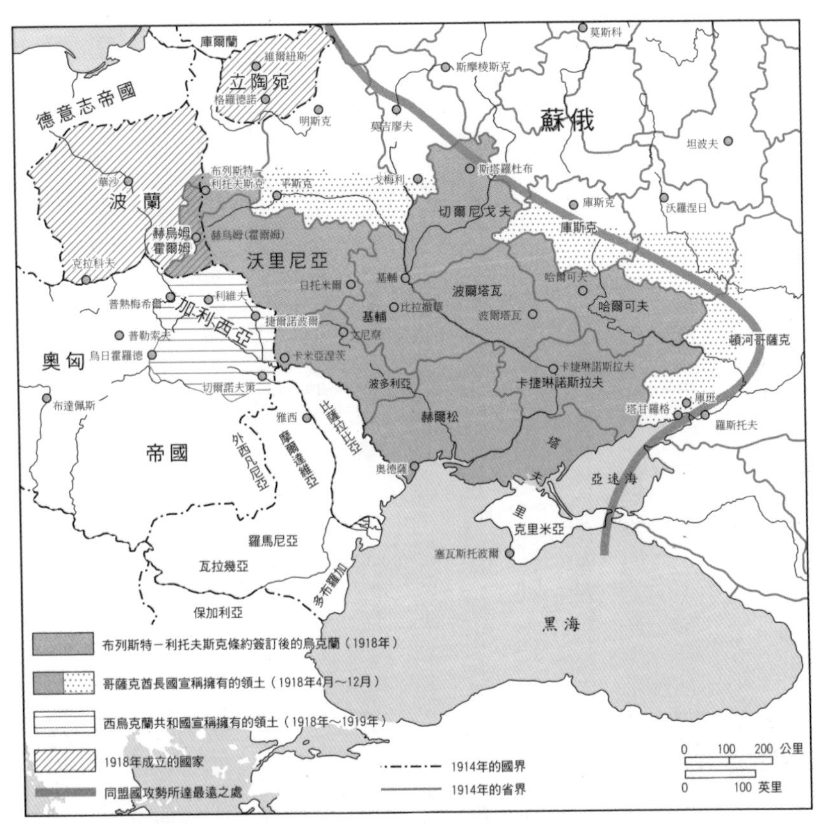

地圖 6.1　布列斯特－利托夫斯克條約簽訂後的烏克蘭

手促成一場起義事件，引發了一場溫和版本的法國大革命。和芬蘭以及波羅的海國家一樣，烏克蘭能否獨立的關鍵在於是否擁有一支組織嚴密，可以贏得同盟國支持的軍隊。建立烏克蘭軍隊的主要領導人是佩特留拉，他是一位知名的記者和政治活動分子；從一九一七年夏天開始，他就在為建軍的目標而奮鬥。他是促成一連串烏克蘭軍事會議的關鍵人物；這些會議試圖讓彼得格勒的臨時政府同意對帝國軍隊進行烏克蘭化。儘管他是斯科洛帕德斯基的競爭對手，但他並不確定是否應該主導這場民族運動，也沒辦法在《布列斯特－利托夫斯克條約》簽署之後、布爾什維克奪權之前的關鍵時刻裡魄力十足地在政治上提供領導。換言之，他不是曼納海姆那樣的人物。然而我們不應該低估他與其他烏克蘭領導人為了支撐一個統一的政府而嘗試建立一支軍隊時，所遇到的障礙。主要的問題在於烏克蘭西部和東部之間在政治上的分裂，以及農村地區的無政府主義社會革命。

在哈布斯堡王朝日漸衰微的加利西亞地區，一群烏克蘭軍人則是在利維夫成功奪權，成立西烏克蘭共和國，這個國家包含加利西亞省、布科維納北部和喀爾巴阡地區。這個共和國起初在建國的進程上似乎比烏克蘭東部更有優勢。一如前述，加利西亞省的烏克蘭人在哈布斯堡王朝的統治之下發展出了十分活躍的政黨活動，在和波蘭人競爭的過程中也獲得了不少政治經驗。第一次世界大戰爆發後，加利西亞的烏克蘭領導人宣布他們將效忠於哈布斯堡王朝，並要求建立一支烏克蘭軍隊。哈布斯堡王朝徵召了數十萬名加利西亞人進入正規軍，但也允許他們另組一支精銳部隊，亦即烏克蘭西奇步槍軍，和畢蘇斯基的波蘭軍團非常類似。奧地利人在占領烏克蘭時，使用的便是這些部隊。

戰爭結束後，西烏克蘭共和國迅速與基輔的烏克蘭人民共和國建立起聯繫，並於一九一九年一月結為一個鬆散的聯盟。他們之間在意識形態上存在差異，而西烏克蘭共和國也仍然保有自治地位，但他們真正的問題來自外部。在烏克蘭西部，主要的外部敵人是新成立的波蘭共和國，因為他們聲稱波蘭擁有加利西亞東部的領土。除了波蘭之外，羅馬尼亞人也占領了布科維納地區，而馬札爾人直到被捷克人趕出去之前，也都仍然控制著喀爾巴阡地區。斯科洛帕德斯基和德國人一起撤出之後，西烏克蘭人迅速重建了已經瓦解的軍隊。但他們仍然無法與有著十萬名士兵的哈勒將軍的藍軍匹敵，因為藍軍的武器和裝備都是由法國支持提供的。與此同時，新政府於一九一九年初則遭到了兩股勢力的夾擊：一個是來自北方的布爾什維克，另一個則是白軍志願軍，而且白軍還有六萬名在敖得薩登陸的法軍在背後支援。烏克蘭歷史學家葉克爾赤克曾說：「烏克蘭當時即將成為紅軍與白軍內戰的戰場。但這起事件也可以被視作烏克蘭的內戰，因為在新政府中為布爾什維克效力的烏克蘭士兵，以及為白軍效力的烏克蘭士兵，彼此也都在為自己所憧憬的那個『烏克蘭』的勝利而自相殘殺。」[566]隨著軍事陣線不斷成形和解體（基輔從一九一七年到一九二〇年一共經歷過六次易手），農村地區也陷入了戰火之中。成千上萬的退伍士兵、逃兵和武裝農民都讓農村陷入一片混亂。他們趕走地主，破壞大型莊園；他們恣意劫擄，又對猶太人進行迫害；他們經常與常規軍合作，但也隨時可能投向其他陣營。[567]為了挽回頹勢，佩特留拉只好轉向尋求波蘭人的幫助。畢蘇斯基一得知白軍在烏克蘭的內戰中落敗、因而與布爾什維克的衝突無可避免之後，便樂意與佩特留拉結盟。一九二〇年四月，波蘭政府與新政府成員簽署了政治協議和軍事條約。然而，由於主控權掌握在波蘭人手上，烏克蘭人因而被迫接受自己在聯盟中的從屬地位。然而他們和波蘭以及邊境地區的政治關係卻仍舊模糊不清。[568]對於畢蘇斯基來說，這份協議讓烏克蘭仍有可能被納入他的大型聯邦計畫之中，但德莫夫斯基和他的支持者卻因為相反的原因而反對這份協議。他們寧願鄰國是俄國，而不是烏克蘭。波蘭經濟學家格拉布斯基曾指出：「我們波蘭人對於那些位於茲布魯奇河以東，我們在波蘭遭瓜分之前曾經擁有的土地，比俄羅斯人擁有更多的權利」，而烏克蘭則將在民族自治的基礎上，主張他們在加利西亞東部的權利。[569]

當畢蘇斯基終於對布爾什維克發動攻擊時，烏克蘭軍隊也強化了他們的右翼。但波蘭人並未實現諾言，沒有為烏克蘭軍隊提供大量士兵。有些西奇步槍軍的成員懷疑波蘭人並沒有打算要實現這些諾言，因而離開了前線、前往捷克斯洛伐克，卻在那裡遭到軟禁。波蘭與俄國之間的戰爭逐漸變成了一場拉鋸戰，波蘭人先是攻占了基輔，然後又被趕回華沙，接著又在反攻過程中收復了加利西亞和白俄羅斯西部的大部分地區。

波蘭和布爾什維克雙方都筋疲力盡，於是在一九二〇年簽署了《里加條約》，以他們當時的軍事前線為國界。這使得烏克蘭軍隊必須獨自面對紅軍的所有攻勢。後來他們在戰事中受挫，只好退回波蘭，卻又在波蘭遭到拘禁。佩特留拉接著試圖在蘇聯占領的烏克蘭境內組織抵抗運動，但結果並不理想，加利西亞於是再次遭到兩個強權瓜分。歷經多年戰爭之後仍得到這樣的結果，這讓他們感到非常憤怒。他們對波蘭和蘇維埃政權的統治都抱持著敵意，不斷成為抵抗行動的來源。德國於一九三九年占領波蘭，入侵蘇聯時，再次燃起了烏克蘭人對獨立的盼望。烏克蘭西部又一次成為多方角力的核心地區，在納粹的德意志國防軍、蘇聯的游擊隊和紅軍、波蘭地下武裝組織「救國軍」、烏克蘭民族主義者，以及只效忠自己的領導人而不支持任何一方的武裝團體之間，他們幾乎沒有選擇。這也是邊境地帶角力中一個不斷出現的傳統特色。

波蘇戰爭的結果也決定了波羅的海地區各個獨立國家的樣貌。布爾什維克曾為了搶走波蘭的盟友而承認拉脫維亞獨立，後來又出於同樣的理由承認立陶宛獨立。針對主權歸屬極具爭議的維爾紐斯，蘇維埃政府也在一九二〇年七月的一項和約中確認了其權利，以此換取紅軍在和波蘭交戰時取道通過立陶宛的權利，不過波蘭在最後的反攻之中又重新占領了這座城市。在巴黎和會上，各強權無法針對這件事進行調解。地處猶太人、波蘭人、立陶宛人和白俄羅斯人混居的文化破碎區的心臟地帶，維爾紐斯一直都掌握在波蘭人的手中（當時這座城市用的是波蘭名字維爾諾）；到了一九三九年，立陶宛才終於趁德國打敗波蘭的時機點重新取回維爾紐斯。在兩次世界大戰之間的戰間期，維爾紐斯的爭議地位讓波蘭和立陶宛之間的關係持續惡化，也讓德國和蘇聯找到了插手干預、挑撥離間的機會。

在東歐大草原邊境地區的南緣，內戰和強權的干預行動則重新點燃了哥薩克人對俄國沉寂已久的鬥爭行為。《布列斯特－利托夫斯克條約》明定必須讓烏克蘭獨立，但並沒有劃定其東南側的邊界。德軍的攻勢暢行無阻，讓頓巴斯地區的煤田，以及塔甘羅格、羅斯托夫，甚至是新切爾卡斯克等黑海港口都岌岌可危。[570]他們在頓河的邊境地區面臨著瞬息萬變的政治局勢。[571]頓河地區在戰爭部的統治之下，於俄羅斯的帝國體系之中占有特殊地位。哥薩克人享有一定程度的自治權，但非哥薩克裔的農民，以及人數愈來愈多的工人卻被排除在外。經濟發展讓他們之間出現了分裂，而戰爭也加劇了世代之間與階級之間的緊張關係，並擴大了哥薩克人與廣大農民之間的差距。二月革命爆發之後，民主化運動導致不同政治組織（比如政黨、地方上的蘇維埃以及哥薩克委員會）之間，出現愈來愈多交叉忠誠的現象＊，導致社會和政治秩序進一步分裂。不同的哥薩克群體也提出了相互衝突的主張，各自宣稱自己才是合法政權的代表。

布爾什維克革命也進一步加深了哥薩克人之間的齟齬，並在頓河地區引發了內戰。反布爾什維克

＊譯按：cross-cutting allegiances，意即「族裔身分以及政治上支持的對象，兩者之間沒有明確關聯」的現象。

的帝國軍官認為頓河地區是對抗革命勢力的堡壘，也是組織白軍主力部隊（亦即志願軍）的主要兵源。布爾什維克也以同樣的方式看待當時的情況。但不論是哪種狀況，認為「哥薩克人都很反動」的這種刻板印象其實掩蓋了頓河地區極其複雜的社會實況。哥薩克政府派出了一支代表團前往莫斯科和蘇維埃政府進行談判，而這場協商行動也生動地描繪出了哥薩克人希望保護頓河地區不受外力威脅，同時又想避免陷入全面內戰的困境。霍爾奎斯特指出，他們之所以與擔任民族委員的史達林會面，是因為「當時哥薩克人已經從一個社會階級的名稱，逐漸轉變成為一種族裔或民族團體名稱」。[572]史達林聲稱，布爾什維克支持的是「哥薩克工人」，而不是反動的哥薩克領導階層。哥薩克代表堅稱他們可以自己把事情處理好，因此蘇維埃政府不需要對頓河地區出兵、進行懲罰。最終導致雙方關係破裂，則是布爾什維克對德軍不斷進逼的反應。儘管列寧沒有反對賦予頓河地區自治權，但他接受了羅斯托夫當地布爾什維克的觀點，亦即如果想要阻擋德軍，並讓他們不再喊出民族自決這個空洞口號，唯一方法便是建立頓河蘇維埃共和國，藉此實現無產階級的自決行動。但這個決定卻引發了一連串對抗蘇維埃政權的自發性暴動，後來這些暴動又被稱為哥薩克叛亂。[573]在德國的幫助下，這些叛亂分子輕易便推翻了頓河地區的蘇維埃政權。

一九一八年十一月德軍簽署停戰協議，撤離頓河地區之後，頓河哥薩克人便成了對抗布爾什維克的主力之一，但他們並不完全認同志願軍和白軍的目標。和典型的邊境地區居民一樣，他們對白軍領導人心目中高度中央集權、統一的大俄羅斯心存疑慮。這種帶有邊境特色的觀點，也對他們的軍事活動造成了影響。當紅軍為他們的家園帶來威脅時，他們便願意加入志願軍，但仍堅持要在白軍的領導架構之外維持自己的軍隊。他們通常不願或者拒絕在自己領土之外的地方作戰。頓河地區的克拉斯諾夫甚至重拾了哥薩克人在十七世紀的口號：「克里姆林宮的沙皇萬歲，但我們哥薩克人還是想在寧靜的頓河地區安身立命。」[574]

像中國的軍閥一樣，頓河哥薩克人也反對建立一個中央集權的政府，但同時又不願和像他們一樣的武裝團體進行合作。一方面，他們非常珍惜自己內部的民主秩序；另一方面，他們也仍以一種地域性的心態在處理與外人的關係；他們通常會將外人稱為「inogorodnie」，其字面上的意思是「來自其他城鎮的人」，但實際含義是「來自頓河地區以外的人」。這種態度，也讓人覺得他們彷彿是決意要背離二十世紀，緊守自己過去的傳統似的。他們和其他哥薩克軍團的衝突，也反映出了他們的排外態度。當紅軍占領頓河地區時，哥薩克軍團只能撤回到庫班地區，但他們在那裡並未受到熱烈的歡迎。庫班哥薩克人變得愈來愈厭戰，士氣也非常低落。他們對鄧尼金將軍和志願軍的敵意，加劇了他們與捷列克哥薩克人之間的分歧，儘管那些捷列克哥薩克人也曾為了逃避紅軍進犯在庫班地區避難過。一九二〇年一月，各個哥薩克軍團都派出了代表參加克魯格最高議會。到了此時，志願軍已經潰不成軍，導致哥薩克人成為北高加索地區反布爾什維克勢力的代表。絕望的鄧尼金請求哥薩克人不要獨立建國，並承諾會賦予他們「廣泛的自治權」；他還提到，「有鑑於哥薩克人對俄國的歷史貢獻，賦予他們自治權是應該的。」代表大會還進一步承諾會實施土地改革，並讓哥薩克代表進入內閣。雖然這些承諾後來成功說服了哥薩克人的代表，但此時想挽救他們反布爾什維克的計畫早就為時已晚。[575]

三、匈塞羅三國交界地帶與多瑙河流域

雖然布爾什維克成功阻止了俄國的解體和分裂，但奧匈帝國卻永久崩解了，而奧匈帝國的邊境地區也紛紛獨立出去，形成了許多新的多民族國家。諷刺的是，從語族的定義來看，在所有從奧匈帝國的殘骸中誕生的新國家之中，奧地利和匈牙利是僅有的兩個內部同質的民族國家。帝國瓦解之後，試圖將繼承國拼湊在一起的類似案例在歐洲史上只出現過兩次，而且都頗為久遠：一次是一六四八年的《西發里亞條約》，另一次則是一八一五年的《維也納條約》。但這些邊界重劃的過程所根據的原則並不相同，前者根據的是宗教，後者則是為了圍堵法國。在過去這些重建歐洲的嘗試之中，領土調整過程經常會牽涉到人口移動，然而政府卻未曾過問這些居民的意願，更遑論邀請他們參與。

哈布斯堡帝國遺留下來的東西，是各民族對自決的想望以及國家利益這兩者的混合體，這些東西既是地方上自發而生的，也是外部干預的結果。這種結果，在其他解體的多民族國家之中較為少見。第一次世界大戰期間以及大戰結束之後，原本在哈布斯堡邊境地區深陷戰場、受帝國統治的民族，便開始有政治家和記者在針對如何重建德國和俄國之間的地區草擬計畫。他們分別從兩個基地開展行動：流亡海外的人試圖團結海外的僑胞，這些人受威爾遜主義或列寧主義式的民族自決觀念影響最大；而留在家鄉的人則對於「以自治地位留在帝國內部」這個方案堅持了更長一段時間，不過抱持這種態度的人也愈來愈少。不過對於這兩種人而言，捷克的政治知識分子經常都是他們的靈感來源和風向標。後來成為捷克斯洛伐克第一任總統的馬薩里克曾於一九一五年聲稱，他是第一個指出「位於德國與俄國之間的小民族地區在政治上非常重要」的人。[576]

南斯拉夫人

南斯拉夫當時有三個政治活動的核心，分別試圖依循不同路徑實現南斯拉夫的統一。第一個是流亡至科孚島的塞爾維亞政府，他們由來自民族激進黨的總理帕希奇擔任領導人，但他無法將大塞爾維亞和南斯拉夫這兩個概念區隔開來，不祥地預示了南斯拉夫未來的命運。第二個是位於倫敦的南斯拉夫委員會，他們代表居住在海外的流亡者（以克羅埃西亞人為主），領導人物則是特魯姆比奇這位律師，以及來自達爾馬提亞的記者蘇普利歐；他們希望建立一個南斯拉夫國，而克羅埃西亞人、斯洛文尼亞人和塞爾維亞人在其中都能享有平等的權利。第三個則是克羅埃西亞農民黨的創始人拉迪奇，他在戰前曾受到馬薩里克的影響，支持哈布斯堡王朝轉型成為聯邦，而由克羅埃西亞人、塞爾維亞人和斯洛文尼亞人共同組成的克羅埃西亞自治邦也將會加入這個聯邦。至於居住在哈布斯堡王朝領土範圍之外的塞爾維亞人，他則提議他們與保加利亞人一起建立聯邦。到了第一次世界大戰結束時，他雖然接受了奧匈帝國解體的事實，但仍為新的國家提出了聯邦方案，因為他擔心南斯拉夫的統一將會導致他們受塞爾維亞人統治。577

哈布斯堡王朝內部其實還有第四個南斯拉夫運動的分支，亦即所謂的「宣言運動」，不過這個分支的內部更為分裂。578 第一次世界大戰初期，斯洛文尼亞人和克羅埃西亞人普遍效忠於哈布斯堡王朝，不過在伊斯特里亞和達爾馬提亞地區有些人也要求對哈布斯堡王朝境內的南斯拉夫人進行重組。到了一九一七年夏天，過去匈塞羅三國交界地帶中瀰漫的厭戰情緒、經濟困境，以及奧地利德意志人反覆無常的統治手法，都讓他們的忠誠度急速下降。此外，奧地利國會中的南斯拉夫代表（南斯拉夫社）成了反對黨，而在盧布爾雅那的主教耶格利奇對他們的行動表達支持之後，草根的群眾運動也開始遍地開花，要求在奧匈帝國境內成立克羅埃西亞和斯洛文尼亞自治邦。一九一七年與一九一八年間的冬天，社會上愈來愈常出現大規模集會、公民連署請願等新策略。[579]但當地的官員也坦承他們愛莫能助。這場運動漸漸地不再主張保留哈布斯堡王朝，儘管他們在經濟上和政治上的動機不一定都彼此相容。支持克羅埃西亞獨立，以及支持南斯拉夫統一的克羅埃西亞人彼此之間出現了分歧。上層階級的穆斯林害怕會被南斯拉夫人推翻。他們對於國家的矛盾態度，以及這些地區出現的社會動蕩，都有助於解釋戰後的南斯拉夫局勢為何會如此緊張。[580]

塞爾維亞人擁有聲望和力量這兩個優勢，因而得以在南斯拉夫人建國的行動中扮演領導角色。他們之所以極具聲望，是因為他們曾花了一個世紀的時間，將匈塞羅三國交界的爭議性邊境地帶變成一個獨立的國家，儘管這個國家仍深陷戰火之中；而他們的力量則來自於槍桿。塞爾維亞在遭到奧地利、德國和保加利亞的軍隊打敗和占領之後，其政府便逃往了科孚島，當時跟著政府逃亡的，還有塞爾維亞的殘軍。他們在撤退過程中傳奇般地翻越山區，並在由法國指揮的協約國遠征軍的保護之下，成功於薩洛尼基重新集結整隊。出於政治因素，帕希奇非常希望證明塞爾維亞對協約國的價值。他試圖從海外的塞爾維亞僑民和俄羅斯的戰俘之中招募志願兵，藉此補充軍力。他在募兵工作上首次取得的成功，是於一九一六年在奧德薩成立了塞爾維亞志願軍的第一師。起初，俄國政府和沙皇一直不願違反尼古拉斯二世簽署的《海牙公約》，這份公約禁止戰俘加入敵軍對抗自己曾經效力的國家。和過去一樣，如果完全接受泛斯拉夫運動會減損俄羅斯帝國的政權正統性的話，他們便無法確定是否應該認同泛斯拉夫運動。然而戰況告急卻讓他們無暇顧慮太多。人數約一萬八千人的塞爾維亞第一師投入了多布羅加地區的前線，和他們的宿敵保加利亞人奮戰，傷亡慘重。

與此同時，科孚島上的塞爾維亞國民議會對於未來的國家架構，以及誰擁有志願軍控制權這些問題，和位於倫敦的南斯拉夫委員會以及其他南斯拉夫海外組織之間出現了爭議。一年後，志願軍又在俄國成立了第二師，而塞爾維亞裔在其中依然占多數，但比起之前，克羅埃西亞裔和斯洛文尼亞裔的比例也提升了。雖然這支軍隊的名稱是塞爾維亞暨克羅埃西亞暨斯洛文尼亞師，但塞爾維亞裔出身的軍官仍認為它完全是塞爾維亞軍隊的一部分，而這也導致克羅埃西亞裔和斯洛文尼亞裔的軍官和士兵集體請辭，轉而加入俄國的部隊。[581]

第二師的士氣不佳，逃兵的情況也相當嚴重，尤其是在一九一七年二月俄國發生革命之後。這支軍隊後來經由阿爾漢格爾斯克撤退，再橫越西伯利亞前往海參崴。這兩個師都在薩洛尼基由法國領導的協約國遠征軍進行重組和改善裝備，後來加入了塞爾維亞正規軍的殘餘部隊。與捷克軍團一樣，第一塞爾維亞師在薩洛尼基前線上的英勇戰績，在戰後也藉由帶民族主義色彩的文學作品而被誇大渲染，成為南斯拉夫（亦即大塞爾維亞）的立國神話。[582]

與此同時，另一支塞爾維亞部隊也在被占領的塞爾維亞和蒙特內哥羅山區開始成形。一九一七年二月，塞爾維亞人自發地在保加利亞占領區內的馬其頓揭竿起義（馬其頓一直以來都是一個動蕩的邊境地區），後來遭到德國和奧地利軍隊的鎮壓。然而許多被稱為「柯米塔吉」的游擊隊也開始出現，他們進行「小型戰爭」，並沿用了許多十六與十七世紀對抗突厥人時所使用的名稱和符號。第一次世界大戰期間，有些民族抵抗運動中的切特尼克領導人，比如佩查納茨以及德拉查．米哈伊洛維奇，都在一九一七年至一九一八年的游擊戰中證明了自己的實力。到了一九一八年，愈來愈多藏匿在森林裡的哈布斯堡軍隊逃兵也開始從事游擊戰；當薩洛尼基的部隊正途經馬其頓一路打回塞爾維亞時，這些柯米塔吉也加入了他們的隊伍。他們甚至在塞爾維亞正規軍抵達之前就成功地解放了一些地區。重新集結整隊的國家軍隊再次占領了科索沃，並對阿爾巴尼亞軍隊以及據傳與哈布斯堡軍隊通敵的人發動了報復行動。在波士尼亞，來自地方游擊隊的援軍不斷湧入，這些游擊隊一直都在對抗由穆斯林和克羅埃西亞人組成的保衛軍，而這支保衛軍原本是由哈布斯堡指揮官成立來鎮壓「土匪」的。583

一九一八年秋天，克羅埃西亞幾乎陷入了無政府狀態。由於《布列斯特－利托夫斯克條約》而獲得釋放的戰俘，對哈布斯堡軍隊的向心力造成了非常嚴重的傷害。多達二十萬人回到了奧匈帝國，而他們之中的大多數人都非常反對持續進行戰爭。雖然哈布斯堡政府擔心他們會散播「紅色浪潮」，因而將他們監禁了起來，但那些回到部隊的士兵還是讓軍隊士氣變得更為低迷；其他歸國戰俘則是拒絕回到部隊，選擇加入克羅埃西亞鄉村地區農民游擊隊的綠軍。584

在波士尼亞，塞爾維亞人和穆斯林之間爆發了族裔衝突。在斯洛文尼亞和克羅埃西亞，南斯拉夫運動在地方上的支持者則呼籲塞爾維亞軍隊阻止義大利軍隊繼續前進，並著手恢復公共秩序。南斯拉夫國民議會也解散了哈布斯堡軍隊的克羅埃西亞部隊。塞爾維亞軍隊也進入佛伊弗迪納和巴納特地區，挑戰馬札爾人和羅馬尼亞人宣稱擁有這些領土的行為，並為最終的劃界工作奠定基礎。585

一九一八年十二月，塞爾維亞政府與位於倫敦的南斯拉夫委員會之間在一次不對等的讓步之後，創建了一個統一的南斯拉夫，亦即大塞爾維亞的南斯拉夫。主張採取中央集權政策的陣營，不斷對支持聯邦制的南斯拉夫委員會施壓。義大利主張自己擁有一些主要由斯洛文尼亞人居住的領土，而塞爾維亞軍隊則是唯一真正可以對抗這個主張的勢力。比起克羅埃西亞人可以投入戰場的力量，塞爾維亞軍隊絕對強大得多。[586]在人口統計數據備受爭議的匈塞羅三國交界地帶，其邊界一直都是由武力界定的。

南斯拉夫和義大利就新國家最終劃界問題所引發的衝突，則導致了凡爾賽會議的一次重大危機。第一次世界戰爭結束時，義大利軍隊終於突破了搖搖欲墜的哈布斯堡陣線，並且越過邊境，宣稱由於一九一五年的羅馬密約，整個伊斯特里亞地區和奧匈帝國達爾馬提亞省的四分之三都是義大利的領土，從而使得亞得里亞海重新回到「威尼斯共和國當年的狀態，亦即再次成為一個義大利的內海」。[587]經過長時間的談判之後，義大利和南斯拉夫於一九二一年另外簽署了《拉帕洛條約》，該條約依循的是《倫敦條約》的主要內容。除了阜姆地區之外，義大利保住了整個伊斯特里亞半島，讓四十六萬七千名斯洛文尼亞人和克羅埃西亞人誤劃在國界的另一邊。作為補償，義大利人則是撤出了達爾馬提亞地區。[588]

雖然南斯拉夫這個國家是長期以來在意識形態和政治上的準備過程中被建構出來的，但其邊界的劃定卻主要是塞爾維亞軍隊的功勞。於是這也讓塞爾維亞的領導人更能夠複製哈布斯堡那套由德意志人進行統治的多元文化國家模式，主張由塞爾維亞人來掌控邊境地區。這個多民族國家的內部，也存在許多反對塞爾維亞人占優勢地位的族群（尤其是克羅埃西亞人），如果出現另外一場戰爭而對國家存續造成威脅時，這些反對勢力也往往會是災難的來源，例如一九四一年期間，整個國家便曾陷入內戰，不僅導致國家分裂，也讓英國及德國都捲入了這場風暴之中，並導致德意志第三帝國全面進攻並征服第一南斯拉夫（南斯拉夫王國）。

捷克人與斯洛伐克人

一如波蘭和南斯拉夫，捷克斯洛伐克這個多文化國家能夠建立，主要得歸功於最有組織、裝備最完善的捷克人，再加上海外流亡分子和國內民族主義政治家的推動。有些捷克和斯洛伐克軍官曾因為沒有自己民族的部隊，而加入了塞爾維亞第一師。他們之中的大多數人，不久之後便移轉到由戰俘組成，在俄羅斯集結的大型捷克斯洛伐克武裝部隊。後來這支部隊被稱為「軍團」，兵力穩定增長，人數最多時達六萬一千人。和南斯拉夫運動一樣，捷克人和斯洛伐克人之間也為了志願軍該由誰控制，以及未來要以何種形式建國等問題出現了爭議。由戰前移民組成的俄羅斯捷克斯洛伐克協會，最後在一場政治鬥爭之中敗給了由馬薩里克領導，總部位於巴黎的捷克斯洛伐克民族議會。主要問題仍然是俄國政府的態度。軍方比其他處理民政事務的部門更有興趣招募捷克人和斯洛伐克人；薩宗諾夫尤其認為任何鼓動捷克民族熱情的行為都是危險的。[589]即使是在二月革命之後，臨時政府也反對在戰爭中使用捷克斯洛伐克志願兵，因為他們害怕這會鼓勵其他非俄裔的民族也主張取得類似的權利，尤其是受懷抱自治目標的中央議會所領導的烏克蘭人。一九一七年五月，馬薩里克在出訪俄國的過程中不僅爭取到志願軍的支持，還成功說服俄國人讓他們參戰。但即便如此，最後仍然只有五分之一到四分之一的捷克和斯洛伐克戰俘加入了軍團。[590]

然而布爾什維克奪取政權之後，卻讓捷克人陷入了困境。西方盟友將其視為重建東部戰線的途徑，布爾什維克則認為他們是潛在的反革命力量，但捷克人其實只想回家而已。遣返捷克人的安排在西伯利亞鐵路沿線出了問題，並導致他們與布爾什維克發生衝突。軍團於俄國內戰初期，是西伯利亞地區反布爾什維克的主力，而他們橫越西伯利亞的跋涉過程，也構成了新的捷克斯洛伐克的立國神話之一，堪與描述希臘傭兵橫越波斯的撤退行動的《長征記》比擬。他們與塞爾維亞人的英勇表現相似的驚人。這些捷克人於一九二〇年回到剛建國的捷克斯洛伐克，成為國家軍隊的主力。[591]雖然捷克斯洛伐克和南斯拉夫都是多民族國家，但他們的軍隊主要都由捷克人和塞爾維亞人這兩個優勢民族所組成。在戰爭結束之後，這兩個國家的軍隊在鞏固國家權力和邊界劃定等方面，都發揮了非常關鍵的作用。法國捷克軍團的部分士兵歸國之後便和馬札爾人作戰，確立了第一共和國在斯洛伐克的邊界。這支軍隊也曾為了切申地區而與波蘭人發生衝突，在戰場上表現得非常出色，甚至還占領了人口以烏克蘭人（魯塞尼亞人）為主的下喀爾巴阡烏克蘭地區，以他們的各個邊境民族（比如蘇台德德意志人、斯洛伐克邊界上的馬札爾人，以及東部邊疆的烏克蘭人）完整畫出了新共和國的邊界。在東歐大草原邊境地區的西緣，被稱為「下喀爾巴阡」或「跨喀爾巴阡烏克蘭」的邊境地區則不斷發生衝突，為三個繼承國之間的關係造成不小危害，同時也無法滿足多數人民的期待。

哈布斯堡王朝滅亡之後，法蘭茲．約瑟夫一世的繼任者卡爾一世雖然不再是奧地利的皇帝，卻仍持續擔任匈牙利國王，並任命卡洛利擔任匈牙利新政府的總理，而卡洛利則對從前的盧斯卡克拉伊納省（魯塞尼亞邊境）賦予了自治地位。對該省賦予自治地位的構想來自國務部長亞茲，他當時正在努力建構一個實行聯邦制，擁有多元民族的匈牙利。這項自治法案引發了人們強烈的回應。由於盧斯卡克拉伊納省有七個縣主要由魯塞尼亞人組成，因此魯塞尼亞人堅決反對將這七個縣中的三個割讓給斯洛伐克，而匈牙利帶有民族主義立場的媒體則反對任何形式的聯邦制。與邊境地區上的其他地方一樣，民族議會開始在地方的土壤中萌芽。他們由魯塞尼亞知識分子和學生組成，要求加入獨立後的烏克蘭。然而自己也在和波蘭人以及布爾什維克奮戰的烏克蘭人民共和國，無法對魯塞尼亞人提供任何援助。與此同時，布加勒斯特當局也派出騎兵隊進入該地區，藉此鞏固他們對該地區的領土主張。在別無選擇的情況下，喀爾巴阡地區的魯塞尼亞領導人請求捷克人出兵援助——再怎麼說，他們至少同是斯拉夫人。但捷克軍隊的到來幾乎等同於將該地區併入剛成立的捷克斯洛伐克共和國之中。592不幸的是，對於魯塞尼亞人來說，捷克人（或者更確切地說是捷克斯洛伐克的總理貝奈斯）是以政治考量來決定自治區的邊界，以此「作為來自我方政府的禮物」，但這種做法也讓他們在劃定與斯洛伐克的內部邊界，以及與羅馬尼亞的外部邊界時，都違反了劃界時應該遵守的族裔原則。593

羅馬尼亞人

在建立大羅馬尼亞這個繼承國時，比薩拉比亞地區的摩爾達維亞人成了先鋒。彼得格勒二月革命所造成的影響，波及到社會上的每個階級之中。到了一九一七年夏天，農民和教會都希望比薩拉比亞取得自治權，而自由派的知識分子與保守派的波雅爾也都公開支持比薩拉比亞在羅馬尼亞內部獲得自治地位。然而關鍵的推手仍是地方上和國家的羅馬尼亞武裝部隊。當年五月，人數達一萬名的摩爾達維亞官兵宣布自治，並宣布組建獨立的摩爾達維亞軍隊。當時，農民暴亂幾乎讓公共秩序崩潰，而烏克蘭民族主義者也鼓動將比薩拉比亞納入烏克蘭，於是一些軍官召集了一場國民會議，於十二月宣布成立摩爾達維亞民主聯邦共和國，領土範圍介於普魯特河和聶斯特河之間。摩爾達維亞獨立之後，幾乎是立刻就受到布爾什維克部隊入侵的威脅。羅馬尼亞政府在猶豫一陣子之後，終於對摩爾達維亞請求支援的呼籲做出回應，於一九一八年一月派出軍隊將布爾什維克部隊驅逐出去。然而羅馬尼亞在領土變大之後的國家建構進程卻突然中斷。俄軍的瓦解，加上同盟國壓倒性地打敗了孤立無助的羅馬尼亞，都迫使羅馬尼亞政府於一九一七年十二月要求停戰，並簽署了羞辱性的《布加勒斯特條約》。

哈布斯堡外相切爾寧伯爵所要求的和平條款非常強硬。羅馬尼亞不得不解散大部分的軍隊，並割讓與奧匈帝國接壤，擁有七十五萬人口的邊境領土，其中包括喀爾巴阡山的戰略通道。德國接管了羅馬尼亞的經濟，獲得了九十年的油田獨家開採權。一八五九年因為各個強權同意而得以統一成羅馬尼亞的兩個公國，此時再度分裂了。這個國家已經幾近分崩離析。多布羅加和瓦拉幾亞仍被敵人占據著；摩爾達維亞雖然仍維持著自己的政府，卻幾乎與羅馬尼亞的其他地區隔絕開來。在比薩拉比亞，占人口多數的摩爾達維亞人在確認了和「羅馬尼亞」的聯盟關係之後，宣布開始在教育層面進行「去俄羅斯化」。[594]雖然比薩拉比亞和羅馬尼亞的關係非常脆弱，但比薩拉比亞對於居住在前羅馬尼亞王國領土以外的其他羅馬尼亞人而言，卻仍是一座燈塔。

隨著同盟國戰敗，協約國軍隊從薩洛尼基抵達多瑙河沿岸地區，羅馬尼亞偉大的民族願景便開始迅速復興。哈布斯堡王朝解體之後，一直以來普遍效忠哈布斯堡王朝的布科維納和外西凡尼亞羅馬尼亞人，便宣布加入羅馬尼亞這個新的祖國；就連比薩拉比亞也迅速跟進，不再追求自治。雖然協約國曾經承諾會賦予羅馬尼亞這些哈布斯堡王朝的邊境地區，但範圍卻一直模糊不清，加上羅馬尼亞後來退出了第一次世界大戰，因此給了他們一個不履行戰時祕密條約的理由。重振後的羅馬尼亞軍隊很快便成了劃分新國界的關鍵力量。他們執行了由布勒蒂亞努領導的自由黨的政策，而當時占領布科維納地區和切諾維茲（這些地區的居民主要是烏克蘭人）的烏克蘭軍隊也被他們驅逐了出去；切諾維茲這座城市，很快就會被改為「切爾納烏奇」這個具有羅馬尼亞味的名字。羅馬尼亞人非常瞧不起這些族裔混居的人口，認為他們沉浸在「布科維納的文化」之中，是與哈布斯堡王朝通敵的「異類」，而且仍以德語作為日常用語。[595]

塞爾維亞軍隊率先抵達巴納特地區，成功阻止羅馬尼亞占領該地區。雙方接著爆發了戰爭，最後在法國介入之下停戰。[596]在這個案例之中，法國介入時的處置方式是公平的，而這顯然是因為他們希望同時滿足他們之前與未來的潛在盟友，以便維持法國在東歐的霸權，不過這麼做的代價是創造出一個多民族國家，而且其內部也會有敵視政權的少數族裔。他們最後對巴納特地區的處置方式，是讓羅馬尼亞人獲得三分之二左右的領土，而塞爾維亞人（南斯拉夫人）則獲得三分之一；雖然這個比例和當地的人口比例大致相符（羅馬尼亞人的人口數為六十萬，而塞爾維亞的人口數則是三十萬），然而德裔徐瓦本人雖然人口也有四十萬，卻都完全被兩個新政府所忽略。在塞爾維亞的幫助下，羅馬尼亞人不斷與多布羅加的保加利亞人作戰。當保加利亞於一九一八年十月退出戰爭時，羅馬尼亞的軍隊便迅速占領了他們被迫於一八七八年割讓給保加利亞的各個省分。他們後來於一九二〇年與保加利亞簽署了《訥伊條約》，將多布羅加併入大羅馬尼亞之中。[597]

羅馬尼亞軍隊的主要目標，是將馬札爾人趕出外西凡尼亞，兼併該省。儘管位於巴黎的協約國最高委員會提出了抗議，但羅馬尼亞人最後還是入侵了完全由馬札爾人居住的地區，並越過蒂薩河這條他們與匈牙利在巴黎和會上劃設的停火線。由卡洛利領導的匈牙利溫和派政府垮台之後，便由親布爾什維克的庫恩政權開始掌權（當時的庫恩，才剛從革命結束後的俄國與幾個同志一起返國），導致羅馬尼亞人和馬札爾人之間的敵對關係變得極為複雜。匈牙利的蘇維埃政府在整頓國內的軍隊之後擋下了羅馬尼亞的攻勢，並在斯洛伐克與匈牙利邊境上擊退了捷克軍隊。擔心布爾什維克主義在中歐蔓延的協約國起初試圖調解衝突，但結果並不理想，最多只能在口頭上提出抗議而已。羅馬尼亞於是發起了一場反攻行動，成功占領了布達佩斯，導致匈牙利蘇維埃共和國瓦解；繼任的匈牙利政府於是簽署了對他們十分不利的停戰協議，也為未來的局勢埋下了伏筆，導致他們日後被迫將大片領土割讓給羅馬尼亞。就在此時，協約國最高委員會也對布勒蒂亞努施壓，要求他接受他們劃設的邊界，然而這個邊界方案將會使得幾個完全由馬札爾人居住的地區被劃歸羅馬尼亞，導致成千上萬的馬札爾人開始逃往匈牙利在戰後已經大幅減少的領土境內。外西凡尼亞的邊界終於落定之後，羅馬尼亞人在自己的國家裡勉強維持多數，幾近占總人口的百分之五十七，其次則是占百分之二十五・七的馬札爾人，和占百分之十．八的施瓦本人，剩餘的比例則由人數較少的烏克蘭人和猶太人組成。[598]

馬札爾人、德意志人和猶太人這些曾經在文化和政治上是外西凡尼亞地區最具優勢、城鎮化比例也最高的族裔群體，卻在一夕之間淪為二等公民，造成人數較少的城鎮人口和人數較多的鄉村人口之間帶來族裔衝突和階級衝突。[599]這個結果深深地困擾著馬札爾人，並導致他們於一九四〇年決定與納粹結盟，希望藉此收復外西凡尼亞地區人數眾多的匈牙利居民。

羅馬尼亞人為了履行戰時密約所採取的行動雖然稱不上極具侵略性，但也非常積極，而法國人對於這些行動一般來說是抱持支持態度的；這些法國人希望創造幾個強大的國家（不過他們分不清「強大」和「面積大」之間的差別），藉此建立一個對抗布爾什維克主義的封鎖線，以及一個能夠阻止德國再次崛起的堡壘——換句話說，法國人希望在羅馬尼亞重現「東方堡壘」體系。羅馬尼亞的領土規模於是擴大了不止一倍，而人口也從不到八百萬增加到一千八百萬，其中有三分之一以上是少數族裔。

大羅馬尼亞的國家建構計畫也包含對鄰近邊境地區的兼併行動，然而儘管從表面上來看這個計畫似乎已經完成，實際上羅馬尼亞人也做了許多讓步。對外西凡尼亞、比薩拉比亞和多布羅加等地區的兼併行為，也導致羅馬尼亞一直都是匈牙利、蘇聯和保加利亞的敵人。他們的民族化文化政策，也讓那些居住在難以防守的邊境少數民族，感到不是滋味。新的人口比羅馬尼亞人「更加城鎮化、教育程度更高，也更現代化」的事實，也意味著羅馬尼亞的民族主義總會緊繫著農民符號，進而導致國家向右翼傾斜，同時提高了專制體制方案的吸引力。[600]

歸國的激進派

俄國與哈布斯堡王朝的垮台，在政治上留下了不少激進主義的遺緒，而這種激進主義在過往邊境地區的長期角力之中從未出現過。戰爭的沉重負擔讓布爾什維克得以在俄國掌權，而在歐亞大陸西部的邊境地區裡，那些轉向支持布爾什維克主義的戰俘則成了這個嶄新意識形態的第一批傳播者。這些傳播者是匈牙利、捷克斯洛伐克、南斯拉夫和土耳其共產黨的創始人，後來也成為這些政黨的領導人。布爾什維克退出第一次世界大戰的決定，讓這些戰俘認為和平在望；他們或者渴望回到位於隔壁帝國境內的故鄉，或者渴望以重建社會秩序的精神，藉由民族主義或國際主義的路線，將革命的動力移轉到他們的祖國之中。布爾什維克的領導人建立了俄國共產黨中央委員會的各個民族支部，並將戰俘和逃兵收編進赤衛隊和紅軍之中，將他們的代表送回故鄉推動社會革命。透過這些行動，他們希望為革命行動賦予國際主義色彩，藉此推動他們在內戰中的目標。[601]協約國外交官在報告中經常誇大了這些社會主義行動成功的可能性，因而引起了西方國家的恐懼，讓他們決定支持捷克軍團在西伯利亞猶如史詩一般的軍事行動。然而事實上，布爾什維克的行動幾乎不會對協約國的目標造成任何威脅——至少在當時的確是如此。蘇俄領導人之所以於一九一八年五月協助將俄羅斯境內的戰俘組建為第一個捷克斯洛伐克共產黨，主要是為了回應布爾什維克與捷克軍團發生的衝突。他們當時希望將這些戰俘編入紅軍，藉此阻止他們加入捷克軍團。但這些戰俘的反應並不如他們預期。在俄國境內人數不多的捷克共產黨員逐漸失去了地位，開始和匈牙利和南斯拉夫的共產黨人一樣淪為俄國共產黨中央委員會的一個分支。只有少數的捷克斯洛伐克共產黨創始成員真的回到了故鄉，並被吸收進各個本土的左翼團體之中，形成第二個捷克斯洛伐克共產黨。[602]

南斯拉夫人似乎是布爾什維克徵召工作進行得最為順利的案例，俄羅斯內戰中的兩個陣營裡最後都能看到他們的身影。在內戰的頭幾個月裡，人數不多的南斯拉夫人加入了俄羅斯共產黨，並徵召了大約三萬名南斯拉夫人與紅軍並肩作戰。西線戰事結束之後，大多數的南斯拉夫人都被遣返回新成立的南斯拉夫國。其中還有少數南斯拉夫人支持共產黨的理想，積極投入了南斯拉夫共產黨的組織工作。他們在克羅埃西亞的斯拉沃尼亞以及佛伊弗迪納等地區特別成功，採取堅不妥協的立場，因而與社會民主黨的改革派決裂。[603]在這些南斯拉夫共產黨員之中，有一位名不見經傳的克羅埃西亞士兵名叫布羅茲，這個人就是後來的鐵托。

相較之下，人數約有五十萬到六十萬的匈牙利戰俘之中只有一小部分支持布爾什維克。儘管他們在西伯利亞與捷克軍團發生了衝突，但他們的敵意主要來自於奧匈帝國境內的種族衝突，而非階級鬥爭。大多數支持布爾什維克的馬札爾人都是因為反戰的理由而支持，因此他們也是最有可能返回匈牙利的人。一九一八年十一月之後，只有大約三百名馬札爾人加入了布爾什維克，但其中有些人成了匈牙利共產黨的領導人，包括庫恩、明尼赫、薩穆埃利以及拉科西。在所有戰後成立的共產黨之中，匈牙利共產黨似乎是與俄國共產黨最直接關聯的一個。匈牙利共產黨曾於一九一九年短暫掌權，而在南斯拉夫成立共產黨的南斯拉夫左翼社會民主黨之所以會出現激進化的現象，也是匈牙利共產黨推波助瀾所造成的結果。[604]人數較少的鄂圖曼戰俘對於加入布爾什維克的運動則不太有興趣，但他們依舊成立了一支紅色軍團，而其成員後來也在一九二〇年於巴庫成立了土耳其共產黨。[605]

支持布爾什維克的羅馬尼亞人則可以分為三個群體：因為戰爭和俄國二月革命而激進化的摩爾達維亞社會民主黨，因為戰敗而士氣低落的羅馬尼亞軍隊逃兵，以及來自匈牙利軍隊的戰俘。有些好戰的羅馬尼亞社會民主黨成員為了躲避羅馬尼亞政府的迫害而逃往奧德薩，他們在那裡遇到了拉科夫斯基這位出身自保加利亞的布爾什維克分子，並接受他的領導和組織。一直到布爾什維克在彼得格勒掌權之前，他們都不希望羅馬尼亞出現徹底的社會主義革命。[606]東南部的戰線於一九一七年末遭到攻破之後，一些羅馬尼亞的逃兵則前往奧德薩和烏克蘭南部避難，並在當地成立了革命部隊，除了在內戰中為布爾什維克分子提供支援，也和烏克蘭民族主義者、羅馬尼亞正規軍的殘軍，以及介入該地區的德軍交戰。《布列斯特－利托夫斯克條約》簽訂後，許多人也被紅軍吸收。他們之中的一些領導人物，後來和羅馬尼亞工人以及逃往俄國的外西凡尼亞人，於莫斯科一起成立了羅馬尼亞共產黨委員會。和其他東歐的共產黨員一樣，他們也被整併為俄國共產黨的一個支部。然而在徵召戰俘這件事情上他們進行得不算太成功，但大多數俄國境內的羅馬尼亞共產黨員最後仍進入蘇俄政府任職。在哈布斯堡過去的邊境地區，外西凡尼亞以及布科維納這些地區，歸國的戰俘在共產黨組織的成立過程中所扮演的角色並沒有非常重要。[607]

帝國瓦解之後新興的兩股主要思潮，分別是民族主義和革命社會主義。它們都在宣傳和史書之中建構國家起源的神話，誇大了軍事組織、軍隊、軍團或國際主義軍隊，在將帝國邊境地帶轉化成新國家或整併入繼承國的過程中的重要性。然而拋開神話的華麗修辭之後，現實其實是非常單調而枯燥的。透過對軍隊的控制，民族主義團體大多都能鎮壓國內主要的敵對勢力——社會主義團體。然而當軍力的國際均勢於第二次世界大戰期間開始傾斜之際，地方上的共產主義者卻逐漸在內戰中占了上風，並在蘇聯的保護之下取得了對邊境地帶的控制。

高加索地峽

南高加索地區的邊境角力由於參與者更多，風險也更高，因而情況也更加複雜。諸如俄國、鄂圖曼帝國以及伊朗這些傳統上的競爭對手，當時正在與英國和德國爭奪影響力和控制權。喬治亞人、亞美尼亞人以及突厥韃靼人這三個主要族群都想要獲得獨立，過去那種在文化碎片區中擁有自治權的方案對他們來說已經不再有吸引力。此外，在這些地區劃設新國界的過程也往往會引起流血衝突。和一九〇五年的情況一樣，地方上的每個團體都有同一個共同目標，亦即在無需仰賴其他帝國勢力的情況下脫離俄國的統治，然而他們無法將彼此差異太大的民族軍隊結合在一起，也無法攜手合作。南高加索地區的衝突後來再次擴散到伊朗境內，也導致俄國、鄂圖曼帝國和英國紛紛出手干預。

一九〇五年之後，南高加索地區開始出現快速工業化的現象，並伴隨著革命政黨的不斷崛起，這些現象都加劇了族裔衝突和社會衝突。在巴庫省，韃靼穆斯林（亞塞拜然人）在政治上不如俄羅斯人、喬治亞人和亞美尼亞人那樣團結。巴庫市的工人階級分成俄裔的技術勞工（這些人又進一步分裂為孟什維克和布爾什維克兩派）、亞塞拜然裔的無技術或半技術勞工，以及來自伊朗的季節性移工。

亞塞拜然人的政治效忠對象則可以分為社會民主派的興馬特黨，以及以穆斯林為主的社會主義黨派，前者內部有支持孟什維克和布爾什維克的兩個陣營，後者則是亞塞拜然版的俄國社會主義革命分子。由史達林領導的布爾什維克當時已經成功進入巴庫地區，吸收了一些無技術的亞塞拜然勞工，卻無法吸引到興馬特黨的左翼分子。亞塞拜然最大的政黨是穆薩瓦特黨，他們追求突厥世俗主義和民族自治，並主張將這些思想推廣到突厥斯坦和吉爾吉斯的其他突厥社群之中。在亞塞拜然複雜的政黨拼圖之中，還有一個規模較小的泛伊斯蘭政黨，他們拒絕任何的民族概念，呼籲帝國境內的所有穆斯林加入一個單一組織，共同捍衛他們的傳統利益。608

第一次世界大戰爆發之前，各政黨和穆斯林知識分子之間不斷升高的泛伊斯蘭和泛突厥情緒，都讓俄國官員感到非常憂心，他們害怕高加索地區的穆斯林會與青年土耳其黨的領導人互通款曲。到了一九一五年，伊斯坦堡的伊斯蘭教長開始號召穆斯林對俄國發起聖戰，似乎證實了俄國人的恐懼。俄國政府拒絕穆斯林志願軍進入軍隊，或只願意讓他們擔任工兵等較為低階的軍職，但這些做法也損害了他們對俄國的忠誠。609

二月革命之後，俄國的臨時政府承諾會對邊境地區賦予更多自治權，讓俄國境內的亞美尼亞人重新燃起了建立大亞美尼亞國的熱情，他們希望能將鄂圖曼帝國和俄國境內的亞美尼亞省分統一在一起。但他們的希望很快便會幻滅。當時的臨時政府無法像在其他邊境地區那樣，在高加索地區也發展出一套前後一致、內容連貫的政策。一如前述，他們決定暫緩對邊境民族自治，以及包括土地改革、和平進展、憲法制定等其他迫切的議題做出決定，直到舉行制憲議會的選舉為止。與此同時，臨時政府也任命了外高加索特別委員會維持公共秩序，並在受占領的鄂圖曼省分之中引入非軍事體系的政府制度。雖然事實證明這個委員會並不可靠，但臨時政府仍在被占領的領土上成立了一個亞美尼亞的民政統治機構，將那些為俄軍效力的亞美尼亞士兵重新編入南高加索地區的東部陣線，並允許亞美尼亞難民返國。[610]然而高加索地區的俄軍後來於一九一七年迅速解體，導致亞美尼亞門戶大開，也讓鄂圖曼帝國得以再次趁虛而入。布爾什維克早期頒布的政令不只廢除了戰時的一切條約，也將俄軍撤出占領區，再次粉碎了亞美尼亞人對國家統一的想望。要讓亞美尼亞從一個邊境地區變成一個民族國家的最大障礙，或許是數十年來的人口災難。套用歷史學家霍瓦奈西安的說法，亞美尼亞人四處流散和遭到屠殺的命運，也意味著「解放運動的根本基礎已被深深地削弱，而且可能永遠無法恢復」。[611]

喬治亞的社會民主黨，則是南高加索地區組織最完善、經驗也最豐富的革命政黨。和其他俄國或哈布斯堡邊境地帶的社會民主政黨一樣，他們也試圖將民族主義和社會主義結合在一起，同時又在其他革命政黨那裡找尋盟友；如果沒有其他革命政黨的支持，他們將可能被迫以自治或獨立的形式建立或維持政權，然而這似乎是個不可能的任務。儘管如此，他們仍試圖將南高加索邊境地區的革命勢力團結在一起，而這個計畫起初也頗為順利。

一九一七年的二月革命爆發之後，喬治亞的孟什維克成功地掌控了提比里斯的蘇維埃，儘管他們在幾個議題上仍有分歧，其中最重要的便是民族問題。美國歷史學家蘇尼曾分析指出，提比里斯的三個主要革命勢力，分別由三個不同的社會階級組成，來自三個不同的族裔群體，又受到三個不同政黨的影響，不過這個三元體系中的某些群體偶爾會有所重疊。工人階級大多都是喬治亞人和孟什維克分子，他們支持民族平等和民族自治；為了防範鄂圖曼帝國而駐守在提比里斯的帝國軍隊則主要由俄羅斯農民組成，他們支持社會主義革命分子，擁護俄國統一；而「思想進步的中產階級」大多是亞美尼亞人，但又分為達什奈克和自由派兩個陣營。除此之外，還有一小群亞塞拜然社群支持興馬特黨。喬治亞的孟什維克領導階層也分為兩派。其中一派是派駐在聖彼得堡的代表，他們曾在國家杜馬，之後又在臨時政府中任職，但他們的政敵指控他們已被議會制度侵蝕；另外一派則是喬治亞西部和提比里斯的古利亞共和國的餘黨，他們非常支持彼得格勒蘇維埃政權所提出的「不靠兼併，也不經補償就取得民主和和平」的訴求。[612]一九一七年五月，地方上的喬治亞孟什維克分子主動成立了一個高加索地區的蘇維埃議會，該組織在諸如戰爭、農業改革、民族自治等關鍵問題上的立場比臨時政府還要激進許多。在民族問題上，大部分的人都支持一個概念，亦即必須保障每個「俄羅斯（原文如此！）境內」的民族的「內部完全自治」權；而在那些族裔混居，因而導致民族自治或地區自治難以實現的地區裡，則會另外在地區中依據民族和文化建立新的行政區。[613]這便是他們和奧地利馬克思主義學派的不同之處。

儘管如此，喬治亞地方上的孟什維克領導人佐達尼亞、拉米施維利、烏拉塔澤以及其他人，都無法爭取到俄國駐軍的支持，這些駐軍到了十月革命前夕甚至還倒戈投向布爾什維克那邊。喬治亞的孟什維克接著在反政變行動中攻占了當地一座軍火庫，並成立了一個臨時的行政機構（亦即外高加索委員會），接著又建立立法機構塞伊姆，而三個主要的族裔群體都派出了代表進入議會。這是第一次，也是最後一次有人試圖為南高加索邊境地區建立一個獨立的多民族政府。外高加索委員會的成員包括兩位喬治亞孟什維克分子、兩位社會主義革命份子、兩位達什奈克成員、四位穆薩瓦特黨員，以及一位喬治亞的聯邦主義者，反映出邊境政治多元而破碎的特徵。該委員會的主要目標是將南高加索地區與布爾什維克和鄂圖曼帝國隔絕開來，防止他們入侵。然而有鑑於邊境地區在階級和族裔上的緊張關係，這個機構的確不太可能妥善地進行治理。

在布爾什維克革命之前，南高加索地區和外裏海地區的革命黨派其實並不想追求獨立，不過他們也希望取得一定程度的自治，而對布爾什維克來說，他們則希望在特定的階級限制之下進行民族自決。即使是自治共和國也必須面對如何劃分內部邊界的問題。除了在喬治亞西部之外，南高加索地區的主要族裔團體（亦即喬治亞人、亞美尼亞人和突厥韃靼人）在領土上都缺乏一個緊密而同質的核心地區，可以用來當作民族自治國穩固的領土基礎。沙俄政府此前也都把整個南高加索地區視為一個單一的行政區，僅派出一個總督進行統治。然而沙俄政府出於政治目的也不斷在劃設或重劃該地區的內部省分邊界，而他們主要的目的便是避免單一族裔群體過度集中或壯大。因此，南高加索地區每個省分的族裔組成都非常複雜，因而強化了邊境地帶如萬花筒般的社會結構。614

與此相關的還有，南高加索地區缺乏一個在政治上和文化上同質性夠高，而且也夠強健的首都城市，這不只是他們建構民族國家過程中的一個障礙，也是族裔摩擦的來源。提比里斯、巴庫以及巴統等主要城市都是文化碎片區的縮影，甚至沒有任何一個較小的城鎮中心，可以肩負起行政中心的功能。比方說，庫台西這座在文化上和歷史上都是最有喬治亞特色的城鎮，在二十世紀初期居然只有兩萬六千名居民，而且其中只有一萬六千人是喬治亞人，其他居民則包括三千名亞美尼亞人、三千名猶太人、兩千名俄羅斯人，以及少量的希臘人、波斯人、波蘭人和突厥人。庫台西的歷史其實就是整個邊境地帶的縮影。這座城市在十一世紀初達到歷史顛峰之後，便在十一世紀末遭塞爾柱突厥人焚毀；十三世紀，庫台西經過修復之後成了獨立的伊梅列季公國的首都，之後卻又被蒙古人摧毀；到了十四世紀末，這座城市又分別在斯凡內提亞人和帖木兒的攻擊之下經歷了兩次浩劫。重建之後，庫台西再次成為伊梅列季王國的首都，卻又在十六世紀初遭突厥人劫掠，導致人口大量外流，庫台西由此逐漸成為一座死城。最後，俄羅斯人在一八一〇年占領了這個地方。[615]這座城鎮後來由俄羅斯官員，以及一個受喬治亞貴族掌控的鎮議會進行統治，根本就沒有工人階級或中產階級可言。

雖然亞美尼亞人最大的城鎮社群以及在政治上最活躍的群體，都居住在提比里斯和巴庫，但這兩個城市就政治而言卻分別被人口較少的喬治亞人和亞塞拜然人掌控著。政治情勢迫使亞美尼亞人將它們的民族議會從提比里斯遷往葉里溫，這座城市在一九一八年當時宛如一灘死水，一點也不吸引人。葉里溫的夏季酷熱難當，幾乎不適人居，只有東北風能稍稍緩解暑氣，卻也會為整座城市帶來沙塵和蚊蠅。許多街道和建築依然極具「亞洲特色」，非常老舊，而主要的經濟活動則是手工業。葉里溫只有兩座東正教堂和六座亞美尼亞－喬治亞教堂，卻有七座清真寺。亞塞拜然人的人數不只在葉里溫稍微超過亞美尼亞人，甚至在城市周圍的鄉村地區也都比亞美尼亞人還要多上許多。一四四一年之後，這座城市連續四個世紀都是鄂圖曼帝國和伊朗帝國爭奪的對象。阿拔斯國王曾於一六〇四年為這座城市興建了一座新的城牆，而俄國人則在十九世紀初兩次嘗試攻下葉里溫，但並未成功。一直要到一八二七年，俄軍才終於成功攻破了這座古老的堡壘，為領軍攻城的帕斯克維奇將軍贏得了「葉里溫斯基伯爵」這個稱號。《一八二八年土庫曼查宜條約》簽訂之後，這座城市被正式割讓給了俄國。[616]

俄軍於一九一八年初撤退（或逃離）高加索地區之後，族裔衝突便開始在當地爆發，到了幾乎失控的地步。一九一八年一月，俄軍開始準備逃離該地區，而一列滿載俄國士兵的火車居然遭到穆斯林的攔截，導致車上的士兵慘遭殺害。在巴庫，由亞美尼亞掌控，受布爾什維克支持的群體則開始對亞塞拜然穆斯林實施恐怖統治。[617]就在前線開始瓦解之際，鄂圖曼士兵越過了傳統的帝國邊界，一方面引發喬治亞裔和亞美尼亞裔基督徒的強烈反彈，另一方面也引起了穆斯林的不滿。過去曾與俄軍並肩作戰的亞美尼亞與喬治亞志願軍因為人數不多，終究無法阻擋鄂圖曼政府的進攻。當地的穆斯林倒是非常歡迎鄂圖曼軍隊，但穆斯林政黨對於高加索地區在俄羅斯帝國垮台之後應該如何自處仍然沒有共識。泛伊斯蘭派非常期待南高加索地區能併入鄂圖曼帝國，而穆薩瓦特黨人則是希望建立一個大亞塞拜然。然而這兩個陣營最後都未能如願。

《布列斯特－利托夫斯克條約》簽署後的幾個月內，德國和鄂圖曼帝國便開始介入南高加索地區的局勢，讓希望原本就已非常渺茫的外高加索聯邦方案更加不可能實現。[618]外高加索的塞伊姆議會起初拒絕承認割讓卡爾斯、阿爾達漢以及巴統，同時也不願遵從鄂圖曼帝國的要求，宣布從俄國獨立。鄂圖曼軍隊很快便占領了上述這些省分，接著還要求獲得更多領土，藉此取得通往伊朗北部的戰略通道。一九一八年五月，外高加索聯邦在鄂圖曼帝國的施壓下分裂為三個部分。當年六月，鄂圖曼政府和這三個新成立的共和國都簽署了和約。這份條約侵害了他們的主權，讓人更加覺得鄂圖曼帝國的占領行動，只是為了恢復他們在南高加索地區的霸權地位。[619]

已經成立政府的喬治亞社會民主黨，則是轉向德國尋求保護。喬治亞知識分子大多非常欣賞德國文化，尤其是社會民主黨人，他們將德國的社會民主黨看作西方抵抗布爾什維克的解方，也認為他們是抵禦土耳其帝國主義的堡壘。德國政府對此當然非常歡迎，因為這有利於他們取得喬治亞豐富的天然資源（尤其是錳礦），又可以將精力專注於對抗伊朗的英國人，藉此防止突厥人違反《布列斯特－利托夫斯克條約》。德國對喬治亞的占領，也讓喬治亞人在和亞美尼亞人與亞塞拜然人處理領土爭議時占了上風。然而一戰結束，德國撤軍之後，族裔衝突的閘門也隨即大開。620

位於提比里斯的亞美尼亞民族議會並沒有外部的保護者。光是在一九一八年五月，他們就陷入了一連串的苦戰，最後成功擊退了鄂圖曼軍隊的入侵。亞美尼亞人察覺到他們很可能會陷入一場長期抗戰，卻沒有足夠的軍火和人力，於是只能簽署《巴統條約》。根據該條約，亞美尼亞共和國的領土範圍大幅縮小，而且雖然其中的主要居民都是亞美尼亞人，但仍有超過一百萬的亞美尼亞人被劃到了邊界之外。此外，亞美尼亞人也必須對穆斯林少數族群賦予宗教自由與文化自由、裁減軍力，並允許鄂圖曼軍隊通過亞美尼亞領土的權利。621在南高加索地區的三個國家裡，處境最為險峻的當屬亞美尼亞。在不到一年的時間裡，亞美尼亞的局勢便因為難民湧進、糧食短缺而變得更加混亂。不少人認為，如果沙俄垮台，亞美尼亞人將會很難捱過難關。

然而，亞美尼亞也出現了那些在南高加索其他地區不斷發生的族群暴力事件。布爾什維克在彼得格勒掌權初期，達什奈克便在巴庫地區加入了布爾什維克，和他們組成了一個不穩的政黨聯盟，開始掌控巴庫的蘇維埃。到了三月，曾在沙俄軍隊中服役的穆斯林志願軍在返國之後居然遭到解編，因而引起了韃靼居民的反彈，最後甚至演變成一場武裝衝突。在當地蘇維埃裡作為執政聯盟一分子的達什奈克獲得了許多席次，和來自俄國的逃兵一起平定了製造暴動的穆斯林群眾。他們接著在城市以及城鎮周遭的鄉村地區屠殺了多達三千人的穆斯林。然而他們的布爾什維克盟友幾乎沒有參與這些攻擊事件，卻發動了一場政變，將達什奈克排除在政府之外。接著他們必須想辦法守住城市，因為鄂圖曼軍隊極有可能會對他們發動攻擊，而憤怒的亞塞拜然居民也可能和鄂圖曼軍隊裡應外合。

布爾什維克不斷接到史達林發出的緊急指令，卻無法維持他們在城市裡岌岌可危的政權。由於他們對石油產業進行了國有化，薪資水準也跟著急遽下降，導致工人不願再繼續支持他們。由於大部分俄羅斯境內的蘇維埃共和國以及達什奈克對他們進行施壓（他們擔心鄂圖曼軍隊會大舉入侵），蘇維埃於是邀請俄軍和英軍聯手前來支援。有列寧在背後支持的史達林強力反對蘇維埃的這個決定，但布爾什維克當時的實力仍然太弱，無法改變這個決定。

到了一九一八年夏天，一支由頓斯特維爾上校領軍的英國遠征軍（因而又稱頓斯特軍，後來也被稱為北波斯軍），和一千名俄國士兵一起從巴格達啟程，奉命前往攔截鄂圖曼軍隊。他們也接獲指令前往巴庫以及南高加索的其他地區，支援陷入苦戰的亞美尼亞人，因為這些亞美尼亞人被視為協約國在該地區的唯一盟友。由於許多俄羅斯士兵在達吉斯坦脫離頓斯特軍，加入了反布爾什維克分子，頓斯特軍因而元氣大傷，無法守住巴庫。事實證明，達什奈克也沒有比較可靠。三個月之後，英國人決定從海路撤退，並且盡可能讓曾和他們合作的亞美尼亞人也跟著一起撤退。一如前述，英國人撤退之後，鄂圖曼軍隊便準備進駐支援當地的穆斯林居民，而留下來的亞美尼亞人也只能任由穆斯林居民宰割。[622]

當由穆薩瓦特黨主導的穆斯林民族議會宣布亞塞拜然獨立時，他們界定領土範圍的方式既危險又模糊，聲稱其範圍包含「外高加索地區的南部與東部」[623]，而這個範圍也包括巴庫這座城市。到了一九一八年九月，從羅馬尼亞搭船橫越黑海的鄂圖曼軍隊在穆斯林非正規軍的支援之下，將布爾什維克和亞美尼亞軍都趕出了巴庫，並且屠殺了許多亞美尼亞平民，喪生人數介於四千到九千之間。在進行種族清洗之後，他們宣布巴庫成為亞塞拜然的首都。鄂圖曼軍隊繼續向北高加索地區進攻，並跨越伊朗邊界，攻占大不里士，試圖將亞塞拜然的兩個地區統一在一起，在該地建立一個緩衝國或附庸國。然而，鄂圖曼軍隊和亞塞拜然民族議會（這個組織原本名為「穆斯林民族議會」）之間的友好關係很快就出現了裂痕。立場保守的鄂圖曼指揮官反對穆薩瓦特黨的社會主義計畫，並終止他們於一九一七年發起的社會改革與經濟改革措施。[624]鄂圖曼帝國的擴張行動在占領巴庫時攀上了顛峰。德國和鄂圖曼帝國的干預行動並沒有辦法讓高加索邊境地區的局勢穩定下來，這主要是因為該地區的三個國家在劃界問題上爭議不斷。喬治亞人和亞美尼亞人在提比里斯省境內的一些地區爆發了衝突；至於亞美尼亞人和亞塞拜然人之間，則是在伊莉莎白波爾省和葉里溫省境內激烈交戰，動亂的範圍更大。他們對於領土主權的主張，有些以歷史為根據，有些則是以居民的族裔為根據，彼此糾纏不清。[625]雖然德軍和鄂圖曼軍隊在一戰結束後都相繼撤退，但伊斯坦堡當局仍然允許土耳其軍官自願留在高加索地區加入亞塞拜然的軍隊。戰爭於是持續進行了下去。

第一次世界大戰結束之後，這三個邊境國家為了獨立和生存而奮戰都圍繞著三個問題。第一，他們之間的關係依然聚焦在領土爭議之上，邊境戰爭不斷發生。第二，由於帝國的市場和交通通訊網絡不再，他們的經濟狀況因而不斷惡化，遲遲無法復原。第三，他們缺乏合適的方法保衛國家，只能尋求外力的保護，因而深深捲入了俄國的內戰，同時也讓他們與土耳其共和國、蘇維埃俄國和大英帝國的關係變得更為複雜。

亞美尼亞和喬治亞之間最主要的糾紛爆發於提比里斯省的博爾恰洛地區。和邊境地區常見的領土爭議一樣，雙方各自引用了無法相容的主權原則來宣稱自己擁有該地區：亞美尼亞人以該地區居民的族裔作為依據，而喬治亞人則是引用歷史支持自己的主張。雖然該地區的人口以亞美尼亞人占多數，卻曾經一度由喬治亞國王統治，也曾經是提比里斯省轄下的一個行政區，因此喬治亞人認為該地區是他們在俄羅斯帝國境內的國土的一部分。第一次世界大戰即將結束之際，同盟國已經無法解決該地區的領土爭議。同盟國軍隊撤退後，喬治亞軍隊迅速占領了提比里斯省的大多數地區，而亞美尼亞人則遷往該省的南部地區，衝突一觸即發。對於喬治亞占領軍的憎恨情緒，終於在一九一八年十二月爆發為叛亂事件，而亞美尼亞的正規軍則加入了同胞的行列，導致衝突情勢迅速惡化。亞美尼亞人顯然似乎指望協約國會伸出援手，但前來調停的英國人卻只是將局勢恢復到戰前的狀態，令亞美尼亞人大感失望。武裝衝突雖然停止了，但憤恨依舊未息。喬治亞人以這場爭端為藉口，對居住在提比里斯的幾百名亞美尼亞人進行逮捕和驅逐，並沒收了他們的財產，導致大量亞美尼亞人開始逃亡，並讓這座城市逐漸變成一個喬治亞居民占多數的喬治亞首都。[626]事後證明，亞美尼亞和喬治亞再也不可能聯合起來抵禦來自北方的風暴。

亞美尼亞和亞塞拜然之間的衝突則聚焦在伊莉莎白波爾省山區的兩個地區：卡拉巴赫以及贊格祖爾。雙方都認為該地區對他們的邊境安全非常重要，也都引用歷史根據來證明自己擁有該地區的主權。在卡拉巴赫的人口之中，有大約十六萬五千人是亞美尼亞人，五萬九千人是穆斯林，還有七千人則是俄羅斯人。當局後來又在卡拉巴赫山區和平原地區的亞美尼亞聚落之間，設置了庫德人和韃靼人的村莊，導致該地區的族裔組成變得更加複雜。穆斯林對於該地區主權的主張，主要根據的是經濟因素和戰略因素，因為他們的牧民經濟對山區十分依賴。亞美尼亞人則非常依賴來自巴庫的補給，而那些補給物資則是沿著該地區的主要道路進行運輸。上千名亞美尼亞人在巴庫的油田工作，他們有些是季節性勞工，也有些是長期勞工。亞美尼亞人掌控著贊格祖爾地區的中央高地，雖然就整體而言，該地區的穆斯林人數有十二萬人，比亞美尼亞人的十萬一千人還要多。雖然亞美尼亞人和穆斯林在該地區的關係並不穩固，但終究還算相安無事，一直要到鄂圖曼軍隊為了前往巴庫而途經該地區時，情況才有了變化。由於鄂圖曼軍隊的指揮官支持亞塞拜然政府在領土上的主張，亞美尼亞人的村莊於是開始進行抵抗，導致族裔衝突於一九一八年夏天爆發。

鄂圖曼軍隊撤退、英國介入之後，南高加索地區的僵局才終於有所突破。由於英國人擔心引起印度穆斯林的不滿，又希望取得巴庫油田的開採利益，因此決定支持亞塞拜然的領土主張。亞美尼亞人於是被迫交出對卡拉巴赫的控制權，但簽署的協議中依然承諾讓他們在該地區進行自治，而贊格祖爾並不包含在協議之中。蘇俄政府接著批准了一個軍事解決方案，劃設了南高加索地區的社會主義共和國的邊界。但這並沒有終結衝突；一九九一年蘇聯垮台之後，爭端再次爆發，而卡拉巴赫也再一次成為亞美尼亞和亞塞拜然這兩個獨立國家相互爭奪的目標。

雖然族裔衝突對高加索地區造成了緊張的情勢，但在同盟國撤軍之後對高加索各國獨立進程造成重大威脅的，其實起初是志願軍，後來則是布爾什維克；他們分別以不同的方式呈現出帝國政權一直以來對邊境地區所抱持的野心。當德軍從喬治亞撤退時，作為志願軍指揮官的鄧尼金將軍決意要讓俄國繼續統治南高加索地區。他將喬治亞人和穆斯林看作主要的敵人，對於親俄的亞美尼亞人則態度矛盾，因為他認為亞美尼亞人可以制衡俄國的主要敵人，但又不想支持亞美尼亞人獨立建國。一九一九年初，他揮軍進攻喬治亞、入侵達吉斯坦，推翻了這個於一九一八年春天宣布獨立，只有喬治亞、亞塞拜然和鄂圖曼帝國承認的山區共和國。對於鄧尼金而言，達吉斯坦是泛突厥主義思想的巢穴。在英國人的介入之下，鄧尼金的攻勢才稍有停歇。英國試圖在志願軍和高加索各國之間調停，並希望說服鄧尼金北上對抗布爾什維克。由於志願軍帶來的壓力，喬治亞和亞塞拜然成立了一個防禦性的聯盟，成為南高加索各國彼此合作的難得案例。鄧尼金接著實施經濟封鎖，並宣布：「自稱獨立建國的喬治亞和亞塞拜然損害了俄國的利益，同時也明顯對於俄國抱持敵意，因此我不能讓喬治亞和亞塞拜然獲得糧食補給，以免損害俄國境內正由布爾什維克進行解放的地區的利益。」[627]志願軍後來於一九一九年夏天在北部戰敗，因此不得不倉皇向南撤退，也迫使鄧尼金與哥薩克人以及南高加索地區各國達成協議。他同意承認那些實質存在的政府的獨立地位，也承認協約國政府的調停行動，以便讓完全由俄羅斯人組成的政府，和邊境地區的政府建立關係並簽署協議。然而他的讓步依然為時已晚。當時他的軍隊已經開始瓦解，很快就要棄守他們在克里米亞地區的最後一個據點。南高加索地區隨後便遭到了紅軍的征服和占領。

土耳其民族主義者和布爾什維克分子，分別繼續了鄂圖曼帝國和俄羅斯帝國在南高加索邊境地區的敵對關係；他們都希望消除亞美尼亞、喬治亞和亞塞拜然這些擁有半獨立地位的弱國，尤其這三個國家都很可能成為英國勢力在該地區的前哨站。撇除他們在意識形態上的差別，他們成功想出了一個雙方都能滿意的解決方案，不過衝突仍將偶爾浮現。一九二〇年四月英軍前腳剛撤離高加索地區，布爾什維克的後腳就迅速跟上，將亞塞拜然變成了蘇維埃社會主義共和國。雖然這場變革是由莫斯科當局一手策劃、並由亞塞拜然當地的俄裔和亞塞拜然人共產黨員執行的，但主導政局的民族主義者和巴庫的土耳其官員，在說服穆斯林領導人布爾什維克無意要撤銷他們的自治地位一事上，也扮演了重要的角色。他們主張，把軍力調往安納托利亞地區、幫助土耳其民族主義者對抗外部勢力，比支援亞塞拜然的獨立事業還要來得重要。

到了當年八月，戰勝的協約國要求即將滅亡的鄂圖曼帝國簽署《塞夫爾條約》，而這也讓土耳其民族主義者和布爾什維克達成和解。根據條約，土耳其必須將安納托利亞東部的部分地區割讓給獨立的亞美尼亞，並承認庫德斯坦的自治地位。為了避免失去這些領土，由凱末爾領導的土耳其民族主義者和蘇維埃俄國政府達成協議，在兩國之間建立了邊界。不久後，一支土耳其民族主義軍隊便入侵了亞美尼亞，占領了卡爾斯。儘管當地的共產黨員對此提出了抗議，但蘇俄政府依然延續了土耳其的攻勢，從東北邊入侵亞美尼亞。到了十一月，達什奈克政府決定兩害相權取其輕，向布爾什維克投降，而亞美尼亞社會主義共和國則在葉里溫成立。[628]但抵抗運動並未就此結束，紅軍接著也於當年冬天平

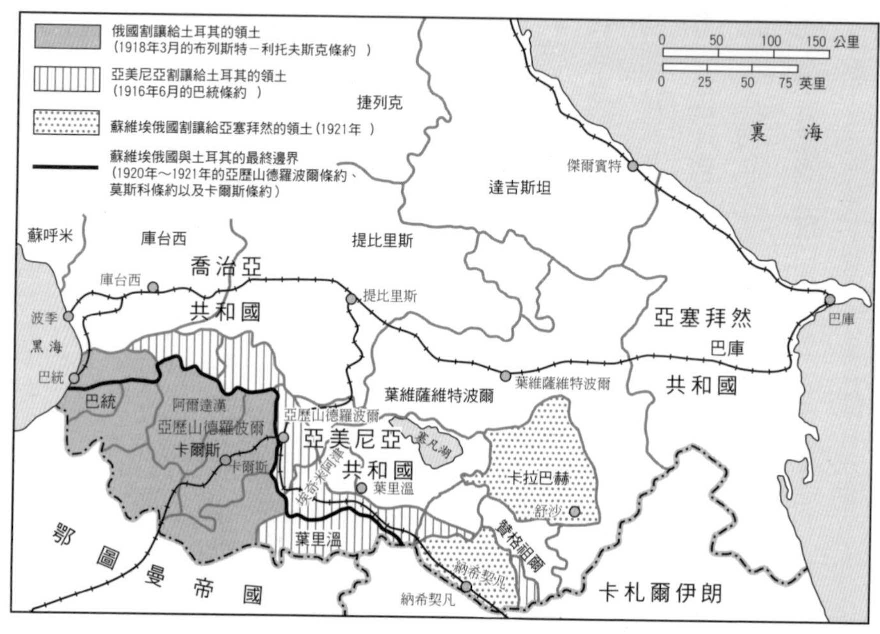

地圖6.2　南高加索，一九一八年至一九二一年

定了一場武裝起義。

亞美尼亞社會主義共和國的成立，再次引起了凱末爾政府和蘇維埃領導人之間的緊張關係。土耳其民族主義者發起了行動，企圖消滅安納托利亞地區的土耳其共產黨。與此同時，凱末爾似乎也不想再繼續支持蘇維埃俄國破壞喬治亞獨立地位的行動。莫斯科當局於是開始擔憂突厥人會插手介入，對孟什維克政府提供保護。這或許便是為何列寧會在一九二一年二月同意出動紅軍進行干預的關鍵原因。紅軍進入提比里斯後的幾週之後，土耳其民族主義陣營的軍隊也攻進巴統，宣布兼併該地區。突厥人宣稱他們是在保護巴統的穆斯林居民，並強烈批評蘇俄的軍事行動並不利於南高加索地區的穆斯林。[629]然而喬治亞人和亞美尼亞人一樣也依循慣例，選擇

投向莫斯科，而不願受土耳其控制，從而避免了土耳其和俄國之間危機。喬治亞人和紅軍成員接著攜手將突厥人趕出了巴統地區，而劃定亞美尼亞邊界的界約，也將巴統重新歸還給了喬治亞社會主義共和國。

發生在南高加索邊境地區的角力行為，有許多特徵和過去帝國之間的對抗行為非常相似，但也因為戰爭和革命的影響而出現了不少變化。到了最後，南高加索地區人民的命運，依然要由該地區的兩個帝國強權的繼承者，亦即土耳其和蘇俄來決定。南高加索地區的三個國家之所以會失去獨立地位，其主要原因或許是那些起初讓他們獲得獨立地位的因素當時已經不復存在。首先，出手干預的德國人和英國人都曾對當地的民族主義者提供支援，因此一旦德國人和英國人撤出，這層保護罩便會跟著瓦解。其次，該地區長期以來都有宗教衝突和族裔衝突的問題，在這些衝突的助長之下，他們也因為劃界問題而不斷互相殘殺，嚴重削弱了他們建立民族國家時的力量，也讓他們無法聯合起來對抗外部勢力的支配。再者，大多數邊境地區之所以被兼併入蘇俄，不只是因為蘇俄擁有優勢武力，也是因為許多人的希望遭到了背叛。新的地方菁英主要由喬治亞孟什維克、亞美尼亞達什奈克，以及亞塞拜然的穆薩瓦特黨人組成，他們都是以民族為核心的社會主義政黨。不論他們有多反對布爾什維克集權而專制的面向，在這個蘇維埃政權的草創階段，他們都依然期待也許可以獲得某種意義上的自治，或是該地區一直迫切需要的社會改革和經濟改革。最後毫無疑問地，喬治亞人和亞美尼亞人之所以會決定放棄毫無希望的抵抗，接受蘇俄提供的方案，的確也和他們對突厥人根深柢固的敵意脫不了關係。至於伊朗呢？這個國家當時也問題重重，因而無法恢復對穆斯林居民的影響力，而這也正是下一節的主題。

外裏海地區

第一次世界大戰期間，南高加索地區的角力行動也越過了鬆散的邊界，擴散到了外裏海地區。於一九一二年占領伊朗屬亞塞拜然地區的俄國人，和於一九一五年入侵伊朗西北部的鄂圖曼軍隊發生了正面衝突，再次開啟了他們在該地區的爭霸行動。鄂圖曼軍隊和來自伊朗屬亞塞拜然地區的泛伊斯蘭難民一起占領了大不里士，但隔年便隨即遭俄國驅趕出去。鄂圖曼帝國對伊朗的政策混合了不同的策略，一方面，他們在檯面上支持德國的政策，承認伊朗的獨立地位，另一方面，又在檯面下和伊朗聖城裡的什葉派烏拉瑪一起鼓動泛伊斯蘭情緒和聖戰行動。在這場拉鋸戰中，反俄情緒（以及反英情緒）逐漸在德黑蘭生了根。

伊朗的地方居民對於俄國和鄂圖曼占領軍的強硬政策非常不滿。出於對俄國人和英國人的厭惡，許多伊朗的立憲派選擇向德國人求援。一九一六年，他們在被鄂圖曼帝國占領的克爾曼國王成立了另一個政府，但又被英國人驅逐了出去。由於各方都在爭奪伊朗人（尤其是各個伊朗部族）的支持，相互殘殺的現象幾乎讓整個伊朗四分五裂。有個鮮為人知的插曲是，庫德斯坦的烏爾米耶地區在內戰中受創頗深，該地區曾有大量的基督徒人口，但由於他們遭到慘無人道的強制性驅離而逃往南方，導致原本人數多達七萬五千人的基督徒後來只剩一半。[631]在接下來的三年裡，伊朗不只成了英國介入俄國內戰的舞台，同時也因為內戰而分崩離析。

俄國的臨時政府雖然譴責沙俄在伊朗實行的帝國主義政策，但他們自己也不願意撤軍，直到鄂圖曼軍隊決定撤離時情況才有所改變。這種僵局，一直持續到布爾什維克革命爆發為止。與此同時，一支名為「疆加利」（意為「來自森林的人」）的反俄游擊隊開始在亞塞拜然以東、裏海南岸的吉蘭省濃密的森林地區裡再度現身。他們的領導人庫切克汗是一位極具領袖魅力的人物，但並不擅長組織行動。他的身邊圍繞著各種三教九流，他們組成了一個如同大雜燴般的委員會和顧問團。在這些人之中，有一位後來會成為伊朗共產黨的領導人。他在伊朗的叛逃軍官之中獲得不少支持，並從鄂圖曼帝國那裡取得了武器。有些心懷不滿的俄國占領軍士兵太想回到自己的故鄉，因而將武器非法賣給了他們。第一次大戰期間，沙俄軍隊曾經試圖鎮壓這支游擊隊，但並未成功。在這段過渡期裡，「疆加利」變得愈來愈壯大。布爾什維克的革命讓他們開始要求德黑蘭當局加大改革力度，並讓他們認為阻礙伊朗脫離外部勢力掌控的主要敵人是英國人，而不再是俄國人。和很多其他邊境地區類似的民族議會一樣，他們也成立了一個非正式的政府（伊斯蘭聯盟），擁有自己的軍隊和報紙。雖然他們的行動綱領非常模糊，但他們追求國家獨立，而且不受俄國和英國的控制。他們廢除了外國人的治外特權，並驅逐了歐洲的海關官員，然而他們並不贊成土地改革運動。庫切克汗時而討好地主，時而又視情況回應窮苦農民的請求。他們的武裝部隊更適合打游擊戰，而非正規戰爭。伊斯蘭聯盟的勢力由於內部分化而逐漸衰退，並在英國的施壓之下於一九一八年初開始分裂，直到布爾什維克於一九二〇年在南高加索地區占了上風之後，他們才又恢復了元氣。

就許多面向來說，英國之所以會出手干預，其實是受到他們在高加索地區和外裏海地區的長期利益所驅動，而這些利益也不時會因為戰爭的危急狀態而升溫。俄國在南高加索地區的頹勢以及同盟國在該地區的攻勢，都讓倫敦和德里當局再次對印度的安危感到憂慮。英國人曾於一九〇七年與俄國人進行談判，不只希望將伊朗瓜分為他們各自的勢力範圍，也希望讓阿富汗免於外來勢力（主要是德國）的影響。然而這道保護牆此時卻出現了裂痕。印度政府和英國參謀部都擔心，一旦鄂圖曼軍隊抵達巴庫，他們便可以橫越裏海，接上外裏海鐵路，進而繞過伊朗北部和阿富汗。他們腦海中浮現的畫面是，突厥人和德國人正在煽動泛圖蘭主義和「穆罕默德狂熱主義」的火苗，藉此突襲印度，並將亞洲變成德國的殖民地。他們同時還有另一個更現實的需求，亦即防止同盟國取得對巴庫油田的控制。[632]在前往巴庫的路上，鄧斯特軍艱辛地穿越了由「疆加利」控制的地區，並和庫切克汗達成了協議，讓他允許英軍和效忠沙皇的俄軍通過邊界，前往剛獨立的亞塞拜然。[633]與此同時，印度政府也派出特務前往伊朗邊境的呼羅珊省，炸毀外裏海鐵路的幾個路段，以防止突厥人藉由這條鐵路對阿富汗邊境發動攻擊。除此之外，他們聽說布爾什維克也正在組織俘虜自奧匈軍隊的軍人抵禦英軍入侵，而德里當局對於這個傳聞也十分關切。和過去一樣，倫敦政府和印度政府對於來自北方的威脅究竟有多大，以及出手介入的限度等議題並沒有共識。第一次世界大戰的終結，是英國決定認賠止血，開始專注於對伊朗的控制，並將其當作第一道防線的關鍵因素。一九一九年八月，他們開始對伊朗政府施壓，要求他們簽署同盟條約，幾乎等同於讓伊朗成為英國的附庸國。這個舉動在伊朗政壇引起了激烈的反應，布爾什維克也因此發起了激烈的反攻行動。

一九一八年一月，蘇維埃俄國政府宣告廢除英俄雙方於一九〇七年簽署的協定。他們後來也多次試圖和伊朗建立關係，但都遭到英國的阻撓，而伊朗政府也回絕了蘇俄的要求。為了回應新的《英伊條約》，蘇俄的外交部和民族委員會呼籲他們起身反抗壓迫者。在南高加索地區，幾個於一九〇四年至一九〇五年間崛起的社會民主派組織則是在一戰期間變得愈來愈激進，然而他們之間卻也因為許多問題和個人恩怨而出現了分歧。穆薩瓦特黨在穆斯林工人階級之中仍然保有優勢。他們的主要對手與馬特黨在一戰期間變得更加壯大，但後來也分裂為親布爾什維克和親孟什維克的兩個陣營。第三個政黨則是阿達拉黨（黨名的意思是「正義」），他們由來自伊朗的移民組成，是巴庫地區穆斯林工人階級中最激進的團體。他們在內戰期間曾加入俄國的布爾什維克，並積極參與行動，試圖將革命擴散至高加索地區和外裏海地區。穆薩瓦特黨和阿達拉黨都和伊朗的社會民主黨有連結。蘇聯境內的亞塞拜然共產黨，以及伊朗共產黨未來的領導人，都出身於這些政黨。

阿達拉黨在伊朗的北部省分率先重振了沉寂已久的社會民主派。他們派出黨員前往莫斯科受訓、徵召許多窮苦的農民，並創建了一支「紅軍」。他們甚至還從伊朗軍隊挖角了一些軍官。然而，阿達拉黨也未能倖免於長期困擾著穆斯林的教派主義弊病。一九二〇年春天，他們在伊朗境內的第一次大會上，便分裂成兩個彼此無法相容的團體：一個支持將所有階級都聯合起來進行民族革命，另一個則希望將伊朗蘇維埃化，並以聯邦制度解決邊境問題。

與此同時，「疆加利」運動也增加了一些新的支持者，他們反對《英伊條約》，又深受布爾什維克在俄國內戰中獲勝的激勵。蘇維埃俄國派出的軍隊為了表達對庫切克汗的支持，於是在吉蘭省的安扎利上岸，而庫切克汗也熱情地接待了他們。蘇俄軍隊將英軍逐出吉蘭省後，「疆加利」分子便於一九二〇年六月宣布成立蘇維埃社會主義共和國。雖然庫切克汗和布爾什維克的特使過從甚密，對於地方上阿達拉黨的領導人又採取戒慎合作的政策，但他並不支持農民革命。他那充滿革命色彩的言辭以及謹慎舉動之間的反差，正是他的策略之一。他希望組成一個自治的地方政府，並獲得莫斯科的支持。後來他逐漸將高加索地區和當地的共產黨員從他的組織中驅逐出去，同時呼籲伊朗地主、商人以及農民支持他，因為他必須依靠這些人來遏止他的左翼盟友的激進訴求。他的計畫既激進又傳統——他希望廢除帝制，成立蘇維埃共和國，也希望保護所有居民的人身和財產安全；他企圖廢除所有和外國強權簽訂的協議，並維護伊斯蘭的教義。儘管庫切克汗的政治思想極富他個人的特色，但他仍然忠於伊斯蘭教義中土地屬於真主的概念。[634]他的行動和邊境政治常見的模式相當契合。不論他的終極目標是建立一個地區性的自治政權，或是從他在邊陲地區的基地向政權中心移動，蘇維埃俄國和伊朗之間的互惠協議都扼殺了他逐漸壯大的勢力。

另一場邊境地區的叛變，則爆發於希亞拔尼教長領導期間的亞塞拜然。希亞拔尼屬於什葉派，曾在一九一一年保護來自美國的財政顧問舒斯特，以此作為伊朗獨立的象徵。一九一五年，他反對宣揚遜尼派和泛圖蘭主義的鄂圖曼帝國占領伊朗，也反對英國對伊朗的控制。一九二〇年英國與伊朗簽訂協議之後，他宣布亞塞拜然為自治的「自由之地」。伊朗政府接著煽動沙赫賽凡部族反抗希亞拔尼，並派出哥薩克軍隊前往占領大不里士，而希亞拔尼也在那裡遭到了暗殺。[635]

革命運動也給了布爾什維克一個大好機會，在南高加索和外裏海地區鬆散的邊界上恢復俄國的傳統地位。[636]伊朗政府在鎮壓起義事件之後開始試圖擺脫完全依賴英國的處境，並希望在兩大外部強權之間重新取得平衡——光是做到後面這點，就已經能讓他們保有一定程度的獨立性了。蘇維埃俄國與伊朗於一九二一年二月簽訂的友好條約包含兩項關鍵的條款，能確保蘇維埃俄國在北方的利益：條約中的第六條規定，「為了國防安全，蘇俄可以派軍進入波斯領土進行必要作業」，而第十三條則要求波斯政府「不得將任何沙俄曾經透過『優勢軍力』取得，但透過本條約歸還給波斯的特權或財產，授予第三國或其屬民」。這些條款的用意非常明顯。伊朗讓渡了自己的主權權利，無法將原本位於沙俄勢力範圍內的土地或天然資源以長期或短期租借的方式，授予蘇俄以外的其他外國強權。其他條款則進一步確保蘇俄在裏海擁有獨家的漁權，並要求英軍撤離伊朗，否則俄國將不會撤離駐紮在吉蘭省的俄軍。[637]

當時正在和蘇俄政府談判貿易協定的英國，發現他們的保衛印度的前進政策再一次被他們過大的野心所害。他們撕毀了一九一九年的協議，並和蘇俄簽署了新的協議，在實質上恢復了他們一九〇七年的協議和勢力範圍。英國人放棄了他們所提出的內部改革計畫，並開始支持禮薩汗這位「強人」，亦即當時伊朗哥薩克軍隊的指揮官。蘇俄領導人也支持德黑蘭的民族主義分子，其中也包括禮薩汗，但對他們來說，禮薩汗是一個可以抵抗英國勢力的可靠支柱。蘇俄的外交官試圖在庫切克汗與德黑蘭當局之間調停，幫助他們達成協議。毫無疑問地，他們認為庫切克汗與德黑蘭當局的和解可以進一步強化民族主義陣營的地位，並確保蘇俄在北部省分的影響力。但禮薩汗失去了耐心，決定入侵吉蘭省、將「疆加利」驅除出去。後來庫切克汗的前戰爭部長不僅倒戈投向了禮薩汗，還暗殺了庫切克汗[638]，他領導的組織也隨之瓦解。

由於革命運動並沒有妥善處理土地問題，導致其聲勢不斷衰退。十九世紀期間，除了原本的部族首領之外，新的地主階級（包括商人、烏拉瑪和政府官員）也加入了剝削農民的行列。農民和破產的工匠紛紛越過邊境，遷往南高加索地區，在那裡的礦坑和油田工作且變得愈來愈激進。他們不斷在伊朗和南高加索地區來回移動，壯大各個社會主義運動的聲勢。但他們寄居在南高加索地區的韃靼人和伊朗亞塞拜然的韃靼人之中，那些有望帶領他們的領導人之間卻出現了嚴重的意見不合。當機會終於在一九一八年到一九二〇年間到來時，他們無法藉由一項土地改革計畫團結起來。在鄉村地區對改革造成最大阻礙的是各部族的首領，因為他們在吉蘭省、東亞塞拜然和馬贊德蘭等北部邊境地區，就是當地主要的地主階級。639

雖然伊朗沒有投入第一次世界大戰，但這個國家依然因為政治改革而停滯，以及一連串的天然災害受創頗深。憲政革命最後只是曇花一現，因為當時並沒有堅實的制度基礎和社會基礎能讓他們建立一個實行代議制度的政府，而分離主義運動也讓國家四分五裂。俄國（以及布爾什維克）與英國之間的對抗關係，更是深深地侵蝕了伊朗的主權。傳染病（尤其是流行性感冒）奪走了多達兩百萬條伊朗人的性命，這個數字占了鄉村總人口的四分之一。專精伊朗史的學者亞伯拉罕米亞寫道，到了一九二〇年，伊朗已經成為「一個典型的『失敗國家』」，只能期待某個軍事領袖能拯救國家。640

卡加王朝統治的最後幾年期間，哥薩克旅仍然是王朝控制之下唯一一支能夠作戰的軍隊。英軍於一九二一年撤退之後，整個伊朗境內的局勢也變得極為不穩。當年二月，身為哥薩克旅加茲溫和哈馬丹駐軍首領的禮薩汗揮軍進攻德黑蘭；在勾結一些伊朗知識分子之後，他控制了所有的政府機構，卻又自稱效忠於國王。新的政府宣稱這支軍隊是促進伊朗繁榮的最佳途徑。

禮薩汗被國王任命為軍事指揮官之後，也迅速建立起了自己的權力基礎。他的祖先也是軍人，曾經為了躲避俄國入侵而逃到南高加索地區，後來在馬贊德蘭這個邊境省分落腳。他在軍事上的訓練，以及游刃於俄國和英國之間的外交技巧，都讓他逐漸成為一個獨裁者。和之前靠著篡位在伊朗建立王朝的人一樣，他也仰賴一支效忠於他的軍隊（以他來說，這支軍隊便是哥薩克旅），即使這可能會導致正規軍分裂也在所不惜。[641]但禮薩汗可不是古代人。他還組織了自己的政黨，強調工業化、普及教育、政教分離、引入外資，甚至想要建立一支專業的常備軍；一言以蔽之，他希望推動一場國族化計畫。他在擔任戰爭部長期間，曾經提議實施義務兵役制度，因而引起了一場不小的風波。[642]禮薩汗希望在伊朗成立共和國，然而政治菁英和商人階級中的權貴並不支持這個構想，於是他見風轉舵改變了立場。他後來在一九二五年罷黜了國王。由於軍隊效忠於他，他因此宣布創立新的巴勒維王朝，並宣稱新王朝是實施現代化改革的唯一道路。[643]一如薩法維王朝和卡加王朝的創始者，一個出身突厥邊境地區的軍人再次推翻了伊朗的舊政權，並在新的基礎之上重組了伊朗。然而伊朗能否真正獲得獨立，仍然仰賴北邊鄰國（亦即繼承了俄羅斯帝國的蘇聯）的善意，而英國依然憂心印度的安危。

內亞地區

由於清朝於一九一一年滅亡，俄國又發生了革命，因此在內亞地區爭霸的三個主要強權之中有兩個遭到了弱化，也讓新疆、蒙古和滿洲等三個邊境地區的地方菁英，得以在實質上維持自治地位長達將近二十年。袁世凱稱帝失敗，並於一九一六年過世之後，中國迅速分裂成了好幾個部分，各地都有軍閥崛起。這個新現象也在中國的知識分子圈中激起了大量的辯論，他們除了討論軍閥割據現象的含義，也更進一步闡明了中國歷史的延續性，以及清帝國政權的遺緒等問題。

陳獨秀和胡適是這場辯論中的兩位要角，他們都是北京大學的教授，也都是五四運動的領袖。但他們對於軍閥割據在中國社會中的意義，以及如何擊敗軍閥等問題的分析卻十分不同。陳獨秀認為，軍閥割據代表了一種依據省界劃地稱王的中國週期性分裂現象，只有一個強而有力的中央政權才能打破這種暴力循環，終結軍閥的權力；為了達到這個目的，陳獨秀成了中國共產黨的創黨黨員。胡適則走上了截然不同的道路。他堅稱，陳獨秀所讚頌的那種透過武力統一中國的想法，恰好就是形成軍閥割據局面的原因，因此他主張以自由民主的路線重建中國。研究中國史的美國學者林霨認為，陳獨秀和胡適之間的論辯反映了郡縣制和封建制長久以來在中國思想之中的區別：前者將國家秩序的道德責任歸於一個中央集權的領導人，後者則將這個責任分散在幾個他認為是基層、自治、分權的地方政府機構之上。[644]如果我們把內亞邊境地區的角力放在這個脈絡中看待，那麼中央集權和去中心化政權之間的拉扯便具有不同的意義。在新疆、外蒙古和滿洲地區掌權的軍閥，不論他們各自的意識形態立場是什麼，彼此其實都非常相似。但他們在一個重要的意義上不同於中國其他地方的軍閥。作為邊境地區的子民，他們的命運不能只端視國內的因素；決定他們成敗的關鍵十分仰賴外部強權的介入，不論這些強權是俄國、繼承俄國的蘇聯，還是日本。

早在民國元年，帝制的垮台便開啟了軍官挾數萬兵力的地方軍隊割據大片地區的局面。他們當中的許多人都曾在清朝的軍事學堂受過訓練，在袁世凱的北洋軍中效力，有些則在日本或德國留學過，甚至還有些人過去曾是土匪。但不論出身為何，他們都有一個共通點——非常排外。大多數軍閥都反對中央集權的政府，有些則希望掌控北京這個古老的權力中心。一般來說，他們的生計都來自土地，除了徵收農業稅，也管控鴉片貿易，同時還從地方政府那裡取得小額補貼。[645]根據美國歷史學家謝里丹的研究，軍閥在意識形態上主要援引的是大眾文學讚頌的軍事人物，而不是新儒家思想，不過他們對於這兩種清帝國遺留下來的事物都有所沿用。[646]

清帝國遭推翻之後，有一小群激進的知識分子曾經宣布滿洲地區脫離中國獨立，但很快便被當地的軍人所平定。在這些軍人之中，張作霖這位將軍後來成為中國最知名的軍閥之一，並在滿洲未來的發展上擔任要角。他是舊邊境的典型產物，曾在中日甲午戰爭期間擔任民兵首領、對抗遼河流域的土匪，並在日俄戰爭期間成為日軍的非正式盟友。清政府後來任命他統御一支正規軍，而清朝滅亡之後，民國政府也任命他為東三省巡閱使和奉天督軍。他透過手下的軍官，逐漸取得了對滿洲全境的掌控權。[647]

在新疆，楊增新這位帶有漢人血統的地方官員則在辛亥革命期間的混亂政局中，藉由一場低調的政變取得了政權。袁世凱任命他為新疆都督之後，他便將新疆變成了自己的領地。楊增新是一位獨裁者，他在族裔群體（哈薩克人、蒙古人、東干人以及維吾爾人）和區域強權之間實施離間策略，並逐漸和保守的維吾爾上層階級愈走愈近，藉此箝制布爾什維克和突厥民族主義的勢力。由此，他所採用的政策和沙俄政府最後幾年在喀山、布哈拉以及其他地方實施的一樣，都試圖透過支持「傳統派」的宗教保守分子，來打擊自由派的勢力。[648]他擔心蒙古人會和居住在外蒙古的同胞互通款曲，因此禁止他們攜帶槍械，只有俄國邊界上一小群受過俄羅斯哥薩克人訓練，由東干蒙古人組成的騎兵隊不受此限。當俄國境內的哈薩克人於一九一六年發動叛亂時，楊增新准許數千名這些哈薩克人遷來新疆定居。俄國內戰期間，他成功地對逃往新疆的白俄羅斯難民進行控管，並和蘇維埃政府就商貿和難民問題進行協商，不過蘇維埃政府其實直到一九二四年之前和中國都沒有正式的外交關係。直到一九二八年遭到暗殺為止，楊增新都扮演著內亞邊境地區典型地方官員的角色；他承認中國的宗主權，但這是缺乏一個強大中央機構施行個人權威的宗主權。楊增新去世之後新的一輪權力鬥爭隨即展開，最後由盛世才這位真正的軍閥勝出。[649]

俄羅斯帝國的崩解，也讓中國邊境的軍事強人得以重新掌控外蒙古。年長的旗人親王擔心社會革命會擴散開來，於是回到了中國。受安福系*統治的北京非常歡迎這些的親王的計畫，並派出了野心十足的徐樹錚將軍廢除外蒙古的自治地位。或許徐樹錚也懷有成為軍閥的野心，希望和滿洲地區的張作霖競爭，但在清朝滅亡之後開始茁壯的年輕蒙古軍官和知識分子卻反對徐樹錚的計畫。在雙方鬥爭的過程中，幾位蒙古革命運動的首領成功地將政權留在蒙古人的手裡，而這些首領後來也成立了蒙古人民黨。在這些首領之中，有位名為蘇赫巴托的軍官，他會說俄語，也受過俄國的軍事訓練；雖然他在革命運動之初並未擔任要角，但他後來於一九二一年成為蒙古革命運動的領袖。[650]蘇赫巴托鮮少被描繪成一位軍閥，但直到他於一九二〇年和當時已經是半個馬克思主義者的喬巴山（後來的外蒙古總理）結盟之後，蘇赫巴托就成了名副其實的軍閥。他們聯手獲得了以烏爾加†的活佛為首的保守派的支持，並要求西伯利亞的布爾什維克軍隊前來支援他們對抗在該地區活動的白軍。然而此舉也讓蒙古捲入了俄國的內戰。

布爾什維克掌權之後，一小群軍事冒險分子趁著俄羅斯一側的邊境地帶混亂之際率領一支雜牌軍，該軍隊的組成分子包括：由烏蘇里江和黑龍江流域的哥薩克邊疆居民，以及當地的布里亞特人、卡爾梅克人和漢人士兵。他們的目標是對抗布爾什維克、推翻受溫和社會主義團體控制的地方蘇維埃，並建立一個自治領地，由他們自己進行統治。然而，他們並未成功善用這批哥薩克軍人所厚積的實力。黑龍江和烏蘇里江流域的哥薩克軍團分別是在一八六〇年代和一八八〇年代才開始成形。內戰爆發前夕，他們的人數已達數千名，而且擁有非常多的土地。然而他們對於農耕並沒有太大興趣，更喜歡狩獵、打漁以及越境劫掠等傳統維生方式。在一些人的眼裡看來，他們總是安於現狀、過於閒散。[651]

在這些冒險分子之中，最活躍的是馮恩琴以及謝苗諾夫；前者是一名波羅的海德意志裔的軍官，曾在沙俄的軍隊中效力。由於謝苗諾夫旗下的軍力從未超過數千人，他需要外部勢力的援助才能達成自己的目標。然而由於他的名聲不佳，西伯利亞的白軍領袖高爾察克並不願意重用他的才能。不過日本人倒認為他是一位完美的合作人選。他們逐漸將他收編，目的是為整個外貝加爾地區建立一個獨立

＊審定注：依附在皖系軍閥下的政客官僚集團。

†審定注：舊名「庫倫」。

的哥薩克政府作為緩衝區，夾在新成立的蘇維埃俄國與攸關日本利益的滿洲和內蒙地區之間。然而當日本人發現謝苗諾夫明顯不得民心時，他們便拋下他改和莫斯科當局進行協議，藉此成立一個暫時性的緩衝國（亦即遠東共和國），讓他們能夠在不背棄承諾的情況下撤離他們當初介入該地區時投入的軍力。652

原本都在忙著和白軍於歐亞大陸西部奮戰的布爾什維克，此時終於有空處理這些投機分子。馮恩琴在前往西伯利亞劫掠的途中遭到射殺，而在紅軍以及由蘇赫巴托和喬巴山領軍的蒙古人民黨的合作之下，謝苗諾夫的軍隊也遭到擊潰。一九二一年二月，他們一起進攻烏爾加（後來更名為烏蘭巴托），宣布由博克多汗重祚登基，將外蒙古建立為一個君主立憲國。然而博克多汗在三年之後逝世，而革命運動的領袖也旋即宣布成立蒙古人民共和國。外蒙古軍閥之間的戰爭，最後由披著馬克思列寧主義外衣的軍人脫穎而出。

結論

儘管第一次世界大戰在西方戰線和義大利戰線在人命和財產上造成了慘重的損失，卻沒有讓領土範圍以及人口出現大規模更動，更沒有帶來革命運動。德國將亞爾薩斯洛林地區歸還給了法國、義大利取得了上阿迪傑地區，而比利時則取得了一小塊邊境領土。只有戰敗的德國出現政權更迭的現象：德意志皇帝遭到了廢黜，宣告了霍亨索倫王朝的終結。零星出現的幾場革命運動也很快就瓦解了。然而所有這些事件都沒有外國勢力介入其中，而舊有的統治精英組成結構也沒有出現真正的變化。相較之下，歐亞大陸上的狀況就顯得非常突出。那裡的戰爭同樣極具毀滅性，但很快就演變成一場場內戰和外國勢力的介入，導致帝國開始瓦解、複雜的邊界也變得千瘡百孔，並激起各種社會變革、政治革命以及大規模逃亡與人口流放，同時也為新成立的繼承國留下了沉重的帝國遺緒，導致那些新的領導人仍被迫要面對那些曾經困擾舊帝國統治者的問題。

這些繼承帝國的新國家內部，全都擁有多樣的民族；他們從文化多元、有著不同語族和宗教族群的社會，演變成幾個內部相對凝聚的「民族國家」，不過這些民族國家可能依舊是想像出來的。只有西方的芬蘭、領土範圍變小的奧地利和匈牙利以及東方的外蒙古，在族裔組成上較為同質（或幾乎同質）。然而即便是這些國家，也都仍有許多同胞居住在國界之外的地區，比如居住在卡累利阿的芬蘭人，和奧地利人同為德意志人的德國人、分布於捷克週遭蘇台德山區地帶的德意志人、居住在外西凡尼亞和斯洛伐克的馬札爾人，以及居住在中國的蒙古人。繼承國的國界儘管經過重劃，卻仍然是隨意劃設的結果，也依然充滿爭議和防守漏洞。這些國界通常原本都是停火線，而界線兩側早已筋疲力竭的領導人，後來則乾脆就讓這些界線成為永久的國界。這些國界大多都將同一個民族群體劃在界線兩側，同時也導致「失土尚未收復」這種概念的出現。在這些繼承國之中，國家建構的負擔通常都落到了軍人的肩上，這些軍人包括帝國軍隊的殘黨、地方民兵以及武裝團體；這些軍人在新的統治菁英階級之中所扮演的角色，比起過去帝國統治期間還要更為吃重（而蘇聯則再一次成了例外）。

新的菁英將過去帝國曾經出現的國族化浪潮，導向了新的去處。他們接受了融合型民族主義的政治神學，幾乎抹除了過去帝國政權曾經容許的適度文化多樣性。雖然他們在少數民族之中找到了一些願意配合統治的人，但他們更常遇到的，其實是和過去帝國時期非常相似的抵抗運動。此外，他們也更常採取壓制手段，而非藉由妥協或協商等方式，來和少數族群討論自治權議題。由於這些少數族群通常都居住在新成立的國家的邊陲地區，而他們的同胞也往往就住在國界的另外一邊，因此統治菁英經常懷疑他們是否會對國家保持效忠。在另一場世界大戰可能開打的威脅之下（後來也的確在一九三〇年代和一九四〇年代爆發了第二次世界大戰），這些疑慮最後都成了自我實現的預言。這些承襲自帝國政權的問題持續存在著，也等同於確認了歐亞大陸邊境地帶上的角力將依然會進行下去。

在最後一份戰後條約簽署過後的十年裡，各個強權在複合邊境上重塑邊境地帶的過程中所扮演的角色已經大不如前。德意志第二帝國以及俄羅斯帝國的繼承者都太過孱弱，以至於難以重新投入競爭。日本的領導階層依然無法決定要重啟他們在內亞地區的帝國擴張行動，還是要和英美兩國結為同盟，共同在太平洋地區建立國際秩序。中國也同樣太過四分五裂，因而無法奪回他們的邊境地區。英國和法國則正忙著想辦法保住他們的殖民地。至於那些較小的繼承國儘管仍有未竟的領土目標，卻沒有一個有能力可以公開重啟鬥爭。當時唯一幾個有能力在邊境地區爭霸的大國必須考慮幾個問題，比如德國和蘇聯能否恢復元氣，而就日本來說，他們則要考慮是否真的要投入下一場，同時也是最具毀滅性的一場邊境地帶的角力；然而現在回看，這一切其實都只是時間問題而已。

結論：轉型

歐亞大陸多文化帝國的國家建構過程，既漫長又充滿各種問題，而且在統治菁英看來，這個過程直到帝國統治結束時都仍未完成。如果這些帝國能捱過第一次世界大戰，那麼它們必定會繼續取得新領土，也會持續同化那些難以控制的邊境地帶。本書主張，在這個過程中發生在邊陲地區的事情，其重要性遠比我們一般認知到的還要多。征服過程中的邊境戰爭，以及對邊境地區的兼併行為，都對帝國政權的意識形態和制度造成了深刻的影響。

邊境戰爭位處的地緣文化空間，長期以來都以各種疆域版圖之上的大規模人口流動為特徵；這種空間孕育出了高度多元的語族、宗教和社會經濟群體，其內部的變化節奏猶如萬花筒般千變萬化。那些攻守不斷交替的軍事戰線則將擁有一個或多個相同特徵的民族分隔了開來，而非將他們團結在一起，因而導致波蘭人、烏克蘭人、塞爾維亞人、亞美尼亞人、庫德人、土庫曼人、吉爾吉斯人以及蒙古人都生活在不同的旗幟之下。

帝國菁英在嘗試統治、同化和涵化那些被他們征服的邊境地區時，採用的措施頗具實用主義的精神，而這些行動也是國家建構過程中的關鍵元素。他們彈性地回應來自外部敵人和內部反對勢力的威脅，並以賦予自治權的方式取代中央集權的措施——在俄羅斯帝國，他們給予自治權的對象是芬蘭人和波蘭人；在哈布斯堡王朝，對象是馬札爾人和波蘭人；在鄂圖曼帝國，對象是克里米亞韃靼人、羅馬尼亞人、庫德人以及阿拉伯人；而在清帝國，對象則是蒙古人和維吾爾人，而這種彈性，也解釋了為什麼這些帝國都能如此長壽。

帝國在進行擴張的時候會採取各種策略，比如直接征服、移墾、改宗以及收編菁英。然而移墾和改宗等行為並不只是由國家主導而已，通常是自發、自願的行動；此外，對菁英的收編也需要由下而上的回應與支持。被征服的人民會根據不同的目標，設計出自己的策略來進行回應，而常見的目標有：保留文化認同、取得自治權，或是獲得獨立地位（但這通常只有在帝國即將瓦解時才會發生）。他們的策略則非常多元，從被動接受統治，到武裝叛變都是可能出現的選項。至於被征服的屬民菁英階級，其內部的異質性其實並不亞於統治菁英。他們對統治的回應方式前後並不總是連貫，個體的行動也並不一致，而且通常會在和解、抵抗等路線之間來回變動，或是兩者兼施。

戰爭的結果經常決定了內部改革的步調與方向。但改革聚焦的對象總是軍隊以及資源調動的方式，因為這樣才能支撐他們不斷衰退的國防能力，或預防喪失更多領土。幾乎所有多文化帝國進行的大型結構改革計畫都是為了回應戰敗而誕生的，而且也都在十九世紀達到高峰，比如鄂圖曼帝國的坦志麥特、俄羅斯帝國的大改革運動、哈布斯堡王朝的《折衷協議》、卡加王朝末代國王頗為無力的政策，以及清帝國的新政和新軍改革措施。

到了二十世紀初，憲政危機則彰顯出了所有多文化帝國改革行動之中的辯證性。最初為了支撐帝國政權而施行的改革，吸收了許多第三次軍事革命的技術和技巧，比如機械式槍砲，以及由抱持理性思想和國族意識的軍官所領導的國民軍隊等，然而保守的統治者卻又回過頭去擁抱傳統的政治意識形態，使得這些改革行動與保守的統治者終究難以調和。在戰爭和內部動亂的壓力之下，他們放棄了帝國政權的目標。與此同時，新式學校和大學的創立也為公務員提供了專業訓練的搖籃，並成為西方政治思想和社會思想的傳播中心，導致不滿帝國統治的知識分子變得愈來愈多。

俄國在邊境地帶角力過程中的優勢，則是明顯在一九一四年之前就已經建立起來，而他們之所以會有這些優勢，或許可以歸結於四個因素。第一，由彼得大帝建立、凱薩琳二世強化的中央集權體系，讓俄國得以調動大量的人員和物資應戰；第二，俄國一般來說在收編菁英這件事情上進行得都頗為成功（一八六三年之後的波蘭人則是例外），同時又能在東歐大草原、外裏海地區和內亞地區進行大規模的移墾殖民行動；第三，他們在傳統上本就樂於改革，因此即使內部有統治菁英發起叛變（比如波蘭），或是在克里米亞戰爭和日俄戰爭中落敗之後，他們都能夠重新取得掌控權，並重建軍事和財政制度；最後，俄國的成功不能只看作其自身行動所造成的結果，對手的失敗也同樣重要。

由第一次世界大戰、內戰以及外部干預所帶來的沉重負擔，不只在人類歷史上前所未見，同時也撕裂了覆蓋在這七個複合邊境之上的脆弱紋理。帝國的解體也遺留了許多未解的問題，而這些問題也是由那些源自帝國、持續存在的因素所引起的；長期以來，這些因素一直都在困擾著多文化帝國的統治者和統治菁英。至於那些繼承帝國的新國家，其本身也都擁有多元文化，而任意劃設的邊界，則將那些居住在鬆散和爭議的邊界上的族裔群體給拆散開來。這些新國家的統治合法性經常受到挑戰：在內部，這些挑戰來自人數較多的少數族裔；在外部，則來自勢力更強的國家。在希特勒統治下之復原的德國，以及實行軍國主義的日本，眼見這些繼承國依然孱弱，於是在一九三〇年代初便準備好要再次投入下一輪歐亞邊境地帶的角力之中。不論是滿洲或蘇台德地區，德國和日本早已開始摧毀由戰後條約所建立起的秩序，並以新的意識形態和前所未見的暴力程度，逐漸在這些地方建立起他們自己的新秩序。

注釋

第四章　邊境地帶的帝國交鋒

1 接下來的部分，參考自 Oscar Halecki, *Borderlands of Western Civilization. A History of East Central Europe* New York: Ronald Press, 1952), pp. 173–81.

2 Boris Mouravieff, *Le testament de Pierre de grand. Légend et réalité* (Neuchatel: Éditions de la Baconnière, 1949), esp. pp. 40–46.

3 John Perry, *The State of Russia Under the Present Czar* (London, 1716). Perry 是一位為彼得大帝服務的蘇格蘭工程師；and K. A. Oppengeim, *Rossiia v dorozhnom otnoshenii. Opyt kratkogo istoriko-kriticheskogo obozreniia dannykh otnosiashchikhsia do razvitiia putei soobshcheniia v Rossii* (Moscow, 1920), pp. 9–17.

4 S. M. Solov'ev, "Publichnye chteniia o Petre Velikom," in *Sobranie sochinenii Sergeia Mikhailovicha Solov'eva* (St. Petersburg: Obshchestvennaia pol'za, n.d.), pp. 969–1116, 該研究現在看來依舊非常有見地。

5 Sven Lundkvist, "The Experience of Empire. Sweden as a Great Power," in Michael Roberts (ed.), Sweden's Age of Greatness, 1632–1718 (New York: St. Martin's Press, 1973), pp. 21, 39–41.

6 Toivo V. Raun, *Estonia and the Estonians* (Stanford University Press, 1987), pp. 16, 28–31.

7 Lundkvist, "The Experience of Empire," p. 42.

8 Michael Roberts (ed.), "The Military Revolution," in *Essays in Swedish History* (London: Weidenfeld & Nicolson, 1967), pp. 195–223.

9 Paul Douglas Lockhart, *Sweden in the Seventeenth Century* (Basingstoke: Palgrave Macmillan, 2004), pp. 75–77.

10 Lundkvist, "The Experience of Empire," p. 43; Sven-Erik Astrom, "The Swedish Economy and Sweden's Role as a Great

Power, 1632–1697," in Roberts (ed.), *Sweden's Age of Greatness*, p. 67.

11 Ia. Ia. Zutis, *Politika tsarizma v Pribaltike v pervoi polovine XVIII v.* (Moscow: Gosudarstvenoe sotsial'no-ekonomicheskoe izd., 1937), p. 9; A. F. Upton, *Charles XI and Swedish Absolutism* (Cambridge University Press, 1998), pp. 190–200.

12 Lundkvist, "The Experience of Empire," pp. 44–48; Alf Åberg, "The Swedish Army from Lützen to Narva," in Roberts (ed.), *Sweden's Age of Greatness*, pp. 264–87, 他指出，卡爾十一世在戰略上犯下了一個錯誤，亦即不顧幕僚的建議，把心思全都放在和丹麥的邊界上，而任由面向俄國的堡壘傾頹失修。亦請參照 Zutis, *Politika tsarizma*, pp. 6–15.

13 Sven-Erik Astrom, "The Swedish Economy and Sweden's Role as a Great Power, 1632–1697," in Roberts (ed.), *Sweden's Age of Greatness*, pp. 36–53; Lundkvist, "The Experience of Empire," p. 43, 他估計《尼斯塔德條約》讓瑞典失去了五十萬至一百萬的居民，使得瑞典從海外省分榨取的財政盈餘不復存在，並奪走了瑞典原有的戰略位置，使得瑞典再也無法在波羅的海的南岸和東岸地區發起戰爭，或是依靠敵人的領土獲取利益。亦請參見 Lockhart, *Sweden*, pp. 151–52.

14 Romuald J. Misiunas, "The Baltic Question after Nystad," in Arvids Ziedonis, Jr. et al. (eds.), *Baltic History (Columbus, OH: Association for the Advancement of Baltic Studies*, 1974), pp. 71–90.

15 A. N. Sytin, "Rossiia i padenie imperii Napoleona," in O. V. Orlik et al. (eds.), *Istoriia vneshnei politiki Rossii. Pervaia polovina XIX veka* (Moscow: Mezhdunarodnye otnosheniia, 1995), p. 79. 亞歷山大一世相信，只有盡可能地將所有波蘭人都聚集在一個自治的波蘭之中，並由俄羅斯帝國統治，才能確保西部邊境地區的安全。請參見 Dominic Lieven, *Russia Against Napoleon. The True Story of the Campaign of War and Peace* (New York: Viking, 2010), pp. 82, 132, 299–300, 332–33.

16 Drago Roksandić, *Triplex Confinium. Ili o granicama i regijama Hrvatski povijesti, 1500–1800* (Zagreb: Barbat, 2003).

17 Jovan Cvijić, *La péninsule balkanique* (Paris: A. Colin, 1918), pp. 12, 7–29, quotation on p. 28.

18 本段落參考的主要文獻，來自由格拉茲大學的Karl Kaser 以及札格瑞布大學的 Drago Roksandic 於一九九七年發起的「三國交界研究計畫」：Drago Roksandic (ed.), *Microhistory of the Triplex Confinium* (Budapest: CEU Press, 1998); Drago Roksandic and Natasa Stefanec (eds.), *Constructing Border Societies on the Triplex Confinium, 1700–1750* (Budapest: CEU Press, 2000); Egidio Ivetic and Drago Roksandic, *Tolerance and Intolerance on the Triplex Confinium.*

Approaching the Other on the Borderlands, Eastern Adriatic and Beyond, 1500–1800 (Padua: CLEUP, 2007). 亦請參見 Wendy Bracewell, "The Historiography of the Triplex Confinium. Conflict and Community on a Triple Frontier, 16th–18世 Centuries," in Steven G. Ellis and Raingard Esser (eds.), *Frontiers and the Writing of History, 1500–1850* (Hanover-Laatzen: Wehrhahn Verlag, 2006), pp. 211–27.

19 Palmira Brummett, "The Fortress. Defining and Mapping the Ottoman Frontier in the Sixteenth and Seventeenth Centuries," in A. C. S. Peacock (ed.), *The Frontiers of the Ottoman World* (Oxford University Press, 2009), pp. 31–56; Gábor Ágoston, "Where Environmental and Frontier Studies Meet. Rivers, Forests, Marshes and Forts along the Ottoman–Habsburg Frontier in Hungary," in Peacock (ed.), *Frontiers of the Ottoman World*, pp. 81–94.

20 E. Radushev, "Ottoman Border Periphery (Serhad) in the Nikolpol Vilayet, First Half of the Sixteenth Century," *Études balkaniques* 3/4 (1995): 140–60; Kl. Hegyi, "The Ottoman Military Force in Hungary," in G. David and P. Fodor (eds.), *Hungarian–Ottoman Military and Diplomatic Relations in the Age of Suleyman the Magnificent* (Budapest: Loránd Eötvös University Press, 1994), pp. 131–48; Rossitsa Gradeva, "War and Peace along the Danube. Vidin at the End of the Seventeenth Century," in *Rumeli under the Ottomans, 15th–18th Centuries. Institutions and Communities* (Istanbul: Isis, 2004), pp. 107, 132.

21 Marko Attila Hoare, *The History of Bosnia. From the Middle Ages to the Present Day* (London: Saqi, 2007), p. 47.

22 Drago Roksandic, "Stojan Jankovic in the Morean War, or of Uskoks, Slaves and Subjects," in Roksandic and Stefanec (eds.), *Constructing Border Societies*, p. 248.

23 關於對弗拉赫人的社會分析，請參見 Nenad Moacanin, "Introductory Essay on an Understanding of the Triple-Frontier Area. Preliminary Turkologic Research," in Roksandic (ed.), *Microhistory*, pp. 126–35.

24 Ivo Banac, *The National Question in Yugoslavia. Origins, History, Politics* (Ithaca, NY: Cornell University Press, 1984), pp. 42–43, 46.

25 Sanja Lazanin and Drago Roksandic, "J. W. Valvasor and J. Rabatta on the Croatian Military Borders in 1689 and 1719. Stereotypes and Mentality in the Triple Frontier. Comparative Perspectives," in Roksandic (ed.), *Microhistory*, pp. 102–5; 亦請參見 Stanford Shaw, *History of the Ottoman Empire*, 2 vols. (Cambridge University Press, 1976), vol. 1, pp. 122–31.

26 Catherine Wendy Bracewell, The Uskoks of Senj. Piracy, Banditry and Holy War in the Sixteenth Century Adriatic (Ithaca, NY: Cornell University Press, 1992); and for a case study of the Sichelberger District, see Karl Kaser, Freier Bauer und Soldat. Die Militairisierung der agrarischen Gesellschaft und der kroatisch-slowanischen Militärgrenze (1535–1881) (Wien: Böhlau, 1997), ch. 2.

27 Gunther E. Rothenberg, *The Military Border in Croatia, 1740–1881* (University of Chicago Press, 1966), pp. 42–46, 116–17, 136–37, 163–64; Gunther E. Rothenberg, "The Habsburg Military Border System. Some Reconsiderations," in Béla Király and Gunther E. Rothenberg (eds.), *War and Society in East Central Europe, vol. I: Special Topics and Generalizations on the 18th and 19th Centuries* (New York: Brooklyn College Press, 1979), pp. 380–87; Drago Roksandic, "Religious Toleration and Division in the Krajina. The Croatian Serbs of the Habsburg Military Border," in *Christianity and Islam in Southeastern Europe,* Occasional Papers of the Woodrow Wilson Center, No. 47 (Washington, DC: Woodrow Wilson Center, 1990).

28 Frederick F. Anscombe (ed.), "Albanians and 'Mountain Bandits,'" in *The Ottoman Balkans, 1750–1830* (Princeton University Press, 2006), pp. 87–115.

29 Roksandic, "Stojan Jankovic," pp. 243–44, 其描述係根據重要的 Bernard Stulli, "Kroz historiju Sinske krajine," and "Gospodarsko-drustvene i politicke prilike u Cetinskoj krajini sredinom 18. stoljeca," in *Iz povijest Dalmacije* (Split: Knjženi krug, 1992), pp. 25–128, 129–208.

30 Wendy Bracewell, "Frontier Blood-Brotherhood and the Triplex Confinium," in Roksandic and Stefanec (eds.), *Constructing Border Societies*, pp. 29–46.

31 Suraiya Faroqui, *The Ottoman Empire and the World Around It* (London: Tauris, 2004), pp. 89–91.

32 Bruce McGowan, "The Age of the Ayans," in Halil Inalcik and Donald Quataert (eds.), *An Economic and Social History of the Ottoman Empire, vol. 1: 1600–1914* (Cambridge University Press, 1994), pp. 647–48.

33 Colin Heywood, "Bosnia under Ottoman Rule, 1463–1480," in Inalcik and Quataert (eds.), *An Economic and Social History*, pp. 33–39.

34 關於波士尼亞民族主義接下來混合了塞爾維亞人、克羅埃西亞人以及穆斯林傳統的發展，請參見 Heywood, "Bosnia under Ottoman Rule," pp. 51–61.

35 Cf. Roider, *The Reluctant Ally*, pp. 17–24, 35–36, 60–67; G. A. Nekrasov, *Rol' Rossii v evropeiskoi mezhdunarodnoi politike, 1725–1739 gg.* (Moscow: Akademiia nauk SSSR, 1972), pp. 255–59.

36 關於他們複雜交纏的關係，最好的指南是 A. M. Stanislavskaia, *Russko-angliskie otnosheniia* (Moscow: Akademiia nauk SSSR, 1962), 其內容遠比書名所指涉的還要豐富許多。

37 Elinor Murray Despalatovic, *Ljudevit Gaj and the Illyrian Movement* (Boulder, CO: East European Monographs, 1975).

38 David Laven and Elsa Damien, "Empire, City, Nation. Venice's Imperial Past and the 'Making of Italians' from Unification to Fascism," in Stefan Burger and Alexei Miller (eds.), Nationalizing Empires (Budapest, CEU Press, forthcoming).

39 This section follows Kahraman S¸ akul, "Ottoman Attempts to Control the Adriatic Frontier in the Napoleonic Wars," in Peacock, *Frontiers of the Ottoman World,* pp. 253–70.

40 關於他的生平事蹟，請參見 Frederick Anscombe, "Continuities in Ottoman Centre–Periphery Relations, 1787–1915," in Peacock, *Frontiers of the Ottoman World*, pp. 236–45.

41 Wayne S. Vucinich, "The Serbs in Austria-Hungary," *Austrian History Yearbook* 3(2) (1967): 1–17; Roger V. Paxton, "Identity and Consciousness. Culture and Politics among the Habsburg Serbs," in Ivo Banac et al. (eds.), *Nation and Ideology. Essays in Honor of Wayne S. Vucinich* (Boulder, CO: East European Monographs, 1981).

42 Albert Bates Lord, *Epic Singers and Oral Tradition* (Ithaca, NY: Cornell University Press, 1991), pp. 108–9.

43 Kurt Wesseley, "Reply to Rothenberg's Comments," *Austrian History Yearbook* 9/10 (1973): 119.

44 Dimitrije Djordjevich and Stephen Fischer-Galati, *The Balkan Revolutionary Tradition* (New York: Columbia University Press, 1981), pp. 6–17.

45 Edouard Winter, *Russland und das Papsttum* (Berlin: Akademie Verlag, 1961), p. 33.

46 A. V. Florovsky, "Russo-Austrian Conflicts in the Early 18th Century," *Slavonic and East European Review* 47(108) (January 1969): 101–9.

47 S. M. Solov'ev, *Istoriia Rossii s drevneishikh vremen*, 2nd edn (St. Petersburg: Obshchestvennaia pol'za, n.d.), vol. XVIII, p. 650.

48 Martin Graff, *Le réveil du Danube. Géopolitique vagabonde de l'Europe* (Strasbourg: La Nuée bleu, 1998); Roxana M.

Verona, "The Intercultural Corridor of the 'Other' Danube," in Marcel Cournis-Pope and John Neubauer (eds.), *History of the Literary Cultures of East Central Europe. Junctures and Disjunctures in the 19th and 20th Centuries* (Amsterdam: John Benjamins, 2004–2010), vol. III, pp. 232–43.

49 Géza Pálffy, "The Hungarian–Habsburg Border Defense Systems," in Pál Fodor and Géza Dávid (eds.), *Ottomans, Hungarians, and Habsburgs in Central Europe. The Military Confines in the Era of Ottoman Conquest* (Leiden: Brill, 2000), pp. 12–16

50 Dominic Kosáry, "Gabriel Bethlen. Transylvania in the 17th Century," *Slavonic and East European Review* 17 (1938): 162–74; *László Kontler, Millennium in Central Europe. A History of Hungary* (Budapest: Atlantisz, 1999), pp. 165–75.

51 Cf. László Benczédi, "Hungarian National Consciousness," *Harvard Ukrainian Studies* 10(3/4) (December 1986): 424–37, 該研究為此時期匈牙利國族意識興起的案例進行了辯護，即便從他提出的可信證據看來，這些運動其實是貴族為了自身利益而鼓動發起的。

52 Thomas Cohen, "The Anatomy of a Colonization Frontier in the Banat of Temesvar," *Austrian History Yearbook* 19/20(2) (1983/4): 3–6.

53 Vucinich, "The Serbs in Austria-Hungary," p. 11.

54 Horst Haselsteiner, "Cooperation and Confrontation between Rulers and the Noble Estates, 1711–1790," in Peter F. Sugar et al. (eds.), *A History of Hungary (Bloomington, IN: Indiana University Press*, 1990), pp. 142–43.

55 Kontler, *Millennium*, p. 182.

56 只有馬提亞斯打破過這個傳統。他建立了一支由德意志和捷克傭兵組成的軍隊，名為 Black Host，令人聞之喪膽。但馬提亞斯死後，這支軍隊便旋即瓦解。拉科齊獨立運動遭到鎮壓之後，哈布斯堡王朝認為有必要將叛亂的軍隊轉變成一支專業的常備軍，為匈牙利提供防禦。但貴族反對這個做法，而奧地利人則對於在Hofskriegsrat之中任用匈牙利人、或讓他們掌握指揮權仍有疑慮。一個世紀之後發生的拿破崙戰爭，證明了這種起義的傳統並非適當的軍事工具，而道德勇氣也沒有辦法取代現代化的武器和訓練。"The Military Ethos of the Hungarian Nobility, 1700–1848," in Sugar et al. (eds.), *History of Hungary*, pp. 67–76.

57 Charles W. Ingrao, "Guerrilla Warfare in Early Modern Europe. The Kuruc War (1703–1711)," in Király and Rothenberg

(eds.), *War and Society*, pp. 47–66.

58 Ferenc Szakaly, “The Early Ottoman Period, including Royal Hungary, 1526–1606,” in Sugar et al. (eds.), *A History of Hungary*, pp. 83–99; David P. Daniel, “The Fifteen Years War and the Protestant Response to Habsburg Absolutism in Hungary,” *East Central Europe/L’Europre de Centre-Est* 1/2 (1981): 38–51.

59 Cf. Karl Roider, *Austria’s Eastern Mission, 1700–1790* (Princeton University Press, 1982), 該研究主張，哈布斯堡之所以原本可以解決東部的問題，最後卻未能完成，是因為他們缺乏取得「貧瘠土地」的熱忱，而該地區的東正教徒人數又比較多；不過他提出的證據，卻和自己討論的案例相矛盾。

60 Erich Prokopowitsch, *Die rumanische Nationalbewegung in der Bukowina und der Dako-Romanismus* (Cologne: Böhlau, 1965).

61 D. Kvitkovs’kyi, A. Žukovskaia, and T. Brindzan (eds.), *Bukovina. Ii minule i sušasne* (Paris: Zelena Bukovina, 1956), pp. 211, 214, 217–18, 225–27.

62 Roider, *Austria’s Eastern Mission*, pp. 148–49, 166, 180–81, 該研究將這些稱作「不需要的戰爭」。

63 Vlad Georgescu, *The Romanians. A History* (Columbus, OH: Ohio University Press, 1991), pp. 73–74.

64 C. Papacostea-Danielopolu, “État actuel des recherches sur l’époque phanariote,” *Revue des études sud-est européen* 24(3) (July–September 1986): 227–34; Paul Cernovodeanu, “Mobility and Traditionalism. The Evaluation of the Boyar Class in the Romanian Principalities in the 18th Century,” *Revue des études sud-est européen* 24(3) (July–September 1986): 249–57.

65 Charles Jelavich and Barbara Jelavich, *The Establishment of the Balkan National States, 1804–1920* (Seattle, WA: University of Washington Press, 1977), p. 110.

66 Victor Taki, “Russia on the Danube. Imperial Expansion and Political Reform in Moldavia and Wallachia, 1812–1834,” Ph.D. dissertation, Central European University, 2007, pp. 50–54.

67 Rossitsa Gradeva, “War and Peace Along the Danube. Vidin at the End of the Seventeenth Century,” in Kate Fleet (ed.), *The Ottomans and the Sea* (Rome: Istituto per Oriente, 2001), pp. 149–75; Virginia Aksan, “Whose Territory and Whose Peasants?” in Anscombe (ed.), *The Ottoman Balkans*, pp. 61–86.

68 Rossitsa Gradeva, “Osman Pazvantoğ lu of Vidin. Between Old and New,” in Anscombe (ed.), *The Ottoman Balkans*, pp.

115–62. 法國第一共和的政治家，認為帕茲萬托爾魯可以將鄂圖曼帝國的人民團結起來，在法國的保護之下變成一個實施改革的聯邦政權；他們後來對埃及的穆罕默德．阿里也抱持著相同的期待。請參照 Rachida Tlili Sellaouti, "La France revolutionnaire et les populations musulmanes de la Turquie d'Europe," in Antonis Anastasopoulos and Elias Kolovos (eds.), *Ottoman Rule and the Balkans, 1760–1850. Conflict, Transformation, Adaptation* (Rethymnon: University of Crete, 2007), pp. 105–20.

69 Leften S. Stavrianos, *The Balkans Since 1453* (New York: Holt, Rhinehart & Winston, 1961), pp. 269–86.

70 Fikret Adanir, "Semi-Autonomous Forces in the Balkans and Anatolia," in *Cambridge History of Turkey, vol. 3: The Later Ottoman Empire, 1603–1839* (Cambridge University Press, 2006), pp. 170–85.

71 請特別參見 D. Skiotes, "Mountain Warriors and the Greek Revolution," in Vernon J. Parry and Malcolm E. Yapp (eds.), *War, Technology and Society in the Middle East* (London: Oxford University Press, 1976), pp. 308–29; Nicholas C. Pappas, *Greeks in Russian Military Service in the late Eighteenth and Early Nineteenth Century* (Thessaloniki: Institute for Balkan Studies, 1991), pp. 288–324.

72 Douglas Dakin, *The Greek Struggle for Independence, 1821–1833* (Berkeley, CA: University of California Press, 1973).

73 hristine Philliou, "Breaking the Tetrarchia and Saving the Kaymakam. To be an Ambitious Ottoman Christian in 1821," in Anastasopoulos and Kolovos (eds.), *Ottoman Rule*, pp. 181–94, 該研究挑戰了「希臘人」和「土耳其人」的稱呼，認為這些多邊的衝突並非傳統意義的革命，因此這種族群區分方式並不適合用來描述參與衝突者的文化和社會認同。

74 早在一八〇七年或一八〇八年，卡波底斯特里亞給亞歷山大的信中就曾寫道：「只有透過武力，俄國才能打造一條通往希臘的路、強化俄國和希臘之間的關係，並鞏固俄國施展影響力的善意體系；俄國早就在使用這種體系控制鄂圖曼帝國的命運。」Patricia Kennedy Grimsted, *The Foreign Ministers of Alexander I. Political Attitudes and the Conduct of Diplomacy, 1801–1825* (Berkeley, CA: University of California Press, 1969), p. 231; 關於對卡波底斯特里亞更深入的分析，請參照 see pp. 228–68, 關於內斯爾羅德，請參見 pp. 270–71; 而 G. L. Arsh, *I. Kapodistriia i grecheskoe natsionl'no-osvobozhditel'noe dvizhenie, 1809–1822 gg.* (Moscow: Nauka, 1976), pp. 230–34 則對於存在於圍繞卡波底斯特里亞身邊的聖彼得堡官員，以及近東地區所有俄國外交官員之間的親希臘活動，提供了更多的文獻資料。

75 Jelavich, *History of the Balkans*, p. 226.

76 M. S. Anderson, *The Eastern Question, 1774–1923. A Study in International Relations* (London: Macmillan, 1966), pp. 64–65.

77 迪比奇擔心，「如果將保加利亞人武裝起來，可能會在首都〔伊斯坦堡〕門口引起基督徒叛亂，並危及和平協商的進程」。Dibich to Greig, June 9/21, 1829, Ministerstvo innostranykh del Rossiiskoi Federatsii, *Vneshniaia politika Rossii*, series 2, vol. VIII, Doc. 85, pp. 226–27. 迪比奇被迫向伊斯坦堡保證，俄國不會鼓勵保加利亞人以外移的方式進行抵抗。但他也對尼古拉一世坦承，基督徒害怕因為曾經協助俄軍而遭到鎮壓，因而會尋求俄方協助，而俄國也不可能拒絕為這些基督徒提供庇護。Ibid., supplementary note No. 303, p. 651. 因此，亞歷山大原本面臨到的問題依然存在。

78 V. Ia. Grosul, *Reformy v Dunaiskikh kniazhestvakh i Rossii (20–30 gody XIX veka)* (Moscow: Nauka, 1966), pp. 153–54.

79 According to Shaw, "Thus, did the so-called Armenian question have its beginning," *History of the Ottoman Empire*, vol. II, 31.

80 John Howes Gleason, *The Origins of Russophobia in Britain. A Study of the Interaction between Policy and Opinion* (Cambridge University Press, 1950). 當俄國於一七九一年占領奧恰科夫港口時，William Pitt 是第一個發出警告的人。儘管該事件只在兩國之間短暫地帶來了一些危機，「標注著英國對於俄國及其野心所緩慢增長的不信任態度已經到達了一定程度……到了一八三〇年代，這種不信任成了影響英國對近東事務態度的最重要因素」，Anderson, The Eastern Question, p. 21.

81 關於俄國政策和動機的有趣討論，請參見 Hugh Ragsdale (ed.), *Imperial Russian Foreign Policy* (Washington, DC and Cambridge: Woodrow Wilson Center and Cambridge University Press, 1993) 這本書中的幾個章節：David M. Goldfrank, "Policy Traditions and the Menshikov Mission of 1853," pp. 119–58, 以及 V. N. Vinogradov, "The Personal Responsibility of Emperor Nicholas I for the Coming of the Crimean War. An Episode in the Diplomatic Struggle in the Eastern Question," pp. 159–72.

82 V. N. Ponomarov, "Krymskaia voina," in Orlik et al. (eds.), *Istoriia vneshnei politiki Rossii,* p. 392. 當時，尼古拉一世曾將法蘭茲・約瑟夫的畫像翻到背面，並在畫布背面潦草寫上「不可理喻」（Die Undenkbar）幾個字，畢竟尼古拉一世曾經介入一八四九年的匈牙利革命，幫助哈布斯堡王朝免於解體。

83 Paul W. Schroeder, *Austria, Great Britain, and the Crimean War. The Destruction of the European Concert* (Ithaca, NY: Cornell University Press, 1972)，該研究主張，奧地利仍認為歐洲協調制度的概念，是應對俄國擴張威脅的最佳途徑：Fiquelmont 伯爵將這種途徑中肯地總結為「不斷抵制俄國，卻又不和俄國決裂」，p. 417。

84 Zoltan Szasz, "The Balkan Policies of the Habsburg Empire in the 1870s," in Béla K. Király and Gail Stokes (eds.), *Insurrections, Wars and the Eastern Crisis in the 1870s* (New York: Columbia University Press, 1985), p. 86; Tofik Islamov, "The Balkan Policies of the Habsburg Monarchy and Austro-Russian Relations," in Király and Stokes (eds.), *Insurrections, Wars*, pp. 32–34.

85 Schroeder, *Austria*, pp. 150, 171, 194, 283, 325.

86 Ponomarov, "Krymskaia voina," p. 395.

87 V. N. Vinogradov, "Nikolai I v 'Krymskoi lovushke,'" *Novaia i noveishaia istoriia* 4 (1992): 39–40.

88 S. S. Tatishchev, *Imperator Aleksandr II. Ego zhizn' i tsarstvovanie* (St. Petersburg: A. S. Suvorin, 1903), vol. I, pp. 182–87; E. V. Tarle, *Krymskaia voina*, 2 vols. (Moscow: Akademiia nauk, 1950), vol. II, pp. 546–49.

89 Ponomarov, "Krymskaia voina," p. 407.

90 英國人還提議在條約中將戰爭的終結目的界定為「讓切爾克斯獨立」，以及讓喬治亞和其他庫班河以南的領土脫離俄國，但法國和奧地利反對這些提議，認為它們不切實際。英國人也無法在和會中將波蘭問題提上檯面討論。Ponomarov, "Krymskaia voina," pp. 410, 414.

91 Marc Pinson, "Ottoman Colonization of the Circassians in Rumeli after the Crimean War," *Études balkaniques* 3 (1972): 71–85; Kemal H. Karpat, *Ottoman Population 1830–1914. Demographic and Social Characteristics* (Madison, WI: University of Wisconsin University Press, 1985), pp. 65–70.

92 一如 Stephanos Volgorodis 的職涯：Christine M. Philliou, *Biography of an Empire. Governing Ottomans in an Age of Revolution* (Berkeley, CA: University of California Press, 2011), pp. 158–69.

93 Maria Todorova, "Midhat Pasha's Governorship of the Danube Province," in C. E. Farah (ed.), *Decision Making and Change in the Ottoman Empire* (Kirksville, MO: Thomas Jefferson University Press, 1993), pp. 115–28.

94 Constantin Iordachi, *Citizenship, Nation and State-Building. The Integration of Northern Dobrogea into Romania, 1878–*

1913, Carl Beck Papers, No. 1607 (Pittsburgh, PA: University of Pittsburgh Press, 2002), p. 15.

95 Kemal Karpat, "The Social and Political Foundations of Nationalism in South East Europe after 1878. A Reinterpretation," in *Studies on Ottoman Social and Political History. Selected Articles and Essays* (Leiden: Brill, 2002), pp. 352–84, 引用片段位於 p. 379。

96 C. E. Black, *The Establishment of Constitutional Government in Bulgaria* (Princeton University Press, 1943), p. 57. 作為美國於二戰後在索菲亞的代表，Black 辨識出蘇聯當時正在採取類似的政策。

97 Richard J. Crampton, *Bulgaria 1878–1918. A History* (Boulder, CO: East European Monographs, 1983), pp. 115–73, 241–86.

98 A. I. Baranovich, "Naselenie predstepnoi Ukrainy v XVI v.," in *Istoricheskie zapiski,* 32 (1950), 該研究對早前的人口數字估算進行了上修，但整體而言並沒有太大更動。

99 Michael Khodarkovsky, *Russia's Steppe Frontier. The Making of a Colonial Empire, 1500–1800* (Bloomington, IN: Indiana University Press, 2002), p. 116.

100 這三個政權之間的複雜互動，包括為了聯合起來對抗另外一個政權而出現的臨時性同盟關係。請參見 A. B. Kuznetsov, "Rossiia i politika Kryma v vostochnoi Evrope v pervoi treti XVI," in B. A. Rybakov (ed.), *Rossiia, Pol'sha i prichernomor'e v XVI–XIII vv* (Moscow: Nauka, 1979), pp. 62–70; and B. N. Flora, "Proekt antiturestkoi koalitsii serediny XVI v.," in ibid., pp. 71–87, 然而該研究將角力狹隘地視作俄國對韃靼人和波蘭擴張的抵抗。

101 一六四〇年代，波蘭國王瓦迪斯瓦夫（Władysław）四世野心勃勃地計畫了一場針對土耳其的戰爭，以便在哥薩克人的幫助下，將韃靼人從克里米亞地區驅逐出去，並解放巴爾幹地區。J. Tazbir, "The Commonwealth of the Gentry," in Aleksander Gieysztor et al. (eds.), *History of Poland* (Warsaw: Polish Scientific Publishers, 1979), p. 208.

102 Halil Inalcik, *The Ottoman Empire. The Classical Age, 1300–1600* (New York: Praeger, 1973), pp. 129–33, 144–45; Halil Inalcik, "The Closing of the Black Sea under the Ottomans," *Arkheiov Povtov* 35 (Athens, 1979): 74–110.

103 關於該地區的經濟生活樣貌，請參見 A. L. Iakobson, *Srednevekovyi Krym. Ocherk istorii I istorii material'noi kultury* (Moscow: Nauka, 1964), 尤其是第六章。根據一項估算，韃靼人於十七世紀上半葉一共從莫斯科地區擄走了十五萬至二十萬名居民。A. A. Novosel'skii, *Bor'ba moskovskogo gosudarstva s tatarami v pervoi polovine XVII veka* (Moscow:

Akademiia nauk, 1948), p. 426.

104 關於哥薩克人的起源，請參見 Gunter Stokl, *Die Entstehung des Kosakentums* (Munich: Isar Verlag, 1953); Philip Longworth, *The Cossacks* (London: Constable, 1969); Robert H. McNeal, *Tsar and Cossack* (Basingstoke: Palgrave Macmillan, 1987).

105 Linda Gordon, *Cossack Rebellions. Social Turmoil in the Sixteenth Century Ukraine* (Albany, NY: State University of New York Press, 1983), p. 61.

106 Quoted in S. G. Sviatnikov, *Rossiia i Don, 1549–1917. Issledovanie po istorii gosudarstvennogo i administrativnogo prava i politicheskikh dvizhenii na Donu* (Belgrad: Izd. Donskoi istoricheskoi komissii, 1924), p. 9.

107 Paul Avrich, *Russian Rebels, 1600–1800* (New York: W. W. Norton, 1976), pp. 156–57, 176–77。他指出，Kondraty Bulavin 於一七〇七年至一七〇八年領導的叛亂事件，其弱點便是他無法成功塑造自己才是虔誠、真正的沙皇的形象，也無法以這種聲稱讓他登上王位。關於這種源自人民的王權思想一再出現的現象，請參見 Daniel Field, *Rebels in the Name of the Tsar* (Boston, MA: Houghton Mifflin, 1989)。

108 Sviatnikov, *Rossia i Don*, pp. 24–26, 引用出處位於p. 26.

109 引用於 Khodarkovsky, *Russia's Steppe Frontier*, p. 50. 關於諾蓋人對窩瓦河哥薩克人和亞伊克河哥薩克人的抱怨，請參見 p. 122。

110 A. L. *Stanislavskii, Grazhdanskaia voina v Rossii XVII v. Kazachestvo na perelome istorii* (Moscow: Mysl, 1990), pp. 21–33, 44–45，該研究反駁了蘇聯時期一個頗為盛行的觀點，亦即這是一場農民戰爭。亦請參見 B. V. Anan'ich et al., *Vlast' i reformy ot samoderzhavnoi k sovetskoi Rossii* (St. Petersburg: Dmitrii Bulanin, 1996), p. 99.

111 關於哥薩克人劫掠行為的整體紀錄，請參見 Alan Fisher, "The Ottoman Crimea in the Mid-Seventeenth Century. Some Problems and Preliminary Considerations," *Harvard Ukrainian Studies* 3/4 (1979/80): 215–26. 關於哥薩克人海戰的生動紀錄，請參見 Victor Ostapchuk, "Five Documents from the Topkapi Palace Archive on the Ottoman Defense of the Black Sea against the Cossacks (1639)," in Raiyyet Rusumu (ed.), *Essays Presented to Halil Inalcik on his Seventieth Birthday by his Colleagues and Students, Journal of Turkish Studies* 2 (1987): 49–104.

112 長期以來，波蘭和俄國歷史學家在和創建東儀天主教會有關的很多事情上都抱持不同意見。關於他們各自的觀點，請參見 Solov'ev, *Istoriia Rossii*, vol. II, pp. 1404–412, 1419–446; and Halecki, *Borderlands*, pp. 181–85.

113 關於起義的內部動態，Gordon, *Cossack Rebellions* 這本書非常傑出，但他仍然認為哥薩克人的起義是原始的叛亂行動。Hans-Joachim Torke, "The Unloved Alliance. Political Relations between Muscovy and Ukraine in the Seventeenth Century," in Peter Potichnyj et al. (eds.), *Ukraine and Russia in their Historical Encounter* (Edmonton: Canadian Institute of Ukrainian Studies, 1992), p. 42 則是察覺到哥薩克人於一六三二年開始出現政治意志的第一個徵兆。

114 Frank Sysyn, "The Changing Image of the Hetman. On the 350th Anniversary of the Khmel'nyts'kyi Uprising," *Jahrbücher für Geschichte Osteuropas* 46(4) (1998): 331–45.

115 Frank E. Sysyn, *Between Poland and Ukraine. The Dilemma of Adam Kysil, 1600–1653* (Cambridge, MA: Harvard University Press, 1985).

116 V. Prokopovych, "The Problem of the Juridical Nature of the Ukraine's Union with Muscovy," *Annals of the Ukrainian Academy of Arts and Sciences in the US* 4 (1955): 926–46; O. E. Gunther, "Der Vertrag von Perejaslav im Wiederstreit der Meinungen," *Jahrbücher für Geschichte Osteuropas*, New Series, 2 (1954): 243–50.

117 Tazbir, "The Commonwealth," p. 211.

118 Ivan L. Rudnytsky, "Polish–Ukrainian Relations. The Burden of History," in *Essays in Modern Ukrainian History* (Edmonton: Canadian Institute of Ukrainian Studies, 1987), pp. 56–57.

119 Orest Subtelny, "Cossack Ukraine and the Turco-Islamic World," in Ivan L. Rudnitsky (ed.), *Rethinking Ukrainian History* (Edmonton: Canadian Institute of Ukrainian Studies, 1981), pp. 127–30.

120 For Doroshenko's treaty with the Ottomans, see Jozéf Wereszczyń ski (ed.), *Sbornik statei i materialov po istorii Iugo-zapadnoi Rossii* (Kiev: N. T. Korchak-Novitskago, 1916), p. 75.

121 I. V. Galaktionov, "Rossiia i Pol'sha pered litsom turetsko-tatarskoi agressii," in Rybakov, *Rossiia, Pol'sha*, p. 383, 該研究引用了 TsGADA, f. 89, Dela turetskie 1666, d. 1, l. 89.

122 Dariusz Kolodziejczyk, *Ottoman–Polish Diplomatic Relations* (15th–18th Century) (Leiden: Brill, 2000), pp. 141–45，該研究亦指出，除了局勢混亂的十七世紀之外，鄂圖曼帝國和波蘭立陶宛聯邦之間維持了很長一段時間的和平關係，因為雙方在制止俄國擴張、鎮壓摩爾達維亞和烏克蘭的「解放運動」等方面擁有共同利益。

123 W. E. D. Allen, *The Ukraine. A History* (New York: Russell & Russell, 1963), p. 178.

124 Zenon Kohut, *Russian Centralism and Ukrainian Autonomy. Imperial Absorption of the Hetmanate, 1760–1830s* (Cambridge, MA: Harvard University Press, 1988).

125 Paul Avrich, *Russian Rebels, 1600–1800* (New York: Schocken Books, 1972), pp. 71–73.

126 Sviatnikov, *Rossiia i Don*, pp. 101–2.

127 引用片段位於 Solov'ev, *Istoriia Rossii*, vol. XIV, p. 154; vol. XXVIII, p. 826; Orest Subtelny, "Political Cooperation and Religious Antagonism. Aspects of Pylyp Orlyk's Relations with Turks and Tatars," in *Zbirnyk na poshanu prof. doktora Oleksandra Ohloblyna* (New York: Ukrains'ka vil'na academiia nauka u SShA, 1977), pp. 454–65.

128 研究頓河哥薩克人的歷史學家已經在其過程中辨識出六個連續的階段：從獨立到成為附庸國（俄羅斯混亂時期末期）；在俄羅斯沙皇國內部保有自治權時期（一六七一年至一七二一年）；省級自治時期（一七二一年至一七七五年）；軍民政府時期（一七七五年至一七九七年）；過渡時期（一七九七年至一八三五年）；以及特別行政時期（一八三五年至一九一七年）。Sviatnikov, *Rossiia i Don*, pp. 2–3.

129 Avrich, *Russian Rebels*, Pt. 3，關於布拉文的起義，該文獻依然擁有最生動而平衡的處理。

130 Boris Nolde, *La formation de l'empire russe. Études, notes et documents*, 2 vols. (Paris: Institut des études slaves, 1952), vol. I, pp. 208–30.

131 Michael Khodarkovsky, *Where Two Worlds Met. The Russian State and the Kalmyk Nomads, 1600–1771* (Ithaca, NY: Cornell University Press, 1992), pp. 133–46; Alexandre Bennigsen (ed.), "Les Kalmicks de la Volga entre l'empire russe et l'empire ottoman sous le règne de Pierre le grand d'après les documents des archives ottomanes," Cahiers du monde russe et soviétique 7(1) (January–March, 1966).

132 Norman Davies, "The Military Tradition of the Polish Szlachta, 1700–1864," in Király and Rothenberg (eds.), *War and Society*, p. 40. 對脅迫瑟姆議會的布拉文起義鎮壓成功的多爾戈魯基（V. V. Dolgorukii）親王，曾在寫給彼得大帝的信中，用極有特色的俄文回應道，他寧願和頓河哥薩克人會面，也不願和「那些從七點到四點就只會對著彼此咆哮，卻什麼都不做的波蘭人」會談。

133 Alexandre Bennigsen, "Peter the Great, the Ottoman Empire and the Caucasus," *Canadian–American Slavic Studies* 8(2)

(Summer 1974): 312.

134 D. I. Bagaleia, "Ocherki iz istorii kolonizatsii stepnoi okrainy moskovskogo gosudarsvstva," in *Chteniia v imperatorskom obshchestve istorii i drevnostei rossisskikh pri moskovskom universitete* (Moscow: Universitetskaia typografiia, 1887), vol. I, pp. 334, 379–81, 474–75.

135 Nolde, *La formation*, vol. II, pp. 43, 50.

136 Kohut, Russian Centralism; Zenon Kohut, "The Development of a Little Russian Identity and Ukrainian Nation Building," *Harvard Ukrainian Studies* 10(3/4) (December 1986): 565–67.

137 Jaroslav Pelenski, "The Haidamak Insurrections and the Old Regimes in Eastern Europe," in *The American and European Revolutions*, 1776–1848. *Sociopolitical and Ideological Aspects* (University of Iowa Press, 1980), pp. 228–47; Zenon Kohut, "Myths Old and New. The Haidamak Movement and the Koliiushchyna (1768)," *Harvard Ukrainian Studies* 1(3) (1977): 359–78.

138 Isabel de Madariaga, *Russia in the Age of Catherine* (New Haven, CT: Yale University Press, 1981), pp. 364–65.

139 Solov'ev, *Istoriia Rossii*, vol. V, p. 1517. 在一七六三年這個早期階段，帕寧對波蘭領土唯一的聲索，是名為「波蘭利夫蘭」的地區；該地區是一塊不規則的四邊形，以杜納堡（Dunaburg）這個要塞為核心，能完整賦予俄國在西德維納河上航行的權利，從中央省分通往波羅的海的里加。

140 關於第一次瓜分波蘭到底是誰的責任，至今仍未有定論。Chechulin 堅稱，帕寧自從一七六三年便已有此決心，而他設定外交政策的目標，主要是為了控制瓜分的時程和規模。N. D. Chechulin, *Vneshniaia politika Rossiia v nachale tsarstvovanniia Ekateriny* (St. Petersburg: Glavnago upravleniia Udelov, 1896), vol. II, pp. 1762–774. Herbert Kaplan 則將戰爭的責任歸於凱薩琳大帝，但認為是奧地利發起了「瓜分運動」：*The First Partition of Poland* (New York: Columbia University Press, 1962). Isabel de Madariaga 則指出文獻紀錄的漏洞訛缺之處，但也傾向認為是腓特烈大王利用了奧地利可能介入的威脅，迫使凱薩琳大帝同意對波蘭進行瓜分：*Russia in the Age of Catherine*, pp. 235–36.

141 Nolde, *La formation*, vol. I, pp. 80–82, 113.

142 Kaiuk Svitlana Mikolavna, "Zadunais'ka Sich (1775–1828)," Kandidat dissertation, Dnieprpetrovsk University, 1999. 該文獻由 Andryi Posonko 提供給我，對此我深表感謝。

143 John Armstrong, "Myth and History in Ukrainian Consciousness," in Peter J. Potichnyi et al. (eds.), *Ukraine and Russia in their Historical Encounter* (Edmonton: Canadian Institute of Ukrainian Studies, 1992), p. 132，該處提及了「一個始自赫梅爾尼茨基時代的邊疆拯救者的不朽傳說」。

144 Roger Bartlett, *Human Capital. The Settlement of Foreigners in Russia, 1762–1804* (Cambridge University Press, 1979), pp. 81 ff, 126 ff; de Madariaga, *Russia in the Age of Catherine*, pp. 361–66; Marc Raeff, "The Style of Russia's Imperial Policy and Prince G. A. Potemkin," in Gerald N. Grob (ed.), *Statesmen and Statecraft of the Modern West. Essays in Honor of Dwight E. Lee and H. Donaldson Jordan* (Barre, MA: Barre Publishing, 1967), pp. 1–51.

145 E. I. Druzhinina, *Iuzhnaia Ukraina v 1800–1825 gg.* (Moscow: Nauka, 1970), pp. 72–76

146 Richard Tapper, *Frontier Nomads of Iran. A Political and Social History of the Shahsevan* (Cambridge University Press, 2006), pp. 72–73.

147 "Baku," *Entsiklopedicheskii Slovar'*, vol. IV, p. 772.

148 James D. Clark, *Provincial Concerns. A Political History of the Iranian Province of Azerbbiajan, 1848–1906* (Costa Mesa, CA: Mazda, 2006), pp. 11–12, 58–61, 79–82. 亦請參見 Touraj Atabaki, *Azerbaijan. Ethnicity and the Struggle for Power in Iran* (London: Tauris, 2000).

149 Jean-Louis Bacque-Grammont, "L'apogée de l'empire ottoman. Les événements (1512–1606)," in Robert Mantran (ed.), *Histoire de l'empire ottoman* (Paris: Fayard, 1989), pp. 142–43.

150 Roger Savory, *Iran under the Safavids* (Cambridge University Press, 1980), pp. 37–49.

151 Hakan Özoğ lu, "State–Tribe Relations. Kurdish Tribalism in the 16th and 17th Century Ottoman Empire," *British Journal of Middle Eastern Studies* 23(1) (May 1996): 5–27，該研究對庫德人複雜的部族架構進行了珍貴的分析；Hakan Özoglu, *Kurdish Notables and the Ottoman State. Evolving Identities, Competing Loyalties and Shifting Boundaries* (Albany, NY: State University of New York Press, 2004), pp. 43–67.

152 Thomas M. Barrett, *At the Edge of Empire. The Terek Cossacks and the North Caucasus Frontier, 1700–1860* (Boulder, CO: East European Monographs, 1999), p. 19.

153 George A. Bournetunian, "The Ethnic Composition and the Socio-economic Condition of Eastern Armenia in the First Half

of the Nineteenth Century," in Ronald Grigor Suny (ed.), *Transcaucasia, Nationalism and Social Change. Essays in the History of Armenia, Azerbaizhan and Georgia*, rev. edn (Ann Arbor, MI: University of Michigan Press, 1996), p. 76.

154 Chantal Lemercier-Quelquejay, "Cooptation of Elites of Kabarda and Daghestan in the Sixteenth Century," in Marie Bennigson Broxup (ed.), *The North Caucasus Barrier. The Russian Advance towards the Muslim World* (London: Hurst, 1992), pp. 18–44.

155 Carl Max Kortepeter, *Ottoman Imperialism during the Reformation. Europe and the Caucasus* (New York University Press, 1973), pp. 28–29, 32, 45.

156 Ronald Grigor Suny, *The Making of the Georgian Nation,* 2nd edn (Bloomington, IN: Indiana University Press, 1994), pp. 46–53, quotation on p. 49.

157 Bournetunian, "The Ethnic Composition," pp. 77–78.

158 Solov'ev, *Istoriia Rossii,* vol. XVIII, p. 655.

159 G. G. Paichadze, *Russko-Gruzinskie politicheskie otnosheniia v pervoi polovine XVIII veka* (Tblisi: Sabchuta Sakartvelo, 1970), pp. 35–49. 彼得大帝內心十分內疚，甚至在死前捎給素檀的最終訊息中，還有這樣一段話：「要身為基督徒的我們拒絕保護基督徒是不可能的。」Solov'ev, Istoriia Rossii, vol. XVIII, p. 656.

160 Solov'ev, *Istoriia Rossii*, vol. XVIII, p. 657.

161 Muriel Atkin, "Russian Expansion in the Caucasus to 1813," in Michael Rywkin (ed.), *Russian Colonial Expansion to 1917* (London: Mansell, 1988), p. 151.

162 關於蘇非主義引入山區部族的過程，學界存在著一些不同意見。Cf. Bennigsen, "Peter the Great," p. 318，該研究根據鄂圖曼帝國的文獻，謹慎看待素檀的角色；F. A. Shcherbin, *Istoriia kubanskogo kazach'iago voiska*, 2 vols. (Krasnodar: Sovetskaia Kuban, 1912), vol. I, pp. 26–27，則是根據俄國文獻，指出穆拉德四世命令克里米亞汗王將伊斯蘭教傳播到高加索地區的部族之中，但沒有提到納各胥班迪道團，並稱切爾克西人仍然維持著一些異教徒的傳統宗教；Anna Zelkina, *In Quest for God and Freedom. Sufi Responses to the Russian Advance in the North Caucasus* (New York University Press, 2000), pp. 100–1，同樣使用俄國文獻，是關於納各胥班迪道團和伊斯蘭教滲透進高加索地區最全面的研究，但她將來自亞塞拜然的納各胥班迪道團在達吉斯坦傳教的時代，訂於十九世紀早期。

163 Muriel Atkin, *Russia and Iran, 1780–1828* (Minneapolis, MN: University of Minnesota Press, 1980), pp. 24, 29–31.

164 Shcherbin, *Istoriia kubanskogo*, vol. II, pp. 40–41, 60–65.

165 Atkin, "Russian Expansion," pp. 157–58.

166 Barrett, At the Edge of Empire, pp. 19, 150.

167 Firoozeh Kashani-Sabet, *Frontier Fictions. Shaping the Iranian Nation, 1804–1946* (Princeton University Press, 1999), pp. 209–10; Abbas Amanat, *Pivot of the Universe. Nasir Al-Din Shah and the Iranian Monarchy, 1831–1896* (Berkeley, CA: University of California Press, 1997), p. 4.

168 Gavin Hambly, "Aga Muhhamed Khan," in *Cambridge History of Iran*, vol. 7, pp. 119–28, quotation on p. 128.

169 N. S. Kiniapina, *Kavkaz i Sredniaia Aziia vo vneshnei politike Rossii. Vtoraia polovina XVIII–80e gody XIX v.* (Moscow: Izd. Moskovskogo universiteta, 1984), p. 92, 該研究引用的是 N. F. Dubrovin, *Istoriia voiny i vladychestva russkikh na Kavkaze,* 3 vols. (St. Petersburg: Departmenta udelov, 1871), vol. III, p. 80.

170 接下來的段落係根據 Stephen F. Jones, "Russian Imperial Administration and the Georgian Nobility. The Georgian Conspiracy of 1832," *Slavonic and East European Review* 65(1) (January 1987): 53–76. 關於喬治亞早期的歷史，請參見 David Marshall Lang, *The Georgians* (New York: Praeger, 1966)。關於「喬治亞的封建王朝」，請特別參見第五章；關於「文學和學習」，請參見第七章。關於該陰謀背景的清楚記錄，請參見 David Marsall Lang, *The Last Years of the Georgian Monarchy (1668–1832)* (New York: Columbia University Press, 1967).

171 Firouzeh Mostashari, *On the Religious Frontier. Tsarist Russia and Islam in the Caucasus* (London: Tauris, 2006), p. 20.

172 Mostashari, *On the Religious Frontier*, pp. 14–15, 29–30.

173 關於他們生平的簡短介紹，請參見 I. V. Abashidze (ed.), *Gruzinskia sovetskaia entsiklopediia* (Sak'art'velos SSR: mećnierebat'a academia, 1975–1987), pp. 265–66.

174 Akty sobrannye Kavkazskoiu arkheograficheskoiu kommisseiu. *Arkhiv Glavnogo upravleniia namestnika kavkazskago,* 12 vols. (Tiflis: Kavkazskaia arkheograficheskaia kommissia, 1866–1904), vol. I, pp. 527, 693.

175 Atkin, *Russia and Iran*, pp. 43, 61, 75, 94–95. 戰爭期間，亞歷山大一世拒絕進行協商，並宣稱伊朗要求東西「不可理喻」。他對阿拉斯河的邊界非常堅持，因為「這個屏障對於預防居住在該地區的蠻族入侵非常關鍵。」Ibid., p.

101.

176 *Akty sobrannye*, vol. II, pp. 804–5, 807, 822.

177 *Akty sobrannye*, vol. III, p. 651.

178 Vartan Gregorian, "The Impact of Russia on the Armenians and Armenia," in Wayne Vucinich (ed.), *Russia and Asia. Essays on the Influence of Russia on the Asian Peoples* (Stanford University Press, 1972), pp. 175–80.

179 Gregorian, "The Impact of Russia," p. 184; Nicholas Breyfogle, *Heretics and Colonizers. Forging Russia's Empire in the South Caucasus* (Ithaca, NY: Cornell University Press, 2005); Nicholas Breyfogle, "The Politics of Colonization. Sectarians and Russian Orthodox Peasants in 19th Century Azerbaizhan," *Journal of Central Asian History* 1 (1996): 16–29.

180 Abbas Amanat, "'Russian Intrusion into the Guarded Domain.' Reflections of a Qajar Statesman on European Expansion," *Journal of the American Oriental Society* 113(1) (January–March 1995): 39–41; Firoozeh Kashani-Sabet, "Fragile Frontiers. The Diminishing Domains of Qajar Iran," *International Journal of Middle East Studies* 29(2) (May 1997): 210–12.

181 關於這些彼此交纏的複雜關係，最好的指南是 O. B. Orlik, "Rossiia v vostochnyi krizis 20x godov," in Orlik et al. (eds.), *Istoriia vneshnei politiki*, pp. 189–228.

182 *Akty sobrannye*, vol. VI, p. 368.

183 Tadeusz Swietochowski, *Russia and Azerbaizhan. A Borderland in Transition* (New York: Columbia University Press, 1995), pp. 6–8.

184 Gregorian, "The Impact of Russia," pp. 183–85.

185 Mostashari, *On the Religious Frontier*, pp. 41–43; Sulejman Alijarly, "The Republic of Azerbaizhan. Notes on the State Borders in the Past and the Present," in John F. R. Wright et al., *Transcaucasian Boundaries* (New York: St. Martin's Press, 1995), pp. 126, 128.

186 Breyfogle, *Heretics and Colonizers*.

187 Ia. A. Gordin (ed.), Rossiia v Kavkazskoi voine; istoricheskie chteniia (Moscow: Zvezda, 1997), Pts. 5 and 6.

188 Barrett, *At the Edge of Empire*, ch. 6.

189 Moshe Gammer, *Muslim Resistance to the Tsar. Shamil and the Conquest of Chechenia and Daghestan* (London: Frank

Cass, 1994). 作為抱持批判觀點的首要學者，Alexander Knysh 在 "Sufism as an Explanatory Paradigm. The Issue of the Motivations of Sufi Resistance Movements in Western and Russian Scholarship," *Die Welt des Islam* 42(2) (2002): 139–73 中，對相關文獻進行了爬梳。

190 Alfred J. Rieber (ed.), *The Politics of Autocracy. Letters of Alexander II to Prince A. I. Bariatinskii, 1857–1864* (Paris: Mouton, 1966), pp. 65–71; I. L. Babich, V. O. Bobrovnikov, and L. I. Solov'eva, "Reformy i kontrreformy v Kavkazskom namestnichestve. Voenno-narodnoe upravlenia," in V. O. Bobrovnikov and I. L. Babich (eds.), *Severnyi Kavkaz v sostave rossiiskoi imperii* (Moscow: Novoe literaturnoe obozrenie, 2007), pp. 187–201; 關於文化改革，請參見 Austin Jersild, *Orientalism and Empire. North Caucasus Mountain Peoples and the Georgian Frontier, 1845–1917* (Montreal: McGill-Queens University Press, 2002), pp. 38–58. 引用文句出自 A. L. Zisserman, *Fe'ldmarshal' Kniaz' Aleksandr Ivanovich Bariatinskii, 1815–1879* (Moscow: Universitetskaia tipografiia, 1890), vol. III, pp. 151–55.

191 Zisserman, *Bariatinskii*, vol. II, pp. 370–87.

192 V. O. Bobrovnikov, "Poslednie volneniia i politicheskaia ssylka," in *Severnyi Kavkaz*, pp. 143–51.

193 B. G. Hewitt, "Abkhazia. A Problem of Identity and Ownership," in John F. R. Wright et al. (eds.), *Transcaucasian Boundaries* (New York: St. Martin's Press), p. 200.

194 Firouzeh Mostashari, "Colonial Dilemmas. Russian Policies in the Muslim Caucasus," in Robert P. Geraci and Michael Khodarkovsky (eds.), *Of Religion and Empire. Missions, Conversions, and Tolerance in Tsarist Russia* (Ithaca, NY: Cornell University Press, 2001), pp. 229–49.

195 William Hardy McNeill, *Plagues and Peoples* (New York: Anchor Press, 1976), esp. pp. 149–65, 190–96.

196 V. V. Barthold, *Four Studies on the History of Trans Caspia* (Leiden: Brill, 1958), vol. I, p. 65; V. V. Barthold, *La découverte de l'Asie. Histoire de l'orientalism en Europe et en Russie* (Paris: Payot, 1947), pp. 50, 129.

197 N. G. Apollova, *Khozistvennoe osvoenie Priirtysh'ia v kontse XVI pervoi polovine XIX v.* (Moscow: Nauka, 1976), for a review of the literature.

198 René Grousset, *The Empires of the Steppes. A History of Trans Caspia* (New Brunswick, NJ: Rutgers University Press, 1970), p. 480.

199 Anatoly Khazanov, *Nomads and the Outside World*, 2nd edn (Cambridge University Press, 1994), pp. 261–62.

200 Maria Eva Subtelny, "Art and Politics in Early Sixteenth Century Trans Caspia," *Trans Caspiatic Journal* 27 (1983): 121–48.

201 Edward Allworth, *The Modern Uzbeks from the Fourteenth Century to the Present* (Stanford, CA: Hoover Institute Press, 1990), pp. 42–43.

202 James J. Reid, "Rebellion and Social Change in Astarabad, 1537–1744," *International Journal of Middle East Studies* 13 (1981): 35–53.

203 根據一項估計，十六和十七世紀期間，該地區存在著三百四十五個獨立的部族，Louis Dupree, *Afghanistan* (Princeton University Press, 1973), pp. 57–65, 321.

204 Grousset, *The Empire of the Steppes,* pp. 480–84; V. V. Bartol'd, *Istoriia izucheniia vostoka v Evrope i v Rossii* (St. Petersburg: n.p., 1911), pp. 190–91.

205 Lawrence Lockhart, *The Fall of the Safavid Dynasty and the Afghan Occupation of Persia* (Cambridge University Press, 1958), p. 42.

206 Dupree, *Afghanistan*, chart 21, "Political Fusion and Fission in Afghanistan," following p. 343.

207 P. P. Ivanov, *Ocherki po istorii Srednei Asii* (XVI–seredina XIX v.) (Moscow: Izd. Vostochnoi literatury, 1958), pp. 68–69; V. V. Bartol'd, "K istorii orosheniia Turkestana," in *Sochineniia* (Moscow: Izd. Vostochnoi literatury, [1914] 1965), vol. III, pp. 110–11.

208 C. E. Tolybekov, *Kochevoe obshchestvo kazakov v XVII–nachale XX veka. Politiko-ekonomicheskii analiz* (Alma Ata: Nauka, 1971), pp. 259–60; V. V. Bartol'd, *Istoriia turetskomongol'skikh narodov* (Tashkent: Izd. Kazakskogo vysshego pedagogicheskogo instituta, 1928), p. 98.

209 關於大賽局的文獻，就算在英國也汗牛充棟，而且是許多人討論爭辯的對象。例如 Edward Ingram, "Approaches to the Great Game in Asia," *Middle Eastern Studies* 18(4) (October 1982): 449–57，就和 Malcolm Yapp, "British Perceptions of the Russian Threat to India," *Modern Asian Studies* 21(4) (1987): 647–65 意見相左。就蘇聯的研究而言，關於較廣泛、記錄詳實的詮釋（儘管帶有強烈馬克思主義和民族主義思想），請參見 Kiniapina, *Kavkaz.*

210 關於相似之處的例子，請參見 A. S. Morrison, *Russian Rule in Samarkand, 1868–1910. A Comparison with British India* (Oxford University Press, 2008).

211 Cf. Daniel Brower, *Turkestan and the Fate of the Russian Empire* (London: Routledge-Curzon, 2003), pp. 9–14.

212 Yapp, "British Perceptions," pp. 659–61.

213 G. H. Bolsover, "David Urquhart and the Eastern Question. A Study in Publicity and Diplomacy," *Journal of Modern History* 8(4) (1936): 446–47; 關於波蘭的連結，請參見 Peter Brock, "The Fall of Circassia. A Study in Private Diplomacy," *English Historical Review* 71(2) (July 1956): 401–27. 英國參與其中的重要性，在 Kiniapina, *Kavkaz*, pp. 131–38 的研究中被誇大了。

214 Nesselrode to Pozzo di Borgo, October 20/November 1, 1838，引用於 Harold N. Ingle, *Nesselrode and the Russian Rapprochement with Britain, 1836–1844* (Berkeley, CA: University of California Press, 1976), pp. 84–85；亦請參見 Philip E. Mosely, "Russia's Asiatic Policy in 1838," Essays in the *History of Modern Europe* (Freepoint, NY: Books for Libraries Press, [1936] 1968), pp. 48–62.

215 Yapp, "British Perceptions," pp. 654–56.

216 Zisserman, *Bariatinskii*, vol. II, p. 121.

217 "Zapiski N. G. Zalesova," *Russkaia starina* 115 (1903): 322–23; 114 (1903): 24–25.

218 N. A. Khalfin, *Politika Rossii v Srednei Azii, 1857–1868* (Moscow: Izd. Vostochnoi literatury, 1962), pp. 94, 104–5, 107–8, 119, 125, 130–32. 伊格納提耶夫伯爵曾於一八五七年寫道：「如果和英國撕破臉，只有在亞洲和他們交戰，我們才有機會打贏戰爭，並能威脅土耳其的存續。」Ibid., pp. 84–85.

219 "Zapiski Grafa N. P. Ignat'eva," ed. A. A. Bashmanov, Istoricheskie zapiski, 135 (1914): 53–54.

220 蘇霍扎涅特在一份對參謀本部官員的報告中，總結了他認為占領中亞有哪些好處，比如能在戰爭時對英國帶來威脅；他使用了簡練的語句說明：「這就是喀邁拉（譯按：獅頭羊身蛇尾的吐火女怪）。」"Zapiski Ignat'eva," p. 133.

221 一八五七年，戈爾恰科夫斷言，「任何在東方觸動英國利益、或可能讓英國獲得抗議藉口的舉動」，都是十分危險的。"Zapiski Ignat'eva," p. 67. 此外，關於英俄角力，Firuz Kazemzadeh, *Russia and Britain in Persia, 1864–1914. A*

Study in Imperialism (New Haven, CT: Yale University Press, 1968) 是一份記載詳實的研究，該研究將俄國的擴張，視為穩定進行，而且經過算計的行為，而戈爾恰科夫則受米盧廷領導的前進派所矇騙。

222 關於這份備忘錄的英文翻譯全文，請參見 W.K. Fraser-Tytler, *Afghanistan. A Study of Political Developments in Central Asia* (London: Oxford University Press, 1950), app. II, pp. 305–7.

223 "Zapiski Ignat'eva," p. 51. 雖然他是在東方問題的脈絡中寫下這些，但他的這個觀點也同樣適用於高加索和中亞地區。

224 David MacKenzie, "Expansion in Central Asia. St. Petersburg and the Turkestan Generals (1863–1866)," *Canadian Slavic Studies* 3(2) (Summer 1969): 287. 行動的成功，也影響了戈爾恰科夫對軍事行動的態度，前提是這些行動和英國的利益無關。A. L. Popov, "Iz istorii zavoevaniia srednei Azii," *Istoricheskie zapiski* 9 (1940): 211.

225 Martin Aust, "Rossiia i Velikobritaniia. Vneshniaia politika i obrazy imperii ot krymskoi voiny do Pervoi mirvoi voiny," in *Imperiium inter pares. Rol' transferov v istorii Rossiiskoi Imperii (1700–1917)* (Moscow: Novoe literaturnoe obozrenie, 2010), pp. 244–65，該研究提醒，英國是在克里米亞戰爭之後，才真正湧現恐俄心態，而且主要關切的是俄國對印度可能帶來的威脅，然而這種臆測並沒有堅實基礎。

226 Kiniapina, *Kavkaz*, pp. 273–78.

227 A. S. Morrison, *Russian Rule in Samarkand 1868–1910. A Comparison with British India* (Oxford University Press, 2008), pp. 13–15.

228 Kiniapina, *Kavkaz*, p. 280. 在布哈拉汗國的首都撒馬爾罕，烏拉瑪和商人階級之間幾乎爆發了一場幾乎可以算是內戰的衝突：前者呼籲進行抵抗，而後者則希望對俄國投降和妥協。Ibid., p. 281.

229 Bobrovnikov, "Poslednie volneniia," p. 151.

230 Andrew Roberts, *Salisbury. Victorian Titan* (London: Weidenfeld & Nicolson, 1999), pp. 212–24. 英國外相沙士保理(Lord Salisbury)不斷警告利頓不要出現挑釁行為，但對於由 Frederick Burnaby 的暢銷著作《希瓦之旅》（*Ride to Khiva*，以及其他來源）引發的關於俄國覬覦印度的傳言，他則是嗤之以鼻：在《希瓦之旅》之中，俄國對印度的攻勢被描繪為「緩慢、寂靜但明確的」。我們很難不將許多西方人於冷戰初期對蘇聯的觀察，與此相提並論。

231 *Arkhiv vneshnei politiki Rossiia, f. glavnyi arkhiv*, I-9, op. 8 (1879–1882 gg.), d. 4, l. 58–59, 引用於 Kiniapina, *Kavkaz*, p.

307. 關於英國的前進政策，以及對阿富汗的占領，請參見 Fraser-Tytler, *Afghanistan*, pp. 137–52.

232 A. M. Solov'eva, Zheleznodorozhnyi transport Rossii vo vtoroi polovine XIX v. (Moscow: Nauka, 1975), pp. 196–97. 這是世界第一條橫越沙漠（卡拉庫姆沙漠）的鐵路。英國人當時也在建造一條通往阿富汗的戰略性鐵路，但他們拒絕了俄國人將這兩個鐵路系統連結在一起的提議。寇松侯爵於一九〇五年寫道：任何想要將阿富汗鐵路和俄國的戰略鐵路連結在一起的打算，都會被看作是對我們的直接攻擊。」Vartan Gregorian, *The Emergence of Modern Afghanistan* (Stanford University Press, 1969), p. 202.

233 Brower, *Turkestan*, p. 26. 他的研究使用俄國文獻，以 Hélène Carrère d'Encausse, "Organizing and Colonizing the Conquered Territories," in Edward Allworth (ed.), *Central Asia. A Century of Russian Rule* (New York: Columbia University Press, 1967) 為基礎，後者更關注行政層面；此外還有 V. V. Bartol'd, *Istoriia kul'turnoi zhizni Turkestana* (Leningrad: Akademiia nauk SSSR, 1927) 的權威研究，上述其他學者都曾得益於他的研究。

234 Bartol'd, *Istoriia*, p. 122.

235 Paul Georg Geiss, *Pre-Tsarist and Tsarist Central Asia. Communal Commitment and Political Order in Change* (London: Routledge Curzon, 2003), pp. 159–61.

236 Brower, *Turkestan.*

237 Geiss, *Pre-Tsarist and Tsarist Central Asia*, pp. 197–211，該研究反對 Carrère d'Encausse 的看法，亦即俄國「並未試圖融合被他們征服的人民」。Ibid., p. 204. 較少見的收編成功案例，則是Ch. Ch. Valikhanov，他是一位吉爾吉斯人，畢業自西伯利亞軍事學校，積極鼓吹藉由吸收俄國文化抵抗「毛拉」狂熱而落後的影響力。Ch. Ch. Valikhanov, *Sobranie sochineniia*, 5 vols. (Alma Ata: Izd. Akademiia nauk Kazakhskoi SSR, 1984), vol. I, pp. 22–29, 73–76; vol. II, pp. 71–75.

238 Brower, *Turkestan*, pp. 31–43; Carrère d'Encausse, "Organizing and Colonizing," pp. 151–53; David Mackenzie, "Kaufman of Turkestan. An Assessment of his Administration, 1867–1881," *Slavic Review* 26(2) (June 1967): 265–85 提供了較正面的評價。

239 關於Ya'qub Beg，請參見接下來關於內亞的部分。

240 Boris V. An'anich, *Rossiiskoe samoderzhavie i vyvoz kapitalov. 1895–1914 gg* (Po materialam uchetno-ssudnogo banka)

(Leningrad: Nauka, 1975).

241 Firuz Kazemzadeh, "Russian Imperialism and Persian Railways," in Hugh McClean et al. (eds.), *Russian Thought and Politics* (Cambridge, MA: Harvard University Press, 1953), pp. 180–82, 356–73.

242 Larry Moses, "A Theoretical Approach to the Process of Inner Asian Confederation," *Études mongoles* 5 (1974): 115–17.

243 鄂爾多斯的重要性，也是 Arthur Waldron, The Great Wall. From History to Myth (Cambridge University Press, 1990), pp. 68–69, 84, 110, 120–39 的論點核心。

244 關於《尼布楚條約》，請參見 Peter Perdue, *China Moves West. The Qing Conquest of Central Eurasia* (Cambridge, MA: Belknap Press, 2005), pp. 164–73.

245 關於協商過程，請參見 Marc Mancall, *Russia and China. Their Diplomatic Relations to1728* (Cambridge, MA: Harvard University Press, 1971), pp. 223 ff.

246 B. P. Gurevich, *Mezhdunarodnye otnosheniia v tsentral'noi Azii v XVII–pervoi polovine XIX v.* (Moscow: Nauka, 1979), citing AVP f. snosheniia Rossii c Kitaem, 1726.

247 Gurevich, *Mezhdunarodnye*, pp. 51–56; see also Perdue, China Marches West, pp. 175–80.

248 這些結論是 James M. Polachek, *The Inner Opium War* (Cambridge, MA: Harvard University Press, 1992) 試圖對 John K. Fairbank (ed.), *The Chinese World Order. Traditional China's Foreign Relations* (Cambridge, MA: Harvard University Press, 1968) 的傳統觀點進行補充的代表性嘗試。

249 Owen Lattimore, *Inner Asian Frontiers of China*, 2nd edn (New York: Capitol Publications, 1951), pp. 173–81; Owen Lattimore, *Pivot of Asia. Sinkiang and the Inner Asian Frontiers of China and Russia* (Boston, MA: Little, Brown, 1950), pp. 171–73.

250 Malise Ruthven, *Islam in the World* (London: Penguin Books, 1984), pp. 273–86.

251 Joseph Fletcher, "The Naqshbandiyya in Northwest China," in Beatrice Forbes Manz (ed.), *Studies on Chinese and Islamic Inner Asia* (Aldershot: Variorum, 1995); James A. Millward, "The Qing Formation, the Mongol Legacy and the 'End of History' in Early Modern Central Eurasia," in Lynn Struve (ed.), *The Qing Formation in World Historical Time* (Cambridge, MA: Harvard University Press, 2004), pp. 103–4; Isenbike Togan, "The Khojas of Eastern Turkestan," in Jo-Ann Gross (ed.),

Muslims in Central Asia. Expressions of Identity and Change (Durham, NC: Duke University Press, 1992), pp. 134–48.

252 關於清朝的征服政策、統治政策和商貿政策，請參見 Joseph Fletcher, "Ch'ing Inner Asia c. 1800," in *The Cambridge History of China* (Cambridge University Press, 1980), vol. 10, pp. 60–83; L. J. Newby, "The Begs of Xinjiang. Between Two Worlds," *Bulletin of the School of Oriental and African Studies* 61(2) (1998): 278–97. 關於叛亂史，請參見 Immanuel C. Y. Hsu, *The Ili Crisis. A Study of Sino-Russian Diplomacy, 1871–1881* (Oxford University Press, 1965), pp. 18–29.

253 Aleksei Voskresenskii, "Genezis 'Iliiskogo Krizisa' i russko-kitaiskii Livadskii dogovor 1879," *Cahiers du monde russe* 35(4) (October–December 1994): 766–68.

254 Hodong Kim, *Holy War in China. The Muslim Rebellion and State in Chinese Central Asia, 1864–1877* (Stanford University Press, 2004), pp. 141–57.

255 C. Y. Hsü, "The Great Policy Debate in China, 1874. Maritime Defense versus Frontier Defense," *Harvard Journal of Asiatic Studies* 25 (1964/5): 22–28.

256 關於這個問題，一般常見的觀點請見 Hsu, *The Ili Crisis*. 亦請參見 Joseph Fletcher, "China and Central Asia, 1368–1884," in Fairbank (ed.), *The Chinese World Order*, pp. 217–24; James A. Millward, *Beyond the Pass. Economy, Ethnicity and Empire in Qing Central Asia, 1759–1864* (Stanford University Press, 1998).

第五章　帝國危機

257 Karl Bachinger, "Das Verkehrswesen," in Adam Wandruszka and Peter Urbanitsch (eds.), *Die Habsburgermonarchie, 1848–1918* (Vienna: Österreichische Akademie der Wissenschaften, 1973), pp. 319–22.

258 Alexander Gerschenkron, *An Economic Spurt that Failed. Four Lectures in Austrian History* (Princeton University Press, 1977)，但亦請參照 David Good, *The Economic Rise of the Habsburg Empire, 1750–1914* (Berkeley, CA: University of California Press, 1984), pp. 180–83; David Turnock, *The Economy of East Central Europe, 1815–1989. Stages of Transformation in a Peripheral Region* (London: Routledge, 2006), pp. 127–31.

259 John Lampe, "Redefining Balkan Backwardness," in Daniel Chirot (ed.), The Origins of Economic Backwardness in Eastern Europe. Economics and Politics from the Middle Ages until the Early Twentieth Century (Berkeley, CA: University of

California Press, 1989), p. 194.

260 Ivan Rudnytsky (ed.), "The Ukrainians in Galicia," in Rethinking Ukrainian History (Edmonton: Canadian Institute of Ukrainian Studies, 1981), pp. 40–42.

261 Andriy Zayarnyuk, "Mapping Identities. The Popular Base of Galician Russophilism in the 1890s," *Austrian History Yearbook* 41 (2010): 140–41.

262 Rudnytsky, "The Ukrainians in Galicia," pp. 46–51; Alexei Miller, *The Ukrainian Question. The Russian Empire and Nationalism in the Nineteenth Century* (Budapest: CEU Press, 2003), pp. 156–89.

263 Larry Wolff, *The Idea of Galicia. History and Fantasy in Habsburg Political Culture* (Stanford University Press, 2010), pp. 331–34.

264 Rudnytsky, "The Ukrainians in Galicia," pp. 60–61; Wolff, *The Idea of Galicia*, pp. 331–32.

265 Robin Okey, *The Habsburg Monarchy c. 1765–1918. From Enlightenment to Eclipse* (New York: St. Martin's Press, 2002), p. 304. 關於捷克民族運動在各面向上的演進，亦請參見 pp. 217–20, 225, 231, 257, 273, 287。

266 Okey, *The Habsburg Monarchy, pp. 306–9; Robert Kann, The Multinational Empire. Nationalism and National Reform in the Habsburg Monarchy 1848–1918, 2 vols.* (New York: Columbia University Press, 1950), vol. I, pp. 203–6; Joseph Redlich, *Emperor Francis Joseph of Austria* (New York: Macmillan, 1929), p. 44.

267 Arthur G. Kogan, "The Social Democrats and the Conflict of Nationalities in the Habsburg Monarchy," *Journal of Modern History* 21(3) (September 1949): 204–17; Kann, *The Multinational Empire*, vol. I, pp. 147–57. Cf. *Austro-Marxism*，這些文章經Tom Bottomore 和 Patrick Good 翻譯與編輯之後，收錄於 Tom Bottomore (Oxford University Press, 1978) 之中，並加上了他所撰寫的簡介，但並未收錄關於倫納關鍵的「個人自主權」概念的文章。

268 Oscar Jászi, *The Dissolution of the Habsburg Monarchy* (University of Chicago Press, 1929); György Litván, *A Twentieth-Century Prophet. Oscar Jászi, 1875–1957* (Budapest: CEU Press, 2006), p. 131.

269 László Kontler, *Millennium in Central Europe. A History of Hungary* (Budapest: Atlantisz, 1999), pp. 294–98; Géza Jeszenszky, "Hungary through World War I and the End of the Dual Monarchy," in Peter F. Sugar et al. (eds.), *A History of Hungary* (Bloomington, IN: Indiana University Press, 1994), pp. 268–70.

270 Peter F. Sugar, "An Underrated Event. The Hungarian Constitutional Crisis of 1905–6," *East European Quarterly* 15(3) (September 1981): 292. 整體而言，我對蘇嘉爾的分析與詮釋是認同的。

271 László Péter, "The Aristocracy, the Gentry and their Parliamentary Tradition in Nineteenth Century Hungary," *Slavonic and East European Review* 70(1) (January 1992): 109. 亦請參見 Géza Jeszenszky, "Hungary through World War I and the End of the Dual Monarchy," in Sugar et al. (eds.), *A History of Hungary,* pp. 267–91; Okey, *The Habsburg Monarchy*, pp. 330–35, 356–60.

272 Kann, *The Multinational Empire*, vol. I, p. 111; Oscar Jászi, *Der Zusammenbruch des Dualismus und die Zukunft der Donaustaaten* (Vienna: Manz, 1918), pp. 40–41.

273 Litván, *A Twentieth-Century Prophet*, pp. 104–5, 131.

274 Litván, *A Twentieth-Century Prophet*, pp. 137–41.

275 Al. Kharuzin, *Bosniia-Gertsegovana. Ocherki okkupatsionnoi provintsi Avstro-Vengriia* (St. Petersburg: Gosudarstvennaia tipografiia, 1901), pp. 274, 280–81.

276 Zoltan Szasz, "The Balkan Policies of the Habsburg Empire in the 1870s," in Béla K. Király and Gale Stokes (eds.), *Insurrections, Wars and the Eastern Crisis in the 1870s* (New York: Columbia University Press, 1985).

277 早在一八七三年，駐在貝爾格勒的哈布斯堡外交代表就已經提出警告：「因為塞爾維亞被召來在鄂圖曼的斯拉夫人之中扮演皮埃蒙特的角色的錯誤認知已經根深柢固，以至於塞爾維亞人不再能夠體認到，鄂圖曼不同邊境地區內的斯拉夫人應該向任何國家求援，但就是不能向塞爾維亞求援。」R. W. Seton-Watson, "Les relations de l'Autriche-Hongrie et de la Serbie entre 1868 et 1874. La mission de Benjamin Kállay à Belgrade," *Le monde slave* 3 (August 1926): 283.

278 For this section I have relied on B. H. Sumner, Russia and the Balkans 1870–1880 (Oxford University Press, 1937); David MacKenzie, The Serbs and Russian Pan-Slavs, 1875–1878 (Ithaca, NY: Cornell University Press, 1967).

279 Robert J. Donia, *Islam under the Double Eagle. The Muslims of Bosnia and Hercegovina, 1878–1914* (Boulder, CO: East European Monographs, 1981), p. 14.

280 Robin Okey, "A Trio of Hungarian Balkanists. Béni Kállay, István Burián and Lajos Thallóczy in the Age of High

Nationalism," *Slavic and East European Review* 80(2) (April 2002): 234–66.

281 引用段落出自 Robin Okey, *Taming Balkan Nationalism* (Oxford University Press, 2007), p. 57.

282 Robert J. Donia, "Fin-de-siècle Sarajevo. The Habsburg Transformation of an Ottoman Town," *Austrian Historical Yearbook* 33 (2002): 47–48.

283 Okey, *Taming*, p. 98.

284 關於對卡拉政策的精確總結，請參照 Okey, *Taming*, pp. 252–58.

285 Justin McCarthy, "Ottoman Bosnia, 1800–1878," in Mark Pinson (ed.), *The Muslims of Bosnia-Herzegovina. Their Historic Development from the Middle Ages to the Dissolution of Yugoslavia* (Cambridge, MA: Harvard University Press, 1996), pp. 80–81.

286 Donia, "Fin-de-siècle Sarajevo," pp. 44–45.

287 Kharuzin, *Bosniia-Gertsegovina*, pp. 282–88, 296–303; Donia, *Islam under the Double Eagle*, pp. 18–19.

288 Okey, *Taming*, ch. 8.

289 Marko Attila Hoare, *The History of Bosnia. From the Middle Ages to the Present Day* (London: Saqi, 2007), pp. 87–88.

290 關於這些影響的經典描述，請參見 Vladimir Dedijer, *The Road to Sarajevo* (London: Cassell, 1967), esp. pp. 175–82, 250–60. Cf. Okey, *Taming*, ch. 10.

291 Hoare, *The History of Bosnia*, p. 88.

292 William L. Langer, *European Alliances and Alignments, 1871–1890* (New York: Knopf, 1962), p. 328，其引用出處為 Count Chedomille Mijatovich, *The Memoirs of a Balkan Diplomatist* (London: Cassell, 1917). 米蘭同意成為這個爭議邊境地帶的統治者，並向奧地利政府保證「塞爾維亞必須在奧地利和俄國之間選邊站……自從（《聖斯特凡諾條約》簽訂之後）俄國就把我們當作次等國或下屬看待。但我才不想成為俄國轄下的地方首長。」Ibid., p. 329。

293 Richard J. Crampton, *Bulgaria 1878–1918. A History* (Boulder, CO: East EuropeanMonographs, 1983), pp. 85–103; 亦請參見 Leften Stavrianos, *The Balkans since 1453* (New York: Holt Rinehart & Winston, 1961), pp. 426–33.

294 關於布里安，請參見 Okey, *Taming*, p. 177；關於將埃倫塔爾視為一位極具侵略性的政治人物的研究，請參見 Jürgen Angelow, *Kalkul und Prestige. Der Zweibund an Vorabend der Ersten Weltkreiges* (Cologne: Bühlau, 2000)；關於赫岑多

夫，以及對埃倫塔爾較為溫和的看法，請參見 Samuel R. Williamson, Jr., *Austria-Hungary and the Origins of the First World War* (New York: St. Martin's Press, 1991), pp. 35–38, 48–51, 66–70.

295 V. S. Diakin, "Natsional'nyi vopros po vnutrennei politike tsarizma," *Voprosy istorii* 11/12 (5) (1995): 39–53.

296 關於官員之間的鬥爭，請參見 P. A. Zaionchkovskii, *Krizis samoderzhaviia na rubezhe 1870–1880 godov* (Moscow: Izd. Moskovskogo universiteta, 1964)；關於這句話的引用出處，請參見 *K.P. Pobedonostsev i ego korrespondenty. Pis'ma, i zapiski.*, 2 vols. (Petrograd: Gosudarstvennoe izdatel'stvo, 1923–1926), vol. I, pp. 315–16; vol. II, pp. 113–17.

297 在反德的聲浪之中，最具影響力的人包括 Mikhail Pogodin、Ivan Aksakov、Iuri Samarin、Fydor Tiuchev，以及 Mikhail Katkov。請參見 Nicholas Riasanovsky, *Nicholas I and Official Nationality in Russia, 1825–1855* (Berkeley, CA: University of California Press, 1959), pp. 144–46, 156–58, 165; Michael Boro Petrovich, *The Emergence of Russian Panslavism, 1856–1870* (New York: Columbia University Press, 1956), pp. 67–77, 94–96, 118; Stephen Lukashevich, *Ivan Aksakov, 1823–1886. A Study in Russian Thought and Politics* (Cambridge, MA: Harvard University Press, 1965), pp. 117, 131, 158–61; Ivan Aksakov, "Pribaltiskii vopros," in *Sochineniia*, 7 vols. (Moscow: M. G. Volchanninov, 1886/7), vol. VI, pp. 3–157; Boris Nolde, *Iuri Samarin I ego vremiia* (Paris: Navarre, 1926); Michael H. Haltzel, "Russo-German Polemics of the Sixties," in Edward Thaden (ed.), *Russification in the Baltic Provinces and Finland, 1855–1914* (Princeton University Press, 1981), pp. 124–33.

298 Michael H. Haltzel, "Triumphs and Frustrations of Administrative Russification, 1881–1914," in Thaden (ed.), *Russification*, pp. 150–52.

299 Edward Thaden (ed.), "The Abortive Experiment. Cultural Russification in the Baltic Provinces, 1881–1914," in *Russification*, pp. 56–74.

300 Toivo U. Raun, "Estonian Attitudes Toward Russification before the mid-1880s," in Thaden (ed.), *Russification*, pp. 296–305; Andrejs Plakans, "Russification Policy in the 1880s," in Thaden (ed.), *Russification*, pp. 234–42.

301 Andrejs Plakans, "The Eighteen-Nineties," in Thaden (ed.), *Russification*, pp. 248–64.

302 本段落有非常多的資料來自 C. Leonard Lundin, "The International and Military Background of the Russification Dispute in Finland," in Thaden (ed.), *Russification*, pp. 373–81，而此處引用的句子則出自 p. 377.

303 Lundin, "Finland," p. 397.

304 Edward Thaden (ed.), "Administrative Russification in Finland, 1881–1914," in *Russification*, p. 82.

305 Tuomo Polvinen, *Imperial Borderland. Bobrikov and the Attempted Russification of Finland, 1898–1914* (London: Hurst, 1984), pp. 20, 25, 28–33.

306 Lundin, "Finland," pp. 439–41。軍事改革也讓維德和庫羅帕特金陷入了對立；關於俄國官員內部對於這場軍事改革的辯論，請參見 Polvinen, *Imperial Borderland*, pp. 113–30.

307 經典的論述依然來自 Jonathan Frankel, *Prophecy and Politics. Socialism, Nationalism and the Russian Jews, 1862–1917* (Cambridge University Press, 1981)，該研究將「新政治型態出現」的時刻，與這些事件連結在一起。

308 Zaionchkovskii, *Krizis samoderzhaviia*，這份研究引用了一份檔案文獻資料，p. 419.

309 Benjamin Nathans, *Beyond the Pale. The Jewish Encounter with Late Imperial Russia* (Berkeley, CA: University of California Press, 2002), pp. 259–60.

310 幾個特別突出的記者，比如 Maksim Vinaver 以及 Genrikh Sliozberg，視自己為「russkii evrei」，亦即既是一個優秀的俄國人也是一個優秀的猶太人，對比於哈布斯堡王朝境內開明的猶太人希望能完全被同化，以及另一極端的馬賽克式信仰概念（編按：西方學者將東歐民族分布比喻為馬賽克，一種混雜跨區居住的現象」）。Nathans, *Beyond the Pale*, pp. 324–38.

311 Salo W. Baron, *The Russian Jews under Tsars and Soviets,* 2nd rev. edn (New York: Macmillan, 1976), pp. 146–49; Frankel, Prophesy and Politics, pp. 114–17, 158–59.

312 Baron, *The Russian Jews,* pp. 47–50, 69–73. 在和內政部長 Samuel Poliakov 對談時，伊格納提耶夫伯爵聲稱，鼓勵猶太人外移，無異於「鼓勵叛變」。S. M. Dubnow, *History of the Jews in Russia and Poland from the Earliest Times until the Present Day* [1915], trans. I. Friedlander (originally published in 3 vols., Philadelphia, 1916; republished Bergenfield, NJ: Avotoynu, 2000), p. 355.

313 Norman M. Naimark, *Terrorists and Social Democrats. The Russian Revolutionary Movement under Alexander III* (Cambridge, MA: Harvard University Press, 1983), pp. 92–95, 202–11.

314 F. A. Brokgaus and I. A. Efron (eds.), *Entsiklopedicheskii slovar'* (St. Petersburg: I. A. Efron, 1907), supp. vol. II, appendix, p.

xv. 這些數據稍稍低估了猶太人的總人數，因為該普查將說俄語的猶太人視為已遭同化的俄國人。

315 Henry J. Tobias, *The Jewish Bund in Russia. From its Origins to 1905* (Stanford University Press, 1972) 這本至今屹立不搖的長青權威著作是我高度仰賴的參考文獻。

316 J. P. Nettl, *Rosa Luxemburg*, 2 vols. (Oxford University Press, 1966) 是關於盧森堡最詳盡的著作，但根據後來面世的書信紀錄出版的著作，讀者可參見 Elz˙bieta Ettinger, *Rosa Luxemburg. A Life* (Boston, MA: Beacon Press, 1986)。

317 Walter Sablinsky, *The Road to Bloody Sunday. Father Gapon and the St. Petersburg Massacre of 1905* (Princeton University Press, 1976); Abraham Ascher, *The Revolution of 1905*, 2 vols. (Stanford University Press, 1988), ch. 3.

318 Frankel, *Prophecy and Politics*, pp. 217–23，此處引用的句子出自 p. 220. 加利西亞社會民主黨也抱持著這種立場。亦請參見 Tobias, *The Jewish Bund,* pp. 160–76.

319 請特別參見 Tobias, *The Jewish Bund*, pp. 207–20 的詳盡分析。

320 Ezra Mendelsohn, *Class Struggle in the Pale. The Formative Years of the Jewish Workers Movement in Tsarist Russia* (Cambridge University Press, 1970).

321 Daniel Beauvois, *Le noble, le serf et le revizor, 1832–1863* (Paris: Archives contemporaines, 1984), pp. 48–50, 58, 71, 84.

322 Robert Blobaum, *Rewolucja. Russian Poland, 1904–1907* (Ithaca, NY: Cornell University Press, 1995).

323 Brian Porter, *When Nations Began to Hate. Imagining Politics in Nineteenth Century Poland* (Oxford University Press, 2002), pp. 180–84, 230, 237.

324 Frankel, *Prophecy and Politics*, pp. 198–200.

325 Nettl, *Rosa Luxemburg*, vol. I, pp. 65–66. 第二卷的附錄則總結了她對「民族問題」的複雜看法。

326 Robert Blobaum, *Feliks Dzierz˙yński and the SDKPiL. A Study of the Origins of Polish Communism* (Boulder, CO: East European Monographs, 1984)，該研究呈現了捷爾任斯基的戰略技巧，以及他和盧森堡在意識形態上的相近之處。

327 接下來的部分，則是建立在 Halina Kiepurska, “Le rôle de l’intelligentsia du royaume de Pologne dans la révolution de 1905,” in François-Xavier Coquin and Céline Gervais-Francelle (eds.), *1905. La première révolution russe* (Paris: Institut des études slaves, 1986), pp. 248–60 的資料基礎之上，引用段落出自 p. 248。

328 關於以下段落，請參見 Ronald Grigor Suny, *Looking Toward Ararat. Armenia in Modern History* (Bloomington, IN:

Indiana University Press, 1993), esp. pp. 36–51, 65–91.

329 "Dondukov-Korsakov, A. M.," *Entsiklopedicheskii slovar',* vol. XXI, p. 17.

330 "Ianovskii, K. P.," *Entsiklopedicheskii slovar'*, vol. XXI, pp. 82, 674–75.

331 Iorg Baberovski, "Tsivilizatorskaia missiia i natsionalizm v Zakavkaze, 1828–1914 gg.," *Imperskaia istoriia postsovetskogo prostranstva* (Kazan: Tsentr issledovanii natsionalizma i imperii, 2004), p. 343.

332 Louise Nalbandian, *The Armenian Revolutionary Movement. The Development of Political Parties Throughout the Nineteenth Century* (Berkeley, CA: University of California Press, 1963), pp. 108–10.

333 Nalbandian, *The Armenian Revolutionary Movement*, pp. 133–45, 151–54, 172–73, 176–77. 他們透過在提比里斯國有軍工廠工作的俄羅斯人取得武器，並用走私的方式，將這些武器越境送往鄂圖曼帝國。

334 Suny, *Looking Toward Ararat,* pp. 80–92.

335 Jeff Sahadeo, *Russian Colonial Society in Tashkent, 1865–1923* (Bloomington, IN: Indiana University Press, 2007), pp. 99–107.

336 關於這場戰爭的起源，Beatrice Forbes Manz, "Central Asian Uprisings in the Nineteenth Century. Ferghana under the Russians," *Russian Review* 46 (1987): 69–89 有些不一樣的詮釋，認為主要原因是部族之間的敵對關係，而 B. M. Babadzhanov, "Dukchi Ishan und der Aufstand von Andijan, 1898," in Anke von Kügegen et al. (eds.), *Muslim Culture in Russia and Central Asia from the 18th to the Early 20th Centuries*, vol. II: Inter-regional and Inter-ethnic Relations (Berlin: Schwarz, 1998), pp. 167–91 則是將原因歸為宗教上的動機。

337 Alexander Morrison, *Russian Rule in Samarkand, 1868–1910. A Comparison with British India* (Oxford University Press, 2008), pp. 53–55, 75–76, 87, 119. 中亞最後一位改革者 Count K. K. Pahlen 曾經指出，「泛伊斯蘭主義的政治傾向，是將鄂圖曼素檀視為他們的領導人。危險之處在於，突厥斯坦當地居民對另一個政權的傾心，將會對整個國家造成宗教危機。」同上，p. 75.

338 Carrèrre d'Encausse, "Organizing and Colonizing," pp. 168–71，這句話引用自當地的報章媒體，參見 p. 171.

339 Steven Marks, *Road to Power. The Trans-Siberian Railroad and the Colonization of Asian Russia, 1850–1917* (Ithaca, NY: Cornell University Press, 1991), pp. 48–54.

340 Marks, Road to Power, pp. 141–44, 148–69; David Schimmelpenninck van der Oye, *Toward the Rising Sun. Russian Ideologies of Empire and the Path to War with Japan* (DeKalb, IL: Northern Illinois University Press, 2001), pp. 70–71.

341 B. V. Romanov, *Rossiia v Man'churii (1892–1906)* (Leningrad: Izd. Leningradskogo vostochnogo instituta, 1928), pp. 13–14, 90–94; Dokkyu Choi, *Rossiia v Koree: 1893–1905 gg.* (Politka Ministersvtvo finansov i Morskogo minsterstva) (St. Petersburg: Zero, 1996).

342 Van der Oye, *Toward the Rising Sun*, pp. 137–45.

343 Alfred J. Rieber, "Patronage and Professionalism. The Witte System," in *Problemy vsemirnoi istorii. Sbornik statei v chest' Aleksandra Aleksandrovicha Fursenko* (St. Petersburg: Dmitri Bulanin, 2000), pp. 286–97.

344 A. V. Ignat'ev, "Politika v Evrope, na blizhnem i srednem vostoke," in *Vneshnaia politika Rossii v 1905–1907 gg.* (Moscow: Nauka, 1986), pp. 53–59.

345 請參見 *Romanov* 的經典著作 *Rossiia v Manchurii, subsequently revised as Ocherki diplomaticheskoi istorii russko-iaponskii voiny, 1895–1907*, 2nd edn (Moscow: Akademiia Nauk SSSR, 1955) .亦請參見 A. V. Ignat'ev, "The Foreign Policy of Russia in the Far East at the Turn of the Nineteenth and Twentieth Centuries," in Hugh Ragsdale (ed.), *Imperial Russian Foreign Policy* (Washington, DC and Cambridge: Woodrow Wilson Center and Cambridge University Press, 1993), pp. 254–60; van der Oye, *Toward the Rising Sun.*

346 J. H. L. Keep, *The Rise of Social Democracy in Russia* (Oxford University Press, 1963), p. 150. Cf. Abraham Ascher, "Interpreting 1905," in Stefani Hoffman and Ezra Mendelsohn (eds.), *The Revolution of 1905 and Russia's Jews* (Philadelphia, PA: University of Pennsylvania Press, 2008).

347 關於這種說法的基本概述，請參見 Alfred J. Rieber, "The Sedimentary Society," in Edith Clowes, Samuel Kassow, and James L. West (eds.), *Between Tsar and People. Educated Society and the Quest for Public Identity in Late Imperial Russia* (Princeton University Press, 1991), pp. 342–66; Elise Kimmerling Wirtschafter, *Structures of Society. Imperial Russia's Peoples of Various Ranks* (DeKalb, IL: Northern Illinois University Press, 1994).

348 B. V. Anan'ich, R. Sh. Ganelin, and V. M. Paneiakh, *Vlast' i reform. Ot samoderzhavnoi k sovetskoi Rossii* (St. Petersburg: Dmitrii Bulanin, 1996), pp. 40–81.

349 關於這份文件的全文，詳見 Marc Raeff (ed.), *Plans for Political Reform in Imperial Russia, 1730–1905* (Englewood Cliffs, NJ: Prentice-Hall, 1966), pp. 142–52, 引用段落出自 p. 143（黑體為本書作者所加）。.

350 關於他們之間的爭論，最好的入門簡介是 Andrew M. Verner, *The Crisis of Russian Autocracy. Nicholas II and the 1905 Revolution* (Princeton University Press, 1990)。亦請參照 Richard Wortman, "The 'Integrity' (Tselost) of the State in Imperial Russian Representation," *Ab Imperio* 2 (2011): 34–36.

351 Verner, *The Crisis*, p. 300.

352 Peter Waldron, "State of Emergency. Autocracy and Extraordinary Legislation, 1881–1917," *Revolutionary Russia* 8 (1995): 1–25.

353 See S. E. Kryzhanovskii, *Vospominaniia. Iz bumagi S. E. Krizhanovskogo, posledniago gosudarstvennogo sekretaria Rossiiskoi imperii* (Berlin: n.p., [1929?]), pp. 98–99, 130.

354 Abraham Ascher, *The Revolution of 1905*, 2 vols. (Stanford University Press, 1988), vol. I. 亦請參照 Andreas Kappeler, *The Russian Empire* (Edinburgh: Pearson Education, 2001), pp. 329–41.

355 John S. Bushnell, *Mutiny Amid Repression. Russian Soldiers in the Revolution of 1905* (Bloomington, IN: Indiana University Press, 1985). 關於叛變活動在各地區的數據，請參見 ibid., pp. 141 and 173. 亦請參見 Oleg Airapetov, "Revolution in the Manchurian Armies, as Perceived by a Future Leader of the White Movement," in Jonathan D. Smele and Anthony Heywood (eds.), *The Russian Revolution of 1905. Centenary Perspectives* (London: Routledge, 2005), pp. 94–118.

356 Hans Rogger, "The Formation of the Russian Right, 1900–1906," *California Slavic Studies* (1975): 66–94; Hans Rogger, "Was There a Russian Fascism? The Union of the Russian People," *Journal of Modern History* 4 (1964): 398–415.

357 Kappeler, *The Russian Empire*, p. 330.

358 Maureen Perrie, "The Russian Peasant Movement of 1905–1907. Its Social Composition and Revolutionary Significance," *Past and Present* 57 (1972): 127.

359 Christoph Gassenschmidt, *Jewish Liberal Politics in Tsarist Russia, 1900–14* (Basingstoke: Macmillan, 1995), pp. 8–10, 22–32.

360 Brian Horowitz, "Victory from Defeat. 1905 and the Society for the Promotion of Enlightenment among the Jews of Russia,"

in Hoffman and Mendelsohn (eds.), *The Revolution of 1905*, pp. 79–95.

361 Jonathan Frankel, "Jewish Politics and the Russian Revolution of 1905," in *Crisis, Revolution and the Russian Jews* (Cambridge University Press, 2009), p. 5. 亦請參見 Frankel, "The Socialist Opposition to Zionism in Historical Perspective," in ibid., pp. 157–82.

362 Gassenschmidt, *Jewish Liberal Politics*, p. 70.

363 Perrie, "The Russian Peasant Movement," pp. 72–73.

364 Perrie, "The Russian Peasant Movement," pp. 142–56, 引用段落出自 p. 151.

365 A. Iu. Bakhturina, *Okrainy rossiiskoi imperii. Gosudarstvennoe upravlenie i national'naia politika v gody pervoi mirovoi voiny (1914–1917)* (Moscow: Rosspen, 2004), pp. 16–17.

366 人口統計數字容易誤導人，因為普查是根據宗教分類，卻沒有區分烏克蘭人和俄國人，而人數較少的舊禮儀派則可能遭到大幅低估。一八九四年基輔的人口數字顯示，百分之七十五的人口為東正教徒，百分之十一是羅馬天主教徒（波蘭人），而百分之八則是猶太人。在基輔省，猶太人的人口則稍高一點，有百分之十二，而波蘭人則是少於百分之四。*Entsiklopedicheskii slovar'*, vol. XV, pp. 260, 267.

367 Robert Edelman, *Proletarian Peasants. The Revolution of 1905 in Russia's Southwest* (Ithaca, NY: Cornell University Press, 1987), pp. 162–65.

368 Hiroaki Kuromiya, *Freedom and Terror in the Donbas. A Ukrainian–Russian Borderland, 1870s–1990s* (Cambridge University Press, 1998), pp. 40–47.

369 Theodore H. Friedgut, "Labor Violence and Regime Brutality in Tsarist Russia. The Iuzovka Cholera Riots of 1892," *Slavic Review* 46(2) (Summer 1987): 259–60; Shlomo Lambroza, "The Pogroms of 1903–06," in John Klier and Shlomo Lambroza (eds.), *Pogroms. Anti-Jewish Violence in Modern Russian History* (Cambridge University Press, 1992); Robert Weinberg, *The Revolution of 1905 in Odessa. Blood on the Steps* (Bloomington, IN: Indiana University Press, 1993), ch. 7.

370 當地的報章雜誌裡，有八份是俄文雜誌，十八份是德文雜誌，五份是拉脫維亞文雜誌，反映出了人口的組成比例"Riga," *Entsiklopedicheskii slovar',* vol. XXVI(A), pp. 680, 683.

371 Tobias, *The Jewish Bund,* p. 284.

372 Toivo U. Raun, "The Revolution of 1905 in the Baltic Provinces and Finland," *Slavic Review* 43(3) (Autumn 1984): 453–67; Andrejs Plakans, "The Latvians," in Thaden (ed.), *Russification*, pp. 259–67。關於作為高度發展的西北工業地帶一部分的波羅的海地區，請參見 Alfred J. Rieber, *Merchants and Entrepreneurs in Imperial Russia* (Chapel Hill, NC: University of North Carolina Press, 1982), pp. 243–49.

373 Bushnell, *Mutiny Amid Repression*, p. 116.

374 V. O. Bobrovnikov and I. L. Babich (eds.), *Severnyi Kavkaz v sostave rossiiskoi imperii* (Moscow: Novoe literaturnoe obozrenie, 2007), pp. 286–94.

375 Anahide Ter Minassian, "Particularités de la révolution de 1905 en Transcaucasie," in Coquin and Gervais-Francelle (eds.), 1905, pp. 320–24.

376 Stephen F. Jones, "Marxism and Peasant Revolt in the Russian Empire. The Case of the Gurian Republic," *Slavonic and East European Review* 67(3) (1989): 403–34; Stephen F. Jones, *Socialism in Georgian Colors. The European Road to Social Democracy, 1883–1917* (Cambridge, MA: Harvard University Press, 2005), pp. 129–58.

377 Ronald Grigor Suny, "Tiflis, Crucible of Ethnic Politics, 1860–1905," in Michael F. Hamm (ed.), *The City in Imperial Russia* (Bloomington, IN: Indiana University Press, 1986).

378 "Tiflis," *Entsiklopedicheskii slovar'*, vol. XXXIII, p. 267; 巴庫的統計數據來自 *Pervaia vseobshchaia perepis' naseleniia Rossiiskoi imperii (PVP)*, 79 vols. (St. Petersburg, 1903–1905), vol. LXI, pp. 154–55; "Erivan," ibid., vol. XLI, p. 15. 在直到一八七八年都是鄂圖曼帝國一部分的巴統，喬治亞人其實比在提比里斯還要多：巴統的人口組成比例為：喬治亞人占百分之三十九．四，俄羅斯人百分之二十五，亞美尼亞人百分之二十一，希臘人百分之九，突厥韃靼人百分之七．五。*Pervaia vseobshchaia perepis'*, vol. LXVI, pp. 146–49.

379 Jones, *Socialism in Georgian Colors,* pp. 169–70.

380 Tadeus Swietochowski, *Russia and Azerbaizhan. A Borderland in Transition* (New York: Columbia University Press, 1995), pp. 38–41; Ter Minassian, "1905 en Transcaucasie," p. 324.

381 從一九〇〇年到一九一三年的這段期間，前往俄國的伊朗移民人數為一百七十六萬五千三百三十四人，而返回伊朗的則是一百四十一萬一千九百五十人，導致有三十五萬三千三百八十三人留在俄國定居。但這些數字只計算了合法的移民，其他數據則顯示移入俄國的人數應該更多。M.L. Entner, *Russo-Persian Commercial Relations, 1828–1914* (Gainsville, FL: University of Florida Press, 1965), p. 60; N. K. Belova, "K voprosu o tak nazivaemoi sotsial-demokraticheskoi partii Irana," *Voprosy istorii i literatury stran zarubezhnogo vostoka* (Moscow: Izd. Moskovskogo universiteta, 1960), p. 55；最重要的則是 Cosroe Chaqueri, *Origins of Social Democracy in Modern Iran* (Seattle, WA: University of Washington Press, 2001), ch. 3 的深入討論。

382 Bala Efendiev, "Istoriia revoliutsionogo dvizheniia tiurkskogo proletariata," in *Iz proshlogo. Stat'i i vospominaniia iz istorii Bakinskoi organizatsii i rabochego dvizheniia v Baku* (Baku: n.p., 1923), pp. 39–40; T. Akhmedov, *Nariman Narimanov, trans. G. Kulieva* (Baku: Iazychy, 1988); Aidin Balaev, "Plennik idei ili politicheskii slepets?" *Azerbaizhan* (June 20, 1991).

383 I. V. Stalin, *Sochineniia*, 13 vols. (Moscow: Gospolitiizdat, 1946–1952), vol. VIII, pp. 173–75.

384 Jeff Sahadeo, "Progress or Peril. Migrants and Locals in Russian Tashkent, 1906–14," in Nicholas B. Breyfogle, Abby Schrader, and Willard Sunderland (eds.), *Peopling the Periphery. Borderland Colonization in Eurasian History* (London: Routledge, 2007), pp. 150–51；以及通論式的研究，A. V. Piaskovskii, *Revoliutsiia 1905–7 gg. v Turkestane* (Moscow: Izd-vo Akademii nauk SSSR, 1958).

385 Bakhturina, *Okrainy*, pp. 297–314.

386 接下來的段落，有非常多的引用資料來自 "Zapadnyi okriany v nachale XX v. Gosudarstvennaia duma," in M. Dolbilov and A. Miller (eds.), *Zapadnye okrainy Rossiiskoi imperii* (Moscow: Novoe literaturnoe obozrenie, 2006), pp. 358–90.

387 Geoffrey A. Hosking, *The Russian Constitutional Experiment. Government and Duma, 1907–1914* (Cambridge University Press, 1973).

388 Peter Holquist, "To Count, to Extract, to Exterminate. Population Statistics and Population Politics in Late Imperial and Soviet Russia," in Ronald G. Suny and Terry Martin (eds.), *A State of Nations. Empire and Nation-Making in the Age of Lenin and Stalin* (Oxford University Press, 2001), pp. 111–44.

389 Abraham Ascher, P. A. Stolypin. *The Search for Stability in Late Imperial Russia* (Stanford University Press, 2001), pp. 315–18.

390 Bakhturina, *Okrainy*, pp. 237–40, 246–55，引用段落出自 p. 251. 為了平息瑞典人的怒氣，並消除協約國的疑慮，該計

畫遭到暫時擱置。

391 Bakhturina, *Okrainy*, p. 280.

392 Robert Blobaum, "Toleration and Ethno-Religious Strife. The Struggle between Catholics and Orthodox Christians in the Chelm Region of Russian Poland, 1904–1906," *Polish Review* 35(2) (1990): 111–24; Theodore R. Weeks, *Nation and State in Late Imperial Russia. Nationalism and Russification on the Western Frontier, 1863–1914* (DeKalb, IL: Northern Illinois University Press, 1996), pp. 173–92.

393 Markov-Two對國務委員會發表的講話內容，引用於 Bakhturina, *Okrainy,* p. 17.

394 Andreas Kappeler (ed.), "The Ukrainians of the Russian Empire, 1860–1914," in *The Formation of National Elites* (New York University Press, 1992), pp. 122–24.

395 I. V. Bestuzhev-Lada, *Bor'ba v Rossii po vneshnei politiki, 1906–1916* (Moscow: Akademiia nauk SSSR, 1961), pp. 74, 132.

396 這些和 Baron M. Taube, *La politique russe d'avant-guerre et la fin de l'empire des tsars (1904–1917)*. Mémoires de baron de Taube (Paris: E. Leroux, 1928), pp. 115–16 的分析頗為接近。

397 *Mezhdunarodnye otnosheniia v. epokhu imperializma. Dokumenty iz arkhivov tsarskogo I vremmenogo pravitelstv. 1878–1917 gg.*, series IV, 10 vols. (Moscow: Gosudarstvennoe sotsial'no-ekonomicheskoe izdatel'stvo, 1931–1938), vol. XVIII, pp. 2, 90, 134; vol. XIX, pp. 1, 29, 118, 255; and B. Siebert and G. A. Schreiner, *Entente Diplomacy and the World. Matrix of the History of Europe, 1909–14* (New York: G. Allen Unwin, 1921), pp. 24–27.

398 Peter S. H. Tang, *Russian and Soviet Policy in Manchuria and Outer Mongolia, 1911–1931* (Durham, NC: Duke University Press, 1959), pp. 81–90.

399 M. I. Sladkovskii, I*storiia torgovo-ekonomicheskikh otnoshenii narodov Rossii s Kitaem* (do. 1917g.) (Moscow: Nauka, 1974), pp. 317–23; George Alexander Lensen, "Japan and Tsarist Russia. The Changing Relationships, 1875–1917," *Jahrbücher für Geschichte Osteuropas*, New Series, 10(3) (October 1962): 343.

400 關於俄國文獻對這場談判的記載，請參見 Ignat'ev, Vneshnaia politika, pp. 147–57, 172–80.

401 Sladkovskii, *Istoriia torgovo-ekonomicheskikh otnoshenii*, p. 327.

402 *Mezhdunarodnye otnosheniia*, vol. XXX, pp. 2, 423, 765, 887, 890.

403 Ignat'ev, *Politika*, p. 112.

404 Ignat'ev, *Politika,* p. 130.

405 W. K. Fraser-Tytler, *Afghanistan. A Study of Political Developments in Central Asia* (London: Oxford University Press, 1950), pp. 174–75.

406 Ignat'ev, *Politika*, pp. 181–92.

407 Rogers P. Churchill, *Anglo-Russian Convention of 1907* (Cedar Rapids, IA: The Torch Press, 1939); Firuz Kazemzadeh, *Russia and Britain in Persia 1864–1914. A Study in Imperialism* (New Haven, CT: Yale University Press, 1968), pp. 497–509. 英國的支持者和俄國的反對者，似乎都同意格雷的判斷：「我們獲得的東西是真實的，而俄國獲得的卻只是表面上的。」Ibid., p. 503.

408 A. V. Georgiev, "1912–1914 gody. Bor'ba za ukreplenie Antanty," in O. V. Orlik et al. (eds.), *Istoriia vneshnei politiki Rossii. Pervaia polovina XIX veka* (Moscow: Mezhdunarodnye otnosheniia, 1995), pp. 359–61.

409 *British Documents on the Origins of the War, vol. IV: The Anglo-Russian Rapprochment* (New York: N. Johnson, 1967), pp. 279–81.

410 關於加爾特維格，請參見 Edward C. Thaden, *Russia and the Balkan Alliance of 1912* (University Park, PA: Penn State University Press, 1965), pp. 65–69; Philip E. Mosely, "Russian Policy in 1911–12," *Journal of Modern History* 12(1) (March 1940): 74–78.

411 Thaden, *Russia*, pp. 94–95, 114–17. 在薩宗諾夫和涅克留朵夫於戰後出版的備忘錄裡，他們都試著為自己辯護，稱自己是清醒而謹慎的政治家，追求防禦性的目標。Sergei Sazonov, *Fateful Years 1909–1916. The Reminiscences of Serge Sazonov* (New York: F. A. Stokes, 1928); A. V. Nekliudov, *Diplomatic Reminiscences before and during the World War, 1911–1917* (London: Jonathan Cape, 1928). 關於俄國的對外政策，俄國歷史家最新的一份研究則與他們的觀點吻合，並擴展了他們的觀點，將接近戰爭的年代裡俄國的整體對外政策都涵蓋進來。外交部內部的爭論則未被提及，而加爾特維格則是順帶地在研究中被提及兩次。Georgiev, "1912–1914 gody," pp. 321–23, 340, 430.

412 Ronald Bobroff, "Behind the Balkan Wars. Russian Policy Toward Bulgaria and the Turkish Straits, 1912–1913," *Russian Review* 59(1) (January 2000): 83–90.

413 Donald Quataert, "The Age of Reforms, 1812–1914," in Halil Inalcik with Donald Quataert (eds.), *An Economic and Social History of the Ottoman Empire*, 2 vols. (Cambridge University Press, 1994), vol. 2, pp. 761–62, 768–70.

414 Roderic Davison, *Reform in the Ottoman Empire, 1856–1876* (Princeton University Press, 1963), pp. 43–45, 92–98, 115–20, 362–90, 407.

415 Ş erif Mardin, *The Genesis of Young Ottoman Thought. A Study in the Modernization of Turkish Political Ideas* (Princeton University Press, 1962), pp. 107–32.

416 Bernard Lewis, *The Emergence of Modern Turkey* (London: Oxford University Press, 1961), esp. ch. 5.

417 William Langer, *The Diplomacy of Imperialism*, 2nd rev. edn (New York: Knopf, 1960), pp. 147–49, 151–52.

418 Dwight E. Lee, *Great Britain and the Cyprus Convention Policy of 1878* (Cambridge, MA: Harvard University Press, 1934), pp. 39–50, 61–65, 155 ff.

419 Robert Olsen, *The Emergence of Kurdish Nationalism and the Sheikh Said Rebellion, 1880–1925* (Austin, TX: University of Texas Press, 1988), pp. 2–7.

420 Stephen Duguid, "The Politics of Unity. Hamidian Policy in Eastern Anatolia," *Middle Eastern Studies* 9(2) (May 1973): 139–55.

421 Duguid, "The Politics of Unity," pp. 148–49. 關於亞美尼亞人屠殺事件的文獻汗牛充棟，而且充滿爭議。有一派觀點認為亞美尼亞革命分子挑起了攻擊事件，因而也有責任，而且穆斯林的暴力反應，應該被放在好幾個世紀以來穆斯林遭大規模驅逐出邊境地帶的脈絡中看待；關於這派觀點，請參見 Langer, *The Diplomacy of Imperialism*, pp. 160–61，該研究的資料來源為英國、法國和俄國領事的聯合調查報告；Erik-Jan Zürcher, "Young Turks, Ottoman Muslims and Turkish Nationalists. Identity Politics, 1908–1938," in Kemal Karpat (ed.), *Ottoman Past and Today's Turkey* (Leiden: Brill, 2000), p. 160；Justin McCarthy, *The Ottoman Peoples and the End of Empire* (London: Arnold, 2001)。認為土耳其人應該對屠殺負起全責的傳統觀點，請參見 Suny, *Looking Toward Ararat*, pp. 98, 105；V. N. Dadrian, *Warrant of Genocide. Key Elements of Turko-Armenian Conflict* (New Brunswick, NJ: Rutgers University Press, 1999)；Stephen Kinzer, *Crescent and Star. Turkey between Two Worlds* (New York: Farrar, Straus & Giroux, 2001)。Cf. Michael A. Reynolds, *Shattering Empires. The Clash and Collapse of the Ottoman and Russian Empires, 1908–1918* (Cambridge

University Press, 2011), pp. 145–55.

422 Gökhan Çetinsaya, "The Caliph and the Shaykhs. Abdu̇lhamid II. Policy Toward the Qadiriyya of Mosul," in Itzchak Weismann and Fruma Zachs (eds.), *Ottoman Reform and Muslim Regeneration. Studies in Honor of Butrus Abu-Manneb* (London: Tauris, 2005), pp. 97–105.

423 Langer, *The Diplomacy of Imperialism*, pp. 316–20, 355–83.

424 Anastasia N. Karakasidou, *Fields of Wheat, Hills of Blood. Passages to Nationhood in Greek Macedonia, 1870–1990* (University of Chicago Press, 1997), pp. 78–94.

425 Duncan M. Perry, *The Politics of Terror. The Macedonian Liberation Movement, 1893–1903* (Durham, NC: Duke University Press, 1988), pp. 20–23.

426 Perry, *The Politics of Terror*, pp. 38–51.

427 Perry, *The Politics of Terror*, p. 112.

428 Stephen Sowards, *Austria's Policy of Macedonian Reform* (Boulder, CO: East European Monographs, 1989).

429 H. N. Brailsford, *Macedonia. Its Races and their Future* (New York: Arno Press, [1906] 1971), pp. 214–17，該研究生動地提供了親身的經歷。在位於薩洛尼基的希臘文理中學裡，學生則被灌輸要將「保加利亞人看做『殺人犯、罪犯、異教徒』，必須將他們從地球表面上掃除出去」。Mark Mazower, *Salonica, City of Ghosts. Christians, Muslims and Jews*, 1430–1950 (New York: Alfred A. Knopf, 2005), p. 253.

430 Douglas Dakin, *The Greek Struggle in Macedonia, 1897–1913* (Thessaloniki: Institute for Balkan Studies, 1966); Wayne S. Vucinich, *Serbia between East and West. The Events of 1903–1908* (Stanford University Press, 1954).

431 矛盾的是，他也遇到了奧地利的反對。奧地利政府希望阻止人口流失，同時也透過駐在安納托利亞的特務，說服穆斯林移民歸國。Fikret Adanir and Hilmar Kaiser, "Migration, Deportation, and Nation Building. The Case of the Ottoman Empire," in René Leboutte (ed.), *Migrations et migrants dans une perspective historique. Permanences et innovations* (Brussels: Peter Lang, 2000), p. 279.

432 Yakup Bektas, "The Imperial Ottoman Izmir-to-Aydin Railway. The British Experimental Line in Asia Minor," in Ekmeleddin Ihsanoğ lu et al. (eds.), *Science, Technology and Industry in the Ottoman World* (Turnhout: Brepols, 2000), pp.

139–52; Jonathan S. McMurray, *Distant Ties. Germany, the Ottoman Empire and the Construction of the Baghdad Railway* (Westport, CT: Praeger, 2001).

433 Quataert, "The Age of Reform," pp. 804–15，引用段落位於 p. 807. 亦請參見 Isa Blumi, "Thwarting the Ottoman Empire. Smuggling through the Empire's New Frontier in Yemen and Albania, 1878–1910," in Kemal Karpat with Robert W. Zens (eds.), *Ottoman Borderlands. Issues, Personalities and Political Changes* (Madison, WI: University of Wisconsin Press, 2003), pp. 253–55.

434 Marsha Siefert, "'Chingis-Khan with the Telegraph.' Communications in the Russian and Ottoman Empires," in Jörn Leonhard and Ulrike von Hirschhausen (eds.), *Comparing Empires. Encounters and Transfers in the Long Nineteenth Century* (Göttingen: Vandenhoeck & Ruprecht, 2011), pp. 101–2.

435 Erik-Jan Zürcher, "The Ottoman Conscription System, 1844–1914," *International Review of Social History* 43 (1998): 448.

436 Kemal Karpat, *The Politicization of Islam. Reconstructing Identity, State, Faith, and Community in the Late Ottoman State* (Oxford University Press, 2001), pp. 253–55.

437 Erik-Jan Zürcher, "The Young Turks. Children of the Borderlands," in Karpat (ed.), *Ottoman Borderlands*, pp. 275–85. 除了聯合與進步委員會內部混合了突厥主義、鄂圖曼主義以及伊斯蘭教的思想之外，強烈的反歐情緒（主要是反奧地利和反俄國）也瀰漫四處。在一九〇八年的革命爆發之前，情勢只要有利，青年土耳其黨便會作勢要和亞美尼亞的達什奈克，以及馬其頓革命分子（馬其頓內部革命組織）進行合作。Hanioğlu, *Preparation for a Revolution*, pp. 175–81, 191–97, 243–49, 296–99.

438 Feroz Ahmad, *The Young Turks. The Committee of Union and Progress in Turkish Politics, 1908–1914* (Oxford University Press, 1969), pp. 40–45.

439 Ahmad, *The Young Turks*, p. 173‥關於更一般性的討論，請參見 Erik-Jan Zürcher, *The Unionist Factor. The Role of the Committee of Union and Progress in the Turkish National Movement* (Leiden: Brill, 1984).

440 M. Şükrü Hanioğlu, *Preparation for a Revolution. The Young Turks, 1902–1908* (Oxford University Press, 2001), pp. 121–23, 157–61; Holly Shissler, *Between Two Empires. Ahmet Ağaoğlu and the New Turkey* (London: Tauris, 2003).

441 Hanio lu, *Preparation for a Revolution*, p. 314.

442 Hanio lu, *Preparation for a Revolution*, pp. 114–24, 248–78.

443 D. Ergil, "A Reassessment. The Young Turks, their Politics and Anti-Colonial Struggle," *Balkan Studies* 16 (1975): 62–63; F. Ahmad, "Vanguard of a Nascent Bourgeoisie. The Social and Economic Policy of the Young Turks, 1908–1918," in O. Okyar and H. Inalcik (eds.), *Social and Economic History of Turkey, 1071–1920* (Ankara: Meteksan, 1980), pp. 342–43.

444 Ayhan Aktar, "Homogenising the Nation. Turkifying the Economy," in Renée Hirschon (ed.), *Crossing the Aegean. An Appraisal of the 1923 Compulsory Population Exchange between Greece and Turkey* (Oxford University Press, 2003), pp. 82–83; Michael Llewellyn Smith, *Ionian Vision. Greece in Asia Minor, 1919–1920* (Ann Arbor, MI: University of Michigan Press, [1973] 1998), pp. 30–31.

445 Reynolds, *Shattering Empires*, pp. 56–81.

446 Lewis, *The Emergence of Modern Turkey*, p. 221.

447 Hasan Kayalı, "Elections and the Electoral Process in the Ottoman Empire, 1876–1919," *International Journal of Middle East Studies* 27 (1995): 271–82.

448 Çağlar Keyder, *State and Class in Turkey. A Study in Capitalist Development* (London: Verso, 1987), pp. 71–90; Fatma Müge Göçek, *Rise of the Bourgeoisie, Demise of Empire. Ottoman Westernization and Social Change* (New York: Oxford University Press, 1996), pp. 108–16.

449 Hasan Kayali, *Arabs and Young Turks. Ottomanism, Arabism and Islamism in the Ottoman Empire, 1908–1918* (Los Angeles, CA: University of California Press, 1997), pp. 178, 195, 197.

450 Reynolds, *Shattering Empires*, p. 256.

451 Andrew Mango, *Atatürk* (London: John Murray, 1999), pp. 49–54, 71–75, 301, 316, 319–23.

452 Mangol Bayat, *Iran's First Revolution. Shi'ism and the Constitutional Revolution of 1905–1909* (New York, Oxford University Press, 1991), p. 11.

453 Gavin Hambly, "Iran During the Reigns of Fath' Ali Shah and Muhammad Shah," in *Cambridge History of Iran*, vol. 7, pp. 176–77.

454 Firuz Kazemzadeh, "The Origin and Development of the Persian Cossack Brigade," *American Slavic and East European*

Review 15(3) (October 1956): 351–63.

455 H. Algar, *Religion and the State in Iran, 1785–1806. The Role of the Ulama in the Qajar Period* (Berkeley, CA: University of California Press, 1969). 當憲政主義無法達到烏拉瑪的目標時，他們便決定反對憲政主義。Nikki R. Keddie, "The Roots of Ulama's Power in Modern Iran," *Studia Islamica* 29 (1969): 50.

456 Vanessa Martin, *The Qajar Pact. Bargaining, Protest and the State in Nineteenth Century Persia* (London: Tauris, 2005), pp. 58–61, 77–84.

457 Ann K. S. Lambton, "The Tobacco Regie. A Prelude to Revolution," *Studia Islamica* 22 (1965), reprinted in Qajar Persia. Eleven Studies (Austin, TX: University of Texas Press, 1987).

458 接下來的段落，有許多資料來自 Seyyed Hassan Taqizadeh 的回憶錄 "The Background of the Constitutional Movement in Azerbaijan," *Middle East Journal* 14(4) (Autumn 1960): 456–65, Nikki R. Keddie 將該文章從波斯語譯為英文，並做了注解。

459 Ervand Abrahamian, *Iran between Two Revolutions* (Princeton University Press, 1982), pp. 76–85; Nikki R. Keddie, "Iran Under the Later Qajars, 1848–1922," in *Cambridge History of Iran*, vol. 7, pp. 198–200; A. U. Martirosov, "Novye materialy o sotsialdemokraticheskom dvizhenii v Irane v 1905–1911 rodakh," *Narody Azii i Afriki* 2 (1973): 116–22.

460 Richard Tapper, *Frontier Nomads of Iran. A Political and Social History of the Shahsevan* (Cambridge University Press, 1997), pp. 148, 191–204, 207, quotation on p. 208.

461 Charles Issawi, *The Economic History of Iran, 1800–1914* (University of Chicago Press, 1971), p. 370.

462 對於烏拉瑪在憲政運動中的相對重要性和團結程度，歷史學家仍未有定論。例如 Lambton, *Qajar Persia* 認為，當伊朗人在對抗專制政權和西方勢力時，烏拉瑪便是「渾然天成的領袖」；Vanessa Martin, *Islam and Modernism. The Iranian Revolution of 1906* (Syracuse, NY: Syracuse University Press, 1989) 認為烏拉瑪並非社會正義的支持者；Mangol Bayat, *Mysticism and Dissent. Socioreligious Thought in Qajar Iran* (Syracuse, NY: Syracuse University Press, 1982) 以及 Bayat, *Iran's First Revolution*，則是認為烏拉瑪中主要的反對者角色，是受西方思想影響的宗教異議分子。

463 Nikki R. Keddie, *Qajar Iran and the Rise of Reza Khan, 1796–1925* (Costa Mesa, CA: Mazda, 1999), pp. 55–58, for a concise summary of these events.

464 Chaqueri, *Origins*, pp. 166–72, 187–97.

465 Martirosov, "Novye materialy," pp. 116–22; Chaqueri, *Origins*, pp. 114–17, 123–33.

466 Spring Rice to Sir Edward Grey, January 30, 1907, cited in Ira Klein, "British Intervention in the Persian Revolution, 1905–1909," *Historical Journal* 15(4) (1972): 740.

467 Morgan W. Shuster, *The Strangling of Persia* (New York: Century Co., 1912); R. A. McDaniel, *The Shuster Mission and the Persian Constitutional Revolution* (Minneapolis, MI: Biblioteca Islamica, 1974); Chaqueri, *Origins*, pp. 105–9。該研究翻印了這些暴行的照片，以及英國的伊朗專家親眼目擊的紀錄。Edward Browne, *The Reign of Terror at Tabriz. England's Responsibility* (with photographs and a brief narrative of the events of December 1911 and January 1912) (Manchester: Taylor, 1912).

468 Rose Louise Greaves, "Some Aspects of the Anglo-Russian Convention and its Working in Persia, 1907–14 (II)," *Bulletin of the School of Oriental and African Studies* 31(2) (1968): 290–308.

469 Saul Bakhash, "The Evolution of the Qajar Bureaucracy, 1779–1879," *Middle East Studies* (May 1971), 139–68; C. Meredith, "Early Qajar Administration. An Analysis of its Development and Functions," *Iranian Studies* 4 (1971): 59–84; Hambly, "Fath' Ali Shah and Muhammed Shah," pp. 157–58.

470 接下來的段落，主要參考的是 Ralph William Huenemann, *The Dragon and the Iron Horse. The Economics of Railroads in China, 1876–1931* (Cambridge, MA: Harvard University Press, 1984), pp. 43–44, 59–65, 70 ff.

471 Don C. Price, *Russia and the Roots of the Chinese Revolutions 1896–1911* (Cambridge, MA: Harvard University Press, 1974); Jonathan D. Spence, *The Gate of Heavenly Peace* (New York: Viking Press, 1981), pp. 76–87.

472 Stephen R. MacKinnon, P*ower and Politics in Late Imperial China. Yuan Shikai in Beijing and Tianyin, 1901–1908* (Berkeley, CA: University of California Press, 1980), pp. 132–38.

473 Allen Fong, "Testing the Self-Strengthening. The Chinese Army in the Sino-Japanese War," *Modern Asian Studies* 30(4) (October 1996): 1007–31. 海軍也有類似的問題，請參見 Bruce A. Elleman, "Naval Warfare and the Refraction of China's Self-Strengthening Reforms into Scientific and Technological Failure," *Modern Asian Studies* 38(2) (2003): 283–326.

474 MacKinnon, *Power and Politics*, ch. 4. 關於民政上的改革，請參見 Richard S. Horowitz, "Breaking the Bonds of

Precedent. The 1905–6 Government Reform Commission and the Remaking of the Qing Central State," *Modern Asian Studies* 37(4) (October 1993): 775–97.

475 Jonathan Spence, *The Search for Modern China,* 2nd edn (New York: W. W. Norton, 1999), pp. 253–55, 258–63; Bruce A. Elleman, *Modern Chinese Warfare, 1795–1989* (London: Routledge, 2001), pp. 138–45.

476 MacKinnon, *Power and Politics*, pp. 134–35.

477 Joseph W. Esherick, *Reform and Revolution in China* (Berkeley, CA: University of California Press, 1976).

478 Hsi-ping Shao, "Sino-Japanese Military Agreements, 1915–18," in Alvin D. Coox and Hilary Conroy, *China and Japan. A Search for Balance since World War II* (Santa Barbara, CA: ABC-Clio), pp. 39, 47–49.

479 F. F. Liu, *A Military History of Modern China, 1924–1949* (Princeton University Press, 1956), p. 8.

480 Elleman, *Modern Chinese Warfare*, p. 145.

481 James A. Millward and Nabigan Tursun, "Political History and Strategies of Control, 1884–1978," in S. Frederick Starr (ed.), *Xinjiang. China's Muslim Borderland* (Armonk, NY: M. E. Sharpe, 2004), pp. 63–67.

482 Robert H. G. Lee, *The Manchurian Frontier in Ch'ing History* (Cambridge University Press, 1970), p. 79 and ch. 5 passim.

483 Owen Lattimore, "Frontier Feudalism," in *Studies in Frontier History. Collected Papers* (London: Oxford University Press, 1962), p. 527.

484 Joseph Fletcher, "The Heyday of the Ch'ing Order in Mongolia, Sinkiang and Tibet," in *Cambridge History of China*, vol. 10, pp. 352–57.

485 Mei-hua Lan, "China's 'New Administration,'" in Stephen Kotkin and Bruce A. Elleman (eds.), *Mongolia in the Twentieth Century. Landlocked Cosmopolitan* (Armonk, NY: M. E. Sharpe, 1999), p. 44.

486 Sechin Jagchid, "The Sinicization of the Mongolian Ruling Class in the Late Manchu-Ch'ing Period," in *Essays in Mongolian Studies* (Provo, UT: David M. Kennedy Center for International Studies, Brigham Young University, 1988), pp. 190–203.

487 Nakami Tatsuo, "Russian Diplomats and Mongol Independence, 1912–1915," quoting *Foreign Ministry archives*, in Kotkin and Elleman (eds.), *Mongolia in the Twentieth Century*, p. 74.

488 Thomas E. Ewing, "Ch'ing Policies in Outer Mongolia, 1900–1911," *Modern Asian Studies* 14(1) (1980): 145–57.

489 Nakami Tatsuo, "A Protest against the Concept of the 'Middle Kingdom.' The Mongols and the 1911 Revolution," in Eto Sinkichi and Harold Z. Schiffrin (eds.), *The 1911 Revolution in China. Interpretive Essays* (University of Tokyo Press, 1984), pp. 129–49.

490 Thomas E. Ewing, "Russia, China and the Origins of the Mongolian People's Republic, 1911–1921. A Reappraisal," *Slavonic and East European Review* 58(3) (July 1980): 401–7.

491 Sechin Jagchid, "The Inner Mongolian Kuomintang of the 1920s," in *Essays*, pp. 262–68.

492 Owen Lattimore, *The Mongols of Manchuria* (New York: n.p., 1934). 亦請參見 Robert B. Valliant, "Inner Mongolia, 1912. The Failure of Independence," in *Essays in Mongolian Studies* (Provo, UT: David M. Kennedy Center for International Studies, Brigham Young University, 1988), pp. 56–92.

493 Irina S. Urbanova, "The Fate of Baikal Asia within Russia," *Anthropology and Archeology of Eurasia* (Summer 1994): 62–78.

494 Lee, *The Manchurian Frontier*, pp. 174–78.

第六章　帝國遺緒

495 Peter Gatrell, *A Whole Empire Walking. Refugees in Russia during World War I* (Bloomington, IN: Indiana University Press, 1999), p. 3.

496 Gatrell, *A Whole Empire Walking*, pp. 22–25，引用段落位於 p. 24.

497 關於俄國反猶主義，請參見 Hans Rogger, *Jewish Policies and Right Wing Politics in Imperial Russia* (Basingstoke: Palgrave Macmillan, 1986); John D. Klier and Shlomo Lambroza (eds.), *Pogroms. Anti-Jewish Violence in Modern Russian History* (Cambridge University Press, 1992).

498 Eric Lohr, *Nationalizing the Russian Empire. The Campaign against Enemy Aliens during World War I* (Cambridge, MA: Harvard University Press, 2003)，他指出，帝國境內戰爭初期針對德裔居民和其財產的民族「暴動」具有哪些群眾運動的本質。無可否認的是，反德情緒最後也反過來對沙皇家族造成危害。

499 關於這股諜報狂熱的洞見，請參見 Willliam C. Fuller, Jr., *The Foe Within. Fantasies of Treason and the End of Imperial Russia* (Ithaca, NY: Cornell University Press, 2006), esp. ch. 6

500 Mark von Hagen, *War in a European Borderland. Occupations and Occupation Plans in Galicia and Ukraine, 1914–1918* (Seattle, WA: University of Washington Press, 2007), pp. 6–7.

501 Mark Cornwall, "Morale and Patriotism in the Austro-Hungarian Army," in John Horne (ed.), *State, Society and Mobilization in Europe During the First World War* (Cambridge University Press, 1997), p. 176; David Rechter, "Galicia in Vienna. Jewish Refugees in the First World War," *Austrian History Yearbook* 28 (1997): 113–30.

502 一如發生於一八九〇年的屠殺事件，這些事件也有大量的文獻討論，而且充滿爭議。關於近期認為鄂圖曼帝國應該道歉的觀點，請參見 Salaki Ramsdan Sonyel, *The Ottoman Armenians. Victims of Great Power Diplomacy* (London: K. Rustem, 1987)。關於支持種族滅絕的土耳其觀點，請參見 Fikret Adanir and Hilmar Kaiser, "Migration, Deportation, and Nation-Building. The Case of the Ottoman Empire," in René Laboutte (ed.), *Migrations et migrants dans une perspective historique. Permanences et innovations* (Brussels: Peter Lang, 2000), pp. 281–84, and Taner Akçam, *A Shameful Act. The Armenian Genocide and the Question of Turkish Responsibility* (New York: Metropolitan Books, 2006)。屬於亞美尼亞觀點的眾多研究之中，請特別參見 Richard G. Hovannisian (ed.), *The Armenian Genocide in Perspective* (New Brunswick, NJ: Rutgers University Press, 1986).

503 Richard Hovannisian, *Armenia on the Road to Independence 1918* (Berkeley, CA: University of California Press, 1967), pp. 48–55; Robert Melson, *Revolution and Genocide. On the Origins of the Armenian Genocide and the Holocaust* (University of Chicago Press, 1992); Manoug Somakian, *Empires in Conflict. Armenia and the Great Powers, 1895–1920* (London: Tauris, 1995), pp. 93–94; Vahakn N. Dadian, *The History of the Armenian Genocide. Ethnic Conflict from the Balkans to Anatolia and the Caucasus* (Providence, RI: Berghahn, 1995).

504 Gatrell, *A Whole Empire Walking*, p. 26.

505 Michael A. Reynolds, *Shattering Empires. The Clash and Collapse of the Ottoman and Russian Empires, 1908–1918* (Cambridge University Press, 2011), p. 149. 亦請參見 Ronald Grigor Suny, *Looking Toward Ararat. Armenia in Modern History* (Bloomington, IN: Indiana University Press, 1993), pp. 106–15，該研究批判了主張土耳其應該道歉的文獻，但

也認為阿布杜拉哈密德二世的政策非常保守，而青年土耳其黨的政策則帶有革命色彩。

506 Aija Priedite, "Latvian Refugees and the Latvian Nation State during and after World War One," in Nick Baron and Peter Gatrell (eds.), *Homelands. War, Population, and Statehood in Eastern Europe and Russia, 1918–1924* (London: Anthem, 2004), pp. 35–53.

507 Tomas Balkelis, "In Search of a Native Realm. The Return of World War One Refugees to Lithuania, 1918–1924," in Baron and Gatrell (eds.), *Homelands*, pp. 87–92, 95–96, 引用的段落位於 p. 95. 這件事情對於立陶宛二十年後參與猶太人大屠殺可能造成了哪些影響，至今仍未有定論。

508 關於這些議題，David Stevenson 的 *Cataclysm. The First World War as Political Tragedy* (New York: Basic Books, 2004), esp. pp. 104–17, 289–92 是非常可靠的研究。

509 A. Iu. Bakhturina, *Okrain rossiikskoi imperii. Gosudarstvennoe upravlenie i natsional'naia politika v gody pervoi mirovoi voiny (1914–1917 gg.)* (Moscow: Rosspen, 2004).

510 William A. Renzi, "Who Composed 'Sazonov's Thirteen Points'? A Re-Examination of Russia's War Aims of 1914," *American Historical Review* 88(2) (April 1983): 347–57，該研究指出，這十三點可能更像是法國大使 Maurice Paléologue 想像出來的東西，而不是薩宗諾夫精確的構想。但他也引用了英國大使 Sir George Buchanan 的公文，該公文總結了他和薩宗諾夫進行的「純學術對話」，在場的還有 Maurice Paléologue，而 Paléologue 也有相同的看法。Ibid., pp. 349–50.

511 E. A. Adamov (ed.), *Konstantinopol i prolivy po sekretnym documentam. Ministerstva inostrannykh del* (Moscow: Litizdat NKID, 1925), Doc. 15, p. 222.

512 Horst Günther Linke, *Das Zarische Russland und der Erst Weltkrieg. Diplomatie und Kriegsziele, 1914–1917* (Munich: Fink Verlag, 1982).

513 Linke, *Das Zarische Russland.* 關於這篇文章的英文翻譯，請參見 C. Jay Smith, *The Russian Struggle for Power, 1914–1917. A Study of Russian Foreign Policy during the First World War* (New York: Philosophical Library, 1956), pp. 46–48. 當年十一月，當土耳其加入了第一次世界大戰對抗俄國時，俄國較為保守的內政部長 V. A. Maklakov 和法務部長 I. Shcheglovitov 起草了一份非常類似，但模糊得多的文件，額外要求兼併土耳其海峽和「沙皇格勒」（伊斯坦堡）。

Gifford D. Malone, "War Aims toward Germany," in *Russian Diplomacy and Eastern Europe, 1914–1917* (New York: Kings Crown Press, 1963), pp. 139–42.

514 格雷爵士很快就將俄國在安納托利亞的攻勢，連結上伊朗的情境：用他的話說，在伊朗「的行動必須非常謹慎，也必須高瞻遠矚」。然而英國並沒有辦法防止戰爭越過邊界，擴散到伊朗境內。*Konstantinopol i prolivy*, Doc. 18, pp. 228–29.

515 H. S. W. Corrigan, "German–Turkish Relations and the Outbreak of War in 1914. A Re-Assessment," *Past and Present* 36 (April 1967): 144–52.

516 *Konstantinopol i prolivy,* fn. 4 to Doc. 28, p. 236，該研究指出，俄國外交部的檔案裡並沒有法國大使 Maurice Paléologue 將這段對話回報給巴黎的電報副件，但他的回憶錄中的確有這段文字。請參見 Smith, *The Russian Struggle for Power,* pp. 104–8 的討論。亦請參見 Sean McKeekin, *The Russian Origins of the First World War* (Cambridge, MA: Belknap Press, 2011)，該研究令人難以信服地主張，俄國之所以參與第一次世界大戰，背後的計畫就是奪取土耳其海峽，而薩宗諾夫不只欺騙了當時所有和他對談的人，還欺騙了從那時起就開始研究這個主題的歷史學家。

517 *Konstantinopol i prolivy*, Doc. 83, p. 284.

518 關於協商過程的討論，請參見 Smith, The Russian Struggle for Power, pp. 217–43 以及 V. S. Vasiukov, "Mirovaia voina politika Rossii v 1914–15 godakh," in A.V. Ignat'ev et al., *Istoriia vneshnei politiki Rossii. Konets XIX–nachala XX veka* (Moscow: Mezhdunarodnye otnosheniia, 1997), pp. 463–79，該研究同意其所有主要論點。關鍵的文件則在 *Konstantinopol i prolivy*, Doc. 59–82, pp. 263–81.

519 *Konstantinopol i prolivy*, Doc. 83, pp. 284–85.

520 對此，Richard Hovannisian, "The Allies and Armenia, 1915–18," *Journal of Contemporary History* 3(1) (January 1968): 145–68 做了最好的總結。

521 Hovannisian, "The Allies and Armenia," pp. 161–62，引用出處來自 E. A. Adamov (ed.), *Razdel Aziatskoi Turtsii po sekretnym dokumentam ministerstva inostrannykh del* (Moscow: Ministerstvo inostrannykh del SSSR, 1924), pp. 157, 163–64.

522 Hovannisian, "The Allies and Armenia," p. 158，該研究引用了尤登尼奇將軍說過的話：尤登尼奇將軍是俄軍在高加索地區的指揮官，後來也是白軍的主要指揮官。農業部長 Krivoshein 也抱持著和他一樣的看法。

523 Hovannisian, "The Allies and Armenia," p. 163. 和波蘭人一樣，亞美尼亞人也在法國的支持下成立了東方部隊，並在巴勒斯坦的前線上取得了不錯的戰績。Ibid., p. 151.

524 Alexander Dallin, "The Future of Poland," in *Russian Diplomacy and Eastern Europe*, pp. 7–13.

525 該憲法重申，波蘭王國和俄國不可分割。中央政府仍然控制著波蘭的外交和軍事事務，大多數經濟活動以及東正教會，而文化事務則由波蘭人掌控。Dallin, "The Future of Poland," p. 46.

526 Dallin, "The Future of Poland," pp. 49–59; Smith, *The Russian Struggle for Power*, pp. 398–405.

527 *Konstantinopol i prolivy*, Docs. 291, 292, 297, pp. 457, 458, 460, 引用段落出自 on p. 460.

528 M. I. Sladkovskii, *Istoriia torgovo-ekonomicheskikh otnoshenii s Kitaem* (do 1917) (Moscow: Nauka, 1974), p. 347; George Alexander Lensen, "Japan and Russia. The Changing Relationships, 1875–1917," *Jahrbücher für Geschichte Osteuropas*, New Series, 10(3) (October 1962): 345–47.

529 Fritz Fischer, *Germany's Aims in the First World War* (New York: W. W. Norton, 1967), pp. 103–25, 231–36.

530 Vejas Liulevicius, *War Land on the Eastern Front. Culture, National Identity and German Occupation in World War I* (New York: Cambridge University Press, 2000); Annemarie H. Sammartino, *The Impossible Border. Germany and the East, 1914–1922* (Ithaca, NY: Cornell University Press, 2010), esp. pp. 18–44.

531 Gabor Vermes, *István Tisza. The Liberal Vision and Conservative Statecraft of a Magyar Nationalist* (New York: East EuropeanMonographs, 1985), pp. 203, 212–13, 222–23, 229.

532 Letter to Count Burián with enclosure for the emperor, 一九一五年十二月三日寫給布里安伯爵的一封信，內附給皇帝的附件），收錄在*Count Stephen Tisza, Prime Minister of Hungary. Letters* (1914–1916), trans. Carvel de Bussy (New York: Peter Lang, 1991), pp. 168–74. 他在一九一六年一月的另一封信中重申了他的反對立場。Ibid., pp. 174–75.

533 Manfred Rauchensteiner, *Der Tod des Doppeladlers. Österreich-Ungarn und der Erste Weltkrieg* (Vienna: Verlag Styria, 1993), pp. 465–68.

534 Richard J. Crampton, *Bulgaria 1878–1918. A History* (Boulder, CO: East European Monographs, 1983), pp. 457–58.

535 Vermes, István Tisza, pp. 264–67, 318.

536 Fischer, *Germany's War Aims,* pp. 236–44; Piotr Wandycz, *The Lands of Partitioned Poland, 1795–1918* (Seattle, WA: University of Washington Press, 1974), p. 357.

537 Clifford F. Wargelin, "A High Price for Bread. The First Treaty of Brest-Litovsk and the Break-up of Austria Hungary, 1917–1918," *International History Review* 19(4) (November 1997): 767，該部分引用自 Karl Friederich Nowak, *Der Sturz der Mittelmächte* (Munich: G. D. W. Callwey, 1921), p. 8.

538 Richard W. Kapp, "Divided Loyalties. The German Reich and Austria-Hungary in Austro-German Discussions of War Aims, 1914–1916," *Central European History* 17(2/3) (June–September 1984): 120–39.

539 Wargelin, "A High Price for Bread," pp. 779–84.

540 Werner Conze, *Polnische Nation und deutsche Politik in Ersten Weltkrieg* (Cologne: Böhlau, 1958), p. 377.

541 Mustafa Aksakal, *The Ottoman Road to War in 1914. The Ottoman Empire and the First World War* (Cambridge University Press, 2008).

542 James M. Potts, "The Loss of Bulgaria," in *Russian Diplomacy in Eastern Europe*, p. 231.

543 Michael Reynolds, "Buffers, not Brethren. Young Turk Military Policy in the First World War and the Myth of Panturanism," *Past and Present* 203 (May 2009): 137–79, 引用語句出自 p.149，該段落對塔拉特寫給恩維爾帕夏的信（February 1, 1918）進行了詮釋。

544 Ulrich Trumpener, *Germany and the Ottoman Empire, 1914–1918* (Princeton University Press, 1968), pp. 38–39, 113–22, 194–99; Reynolds, Shattering Empires, pp. 24–25, 188, 196–203, 214–15.

545 Marc Ferro, "La politique des nationalités du gouvernement provisoire (Février–Octobre 1917)," *Cahiers du monde russe et soviétique* 2(2) (April–June 1961): 131–65.

546 協約國成員介入邊境地區的動機非常紛陳，而且彼此衝突；以下這些研究，對於這些動機都有很好的處理：George Kennan, *Soviet–American Relations, vol. II: The Decision to Intervene* (Princeton University Press, 1958)；Richard Ullman, *Anglo-Soviet Relations, 1917–1921*, 3 vols. (Princeton University Press, 1961–1972)；James Morley, *The Japanese Thrust into Siberia* (New York: Columbia University Press, 1957).

547 關於各種聯邦計畫，以及反對聯邦的計畫，請參見 M. K. Dziewanowski, *Joseph Piłsudski. A European Federalist,*

1918–1922 (Stanford University Press, 1969), pp. 79–88.

548 Sir John Halford MacKinder, *Democratic Ideals and Reality. A Study in the Politics of Reconstruction* (New York: Henry Holt, 1919), pp. 213, 200.

549 Cf. Joshua Sanborn, "Warlordism. Violence and Governance during the First World War and Civil War," *Contemporary European History* 19(3) (August 2010): 195–213。該研究指出了，在中國和俄國這「兩個殘缺的帝國空間」中出現的軍閥割據現象，兩者之間有哪些相似之處。

550 接下來的段落，有部分是 Alfred J. Rieber, "Landed Property, State Authority, and Civil War," *Slavic Review* 47(1) (Spring 1988): 31–38 的重述。

551 關於幾乎遭同化的邊境知識分子在革命運動中的角色（尤其是意識型態將會「延續帝國架構」的布爾什維克），請參見 Lilian Riga, "The Ethnic Roots of Class Universalism. Rethinking the 'Russian' Revolutionary Elite," *American Journal of Sociology* 114(3) (November 2008): 649–705.

552 接下來的部分，主要參考的是 C. Jay Smith, *Finland and the Russian Revolution* (Athens, GA: University of Georgia Press, 1958); Anthony Upton, *The Finnish Revolution 1917–18* (Minneapolis, MI: University of Minnesota Press, 1980).

553 Andrew Ezergailis, *The 1917 Revolution in Latvia* (Boulder, CO: East European Monographs, 1974).

554 David Kirby, *The Baltic World, 1772–1993. Europe's Northern Periphery in an Age of Change* (London: Longman, 1995), p. 279.

555 關於這些事件，最權威的研究仍然是 Alfred E. Senn, *The Emergence of Modern Lithuania* (New York: Columbia University Press, 1959).

556 後來成為駐莫斯科的波蘭大使，同時也是德莫夫斯基的戰友的格拉布斯基，曾於一九二二年寫道：「只要波蘭境內仍有東正教徒占多數，甚至是希臘天主教徒占多數的地區，俄國就不可能會放棄奪回這些地區的企圖，這點是無庸置疑的。但同樣無庸置疑的是，當人口以羅馬天主教徒和說波蘭語的人為主的波俄邊境地區成為波蘭領土時，他們也會放棄宣稱擁有這些地區的主權。」他接著還寫道：俄國若要復原，需要好幾年的時間；在這段期間，「我們可以確保，也應該確保，波蘭的國界同時也是波蘭國族（民族）的邊界。屆時，長久以來存在於波蘭與俄國之間，針對魯塞尼亞地區（亦即烏克蘭）的爭端最終便會解決，而兩國爭端的原因也將不復存在。」此段話引用自 Michael Palij, *The Ukrainian–Polish Defensive Alliance, 1919–1921. An Aspect of the Ukrainian Revolution* (Edmonton: University of Alberta Press, 1995), pp. 60–61.

557 關於畢蘇斯基的思想，以及他與德莫夫斯基、波蘭反對聯邦制度的人，以及立陶宛人之間的衝突，請參見 Dziewanowski, *Joseph Piłsudski*, pp. 88–100, 104–37 ff. and passim.

558 Von Hagen, *War*, p. 16; Andrii Krawchuk, *Christian Social Ethics in Ukraine. The Legacy of Andrei Sheptytsky* (Edmonton: University of Alberta Press, 1997); Paul R. Magocsi (ed.), *Morality and Reality. The Life and Times of Andrei Sheptyts'kyi* (Edmonton: University of Alberta Press, 1989).

559 Von Hagen, *War*, pp. 79–85.

560 Hakan Kirimlı, "Diplomatic Relations between the Ottoman Empire and the Ukrainian Democratic Republic, 1918–21," *Middle Eastern Studies* 34(4) (October 1998): 202.

561 Richard Pipes, *The Formation of the Soviet Union*, rev. edn (Cambridge, MA: Harvard University Press, 1970), pp. 184–90.

562 Kirimlı, "Diplomatic Relations," p. 207.

563 Mark von Hagen, "The Russian Imperial Army and the Ukrainian National Movement in 1917," *Ukrainian Quarterly* 54(3–4) (Fall–Winter 1998): 220–56.

564 Mark von Hagen, "'I Love Russia, and/but I Want Ukraine,' or How a Russian General became Hetman of the Ukrainian State, 1917–18," *Journal of Ukrainian Studies* 29(1–2) (Summer–Winter 2004): 123–35.

565 Yaroslav Hrytsak, *Narys istorii Ukraiïny. Formuvannia modernoï ukraïns'koï natsiï XIX–XX stolittia* (Kiev: Vyd-vo Heneza, 1996), pp. 127–34，該研究主張，斯科洛帕德斯基創新的烏克蘭民族概念，是建立在是否對國家的忠誠這個基礎之上，而非使用烏克蘭語的能力。

566 Serhy Yekelchyk, *Ukraine. Birth of a Modern Nation* (Oxford University Press, 2007), p. 79.

567 John Reshetar, Jr., *The Ukrainian Revolution, 1917–1920* (Princeton University Press, 1952), 這本書依然是該議題的權威研究。

568 他們的政治協議承認「烏克蘭於北、東、南部邊界之內，在政治上獨立存在的權利，但這些邊界，必須由烏克蘭人民共和國和各個當事的鄰國另行協議明訂」。關於這兩種協議的全文英譯，請參見 Palij, *The Ukrainian–Polish*

Alliance, pp. 70–75.

569 Palij, *The Ukrainian–Polish Alliance*, pp. 78–79.

570 Udo Gehrmann, “Germany and the Cossack Country,” *Revolutionary Russia* 5(2) (1992): 147–71.

571 這些複雜情況，在 Peter Holquist, *Making War, Forging Revolution. Russia's Continuum of Crisis, 1914–1921* (Cambridge, MA: Harvard University Press, 2002) 之中有完善整理；本書接下來的段落，參考的文獻來源即為該書。

572 Holquist, *Making War*, p. 121.

573 霍爾奎斯特認為這些叛亂事件，與法國大革命期間的「大恐慌」可堪比擬；其根源是哥薩克人相信，布爾什維克之所以決意動員農民和工人反抗哥薩克人，是為了摧毀他們的生活方式，然而實情要比這個複雜而糾結得多了。Holquist, *Making War*, pp. 146–54.

574 P. N. Krasnov, “Vsevelikoe voisko donskoe,” *Arkhiv russkoi revoliutsii* 5 (Berlin, 1922): 215.

575 Peter Kenez, *Civil War in South Russia, 1919–1920* (Berkeley, CA: University of California Press, 1977), pp. 227–33, 240–44.

576 T. G. Masaryk, The Making of a State. Memoirs and Observations, 1914–1918 (New York: Frederick A. Stokes, 1927), pp. 86–87, as quoted in Dziewanowski, Joseph Piłsudski, p. 80.

577 Ivo Banac, *The National Question in Yugoslavia. Origins, History, Politics* (Ithaca, NY: Cornell University Press, 1988), pp. 117–18, 124, 136; Dejan Djokić, *Pašić and Trumbić. The Kingdom of Serbs, Croats and Slovenes* (London: Haus, 2010), pp. 24, 33.

578 接下來的段落，根據的是 Marc Cornwall, “The Great War and the Yugoslav Grassroots. Popular Mobilization in the Habsburg Monarchy, 1914–18,” in Dejan Djokić and James Ker-Lindsay, *New Perspectives on Yugoslavia. Key Issues and Controversies* (London: Routledge, 2011), pp. 27–45.

579 其中一個請願書中，還有一個連署者這樣附注：「我們熱愛哈布斯堡王朝，但正是因為這個原因，我們希望她的人民可以擁有自己的國家，而我們這些南斯拉夫人，也可以在哈布斯堡王朝的大傘下，擁有自己獨立的國家，因為唯有這樣，哈布斯堡王朝才能存續下去。」Cornwall, “The Great War and the Yugoslav Grassroots,” p. 33.

580 Cornwall, “The Great War and the Yugoslav Grassroots,” p. 42.

581 Banac, *The National Question*, pp. 122–23.

582 Ivo Banac, "South Slav Prisoners of War in Revolutionary Russia," in Samuel Williamson and Peter Pastor (eds.), *Essays on World War I. Origins and Prisoners of War* (New York: Social Science Monographs, Brooklyn College Press, 1983), pp. 123–40.

583 Andrej Mitrović, *Serbia's Great War, 1914–1918* (West Lafayette, IN: Purdue University Press, 2007), pp. 167–69, 248–50, 260–61, 275, 303.

584 John Paul Newman, "Post-Imperial and Post-War Violence in the South Slav Lands, 1917–1923," *Contemporary European History* 19(3) (August 2010): 251–54.

585 Newman, "Post-Imperial and Post-War Violence," pp. 315–24; Banac, *The National Question*, pp. 129–31.

586 關於統一過程的詳細研究，請參見 Ivan Banac, *The National Question in Yugoslavia. Origins, History, Politics*, corrected edn (Ithaca, NY: Cornell University Press, 1988), pp. 115–40.

587 Edward James Woodhouse, *Italy and the Yugoslavs* (Boston, MA: Gorham Press, 1920).

588 Christopher Seton-Watson, *Italy from Liberty to Fascism, 1870–1925* (London: Methuen, 1967), pp. 430, 581.

589 Alon Rachamimov, *POWs and the Great War. Captivity on the Eastern Front* (Oxford University Press, 2002), pp. 12–14, 32–33, 117, 124.

590 Josef Kalvoda, "Czech and Slovak Prisoners of War in Russia during the War and Revolution," in Williamson and Pastor (eds.), *Essays on World War I*, pp. 223–25.

591 John F. N. Bradley, *The Czechoslovak Legion in Russia 1914–1920* (Boulder, CO: East European Monographs, 1991); David Bullock, The Czech Legion 1914–1920 (Oxford University Press, 2008).

592 Vincent Sandor, *Carpatho-Ukraine in the Twentieth Century. A Political and Legal History* (Cambridge, MA: Harvard University Press, 1997), pp. 8–10. 當這個議題於和約談判過程中被提上檯面時，一個專家代表表達了贊同，並指出「俄國永遠不應該跨過喀爾巴阡山，將勢力伸向匈牙利平原」。David Miller, *My Diary at the Conference of Paris, with Documents* (New York: Appeal Printing, 1925), p. 227.

593 Sandor, *Carpatho-Ukraine*, p. 17.

594 Keith Hitchens, *Rumania, 1866–1947* (Oxford University Press, 1994), pp. 271–79.

595 Irina Livezeanu, *Cultural Politics in Greater Romania* (Ithaca, NY: Cornell University Press, 1995), pp. 52–59.

596 Zsuzsa L. Nagy, “Peacemaking after World War I,” in Stephen Borsody (ed.), *The Hungarians. A Divided Nation (New Haven*, CT: Yale University Press, 1988), p. 36.

597 Constantin Iordachi, *Citizenship, Nation and State Building. The Integration of Northern Dobrogea into Romania, 1873–1913*, Carl Beck Papers, No. 1607 (Pittsburgh, PA: University of Pittsburgh Center for Russian and East European Studies, 2002).

598 關於這份以及其他羅馬尼亞人和匈牙利人口的統計數字，請參見 Elemér Illyés, *National Minorities in Romania. Change in Transylvania* (Boulder, CO: East European Monographs, 1982), pp. 22–23, 34–35, 56–57, 60–61.

599 協約國也強迫羅馬尼亞簽署條約，藉此保護匈牙利人、施瓦本人和猶太人等少數族群的權利，但羅馬尼亞政府到了戰後卻將這些義務置之不顧。Illyés, *National Minorities in Romania*, pp. 71–76.

600 請參見Livezeanu, *Cultural Politics* 的討論。

601 E. H. Carr, *The Bolshevik Revolution 1917–1923*, 3 vols. (New York: Macmillan, 1953), vol. III, pp. 72–76.列寧後來曾經提到，「為了創立第三國際，這些行動是讓他們能夠推動工作的真實基礎。」

602 F. B. M. Fowkes, “The Origins of Czechoslovak Communism,” in Ivo Banac (ed.), *The Effects of World War I. The Class War after the Great War: The Rise of Communist Parties in East Central Europe, 1918–1921* (Boulder, CO: East European Monographs, 1983), pp. 58–60.

603 Ivo Banac (ed.), “The Communist Party of Yugoslavia During the Period of Legality, 1919–1921,” in *The Effects of World War I*, p. 194, and Banac, “South Slav Prisoners,” in ibid., pp. 138–40.

604 關於奧地利人，請參見 Hannes Leidinger, *Zeitgeschichte* 25 (1998): 333–42，以及 Verena Moritzin Österreich in *Geschichte und Literatur* 6 (1997): 385–403。關於匈牙利人，請參見 Peter Pastor, “One Step Forward, Two Steps Back. The Rise and Fall of the First Hungarian Communist Party, 1918–1922,” in Banac (ed.), *The Effects of World War I*, pp. 87–92, and Rachamimov, *POWs and the Great War*, pp. 120–21。

605 Yučel Yanikdağ , “Ottoman Prisoners of War in Russia, 1914–1922,” *Journal of Contemporary History* 34 (1999): 81.

606 Keith Hitchens, "The Russian Revolution and the Rumanian Socialist Movement, 1917–1918," *Slavic Review* 27(2) (1968): 271–75.

607 Lucien Karchmar, "Communism in Romania, 1918–1921," in Banac (ed.), *The Effects of World War I*, pp. 129–44.

608 Tadeusz Swietochowski, *Russia and Azerbaizhan. A Borderland in Transition* (New York: Columbia University Press, 1995), pp. 62–64.

609 Firouzeh Mostashari, *On the Religious Frontier. Tsarist Russia and Islam in the Caucasus* (London: Tauris, 2006), pp. 143–44.

610 M. S. Lazarev, *Kurdskii vopros* (Moscow: Nauka, 1972).

611 Richard Hovannisian, *The Republic of Armenia*, vol 1: The First Year, 1918–1919 (Berkeley, CA: University of California Press, 1971), p. 262.

612 Ronald G. Suny, *The Making of the Georgian Nation* (Bloomington, IN: Indiana University Press, 1988), p. 187; S. E. Sef, *Revoliutsiia 1917 goda v Zakavkazii. Dokumenty, materialy* (Tiflis: Zakkniga, 1927), pp. 66–67.

613 Sef, *Revoliutsiia*, p. 167.

614 Hovannisian, *Armenia on the Road*, pp. 7–15. Hovannisian, *The Republic of Armenia*, vol. 1, p. 91，該研究針對一九一六年葉里溫省各個地區的人口，給出了以下的統計數據。（見下表）

615 "Kutaisi," F. A. Brokgaus and I. A. Efron (eds.), *Entsiklopedicheskii slovar'*, vol. XVII (1896), p. 135. 和這座城鎮形成強烈對比的是，庫台西省百分之九十五的居民，都是西喬治亞人（伊梅列季人、明格列爾人、阿布哈茲人以及斯凡內提亞人等）。"Kutaisskaia gubernia," ibid., p. 132.

616 "Erivan," *Entsiklopedicheskii slovar'*, vol. XLI (1904), p. 14.

617 Jörg Baberowski, *Der Feind ist überall. Stalinismus im Kaukasus* (Munich:

區名	穆斯林	亞美尼亞人
納希契凡	81,000	54,000
蘇爾瑪魯	73,000	33,000
沙魯爾	51,000	29,000
葉里溫	88,000	107,000
新巴亞吉特	51,000	129,000
葉特赤米亞津	42,000	115,000
亞力山卓普爾	9,000	202,000

Deutsche Verlag-Anstadt, 2003), p. 138.

618 關於德國人建立一條陸橋，從高加索地區通往外裏海地區和伊朗的計畫，請參見 Fischer, *Germany's Aims*, pp. 552–62.

619 Fischer, *Germany's Aims*, p. 167.

620 Firuz Kazemzedeh, *The Struggle for Transcaucasia, 1917–1921* (New York: Philosophical Library, 1951), pp. 147–53, 157–62.

621 Hovannisian, *The Republic of Armenia*, vol. I, pp. 36–37.

622 Pipes, *The Formation*, pp. 200–1.

623 Hovannisian, *The Republic of Armenia*, vol. I, p. 31.

624 Pipes, *The Formation*, pp. 204–5.

625 Hovannisian, *The Republic of Armenia,* vol. I, chs. 3–8，對於這些衝突，該研究有著最為詳盡的記載，儘管作者的觀點更偏向亞美尼亞人的立場。關於巴庫方面的立場，請參見 Aidyn Balaev, *Azerbaizhanskoe national'noe dvizhenie v 1917–1918* (Baku: Elm, 1998).

626 關於亞美尼亞人與喬治亞人之間的衝突，最詳盡的紀錄是 Hovannisian, *The Republic of Armenia*, vol. I, pp. 95–125；亦請參見 Kazemzadeh, *Struggle for the Transcaucasus*, pp. 177–83.

627 引用於 Kazemzadeh, *The Struggle for the Transcaucasus*, p. 245. 關於鄧尼金對南高加索地區的觀點，請參見 Anton Ivanovich Denikin, *Ocherki russkoi smuty*, 5 vols. (Paris: J. Povolozky, 1921–1924, vols. I, II, III); (Berlin: Slovo, 1924–1926, vols. IV, V), vol. IV, pp. 128–35, 171–77. 亦請參見 Hovannisian, *The Republic of Armenia*, vol. I, pp. 365–73.

628 Bulent Gökay, *A Clash of Empires. Turkey between Russian Bolshevism and British Imperialism, 1918–1923* (London: Tauris, 1997), pp. 81–88; Pipes, *The Formation*, pp. 225–34.

629 Gökay, *A Clash of Empires*, p. 90; Pipes, *The Formation*, pp. 239–40.

630 亞塞拜然政府曾經試圖強化他們和伊朗的連結，因而於一九二〇年三月簽署了友好商貿條約，同時，他們也希望藉由和受英國監管的伊朗維持良好的關係，順勢落入英國的保護傘之下。但他們與伊朗的交好，卻讓倫敦當局頗為猜疑，並在伊朗引發了反對英伊協議、反對將伊朗變為受英國保護的附庸國的聲音。請參見 Swietochowski,

Russia and Azerbaizhan, pp. 83–85.

631 Nikki R. Keddie, *Qajar Iran and the Rise of Reza Khan, 1796–1925* (Costa Mesa, CA: Mazda, 1999), pp. 68–69.

632 Ullman, *Anglo-Soviet Relations*, vol. I, pp. 304–8; Swietochowski, *Russia and Azerbaizhan*, pp. 72–76.

633 Cosroe Chaqueri, *The Soviet Socialist Republic of Iran, 1920–21. The Birth of the Trauma* (Pittsburgh, PA: Pittsburgh University Press, 1994), pp. 88–89. 該研究的作者駁斥了庫切克汗當時正在和布爾什維克和德國人合作的觀點。實際上，包括史達林在內的布爾什維克，都將「疆加利」這支游擊隊視為革命組織，只不過沒有工人參與其中，而他們的革命運動則發生在一個「幾乎尚未開發」的國家裡。在接下來好幾十年裡，史達林都是抱持著這個觀點。

634 Chaqueri, *The Soviet Socialist Republic*, pp. 167–72, 192–200. Chaqueri 贊同其他伊朗史專家的意見，認為「疆加利」的革命運動複製了伊斯蘭教最好的末世論傳統，將武裝鬥爭和宗教虔誠連結在一起。

635 Michael P. Zirinsky, "Imperial Power and Dictatorship. Britain and the Rise of Reza Shah, 1921–1926," *International Journal of Middle East Studies* 24 (1992): 642–43.

636 蘇維埃俄國不願進一步發動更激進的革命，因為他們擔心那會引起英國人的不滿，而當時他們正希望和英國人建立商貿關係，同時也希望他們不要再次從北邊介入伊朗。此外，蘇俄也懷疑伊朗並沒有進行革命的社會基礎，伊朗當地的共產黨員，也對關於農民問題的策略莫衷一是。Chaqueri, The Soviet Socialist Republic, pp. 200, 216–17.

637 Chaqueri, *The Soviet Socialist Republic,* pp. 284–85.

638 Chaqueri, *The Soviet Socialist Republic,* pp. 328–42.

639 J. J. Reid, "Rebellion and Social Change," *International Journal of Middle Eastern Studies* 13 (1981): 35–53.

640 Ervand Abrahamian, *A History of Modern Iran* (Cambridge University Press, 2008), pp. 60–62.

641 Stephanie Cronin (ed.), "Reza Shah and the Paradoxes of Military Modernization in Iran, 1921–1941," in *The Making of Modern Iran. State and Society under Riza Shah, 1921–1941* (London: Routledge, 2003), pp. 37–64.

642 Stephanie Cronin, "Conscription and Popular Resistance in Iran, 1925–1941," *International Review of Social History* 43(3) (December 1998): 451–71.

643 Vanessa Martin, "Mudarris, Republicanism and the Rise to Power of Reza Khan, Sardar-I Sipah," *British Journal of Middle Eastern Studies* 21(2) (1994): 199–210.

644 關於陳獨秀和胡適之間的關係，請參見 Jonathan Spence, *The Search for Modern China*, 2nd edn (New York: W. W. Norton, 1999), pp. 305–6（中譯本為：史景遷（溫洽溢譯）（2001），追尋現代中國——最後的王朝。台北市：時報。）；關於他們對軍閥的辯論，請參見 Arthur Waldron, "The Warlord," *American Historical Review* 96(4) (October 1991): 1095–96；關於郡縣和封建這兩種制度，請參見 Kung-chuan Hsiao, *A History of Chinese Political Thought, vol. 1: From the Beginnings to the Sixth Century A.D.*, trans. F. C. Mote (Princeton University Press, 1979).

645 Diana Lary, "Warlord Studies," *Modern China* 6 (October 1980): 439–70; Edward A. McCord, *The Power of the Gun. The Emergence of Modern Chinese Warlordism* (Berkeley, CA: University of California Press, 1993).

646 James E. Sheridan, *China in Disintegration. The Republican Era in Chinese History* (New York: Free Press, 1975), pp. 98–101.

647 Robert H. G. Lee, *The Manchurian Frontier in Ch'ing History* (Cambridge University Press, 1970), pp. 130–31.

648 James Milward and Nabijan Tursun, "Political History and Strategies of Control, 1884–1978," in S. Frederick Starr (ed.), *Xinjiang. China's Muslim Borderland* (Armonk, NY: M. E. Sharpe, 2004), pp. 68–71，引用段落位於 p. 69.

649 Owen Lattimore, *Pivot of Asia* (Boston, MA: Little, Brown, 1950), pp. 52–69.

650 Thomas Ewing, "Russia, China, and the Origins of the Mongolian People's Republic, 1911–1921," *Slavonic and East European Review* 58 (July 1980): 409–13.

651 *Aziatskaia Rossiia*, 3 vols. (St. Petersburg: A. F. Marks, 1914), vol. I, pp. 178–99, 383，圖表則依據 pp. 490 and 492; vol. II, pp. 369, 383–87; O. I. Sergeev, *Kazachestvo v russkom Dal'nem Vostoke v XVII–XIX vv* (Moscow: Nauka, 1983)，該研究對於哥薩克人的經濟活動給出了正面的描繪。Steven G. Marks, *Road to Power. The Trans- Siberian Railroad and the Colonization of Asian Russia, 1850–1917* (Ithaca, NY: Cornell University Press, 1991), pp. 16–17，這份研究則相對抱持懷疑的態度。

652 M. I. Svetachev, *Imperialisticheskaia interventsiia v Sibirii i na Dal'nem Vostoke (1918–1922)* (Novosibirsk: Nauka, 1983), pp. 116, 179–80, 185–88, 200–4.

全書索引

人名

三至五畫

六至七畫

八至九畫

十至十一畫

十三至十五畫

十六畫以上

組織、機構

戰爭、起義

文獻、影片

地點、建築

二至五畫

六至十畫

十一至十五畫

十六畫以上

族群、國家

其他